ノーベル賞
117年の記録

ノーベル賞の記録編集委員会 編

山川出版社

はじめに

わずかな衝撃で爆発するニトログリセリンが人類史に登場したのは1846年のこと。20年後、この極めて危険な物質を人が扱える爆薬「ダイナマイト」として実用化したのがアルフレッド・ノーベルである。

ノーベルの発明したダイナマイトは鉱山での採鉱や土木工事に革新的な効率化をもたらした。また、敵対する勢力を撃退・殺傷する戦場の武器として需要は拡大し、ノーベルは莫大な利益を得た。遺言により、巨額の遺産の一部でノーベル賞が創設された。

功罪相半ばするダイナマイトの発明からノーベル賞は生まれたわけだが、物理学、化学、生理学・医学、文学、平和、経済学、それぞれの分野に携わる者にとって、ノーベル賞は最高の栄誉であることは間違いないだろう。

100年以上にわたるノーベル賞の歴史、すなわち人類の英知を読み解くのは興味深く、未来への展望もほの見える。

スウェーデン・ストックホルムのノーベル博物館に所蔵されているノーベルが発明したダイナマイト。（写真・Fine Art Images/Heritage Images/Getty Images）

2016年12月10日、スウェーデン・ストックホルムのコンサートホールでのノーベル賞授賞式。授賞式は毎年ノーベルの命日である12月10日に行われる。平和賞はノルウェーのオスロ市庁舎が会場になる。受賞者にはメダル、賞状、賞金の小切手が贈られる。
© Nobel Media AB/Alexander Mahmoud

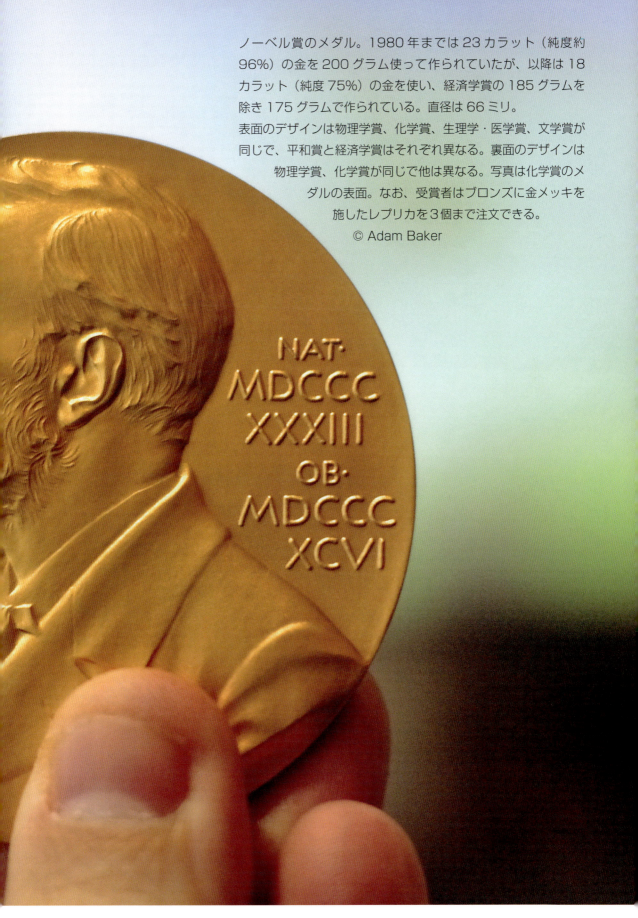

ノーベル賞のメダル。1980年までは23カラット（純度約96％）の金を200グラム使って作られていたが、以降は18カラット（純度75％）の金を使い、経済学賞の185グラムを除き175グラムで作られている。直径は66ミリ。
表面のデザインは物理学賞、化学賞、生理学・医学賞、文学賞が同じで、平和賞と経済学賞はそれぞれ異なる。裏面のデザインは物理学賞、化学賞が同じで他は異なる。写真は化学賞のメダルの表面。なお、受賞者はブロンズに金メッキを施したレプリカを3個まで注文できる。
© Adam Baker

ノーベル賞の賞状は年度、部門、受賞者（組織）によって異なるデザインが施される。

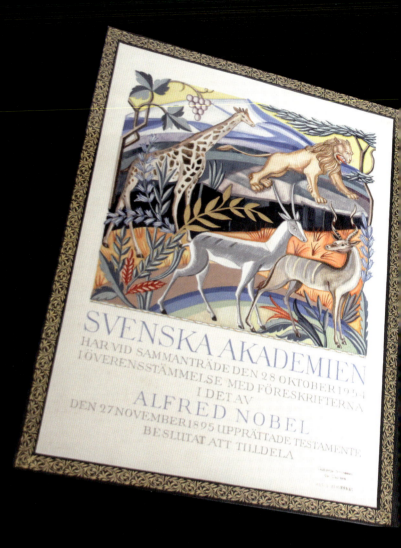

1903年、物理学賞を受賞したピエール・キュリーとマリ・キュリー夫妻に授与された賞状。

1921年、物理学賞を受賞したアルベルト・アインシュタインに授与された賞状。

2010年12月10日、ノーベル平和賞を受賞者した劉暁波（リュウ・シャオボー）は政治犯として服役中だった。中国当局は授賞式への出席を許可せず、授賞式ではノーベル委員会の委員長の隣の椅子にメダルと賞状が置かれた。© kunshou

キューバの首都ハバナにあるヘミングウェイ博物館に陳列された賞状。1954年、文学賞受賞。© Tony Hisgett

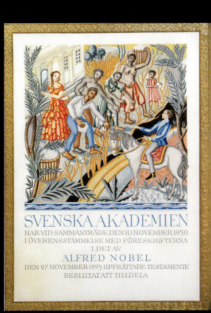

1949年、文学賞を受賞したウィリアム・フォークナーの賞状。

2015年、ストックホルム市庁舎でのノーベル賞記念晩餐会。毎年12月に開催され、スウェーデン王室や受賞者など約1300人が出席する。平和賞はノルウェーのオスログランドホテルが会場になる。
© Nobel Media AB/Alexander Mahmoud

ノーベル賞 117年の記録 【目次】

第1章　ノーベル賞の基礎
ノーベルの遺言と賞創設 *16*／**ノーベル財団と基金運用** *18*／**受賞者はこうして決まる** *19*／**物理学賞** *20*／**化学賞** *20*／**生理学・医学賞** *21*／**文学賞** *22*／**平和賞** *23*／**経済学賞** *24*

第2章　世界を変えた業績
【Part 1】　1901年～1930年

- **1901年　物理学賞**　謎の〝光〟X線の発見で医療の発展に絶大な貢献を果たしたレントゲン *26*
- **1902年　化学賞**　生物化学の父の研究は現代でも製造化学分野での基本になっている *27*
- **1903年　物理学賞**　ベクレルが放射線を発見し、キュリー夫妻による解明が始まった *28*
- **1904年　生理学・医学賞**　神経の刺激だけで胃液や唾液が分泌される消化腺の仕組みを研究 *29*
- **1905年　生理学・医学賞**　結核菌だけではなく炭疽菌やコレラ菌を発見し、コッホの原則を提唱 *30*
- **1906年　化学賞**　フッ素元素を単離し、電気炉を開発 *31*
- **1907年　化学賞**　発酵の仕組みを解明し、酵素学を切り開く *32*
- **1908年　化学賞**　「原子物理学の父」ラザフォードの元素の崩壊などに関する研究 *33*
- **1909年　文学賞**　『ニルスのふしぎな旅』などの著作を通じて崇高な理想主義を表現 *34*
- **1910年　生理学・医学賞**　タンパク質や核酸の研究で遺伝子研究の礎を築く［アルブレヒト・コッセル］ *35*
- **1911年　化学賞**　ラジウム、ポロニウムの発見などでマリ・キュリーが2度目の受賞 *36*
- **1912年　化学賞**　有機化合物の未来を切り開いた2人の業績 *37*
- **1913年　生理学・医学賞**　アナフィラキシー・ショックの発見とその研究［シャルル・ロベール・リシェ］ *38*
- **1914年　物理学賞**　結晶によるX線の回折現象を発見し、X線が波動であることを証明 *39*
- **1915年　物理学賞**　X線による結晶構造の解析。親子で受賞 *40*
- **1916年　文学賞**　文学賞のみに賞が与えられた *41*
- **1917年　平和賞**　第一次世界大戦のさなか赤十字が受賞 *41*
- **1918年　物理学賞**　古典力学では説明できない事象を解き明かす量子論を創始 *42*
- **1919年　物理学賞**　カナル線におけるドップラー効果の発見とシュタルク効果の発見 *43*
- **1920年　平和賞**　国際連盟の創設、初代総会議長を務める［レオン・ブルジョワ］ *44*
- **1921年　物理学賞**　相対性理論ではなく、光電効果に関する研究で受賞したアインシュタイン *46*
- **1922年　物理学賞**　「量子力学の父」ニールス・ボーアに物理学賞 *48*
- **1923年　生理学・医学賞**　不治の病といわれた糖尿病に光明。インスリンの抽出に成功 *49*
- **1924年　生理学・医学賞**　心臓に生じる電位の観察方法を考案。心電図の基礎を築いた *50*
- **1925年　化学賞**　コロイドの研究に一生を捧げる *51*
- **1926年　物理学賞**　物質が原子からできていることを初めて実証した *52*
- **1927年　物理学賞**　自然への憧憬から発案された「霧箱」は原子物理学に大きな進歩をもたらした *53*
- **1928年　化学賞**　紫外線照射でステロイドの一種からビタミンDができることを発見 *54*
- **1929年　生理学・医学賞**　ビタミンに関する2つの研究が同時受賞［エイクマンとホプキンス］ *55*
- **1930年　生理学・医学賞**　輸血治療に不可欠なABO式血液型の発見 *56*

【Part 2】　1931年～1960年【1940～1942：該当者なし】

- **1931年　平和賞**　貧困者支援から国際平和で活動したソーシャルワークの先駆者［ジェーン・アダムズ］ *57*
- **1932年　生理学・医学賞**　神経細胞の機能に関する幅広い研究で神経生理学を開拓 *58*
- **1933年　生理学・医学賞**　モデル生物にショウジョウバエを採用し、遺伝子の存在を証明［T・モーガン］ *59*

1934年	化学賞	水素の同位体を発見、単離に成功［ハロルド・ユーリー］ 60
1935年	生理学・医学賞	発生の仕組み「形成体（オーガナイザー）」「誘導」を発見 61
1936年	生理学・医学賞	神経伝達物質の研究で大きな礎を築く［ヘンリー・ハレット・デール］ 62
1937年	生理学・医学賞	ビタミンCと壊血病の関係を明らかにした 63
1938年	物理学賞	中性子を元素にぶつけて多数の放射性同位体元素をつくる 64
1939年	化学賞	性ホルモンの結晶を単離し化学構造を明らかにした 65
1943年	生理学・医学賞	血液を凝固させるビタミンKが発見され、その構造が明らかに 66
1944年	物理学賞	核磁気共鳴は原子爆弾、核磁気共鳴画像法（MRI）にも応用された 67
1945年	生理学・医学賞	感染症を防ぐペニシリンが発見される［アレクサンダー・フレミング］ 68
1946年	生理学・医学賞	X線照射で突然変異が起こることを発見 69
1947年	物理学賞	電離層までの距離を測定し、電波通信技術の発展に貢献 70
1948年	生理学・医学賞	DDTは殺虫剤や農薬にも使われたが環境ホルモン作用が判明 71
1949年	物理学賞	湯川秀樹、「中間子理論」で日本人初のノーベル賞受賞者に 72
1950年	文学賞	人文科学分野での著作に脈打つ思想が評価される［バートランド・ラッセル］ 74
1951年	生理学・医学賞	黄熱病の研究で野口英世の仮説を覆したウイルス学者 75
1952年	平和賞	アフリカでの医療活動に生涯を賭けた「密林の聖者」 76
1953年	文学賞	戦争や政治の舞台裏を文学で遺したイギリスの宰相［ウィンストン・チャーチル］ 77
1954年	平和賞	平和賞に込められた難民救済への称賛と期待［国際連合難民高等弁務官事務所］ 78
1955年	生理学・医学賞	生理学・医学賞の選考機関が輩出した初の受賞者 79
1956年	物理学賞	コンピュータの小型化はトランジスタの発明から始まった 80
1957年	文学賞	〝20世紀最高の哲学者〟をも唸らせた世界観、しかし……［アルベール・カミュ］ 81
1958年	化学賞	タンパク質の分子構造の解明で医薬の発展に寄与 82
1959年	生理学・医学賞	実は〝失敗〟だったDNAとRNAの人工合成 83
1960年	化学賞	〝放射性炭素の量で年代を測る方法〟に潜んでいた罠 84

【Part 3】　1961年～2017年

1961年	平和賞	対話と紛争解決に奔走した若き国連事務総長［ダグ・ハマーショルド］ 85
1962年	生理学・医学賞	〝世紀の発見〟は他人の未発表データが鍵だった 86
1963年	物理学賞	量子力学の功労者、ウィグナーの光と陰 87
1964年	平和賞	人種差別に非暴力で対抗した〝アフリカ系アメリカ人〟［キング牧師］ 88
1965年	物理学賞	量子電磁力学の発展に朝永振一郎らが貢献 90
1966年	生理学・医学賞	〝がんの原因〟の発見から55年後の栄冠［ペイトン・ラウスほか］ 91
1967年	生理学・医学賞	物を見ることのできる仕組みを解明 92
1968年	文学賞	抒情的表現で日本文学の新境地を拓いた川端文学 94
1969年	平和賞	資本主義社会に労働者の権利を根づかせた国際機関 96
1970年	文学賞	政治に翻弄された正統派ロシア文学の継承者［ソルジェニーツィン］ 97
1971年	物理学賞	1枚のフィルムから3次元像が浮かび上がるホログラフィーを発明 98
1972年	物理学賞	超低温下における超電導現象の理論化成功の裏に…… 99
1973年	物理学賞	日本企業の技術者が成し遂げた世紀の発見 100
1974年	平和賞	議論を呼んだ日本人初、佐藤栄作元首相の平和賞受賞 104
1975年	平和賞	〝水爆の父〟から〝軍縮と人権の旗手〟となった科学者 106
1976年	経済学賞	〝規制なき市場で経済成長〟が招いた貧富の格差 107
1977年	生理学・医学賞	ライバル心がもたらした内分泌学の革命的変化 108
1978年	化学賞	独創的な「化学浸透説」で世紀の難問を解いた孤高の人 109
1979年	平和賞	一滴の水を大きな慈愛で大河に変えた修道女［マザー・テレサ］ 110
1980年	文学賞	母国を離れ、母国を見つめ、母国語に執着した亡命作家［チェスワフ・ミウォシュ］ 111

1981年	化学賞	「フロンティア軌道理論」の福井謙一が日本人初の化学賞を受賞 112
1982年	経済学賞	〝情報経済学〟と〝規制の経済学〟の先駆け 114
1983年	生理学・医学賞	トウモロコシに問いかけ続けて〝動く遺伝子〟を発見 115
1984年	平和賞	人種隔離政策に非暴力で粘り強く立ち向かった大主教 116
1985年	生理学・医学賞	動脈硬化症につながるコレステロール代謝異常の仕組みを発見 117
1986年	物理学賞	電子顕微鏡の開発、発展に貢献 118
1987年	生理学・医学賞	北里が発見し、利根川が解明した「抗体」のミステリー 119
1988年	平和賞	止まない戦火、終わりなき紛争解決への道 121
1989年	平和賞	チベットの自治を求め、非暴力で闘い続けた政教の司 122
1990年	平和賞	わずか6年で世界を変えた、東西冷戦終焉の象徴的人物 123
1991年	平和賞	逆境に耐えて闘ったミャンマー民主化運動のヒロイン 124
1992年	物理学賞	世界中の研究者が使う素粒子検出器の発明者 125
1993年	平和賞	呉越同舟でアパルトヘイトを乗り越えた2人の指導者 126
1994年	文学賞	戦後日本人の生き方をグローバルな筆致で描き続けた大江健三郎 127
1995年	化学賞	環境問題に関するテーマで初めてのノーベル賞 129
1996年	化学賞	ありえないと思われていた〝炭素第三の同素体〟の発見 130
1997年	経済学賞	金融工学の新たな数理モデル、その実践の果てに…… 131
1998年	経済学賞	世界の飢餓・貧困対策に貢献した〝幸福追求の経済学〟 132
1999年	平和賞	〝医療と証言〟をアイデンティティとする国際緊急医師団 133
2000年	化学賞	「電気を通すプラスチック」導電性ポリマーを白川英樹らが開発 134
2001年	化学賞	「鏡像体」分子を作り分ける技術に貢献した野依良治 136
2002年	物理学賞	カミオカンデでニュートリノの検出に成功した小柴昌俊 137
2003年	生理学・医学賞	核磁気共鳴画像法(MRI)開発、実用化に貢献 139
2004年	化学賞	ユビキチンシステムによる細胞内タンパク質の分解の仕組みを解明 140
2005年	平和賞	原子力技術の軍事転用に目を光らせてきた〝核の番人〟 141
2006年	物理学賞	ビッグバンの名残「宇宙背景放射」の観測で宇宙の起源の解明へ 142
2007年	平和賞	〝地球のために人類ができること〟を問い続けた人々[ゴア元米国副大統領] 143
2008年	物理学賞	日本の大学で学んだ南部陽一郎ら4人の科学者が2部門で同時受賞 144
2009年	平和賞	国家、民族、宗教の境界を越えた相互理解を提唱[オバマ米国大統領] 146
2010年	化学賞	工業製品の製造に革命を起こした根岸英一らによる化学反応の発見 147
2011年	生理学・医学賞	神経細胞の機能に関する幅広い研究で神経生理学を開拓 149
2012年	生理学・医学賞	再生医療の可能性を切り開くiPS細胞を開発した山中伸弥 150
2013年	経済学賞	正反対の理論を発表した経済学者たちが同時に受賞 152
2014年	物理学賞	「21世紀を照らす明かり」青色発光ダイオードを発明した赤﨑勇ら 154
2015年	物理学賞	「ニュートリノ」が質量を持つことをきっちり証明した梶田隆章ら 156
2016年	生理学・医学賞	「オートファジー」のメカニズムを発見した大隅良典 158
2017年	平和賞	世界に広がった連帯の力で「核兵器禁止条約」を実現 160

執筆者 166　参考資料 167

【column】

2度の受賞 21／9回もノミネートされながら受賞を逃した野口英世 45／湯川秀樹と平和運動 73／受賞者の最年少記録と最年長記録 93／ノーベル賞を辞退したサルトルとレ・ドゥク・ト 102／もう一つのノーベル賞 153

※目次では、項目の最後にわかりやすくするために、適宜[　]内に人名及び団体名を記した。

第1章
ノーベル賞の基礎

ノーベルの遺言と賞創設
ノーベル財団と基金運用
受賞者はこうして決まる
物理学賞
化学賞
生理学・医学賞
文学賞
平和賞
経済学賞

ノーベルの遺言と賞創設

- 功罪への葛藤が生んだノーベル賞
- 難航したノーベル賞の創設

功罪への葛藤が生んだノーベル賞

ノーベル賞は"19世紀最大の発明"ともいわれる爆薬「ダイナマイト」を発明した**アルフレッド・ノーベル**の遺言に基づいて、1901年に創設された。

ノーベルは1833年にストックホルム（スウェーデン）で生まれた。父は発明家兼事業家で、ノーベルの幼少期にロシアに渡り、機雷や水中火薬の開発などに成功。これらを使った兵器の製造で財を成した人物である。そしてノーベルも自然に父と同じ道を歩むようになっていく。

10代の後半、ノーベルは短期留学先で**アスカニオ・ソブレロ**というイタリア人に出会う。1846年、後に爆薬として広く使われることとなる「ニトログリセリン」の合成に成功した化学者である。

この出会いをきっかけに、ノーベルは帰国後、従来の火薬に比べて爆発力に優れていた反面、わずかな振動でも爆発するため取扱いが難しい、この化合物の安全な製造方法と、使用方法の研究にとりつかれる。そして1863年には起爆方法を工夫した「ノーベル式油状爆薬」を、1867年には、偶然からニトログリセリンを「珪藻土」に混ぜるアイデアを思いつき、これを「ダイナマイト」と名づけて製品化。さらに1875年には珪藻土の代わりに低硝化綿薬（弱綿薬）を混ぜてゲル状にした「ゼリグナイト」も開発した。その結果、ノーベルは世界50カ国で特許を取得。事業も20カ国に約90カ所の工場や研究所を作るまでに拡大し、30代にして巨額の富を得ることとなった。

しかし、ノーベルの製品が山の開削や岩の破砕など、土木工事の世界に革命的な変化をもたらした一方で、それらの製品が軍事転用され、ノーベル自身も兵器の研究や製造を手がけていたことも事実である。1888年に実兄のリュドビックが死去した際には、ある新聞が兄とノーベルを取り違えて「死の商人、死す」と見出しを打つなど、その業績に対する評価には辛辣なものも少なくなかった。

もっとも、ノーベルは戦争を積極的に肯定していたわけではなく、時に兵器を「戦争を早期に終わらせる手段」として考えながらも、国家間の紛争は、国際的な仲裁機関によって解決されることを理想としていた。

ノーベルがこうした平和観を持つに至ったのは、彼が40歳の時に移り住んだパリで秘書を務めたオーストリア人女性、**ベルタ・フォン・ズットナー**の影響が大きいとされている。後に小説『武器を捨てよ！』（1889年）を発表。ヨーロッパにおける平和運動の先駆者と称され、

アルフレッド・ノーベル　Alfred Nobel
1833年（天保4）～1896年（明治29）

「ダイナマイト王」とも「死の商人」とも称された。遺産の90％以上、おおよそ240億円がノーベル賞創設のための基金になった。

1905年にはノーベル平和賞を受賞した人物である。

異なる平和観を持ちながら、平和を希求する点ではズットナーと一致していたノーベルは、彼女が設立に関わった平和団体への資金援助を続け、終生の友人として意見交換を続けた。

こうした背景があったがゆえに、ノーベルは自身の業績への評価に葛藤し、それがノーベル賞を創設して、自らの遺産を後世の学術研究などに役立てようと思い立った動機とされている。

ノーベル賞の基礎

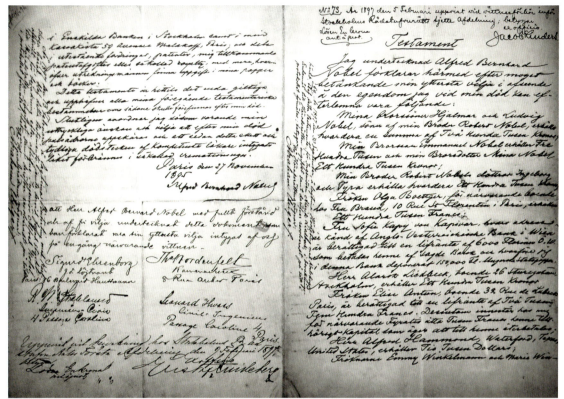

ノーベルの遺書。「1895年11月27日 於パリ」の署名がある。安全な有価証券に投資し、その利子を賞として分配することや死後は火葬を望むことなどが書かれている。

難航したノーベル賞の創設

　1896年にイタリアのサン・レモに建つ自宅で死去したノーベルは複数の遺言書を遺している。このうちノーベル賞に関わる内容が含まれていたのは、1893年以降に書かれたものである。

　その中でノーベルは、遺産の大部分を「基金を創設して安全な有価証券に投資し、その運用益を毎年、その前年に人類にもっとも大きく貢献した人に賞のかたちで分配せよ」と記し、その対象分野として「物理学」「化学」「生理学・医学」「文学」「平和」が示されていた。さらに「選考にあたって国籍は一切考慮されてはならず、スカンジナヴィア（スウェーデン、ノルウェー、デンマーク）人であるなしに関わらず、もっともふさわしい人物に与えるのが、私が特に強調したい願いである」との一文もあり、これが現在も受け継がれるノーベル賞の基本理念になっている。

　しかしこの遺言の実行にはいくつかの障害があった。一つは遺産のごく一部しか相続できなかった親族の反発。そして授賞対象の国籍を不問としたことへのスウェーデン国内における「非愛国的である」との反発。さらにノーベルは各賞の選考を公平にすべく、これを担う団体や機関を外部に求めて指名していたため、重責や負担への戸惑いも出ていた。

　しかしラグナール・ソールマンという人物が、問題を解決に導く。ノーベルの信認が厚く、遺言の執

復元されたノーベルの研究室。スウェーデン・カールスクーガのノーベル博物館にある。©Banza52

行人にも指名されていたソールマンは、3年余りの歳月をかけて関係者に妥協案の提示と説得を繰り返した。そして第1回の授賞式が行われる前年の1900年6月に、ようやく遺産の管理・運用を行うノーベル財団の設立にこぎつけ、ここから第1回受賞者の選考が本格的に始まることになった。

17

ノーベル財団と基金運用

- ノーベル賞の「主催者」
- 遺産の「管財人」

ノーベル賞の「主催者」

117年の歴史を誇るノーベル賞。その中核を担ってきた組織が「ノーベル財団」である。

1900年、ノーベルの助手を務めていた**ラグナール・ソールマン**（初代理事長）らが設立した同財団は、スウェーデンのストックホルムに本部を置き、2017年現在、生物学者の**カール・ヘンリック・ヘルディン**が理事長を務めている。

財団の最高意思決定機関は理事会であるが、理事長および理事はスウェーデンの市民権保持者であることが条件で、その人選は同国の枢密院（国王の諮問機関）の承認を受ける取り決めになっている。また設立時の合意によって、指定された財団の重要な決定に際しては、国王のほか、ノーベル家の代表者からの承認が必要となる。

ノーベル財団の最大の特徴は、賞事業の主催者として、授賞式などの行事の運営や広報活動などを行う一方、受賞者の選考そのものには一切関わらないという点である。これはノーベルが選考の独立性と公平性を重視したためで、遺言によって、物理学賞と化学賞はスウェーデン王立科学アカデミー、生理学・医学賞はカロリンスカ研究所、文学賞はスウェーデン・アカデミー、平和賞は新たに設立するノルウェー・ノーベル委員会と、各賞の具体的な選考団体も指定していた。

遺産の「管財人」

財団にはノーベルの遺産を原資とする基金を運用して、賞金や行事の費用などを捻出する「管財人」としての顔もある。

ノーベルは約3300万スウェーデン・クローナ、現在の価値に換算すると約250億円もの遺産を遺したが、そのうち9割以上にあたる約3160万クローナ（同約240億円）を基金の設立と運用に充て、賞金の総額は運用益の60％を下回らないよう遺言した。

2016年末現在の運用資産総額は42.4億クローナ（約578億円）で、これは賞創設時（1901年）の約2.5倍の価値に相当する。ちなみに同年の運用比率は株式が50％、債券が17％、その他（不動産ファンド、ヘッジファンドなど）が33％である。また同年の運用成績（収益率）は6.9％で、これは一般的には及第点といえる水準だ。

現在、財団では各国に投資顧問を置くなどして運用に万全を期しているが、歴史をたどると、その運用成績は必ずしも順調だったわけではないようだ。

当初財団では、ノーベルの遺言に従って、基金を債権や不動産など、比較的安全な投資によって運用していた。ところが運用益は低調で、1950年代前半には株式による運用を解禁した。それでも多難な時期は続き、1970年代には運用資産の総額が当初の半分以下にまで減少。1980年代初めには、賞金額が創設時の30％前後にまで抑えられることもあった。これが改善したのは1990年代に入ってからで、以来賞金額も、創立当初とほぼ同水準かそれ以上で推移している。ちなみに2016年の賞金額は800万クローナ（約1億1000万円）で、賞創立時とほぼ同価値である。

このほか寄付も財団の収入源となっている。ただし政府や公的機関からの寄付は一切受けず、民間の寄付でも厳重な審査が行われ、ノーベルの遺志や財団の理念に反するものはすべて拒否される。これは、財団がノーベルの遺言を忠実に執行することを第一の使命としているため、財団の独立性や独自性を守るため、基金の運用が苦しい時期においても維持されてきた基本方針である。

スウェーデンのストックホルムにあるノーベル財団の本部。©i99pema

受賞者はこうして決まる

- 選考を委ねられた4つの機関
- 選考の流れとスケジュール

選考を委ねられた4つの機関

受賞者の選考は、ノーベルが遺言で指名した以下の団体や機関によって行われる。選考作業はそれぞれが設置した「ノーベル委員会」が、候補者の絞り込みを行ったうえで、各団体・機関が受賞者を最終決定する場合がほとんどである。なお候補者を含む選考過程の詳細は、決定後50年間公開されない。

■スウェーデン王立科学アカデミー（物理学賞、化学賞、経済学賞）

1739年に創立され、1884年にノーベル自身も会員に選ばれた学術団体で、現在は約470人のスウェーデン人研究者と、175人の外国人研究者が会員として名を連ねている。会員は12の部門に分かれて活動を行っているが、そのうち「物理」「化学」「経済学・統計学・社会科学」の3部門に「ノーベル委員会」が設置され、各5名の委員が最終候補者を選定する。

■カロリンスカ研究所（生理学・医学賞）

スウェーデンだけでなく、ヨーロッパを代表する名門医科大学である。ノーベルは生前、ここに所属する若手研究者を自らの助手として招いたり、寄付をしたりするなどの交流を持っていた。研究者5名で構成される「ノーベル委員会」が最終候補者を選定する。

■スウェーデン・アカデミー（文学賞）

1786年にスウェーデン語の発展を目的に創立され、作家など18人の終身会員で組織する学術団体である。選考は5名の委員が候補者を5名程度に絞り込んだ後、会員全員が作品を読み、決定される。

■ノルウェー・ノーベル委員会（平和賞）

ノルウェーの「ストーティング（国会）」内に設けられたノーベル賞選考機関で、国会議員以外の5名によって構成される。国会に付与されているのは人事権のみで、受賞者は委員会が決定する。

選考の流れとスケジュール

選考は発表前年の9月、各選考団体が選んだ各国の「推薦人」宛てに「推薦依頼状」を送ることから始まる。推薦人は自然科学3賞（物理学、化学、生理学・医学）の場合は大学や研究機関など、文学賞は各国の作家協会など、平和賞は議員や研究者、国際裁判所判事などから選ばれているほか、歴代受賞者には、終身の推薦人資格が与えられている。なお推薦人の数は、自然科学3賞はおよそ2500人から3000人。文学賞、平和賞は200人から300人とされる。

推薦人は翌年1月末日までに推

自然科学3賞が選考されるスウェーデンのストックホルムにあるスウェーデン王立科学アカデミー。©Avjoska

薦状（英文）を返送することを求められており、さらに自然科学3賞の場合は、当該人物の論文（英文）などの研究成果を示す書類も必要となる。ただし推薦は存命中の人物で、かつ他薦のみ。ちなみに返送率は自然科学3賞の場合で10〜20％、文学賞で50％程度である。

そして3月に入ると、それらの推薦状をもとに、各選考機関に設置された「ノーベル委員会」が選考作業を開始する。委員会はこの過程で、独自の調査や専門家へのヒアリングなどを行い、おおむね9月までに最終候補者についてのレポートを各選考機関へ提出するのが通例である。これを受けて各機関では多数決投票が行われ、10月中旬までに受賞者（各賞3名まで）を決定し、発表するスケジュールとなっている。なお1974年以降は、発表の時点で本人が存命であることが明文化されたが、発表後に本人が死去した場合はこの限りではない。なお授賞式は、ノーベルの命日である12月10日に行われる。

物理学賞

● 遺書の最初に記された物理学賞

遺書の最初に記された物理学賞

　20世紀の幕開けとともに始まったノーベル賞。その20世紀を「物理学の世紀」と形容する学者は少なくない。20世紀の到来を目前にして亡くなったノーベルがそれを予見していたかは定かではないが、彼が遺言の中で最初に記したのが物理学賞である。

　「物理学の分野で最も重要な〝発見〟または〝発明〟をした人物に」と遺書に記された通り、当初は「発明者」や「発見者」への授賞に偏っていた。第1回の受賞者でX線を発見した**ヴィルヘルム・レントゲン**（ドイツ）、放射能を発見し、放射性物質の崩壊数の単位の語源ともなった**アンリ・ベクレル**（1903年受賞）、無線電信技術を発明した**グリエルモ・マルコーニ**（1909年）や**フェルディナント・ブラウン**（同）などがこれにあたる。

　しかし当時、物理学の世界では発見や発明だけではなく、理論分野が急速な発展を遂げていた。特に「量子仮説」を提唱した**マックス・プランク**（1918年）や、「量子論」で受賞した**ニールス・ボーア**（1922年）などに代表される、原子構造を解明する「量子力学」が台頭しつつあり、こうしたことから、理論も次第に評価対象とされるようになっていった。なお、1949年に日本人で初めてノーベル賞を受賞した**湯川秀樹**も、量子力学の分野で実績をあげた一人である。

　そのほか物理学賞の代表的な受賞者には、相対性理論の提唱で知られる**アルベルト・アインシュタイン**（1921年）、集積回路（IC）を発明した**ジャック・キルビー**（2009年）、〝光ファイバーの父〟として知られる、台湾出身の**チャールズ・カオ**（2009年）などがいる。

　また日本人の受賞者の中でもっとも多いのが物理学賞の受賞者で、2017年までに9人、日本出身で、受賞前に外国籍を取得した人も含めると11人が受賞している。

化学賞

● 難しい化学賞と物理学賞の境目

難しい化学賞と物理学賞の境目

　化学賞は「最も重要な化学上の発見または改良を成した人物」に贈られ、物理学賞と同じく、スウェーデン王立科学アカデミーで選考が行われる。

　物理学賞の条件である「発明または発見」とは異なり、化学賞について、ノーベルは遺書の中で「発見または〝改良〟」を評価対象に挙げている。特に「改良」は、化学の分野で成功した彼の、後進へのメッセージと読めなくもないが、一方で物理学賞と化学賞の評価基準を区別するためとも解釈できる。実際、物理学と化学の境界線は必ずしも明確ではない。

　たとえば第3回（1903年）に電解質の理論で化学賞を受賞した**スヴァンテ・アレニウス**は、同年に7人の推薦人から物理学賞候補としても推され、同年、夫とともに放

射能の研究で第3回(1903年)の物理学賞を受賞した**マリ・キュリー**(現ポーランド)が、1911年には放射性元素であるラジウムやポロニウムを含む化合物の研究などで、化学賞を受賞した例もある。さらに1981年に、日本人初の化学賞受賞者となった**福井謙一**は、物理学の分野である「量子力学」の理論をもとに電子の動き方や化学反応過程の研究を行っていた。

物理学賞は「物質自体やこれに作用する自然の法則」、化学賞は「物質の変化と別の物質との反応」という基準はあるものの、近年においてもそれぞれの分野で同じ人物が候補となることがあり、自然科学3賞を選考するスウェーデン王立科学アカデミーでは、各部門間でその都度調整を行っているようだ。

化学賞は物理学賞に次いで日本人受賞者が多い部門でもあり、携帯電話やノートパソコンなどの部品として使われている「導電性プラスチック」を発明した**白川英樹**(2000年受賞)を含め、2017年までに7人が受賞している。

生理学・医学賞

●「医学賞」にならなかった理由

「医学賞」にならなかった理由

生理学・医学賞は、両分野で〝重要な発見〟に対して贈られる。

ノーベルは生前、血液や麻酔などの研究も行っており、実験の際は、後に遺言で選考機関に指名した医科大学カロリンスカ研究所(スウェーデン)の生理学者たちを招いていた。また「医学賞」ではなく「生理学・医学賞」としたのも彼らの提案だったとされる。この背景には、体のメカニズムを研究する生理学と、病気の原因や治療法を研究する医学が不可分の関係にあること、またノーベル自身が生理学により関心を示していた事情もあったようだ。

第1回の受賞者は、ジフテリア(気道に炎症を起こし、重症化すると心筋や神経を侵す感染症)に対する血清療法を研究した**エミール・アドルフ・フォン・ベーリング**だが、彼の研究に**北里柴三郎**が多大な貢献をしたことは有名な話である。

なお生理学・医学賞で受賞者が多い分野に病気治療に寄与する発見がある。結核菌を発見した**ロベルト・コッホ**(1905年受賞)、心電図を発明した**ウィレム・アイントホーフェン**(1924年)、抗生物質「ペニシリン」を発見した**アレクサンダー・フレミング**(1945年)、骨髄移植に成功した**エドワード・ドナル・トーマス**(1990年)、万能性を持つiPS細胞を作製した**山中伸弥**(2012年)などである。

また遺伝子研究の分野にも受賞者が多く、代表的な例として、DNAの二重らせん構造モデルを発表した**ジェームズ・ワトソン**と**フランシス・クリック**(1962年)、世界で初めてDNAの遺伝暗号を解読した**マーシャル・ニーレンバーグ**(1968年)、遺伝子レベルで免疫の仕組みを解明した**利根川進**(1987年)などがあげられる。ただし遺伝子分野の研究については、化学賞での受賞例も少なくない。

2度の受賞

イギリスの化学者**フレデリック・サンガー**はノーベル化学賞を2度受賞した唯一の人物。同部門で2度以上受賞したのは物理学賞のジョン・バーディーンとサンガーの2人だけ。1958年にタンパク質の構造解明、1980年にDNAの塩基配列の決定法を発明して受賞した。

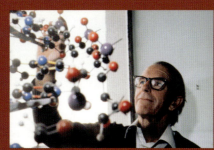

DNAの分子モデルを見上げる**フレデリック・サンガー**。ごく少数のチームでこつこつと研究を進めるタイプだった。2013年(平成25)に95歳で死去。自身のことを「実験室で取り乱しているただのおじさん」「学問的には華麗ではない」と語っていたという。©Bettmann/Getty Images

ノーベル賞の基礎

文学賞

● 「文豪」に立ちはだかる〝作風〟の壁

「文豪」に立ちはだかる〝作風〟の壁

　ノーベル賞のうち、唯一、芸術分野への貢献に対して授与されるのが文学賞である。これはノーベルが幼少期から文学に親しみ、以降も詩や小説、戯曲などを執筆するほど、文学に愛情を寄せていたことが背景にある。

　受賞者の選考は18人の文学者で組織するスウェーデン・アカデミーが行い、文学者だけでなく、歴史学者や哲学者も受賞している。

　自然科学3賞と異なり、選ぶ側の主観に頼る側面が強いため、選考には多くの困難がつきまとう。第1回の受賞者にフランスの詩人、**シュリ・プリュドム**が選ばれた際には、『戦争と平和』で知られるロシアの文豪、**レフ・トルストイ**が選に漏れたことが物議を醸した。

　もっとも、ノーベルの遺書にある「理想主義的傾向の最も優れた作品を創作した人物に」という言葉に依拠すれば、ありのままを描く写実主義的な傾向が強い作風のトルストイが選ばれなかったことは、それほど不思議ではない。実際、歴代受賞者も『車輪の下』などで知られる**ヘルマン・ヘッセ**（1946年受賞）や、『老人と海』が有名な**アーネスト・ヘミングウェイ**（1954年）など、理想主義的な作風を持つ書き手が大半である。

　そのほか、かつては受賞者が西ヨーロッパやアメリカの文学者に偏っているとの批判もあった。たとえば、20世紀を代表する哲学者で、1964年の文学賞の受賞を辞退した**ジャン＝ポール・サルトル**は、これについて「東西対立を推し進めている」として批判している。ちなみに、他の地域からの選出が珍しくなくなったのは、1980年代以降のことである。

　日本人では『雪国』などで知られる**川端康成**（1968年受賞）、『万延元年のフットボール』などが評価された**大江健三郎**（1994年）の2人が受賞している。

文学賞の選考が行われる、スウェーデンのストックホルムにあるスウェーデン・アカデミー。敷地内には文学賞選考のために世界中から文学作品を収集したノーベル図書館がある。蔵書は約20万冊。©Mastad

平和賞

● 〝結果なき受賞〟への批判も

〝結果なき受賞〟への批判も

「国家間の友好、軍隊の廃止または削減、及び平和会議の開催や推進のために最大もしくは最善の仕事をした人物に」

ノーベルは平和賞の授賞基準について、遺言にこう記している。この文言には、オーストリアの女性平和運動家で、ノーベルの終生の友人だった**ベルタ・フォン・ズットナー**（1905年受賞）の平和観が色濃く滲んでいる。

平和賞の選考は他の部門と異なり、スウェーデンではなく、隣国のノルウェー国会が設けた「ノーベル委員会」が行い、授賞式も同国の首都オスロの市庁舎で行われる。これはデンマークやスウェーデンの属国という歴史が長らく続いた、ノルウェーの複雑な立場に思いを馳せたからだともいわれている。

なお「平和賞はノルウェー国会が選ぶ」という誤解が一部にあるが、1936年からは閣僚、1977年からは現職国会議員の委員就任が禁止され、制度的には当局からの独立性が担保されている。

もっとも、政治的人物への授賞が時に物議を醸すこともある。たとえば反体制指導者や人権活動家などへの授賞が、彼らへの弾圧を抑止しているとの評価がある一方で、イスラエルの**ベギン**首相とエジプトの**サダト**大統領（1978年）や、アメリカの**オバマ**大統領（2009年）などへの授賞のように、紛争や国際問題の解決への圧力ととられかねない場合には「投機的授賞」と批判されることもある。また日本人唯一の受賞者である**佐藤栄作**元首相にも、授賞理由となった「非核三原則」を遵守していなかった疑いが浮上して議論を呼んだ。

なお平和賞は、団体にも受賞資格がある唯一の部門で、**赤十字国際委員会**（1917年、1944年、1963年）などの国際機関や、**国境なき医師団**（1999年）などのNGO（非政府組織）も受賞している。

ベルタ・フォン・ズットナー。新聞の求人広告に応募し、ノーベルの秘書、家の管理者としてごく短い期間だが働いたことでノーベルとの接点ができ、その後も十数年間にわたって交流は続いた。ノーベルの死から9年後に平和賞を受賞。

ノーベルからズットナーに宛てた手紙。1893年にフランス語で書かれた。ノーベルは彼女に、ヨーロッパの平和に重要な貢献をした人たちに賞を授けるという考えを説明した。

経済学賞

● ノーベルの遺言になかった唯一の賞

ノーベルの遺言になかった唯一の賞

経済学上の優れた理論を構築した人物に授与される経済学賞は、正式名称を「アルフレッド・ノーベル記念スウェーデン国立銀行経済学賞」といい、設立300周年を迎えた同銀行がノーベル財団に働きかけて、1968年に新設。日本人の受賞例が一度もない唯一の賞でもある。（2017年現在）

選考は物理学賞や化学賞と同じく、スウェーデン王立科学アカデミー内に設置された委員会が行い、授賞式の会場も同一（平和賞を除く）だが、他の賞が英文で"The Nobel prize"（ノーベル賞）と表記されるのに対し、経済学賞は"Prize（略）in Memory of Alfred Nobel"（アルフレッド・ノーベル記念賞）と区別されている。

経済学賞はその成り立ちとも相まって、とかく批判の多い賞でもある。これは経済学の理論を検証する場が〝実験室〟ではなく〝実社会〟であることが背景にある。たとえば、1974年に同賞を受賞した**フリードリヒ・ハイエク**は「経済学は自然科学と異なり、誤った理論が実践された結果引き起こされた社会的混乱の収束が容易ではない」という趣旨の言葉を述べた上で、経済学をノーベル賞の対象とすることに警鐘を鳴らしている。

実際、経済を極力市場原理に委ねよとする「新自由主義」の代表格、**ミルトン・フリードマン**（1976年受賞）の理論は、日本を含む多くの国で実践された結果、貧富の格差を拡大させ、今もって尾を引いている。また自らの投資理論を実践して失敗し、関わっていた企業を破綻させた**マイロン・ショールズとロバート・マートン**（1997年）のような例もある。

無論、**アマルティア・セン**（1998年）などのように、貧困や飢餓の研究が評価された受賞者もいるが、こうした例は、現在のところ、少数にとどまっている。

フリードリヒ・ハイエク。ノーベル賞受賞で経済学界での地位は盤石となり、死後も評価は上がり続けた。一方で、ストックホルム市庁舎で行われた晩餐会では「受賞には感謝している。しかし経済学賞の設立を相談されていたら反対していた。経済学者の影響力は政治家やジャーナリスト、公務員、一般人に及ぶ。ノーベル賞のような大きな権威を個々の経済学者が持つのは不適切」といった主旨のスピーチをした。

第2章
世界を変えた業績

Part1 1901年〜1930年
Part2 1931年〜1960年
Part3 1961年〜2017年

【凡例】（1969年の例）

部門 → 受賞者名（受賞時の主な所属・原則として出身国）
　　　　[国名はアメリカを米のように略している場合があります] → 受賞理由

部門	受賞者名	受賞理由
物理学	マレー・ゲルマン（カリフォルニア工科大学・米）	素粒子の分類およびその相互作用に関する発見
化学	デレック・バートン（インペリアル カレッジ ロンドン・英）、オッド・ハッセル（オスロ大学・ノルウェー）	分子の立体配座概念の確立
生理学・医学	マックス・デルブリュック（カリフォルニア工科大学・米）、アルフレッド・ハーシー（ワシントン カーネギー協会・米）、サルバドール・エドワード・ルリア（マサチューセッツ工科大学・伊）	ウイルスの複製メカニズムと遺伝的構造に関する発見
文学	サミュエル・ベケット（劇作家、小説家、詩人・アイルランド）	新形式の小説や戯曲で現代人の悲惨を描くことで芸術的な偉業を果たした
平和	国際労働機関	労働条件や生活水準の向上に対する取組みに対して
経済学	ラグナル・フリッシュ（オスロ大学・ノルウェー）、ヤン・ティンバーゲン（オランダ経済学院・オランダ）	計量経済モデル構築の先駆的研究

※人名は母国語の発音に近いと思われる表記を選択しました。

1901年（明治34）

物理学賞

謎の〝光〟X線の発見で医療の発展に絶大な貢献を果たしたレントゲン

第1回目のノーベル賞の物理学賞は、ドイツの物理学者**ヴィルヘルム・コンラート・レントゲン**に与えられた。受賞理由は、「X線の発見」で、X線は彼の命名による。レントゲン線とも呼ばれ、現在でも医療用に盛んに利用されている。

当時は、真空放電や陰極線の研究が始まったばかりで、レントゲンもヴュルツブルク大学で陰極線の研究を始めた。実験には、真空放電管を使用した。真空放電管とは、ガラスで作った蛍光灯のような長い管の両側に白金などの電極を埋め込んで真空にしたものである。これに高電圧をかけると陰極側から電子の束が陽極をめざして飛び出していく。これを陰極線と呼び、多くの研究者の興味を誘った。レントゲンは、管の中の陰極線がよく見えるように管全体を黒い紙や螢光紙などで覆って使っていた。彼は実験の途中で、真空放電管から離れたところの螢光紙が感光するのを見て、陽極から何らかの放射線が出ていることに気がつき、X線と命名した。1895年のことだった。多くの研究者が陰極線の研究をしていたが、これに気がつかなかった。このX線を詳しく調べて発表したのは、彼だけだった。ここに彼の偉大さがあった。レントゲンはさらに、写真乾板を用いて指輪をした妻の手のX線写真を撮り発表。見ればわかる写真の特性、また、当時彼は有名な物理学者でもあったため、その成果は多くの人に驚きとともに受け入れられた。

その後すぐに、X線の「透視力」が医療に役に立つことがわかり、利用されていくことになった。それから100年以上たつが、医療用に進化し続けている。現在ではX線の検出器が、写真フィルム、イメージングプレート、半導体検出器へと進化し、輪切り写真が撮れるようになり、3次元の立体画像まで可能になっている。

■平和賞

スイスの実業家**ジャン・アンリ・デュナン**は、1864年に国際組織の赤十字の結成に成功した。この功績が認められ1901年にノーベル平和賞を、フランスの経済学者で国際仲裁委員会の提唱者**フレデリック・パシー**とともに受賞した。デュナンは、プロテスタントのカルヴァン派の厳格な教育を受けたためか、母親の影響か、熱心な奉仕活動やキリスト教活動を行った。赤十字の結成やその活動への参加は、これが基本になっている。ノーベル平和賞の賞金は、彼の死後、遺言でスイスとノルウェーの赤十字に全額寄付された。赤十字の印は、彼の祖国、スイスの国旗の赤と白を逆にしたものになっている。

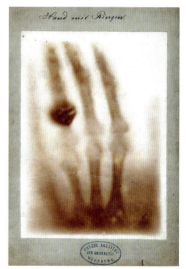

レントゲンが1895年に指輪をした妻の左手を撮影したX線写真。

物理学	ヴィルヘルム・コンラート・レントゲン（独）	X線の発見
化学	ヤコブス・ヘンリクス・ファント・ホッフ（オランダ）	熱力学における「ファント・ホッフの式」の発見、溶液の浸透圧の発見
生理学・医学	エミール・アドルフ・フォン・ベーリング（独）	血清療法、特にジフテリアへの応用
文学	シュリ・プリュドム（仏）	高尚な理想主義と芸術的完成度の高さ、情緒と知性の稀な組み合わせを持った詩的な構成
平和	ジャン・アンリ・デュナン（スイス）	赤十字国際委員会の創設、戦争時の捕虜の扱いを人道的にするジュネーヴ条約の案出
	フレデリック・パシー（仏）	列国議会同盟や国際平和会議の創設

この年の出来事

【世界】アメリカがパナマ運河の開設・管理権を得る。【日本】官営八幡製鉄所操業開始。田中正造が足尾銅山鉱毒事件について明治天皇に直訴しようとするも失敗。

1902年（明治35）

化学賞

生物化学の父の研究は現代でも製造化学分野での基本になっている

ドイツの有機化学者**ヘルマン・エミール・フィッシャー**は、「糖類およびプリン誘導体の合成」でノーベル化学賞を受賞した。

フィッシャーは、生物化学分野で重要な物質である3種類の物質、プリン類、糖類、タンパク質で広範囲な合成の研究を行ったので「生物化学の父」と呼ばれている。

プリンとは二環式の含窒素複素環という構造を基本とした化合物で、フィッシャーは、尿酸を還元して酸素を含まない化合物として、初めてプリンの合成に成功した。そして、それまで良くわかっていなかったアデニン、グアニン、アデノシン三リン酸（ATP）、イノシン酸、キサンチン、カフェイン、尿酸など人間の体の中でつくられ重要な役割をする物質がすべて同じような化合物であり、それらはプリンの誘導体であることを示した。彼は実際に130種近くのプリン誘導体を合成している。

また、フィッシャーは、糖類の研究にも目覚ましい成果をあげた。今日、高校で習うようなグルコースの構造（鎖状化合物と六員環化合物が平衡関係にあるような構造）を実験から明らかにして、これまで全くわからなかったグルコース、フルクトース、マンノースといった糖類の関係を明らかにし、多くの多糖類や単糖類を合成している。彼はまた、グリセリンを原料としてグルコース、フルクトース、マンノースを合成した。

フィッシャーはノーベル賞受賞後は、タンパク質の研究に分野を広げ、新たな環状アミノ酸であるプロリンとヒドロキシプロリンを発見した。さらに、アミノ酸を鎖状に結合するペプチド結合の技術を完成し、ジペプチド、トリペプチドといったペプチドの合成やタンパク質の合成にも成功した。

湯川秀樹博士は、随筆の中で「混沌の中に一つの秩序を打ちたてること」と述べているが、これはまた、多くの科学者の夢でもある。フィッシャーが真に偉大なのは、3つの重要な分野のそれぞれで、混沌の中に秩序を打ちたてたことである。天才の中の天才有機化学者といってよいだろう。

彼の研究成果は現代では、大きく発展している。プリン類の研究は、遺伝子の原料であるヌクレオチドの合成から尿酸への分解までのプリン代謝系としてまとめられている。また、糖類の研究は多様な食品工業用途に活用されるオリゴ糖の研究として花開いている。アミノ酸やタンパク質の研究やペプチド結合の技術は、多くの有用ペプチドやタンパク質の自動合成の技術へと結実している。

1901～1930

ヘルマン・エミール・フィッシャー。彼の論文は現代でも製造化学の分野で実用的なテキストとして活用されている。取り扱う化学物質が原因で重度の病に冒され、自殺した。

物理学	ヘンドリック・ローレンツ（オランダ）、ピーター・ゼーマン（オランダ）	磁気現象が放射線現象に及ぼす影響の研究
化学	ヘルマン・エミール・フィッシャー（独）	糖類とプリン合成
生理学・医学	ロナルド・ロス（英）	マラリアに関する研究
文学	テオドール・モムゼン（独）	『ローマ史』の著作など生存する歴史家で最高位であること
平和	シャルル・ゴバ、エリー・デュコマン（スイス）	常設国際平和局（現・国際平和ビューロー）の創設

この年の出来事

【世界】 南アフリカ（ブール）戦争でイギリスが南アフリカを制圧。**【日本】** 八甲田山雪中行軍遭難事件（訓練への参加者210名中199名が死亡。世界的にも最大級の山岳遭難事故）。

1903年（明治36）

物理学賞

ベクレルが放射線を発見し、キュリー夫妻による解明が始まった

1903年のノーベル物理学賞は、**アンリ・ベクレル**（フランス）の「自発的放射能の発見」、**マリ・キュリー**（現ポーランド）と**ピエール・キュリー**（フランス）の「ベクレルによって発見された放射現象に関する共同研究」に与えられた。どちらの研究も密接な関係があり、放射線の発見とその現象の研究に与えられたものである。

ベクレルは物理学者・化学者で、同僚の有名な数学者・物理学者の**アンリ・ポアンカレ**からレントゲンがX線を発見したことや、X線が蛍光物質を発光させるなら、蛍光物質からX線が出ているかもしれないという説を聞き、実験を始めたといわれている。そして彼はウラン化合物から放射線が出ていることを発見した。放射線とは、原子が崩壊して別の原子になるときに放射する、電磁波と粒子線のことをいう。γ線（電磁波）やα線（ヘリウム原子核の粒子線）、β線（電子の粒子線）のことである。しかし当時は、X線が電磁波かどうかすらわかっていなかった。

マリ・キュリーと**ピエール・キュリー**は、マリの博士号取得のための論文のテーマに、ベクレルが発見していたウラン化合物が発するX線のような透過力のある正体不明の光線を選んだ。このころ夫のピエールは、特に外国では若手の優秀な物理学者として有名になっていた。彼が指導教官となって2人で放射線の研究を始めた。マリはウラン化合物の放射線の強さなどを調べ、外界の温度や光の影響を全く受けず、ただウランの濃度に依存することを発見し、放射線が分子ではなくて原子内部の問題であることを示した。

また、マリは同じように放射線を発する元素を探し、ウラン以外にトリウム、ポロニウム、ラジウムなどを発見。マリは、これら放射線を発する元素を放射性元素、放射を放射能と名付けた。

この一連の研究がなぜ重要かというと、当時は元素は不変で変わることはないと考えられていたが、放射性元素の発見でそれが正しくないことが明らかになったからである。元素は質量がだんだん大きくなると、それだけ不安定になる。そして重い元素の中で、ウラン、トリウム、ポロニウム、ラジウムなどは自分の重さに耐えられずに、より軽い元素に分解していく。そのとき同時に、エネルギー的なバランスを取るために放出されるのが放射線である。

実験室のキュリー夫妻。

物理学	アンリ・ベクレル（仏）	放射線の発見
	ピエール・キュリー（仏）、マリ・キュリー（現ポーランド）	放射線の発見とその研究
化学	スヴァンテ・アレニウス（スウェーデン）	電解質の解離の理論
生理学・医学	ニールス・フィンセン（デンマーク）	病気、特に狼瘡の光線治療法の研究
文学	ビョルンスティエルネ・ビョルンソン（ノルウェー）	崇高で壮大かつ多彩な詩に対する敬意
平和	ウィリアム・ランダル・クリーマー（英）	国際仲裁連盟の書記として国際調停

この年の出来事

【世界】パナマ共和国独立。【日本】国定教科書制度が導入される。

1904年（明治37）

生理学・医学賞

神経の刺激だけで胃液や唾液が分泌される消化腺の仕組みを研究

イワン・ペトローヴィチ・パブロフ（ロシア）は、1904年（明治37）に「消化腺の研究」を対象にノーベル生理学・医学賞を受賞した。受賞理由は有名な条件反射ではなく消化腺の研究に対してだった。受賞講演では、消化腺の話ばかりでなく条件反射と無条件反射に関する話もしたことが記録に残っている。パブロフのノーベル賞はロシア人としては、初めての受賞である。

パブロフは、父親が牧師だったので、初めは神父を志して神学校に入った。その後、自然科学に興味を持ち始め、サンクトペテルブルク大学に進学し、外科医となる。彼は、右手も左手も自由に使いこなせて器用だったので手術の腕がたいへん良かったようである。後に軍医大学校の薬理学教授を経て生理学教授になり、消化腺の研究を始めた。彼は自分の手術の技術を利用して、犬の食道を胃と切り離して外部に取り出した。食道と切り離された胃であっても、口から食事が届かなくても、神経の刺激だけで胃液が分泌されることを示し、多くの研究者を驚かせた。

また、胃液の分泌を司ると思われる脳への神経を切断すると胃液が出ないことを実験で示した。このようにして実験に使われた犬は「パブロフの犬」と呼ばれ有名になったが、数百匹いたといわれている。

無条件反射とは、生物が生まれながらにして持っている反射現象のことである。例えば、食べ物を食べると唾液が出たり、膝の下を軽くたたくと足が跳ね上がったりするような反射現象を示す。これに対して、パブロフは、犬に唾液が外に出るように手術を施して、食事を与えるたびにベルを鳴らすと、ベルを鳴らしただけで唾液が出るようになることを示し、これを条件反射と名付けた。さらにベルだけ鳴らし続けると、次第に反射は消えてゆき、これを「消去」という。また、その数日後、同じ実験を繰り返すとまた唾液が出るようになる。これを「自発的回復」という。

パブロフが発見したこの条件反射の原理は、「古典的条件付け」として心理学の学習理論の基本原理になっていった。そしてこの条件反射は、本来何の関係もなかった音を聞く聴覚中枢と唾液分泌中枢という脳の中の違う部分が結合できたことを意味しており、最近では脳の可塑性（例えば脳卒中によって切断された脳の回路も、リハビリで新しい別の回路ができてくるという性質）の研究へと発展している。

「パブロフの犬」を使った実験のようす。

物理学	ジョン・ウィリアム・ストラット（英）	気体の密度に関する研究とアルゴンの発見
化学	ウィリアム・ラムゼー（英）	空気中の希ガスの発見と周期律におけるその位置の決定
生理学・医学	イワン・パブロフ（ロシア）	消化腺の研究
文学	フレデリック・ミストラル（仏）	プロヴァンスの言語学者としての業績の他、自然景観と土着の精神を忠実に反映した新鮮な独創性
文学	ホセ・エチェガライ・イ・アイサギレ（スペイン）	独創的でかつ個性的な手法でスペインの演劇の偉大な伝統を復活させた
平和	万国国際法学会	国際仲裁の促進と戦時中の法律の遵守を説得

この年の出来事

【世界】米国がパナマ運河を起工。米国セントルイスで第3回夏季オリンピック開催。【日本】日露戦争が勃発。煙草専売法が全面改正される。

1905年（明治38）

生理学・医学賞

結核菌だけではなく炭疽菌やコレラ菌を発見し、コッホの原則を提唱

「結核に関する研究と発見」でノーベル生理学・医学賞を受賞した**ロベルト・コッホ**（ドイツ）は、1872年（明治5）ドイツのヴォルシュタインという町の地方保健医となり、開業もしていた。ヴォルシュタインではたびたび羊の炭疽病が大流行していた。コッホは死んだ羊の血液をもとに、1876年に炭疽病が、炭疽菌という細菌によるものであることを発見した。

彼はそれまでの業績が認められて、1880年ベルリンの国立衛生院研究室の研究員に迎えられる。当時は、病気が病原菌によるものらしいと思われはじめていたが、純粋培養などができずに実験的に証明できなかった。コッホは、ここで多くの細菌学の研究技術を開発した。顕微鏡による各種観察技術、色素による染色法、滅菌法、寒天培地やシャーレを用いた固体培養法などである。

これらの研究技術を駆使して多くの病原菌を発見したコッホは、さらに結核の研究を始めた。結核は当時から恐ろしい病気で「死の病」と言われていた。

1882年3月にコッホは結核菌を発見する。また、結核菌のワクチンであるツベルクリンもコッホによって創製された。当時は治療薬として期待されたが、その効果はなく、現在では検査薬として使われている。また、インドから発生したコレラが南ヨーロッパに蔓延した1883年（明治16）にはエジプト、インドに遠征し、コレラ菌を発見（1884年）している。

さらに彼は、感染症の病原体を証明するための「コッホの4原則」の指針を示した。

「コッホの4原則」は、それまでの「ヤーコプ・ヘンレの3原則」に4番目の原則を加えたもので、
1）一定の病気には一定の微生物が見出されること
2）その微生物を分離できること
3）分離した微生物を感受性のある動物に感染させて同じ病気を起こせること
4）その病巣部から同じ微生物が分離されること
の4点からなる。

彼は、1885年からベルリン大学で教鞭をとり、ノーベル賞を受賞した**エミール・ベーリング**（1901年生理学・医学賞）や**パウル・エールリヒ**（1908年生理学・医学賞）など多くの有名な弟子を育てている。破傷風菌やペスト菌を発見した日本の**北里柴三郎**もコッホの弟子である。

コッホは、フランスの**ルイ・パストゥール**とともに、「近代細菌学の父」と言われている。

顕微鏡を調整するロベルト・コッホ。

物理学	フィリップ・レーナルト（スロヴァキア）	陰極線に関する研究
化学	アドルフ・フォン・バイヤー（独）	有機染料とヒドロ芳香族化合物の研究を通して有機化学と化学工業の発展に貢献
生理学・医学	ロベルト・コッホ（独）	結核に関する調査と発見
文学	ヘンリク・シェンキェヴィチ（ロシア）	叙事詩作家としての功績
平和	ベルタ・フォン・ズットナー（オーストリア）	著作『武器を捨てよ！』と平和運動への寄与

この年の出来事

【世界】ロシアのサンクトペテルブルクで血の日曜日事件発生。1917年のロシア革命へとつながる。【日本】ポーツマス条約に不満を持つ民衆が暴徒化し、日比谷焼打ち事件発生。伊藤博文が韓国統監府の初代統監に就任。

1906年（明治39）

化学賞

フッ素元素を単離し、電気炉を開発

　化合物の中からフッ素を単体で取り出すことはとりわけ難しく、多くの科学者が挑戦しながらも、実験が失敗して怪我をしたり、また死亡事故が頻発していた。**アンリ・モアッサン**（フランス）もフッ素の単離を目指した研究者の一人で、試行錯誤の末に低温での電気分解などの工夫を施して単離に成功、その後アメリカのデュポン社がフッ素を加工した樹脂で表面を覆ったフライパンや鍋を開発する。耐熱性と耐薬剤性に優れているうえ摩擦による抵抗が少ないことから、焦げ付きにくく汚れが落ちやすい調理器具として評判を得た。

　一方、フッ素は単体では毒性を持つ。製品化される際は化合物の形をとっているが、加熱などにより化学変化が起きてフッ素単体が体内に取り込まれる危険性が否めないと指摘する声もある。

　この年、同じく化学賞の候補に挙がっていたが、1票差で受賞を逃した人物がいる。元素周期表を作ったロシアの化学者**ドミトリ・イヴァノヴィッチ・メンデレーエフ**である。彼は、1869年（明治2）、各元素が固有の原子量と固有の特性を持つことを活かして、原子量の少ないほうから順番に元素を並べた周期表を完成した。一方、イギリスの化学者**ジョン・ニューランズ**は8番目ごとに同じ性質の元素が現れる周期性を指摘した。

　メンデレーエフは同様の内容をより完成度の高い形に仕上げて学会へ発表する。周期表の理論に基づいて未発見の元素を予言したところ、数年後には予言どおりの元素を他科学者が発見するなどして、世に衝撃を与えた。元素周期表は歴代化学者たちの研究成果が反映されたものであり、化学の集大成と言える。

　周期表上は元素は現在118番目まで記載されているが、これで完了ということはなく未知の元素が存在する可能性は常にある。これ以降の元素番号すなわち原子量を持つ元素もすでにいくつか予測されており、未発見元素の発見に向けて今も多くの研究者が挑み続けている。

■生理学・医学賞

　生理学・医学賞は**カミッロ・ゴルジ**（イタリア）と**サンティアゴ・ラモン・イ・カハール**（スペイン）が神経構造の研究成果で受賞した。神経の構造が網目状に絡み合った状態にあるということは19世紀の後半には解明されていた。17世紀頃にすでに解明が始まっていた血管に比べ、神経は長らく未知の分野だった。直径が0.02ミリメートル以下の神経細胞は、あまりに微細で研究する手段がなかったのだ。そこへゴルジは銀を使って神経経路を染色する「ゴルジ染色法」を編み出し、脳内の神経細胞が可視化された。

　しかし、神経細胞に対する受賞者2人の見解は正反対のものだった。ゴルジは神経細胞は境目なく縦横無尽に絡み合っていると主張し、一方のカハールは独立した神経細胞が集まってニューロンを構成していると主張した。やがて、カハールの主張の正しさが証明される。奇しくも対立する説を持つゴルジの染色法のおかげで、細胞がそれぞれに細胞膜を持つ独立組織であるということが確認されたのである。

　なお、神経細胞を結びつけているのがシナプスという接合部であると主張したのもカハールであった。

物理学	ジョゼフ・ジョン・トムソン（英）	気体の電気伝導に関する理論的かつ実験的研究
化学	アンリ・モアッサン（仏）	フッ素の研究と電気炉の開発
生理学・医学	カミッロ・ゴルジ（伊）、サンティアゴ・ラモン・イ・カハール（スペイン）	神経系の構造の研究
文学	ジョズエ・カルドゥッチ（伊）	詩作における深い学究と批判的研究、創造的なエネルギー、スタイルの新鮮さ、叙情的な力
平和	セオドア・ローズベルト（米）	米大統領として日露戦争の講和を斡旋

この年の出来事

【世界】マハトマ・ガンディーが南アフリカで非暴力抵抗運動を組織し、公民権運動を推進。サンフランシスコ地震発生。【日本】堺利彦らにより日本社会党結成。

1907年（明治40）

化学賞

発酵の仕組みを解明し、酵素学を切り開く

　この年は**エドゥアルト・ブフナー**（ドイツ）が発酵の仕組みを解明した功績で化学賞を受賞した。

　アルコールは、化学が発達する以前から製法が確立されていた。なぜ穀物や果物がアルコールになるのかという仕組みは解明されないままであったが、19世紀頃に科学者が様々な説を提示する。フランスの細菌学者**ルイ・パストゥール**は「穀物や果物は単体では発酵せず何らかの微生物が介入している」との前提に立ち、酵母こそ発酵の元だと述べた。

　一方、ドイツの化学者**フォン・リービッヒ**は、酵母が死滅時に出す物質が糖を分解してアルコールが発生するという化学変化説を提唱した。他にも様々な科学者がそれぞれに説を展開していく。そこへ割って入ったブフナーは1896年（明治29）に、酵母そのものではなく酵母を擦り潰した抽出液を用いて実験を行った。リービッヒの化学変化説と考えを同じくするものである。腐敗防止のために糖を一緒に入れたところ、二酸化炭素が発生。すなわち発酵することを発見した。抽出液には酵母の生きた細胞は存在していなかったので、酵母がつくり出した何らかの物質が化学反応を起こしたものであると結論付けて1907年（明治40）に化学賞を受賞する。

　ただし、物質の正体までは分からずにチマーゼと名付けた。のちに、酵素の結晶化に成功した**ジェームズ・サムナー**（アメリカ、1946年化学賞）が、この物質はタンパク質ではないかとの見解を出す。この視点が世に受け入れられるまでには更に時間がかかり、酵素のアミノ酸構造が解明された1960年代にようやく確定することになる。

　結局、ブフナーの実験によって発酵とは生命体の関与に拠らない化学変化だということが証明された。根強く科学の世界を支配してきた「生物の働きは必ずや生物の関与に拠る」「物理化学と生物は別物である」とする価値観をまたひとつ覆した形であった。

ドイツのヴュルツブルク大学で講義中のブフナー。1910年代初頭の撮影。

物理学	アルバート・マイケルソン（米）	干渉計の考案、それによる分光学やメートル原器の研究
化学	エドゥアルト・ブフナー（独）	生化学的研究と無細胞発酵の発見
生理学・医学	シャルル・ルイ・アルフォンス・ラヴラン（仏）	疾病発生における原虫の役割に関する研究
文学	ラドヤード・キップリング（英）	観察力、想像力の独創性、アイデアの崇高さ、叙事の才能
平和	エルネスト・テオドロ・モネータ（伊）	フランス・イタリア間の緊張緩和のほか国際平和の推進
	ルイ・ルノー（仏）	ハーグ平和会議を成功させ、ジュネーヴ条約を海戦にも適用させたことなど

この年の出来事

【世界】米で金融恐慌が起こる。1906年のサンフランシスコ地震に続いて米経済は大きな打撃を受けた。【日本】日露戦争後の恐慌が始まる。足尾銅山で労働争議が起こる。

1908年（明治41）

化学賞

「原子物理学の父」ラザフォードの元素の崩壊などに関する研究

アーネスト・ラザフォードは、イギリスの実験物理学者で、「元素の崩壊、放射性物質の化学に関する研究」で化学賞を受賞した。彼はウランから2種類の放射線が出ていることを発見し、実験で分離。それぞれα線、β線と名付けた。また、**ポール・ヴィラール**（フランス）が1900年に発見した、透過力が強く、電荷を持たない放射線が電磁波であることを示し、γ線と名付けた。

さらにラザフォードは、放射性元素が放射線を放出し、別の元素に変わることを主張した。α線の計測にも成功し、α線がヘリウム原子核の粒子線であることを発見した。

また、自作したα線計測器を使って、金箔にα線を照射して、散乱したα線の強度を調べた。その結果、原子が恩師**ジョゼフ・ジョン・トムソン**（イギリス、1906年物理学賞）の提唱するパン（原子）に干しぶどう（電子）が入っているような模型ではなく、ほとんどの質量が中心部の核にしかなく、あとは空洞で核の周囲を電子が回っているというラザフォード模型であることを示した。この実験をラザフォード散乱実験といい、後の量子力学の発展を導いた。また、ラザフォードは、α線を窒素原子に衝突させ、原子核の人工変換にも成功した。彼は中性子線や重水素の存在も予言していた。

当時、ヨーロッパの物理学は、ラザフォードを中心としたイギリスの実験物理学とデンマークの**ニールス・ボーア**を中心とした理論物理学が双璧となって、量子力学の発展へと突き進んでいた。ラザフォードは、ノーベル化学賞を受賞したが、物理学の歴史を変えるような多くの原子に関する実験成果から「原子物理学の父」と言われている。

彼の仕事は、ニールス・ボーアの理論的な原子模型創出の基礎となり、量子論の発展をもたらした。すでに解明された黒体輻射や光電効果の現象や新しく発見されたド・ブロイ波などを総合的に解釈できるように、やがて量子力学が体系化されていくこととなる。

■物理学賞

ガブリエル・リップマンはルクセンブルク生まれで、のちにフランスへ移住して育った。1891年（明治24）に光の干渉を利用したカラー写真の技法を発明し、1908年に物理学賞を受賞した。彼のカラー写真の方法は、現代の3原色を基本とするカラーの方法とは違い、光の干渉を利用したモルフォ蝶や玉虫色のような原理によるものである。像が鮮明にできないことや高価なことから普及はしなかったが、世界で初めてのカラー写真の技術として高い評価を受けた。

アーネスト・ラザフォード。実験物理学を牽引した「原子物理学の父」。

物理学	ガブリエル・リップマン（ルクセンブルク）	光の干渉現象を利用した天然色写真の技術開発
化学	アーネスト・ラザフォード（ニュージーランド）	元素の崩壊と放射性物質の化学的研究
生理学・医学	パウル・エールリヒ（独）、イリヤ・メチニコフ（ロシア）	免疫に関する研究
文学	ルドルフ・クリストフ・オイケン（独）	真実を徹底的に探求し、思考力を広げ、理想主義的な人生哲学を発展させた
平和	フレデリック・バイエル（デンマーク）	スカンジナビア半島の和平推進
	ポントゥス・アルノルドソン（スウェーデン）	スウェーデンの平和と仲裁協会の創設

この年の出来事

【世界】米GM創業。米でフォード・モデルT発売。1927年までに1500万台以上が生産された。【日本】外務省、ハワイ移民を停止。ブラジルへ第1回移民出発。

1909年（明治42）

文学賞

『ニルスのふしぎな旅』などの著作を通じて崇高な理想主義を表現

この年の文学賞はセルマ・ラーゲルレーヴ（スウェーデン）が崇高な理想主義、想像力、精神性による著作で受賞した。女学校の教師を務めながら詩や小説を書いていた彼女は、1890年代に30代半ばでベストセラーを生んで作家として独り立ちする。

当時、欧米の教育は児童の自主性を重視した教育への転換期にあり、そのための教材改訂を急いでいたスウェーデン国民学校教育協会は、ラーゲルレーヴに白羽の矢を立てる。地理の読本執筆の依頼を受けたラーゲルレーヴは国内を実際に取材したうえで『ニルスのふしぎな旅』を書き上げる。いたずら好きの男の子が妖精の魔法で小さくなり、鳥の背に乗って国中を冒険するうちに動物との触れ合いを通じて成長していくという物語である。

1906年（明治39）に第一部、翌1907年には第二部が刊行されて1909年にはノーベル文学賞受賞。1903年のマリ・キュリーに続く2人目の女性受賞であった。その後も旺盛な創作意欲で作品を生み出し続け、1914年（大正3）には女性として初めてスウェーデン・アカデミー会員に選ばれる。翌1915年には、国際女性参政権会議で女性参政権についてのスピーチを行う。折しも女性解放運動がひときわ盛んだったスウェーデンにおいて、高い教養と社会的地位とを獲得し、女性解放を世界に発信し続けたラーゲルレーヴはシンボル的存在であった。彼女は1940年（昭和15）に他界するが、第二次世界大戦後の世界で『ニルス～』は再評価されて世界各国でアニメーションが放映された。日本では1980年（昭和55）から翌年にかけてNHKが放送し、人気を博した。

■生理学・医学賞

エミール・テオドール・コッハー（スイス）が甲状腺に関する諸研究で生理学・医学賞を受賞した。

甲状腺はホルモン分泌により全身の新陳代謝を司っている。ホルモン分泌量が多すぎるとバセドウ病にみられるように代謝が極度に活発になり疲れやすく、少なすぎると倦怠感や皮膚乾燥など身体活動の低下につながる複雑な臓器である。

また、喉仏の両側に位置して、多くの筋肉や頸動脈が交錯し、気管や食道も通っているため外科的な処置が難しい。地道で丁寧な仕事ぶりが評価されていたコッハーは、総数5000件にも及んだといわれる解剖や手術をこなしながら地道に甲状腺の全容を明らかにし、手術方法や器具の改良開発によって、困難とされていた甲状腺の外科処置を従来より安全性の高いものにしていった。手術による甲状腺治療の道を切り開いた功労者である。

セルマ・ラーゲルレーヴ。人手に渡っていた生家をノーベル賞の賞金で買い戻し、生家で1940年（昭和15）に死去。81歳だった。

物理学	グリエルモ・マルコーニ（伊）、フェルディナント・ブラウン（独）	無線通信の研究
化学	ヴィルヘルム・オストワルト（独）	触媒作用、化学平衡、反応速度に関する研究
生理学・医学	エミール・テオドール・コッハー（スイス）	甲状腺の生理学、病理学および外科学に関する研究
文学	セルマ・ラーゲルレーヴ（スウェーデン）	崇高な理想主義、鮮やかな想像力、作品に込められた精神性を賞賛して
平和	エストゥルネル・ド・コンスタン（仏）	英仏、独仏の国際仲裁に関する外交実績
	オーギュスト・ベールナールト（ベルギー）	ハーグ平和会議の代表を務め、列国議会同盟を主導

この年の出来事

【世界】米海軍が真珠湾に基地を建設。トーマス・エジソンがアルカリ蓄電池を発明。【日本】味の素発売。伊藤博文がハルビン駅頭で安重根に暗殺される。

1910年（明治43）

生理学・医学賞

タンパク質や核酸の研究で遺伝子研究の礎を築く

この年は遺伝子研究の基礎をつくった功績で**アルブレヒト・コッセル**（ドイツ）が生理学・医学賞を受賞した。

生命体はタンパク質で作られていて、それぞれの細胞の核には核酸がある。核酸はDNAとRNAでできている。細胞の核の中にあるのでこう呼ばれている。核は直径が1ミリの200分の1程度しかないが、核の中にある染色体には引き延ばせば約2メートルにも及ぶDNAが詰まっている。DNAに記された遺伝子情報に基づいてRNAがタンパク質をつくり出している。DNAに保存されたデータを使って、RNAが日々タンパク質をつくり出して生命体を生産・修復しているのだ。

こうした一連のサイクルが、各生命体の内部ではひっきりなしに行われている。

DNAの存在は、1869年（明治2）にスイスの**フリードリヒ・ミーシェル**がすでに発見していた。しかし、その詳細を明らかにしたのはコッセルであった。1880～1890年代になって、彼はDNAを構成する塩基がアデニン、グアニン、チミン、シトシンの4種類（彼が発見したのは3種類とも言われる）であることを発見した。この発見が遺伝子研究を一気に加速させる。

後続の研究者らによって遺伝子の解明が続く。ひとつの核に存在するDNA上には塩基が組み合わさった塩基対が約30億も存在すること、塩基の配列によって各生命体の身体的特徴が決まることなどが明らかになっていった。

1990年（平成2）に始まった国際プロジェクト「ヒトゲノム解析計画」はヒトのDNAの塩基配列を解明しようという国境を越えた壮大なプロジェクトだった。そしてついに2003年（平成15）、人体の染色体上におけるDNA配列が明らかにされた。

コッセルの受賞から約100年を経て、遺伝子研究は遺伝子組み換えやヒトゲノム分野への応用が進み、医療や食糧生産など幅広いジャンルの課題解決手段として期待されている。

「ヒトゲノム計画」の成果。ロンドンのWellcome Collectionに展示されているヒトゲノムの配列を最初にプリントアウトしたものを製本した書籍。1冊が1000ページ以上で100巻以上ある。

1901〜1930

物理学	ヨハネス・ファン・デル・ワールス（オランダ）	気体と液体の状態方程式に関する研究
化学	オットー・ヴァラッハ（独）	脂環式化合物の先駆的研究による有機化学および化学産業への貢献
生理学・医学	アルブレヒト・コッセル（独）	タンパク質、核酸に関する研究
文学	パウル・フォン・ハイゼ（独）	短編小説家、詩人として長い経歴を通して理想主義を貫いたことへの賞賛
平和	常設国際平和局	国家間の紛争解決に関する積極的な行動に対して

この年の出来事

【世界】南アフリカ連邦が英国の自治領として成立。翌年に差別立法といわれる「鉱山労働法」を制定。【日本】大逆事件が起きる。韓国併合条約に調印。大韓帝国を併合し、朝鮮半島を植民地とした。

1911年（明治44）

化学賞

ラジウム、ポロニウムの発見などでマリ・キュリーが2度目の受賞

この年は**マリ・キュリー**（現ポーランド）がラジウムとポロニウムの発見で化学賞を受賞した。マリは19世紀末頃に**アンリ・ベクレル**（フランス）と**ピエール・キュリー**（フランス）とともに放射能を発見し、1903年（明治36）に共同でノーベル物理学賞を受賞している。今回は2度目のノーベル賞受賞である。

1896年（明治29）、ベクレルがウランから発せられる強い透過力がある光を発見したのをきっかけに、ピエールとマリはウラン周辺の電離を測ることで現象を解析しようとした。2人は強い光がウラン含有量のみに影響され、他要因から影響を受けないとの結論に至り、これが分子活動ではなく原子の性質であることを明らかにした。3人の共同受賞となったこの発見は、あとに続く研究者の拠り所となる。

マリとピエールは、1903年の物理学賞受賞前にすでにウラン以外の新元素を発見していた。ウラン鉱石の擦り潰しから抽出したもので、ポロニウムとラジウムと名付けていた。この元素の存在を実証するため、各元素が固有に持つ原子量を確定するべく2人は実験を開始する。実験用の小屋にウラン鉱石を運び込んで煮沸やろ過を行い、そこから結晶化させたラジウムを取り出すという作業をひたすら繰り返した。大変な労力を費やしても1トンの鉱石から0.1グラムほどしか採れないような地道な作業を続けながら、2人は1899年頃から研究結果を発表し始める。そのうち次第に他の研究者も彼らに理解を示すようになり、ウランに限らず他の元素についても同位体が次々と発見されていった。

当時は「元素にはそれぞれ固定した形があって不変である」という物理学界の定説があったが、マリとピエールの研究と執念、行動力がそれを覆した。以降、ラジウムは放射線療法にウランは核兵器や核燃料に利用されるようになる。

1903年の受賞時からは私生活まで言及するマスコミへの対応などで、彼女は以前のように研究に没頭することが出来なくなっていた。しかし、1911年にポロニウムとラジウムの発見を評価されて化学賞の受賞を果たすと、徐々にペースを取り戻す。当初はフランスは女性科学者キュリーの活躍を助成することに慎重な面もあったとされるが、1911年の受賞により彼女の研究を賞賛したアメリカからの経済援助もあって晩年は研究環境も充足し、フランスで後進の育成に力を注いだ。

マリは67歳で生涯を終える。再生不良性貧血だったという。実験で成果を上げた後の彼女は、ラジウム精製の特許取得は行わずにその手法を公開した。また第一次世界大戦では入手した自動車をレントゲン車に改造し、奔走。X線による負傷者の被弾箇所特定に協力するなど、放射線を通じた社会貢献に精力的だった。しかし、放射線がもたらす健康被害については一切触れないままであった。

第一次世界大戦でレントゲン車に乗り込んだマリ。

物理学	ヴィルヘルム・ヴィーン（独）	熱放散に関する法則の発見
化学	マリ・キュリー（現ポーランド）	ラジウムとポロニウムの発見。ラジウムの単離と特質の解明、化合物の研究
生理学・医学	アルヴァル・グルストランド（スウェーデン）	眼の屈折に関する研究
文学	モーリス・メーテルリンク（ベルギー）	多様な文学活動、特に想像力豊かな戯曲と神秘的で詩的な幻想によって読者に想像力を喚起する作品に対して
平和	トビアス・アッセル（オランダ）	国際常設仲裁裁判所の創設
	アルフレッド・フリート（オーストリア）	ドイツ平和協会の創設やジャーナリストとしての平和活動

この年の出来事

【世界】米の探検家ハイラム・ビンガムがペルーでマチュ・ピチュ遺跡を発見。【日本】日米通商航海条約改正で関税自主権回復。女性の酌で酒が飲める「カフェー」が誕生し、大正にかけて大ブームになる。

1912年（明治45・大正元）

化学賞

有機化合物の未来を切り開いた2人の業績

フランソワ・グリニャール（フランス）は有機化合物の分野で重要な研究手法を生み出した人物である。炭素を含む化合物を有機化合物といい、組み合わせ次第で新たな化合物が生まれていく。新規化合物を作るには化合させたい元素同士を結びつける仲人のような役割を担う「触媒」が必要なのだが、触媒の元祖ともいえるのが、彼が提示した「グリニャール試薬」である。この試薬の開発で化学賞を受賞した。

ハロゲンとマグネシウムが結合したこの試薬は、有機化合物の中でも特に炭素と金属との合成すなわち有機金属に関わるものである。それまでに他研究者が開発した触媒は、反応が遅かったり引火しやすかったりして実用には今ひとつであったが、グリニャール試薬が開発されてからは多くの化学者が有機金属の研究に取り組むようになった。現在までに1000万を超える有機金属が発見されていることを鑑みれば、グリニャールは化学界にひとつの金字塔を打ち立てたと言える。受賞後の1914年に第一次世界大戦が勃発し、彼は化学兵器すなわち毒ガスの研究開発に携わっていく。

同年のもう一人の化学賞受賞は**ポール・サバティエ**（フランス）で、有機化合物の水素化法を開発した。

元素が水素と結合することで有用な化合物が新たに生まれるケースは非常に多い。水素化と呼ばれるこの作用は、現在も工業の中枢を担い続けるエースである。具体例としては石油の水素化やアンモニア合成、メタノール合成のほか、マーガリンやアルコールの製造にも利用されている。しかし、他の化合物合成と同様、水素化を起こすには仲を取り持つ「触媒」が必要である。サバティエは水素化の鍵となる触媒を初めて発見した人物で、1897年（明治30）に彼が見つけたニッケルの触媒機能によって、油が水素と結合すると固まることがわかった。この発見のおかげで、魚油を固形油にしたり植物油からマーガリンや石鹸を製造するなど、油類の活用範囲がぐんと広がった。

サバティエの発見は現在、宇宙開発への応用が検討されている。彼はかつて、高圧下でニッケル触媒を使えば水素と二酸化炭素から水とメタンを得られることを発見した。「サバティエ反応」と呼ばれるこの化学反応を用いて、NASA宇宙ステーションでは現在、閉鎖空間において人間の呼吸から水を生成する方法を研究している。実験室で生まれたひとつの発見が100余年を経て宇宙へ飛び立とうとしている。

フランソワ・グリニャール。第一次世界大戦ではホスゲンやマスタードガスといった化学兵器を研究した。

1901～1930

物理学	ニルス・グスタフ・ダレーン（スウェーデンガスアキュムレータ社・スウェーデン）	灯台やブイの照明装置の発明
化学	フランソワ・グリニャール（ナンシー大学・仏）	有機化学を大きく進歩させたグリニャール試薬の開発
	ポール・サバティエ（トゥールーズ大学・仏）	微細な金属粒子を用いた有機化合物の水素化法の開発
生理学・医学	アレクシス・カレル（ロックフェラー医学研究センター・仏）	血管縫合と血管と器官の移植に関する研究
文学	ゲアハルト・ハウプトマン（劇作家、小説家、詩人・独）	主に戯曲の領域で、多様で傑出した作品を発表
平和	エリフ・ルート（元国務長官・米）	紛争は仲裁によって解決すべきとの信念で活動

この年の出来事

【世界】中華民国成立。ノルウェーのアムンゼンに遅れて南極に到達した英のスコット隊が遭難。英の豪華客船タイタニック号が北大西洋で沈没。【日本】第5回夏季オリンピック・ストックホルム大会に日本が初参加。

1913年（大正2）

生理学・医学賞

アナフィラキシー・ショックの発見とその研究

1900年頃に**シャルル・ロベール・リシェ**（フランス）はある実験を行った。クラゲの毒を注射した犬に対し、数週間あけて再度同じ毒を同量注射してみたところ、ショック症状を起こして死亡してしまう。複数回の実験で同じ結果を得た彼は、この状態を「アナフィラキシー・ショック」と名付けた。その後の研究によって、この反応が毒によって引き起こされるのではなくタンパク質によるものだと結論づけた。

リシェが命名した「アナフィラキシー」はギリシア語で無防備を意味している。全く無防備なところへ入り込んだ異物に対して生体が過敏に反応を起こし、再びその異物が入ってきた際には一層激しい反応を起こして生理的機能が破綻するという考察である。

アレルギーとアナフィラキシーは外からの異物に対して激しい抵抗を示すという点では同じであり、度合いが異なるだけとも言える。実際、1906年（明治39）に「アレルギー」という呼び名を提唱したオーストリアの研究者は「アナフィラキシーのうちショックを起こさない生体の反応がアレルギーである」と定義しているし、また、2000年頃にドイツを中心とした医療チームから「微量の毒素にも曝されない清潔過ぎる環境で育った子どもはアレルギー罹患率が高くなる」との報告も出ている。研究の歴史を辿れば、リシェの研究は一連のアレルギー研究の先陣を切ったものだった。

■文学賞

アジア初のノーベル賞受賞者となった**ラビンドラナート・タゴール**（インド）は、コルカタ（カルカッタ）の恵まれた家庭の出身である。10代の頃からイギリス留学を経験し、ヨーロッパの音楽や文学に直に接していた。30代頃からは農村文化に親しみ、農村での学校設立、農村革命運動の推進などに精力的に活動する。

1910年に詩集『ギーターンジャリ』を執筆し、英訳してイギリスで出版したところ、高評価を得て1913年に文学賞を受賞する。母国語のベンガル語による繊細な表現を英語で表すという、従来に類を見ない斬新な表現方法であった。こうした表現を可能にしたのは、幼少時から培われた深い教養や、若い頃に豊富に得られた異文化との交流だった。

その後は日本を含め世界各地の知識人らと交流をもち、インド国内では非暴力を掲げて世界から慕われたガンディーとも親交を結んでインド独立運動に共感を示した。現存するタゴール国際大学の設立者でもある彼は、文学にとどまらず広い視野でインドおよび世界の発展に寄与した。

タゴール（右端）とガンディー（左端）。1940年、コルカタの北方にあるシャンティニケタンでの撮影。

物理学	ヘイケ・カメルリング・オネス（ライデン大学・オランダ）	液体ヘリウムの生成を可能にした低温における物性の研究
化学	アルフレッド・ウェルナー（チューリッヒ大学・スイス）	分子内の原子の結合に関する研究、特に無機化学における新しい研究分野を開拓
生理学・医学	シャルル・ロベール・リシェ（ソルボンヌ大学・仏）	アナフィラキシーに関する研究
文学	ラビンドラナート・タゴール（詩人・インド）	深淵で繊細かつ新鮮で美しい詩を英語で表現し、詩的な思想を西洋の文学の一部とした
平和	アンリ・ラ・フォンテーヌ（法律家、政治家・ベルギー）	数多くの国際機関の創設を提案し、国際平和に貢献

この年の出来事

【世界】チベットが独立宣言。アイルランド北部の分離独立運動が起きる。【日本】大正デモクラシーのもと、桂内閣退陣（大正政変）。

1914年（大正3）

物理学賞

結晶によるX線の回折現象を発見し、X線が波動であることを証明

マックス・フォン・ラウエは、1879年（明治12）生まれのドイツの物理学者で、1909年までベルリン大学の**マックス・プランク**（ドイツ、1918年物理学賞）の助手を、1909年から1912年までミュンヘン大学の物理学者**アルノルト・ゾンマーフェルト**の助手をしていた。

それまで**レントゲン**が発見したX線がどのようなものかはよくわかっていなかった。ラウエは、1912年、硫化亜鉛の結晶にX線を照射することにより、回折像を得て、X線が波長の短い電磁波であることを明らかにした。回折現象は、粒子線では起こらず、波動であることの証明であった。

また、回折現象は、入射した波と回折格子の幅（この場合は硫化亜鉛の結晶格子）が大体同じくらいの大きさでないと生じない。このことから、X線の波長が非常に短い電磁波であることが証明された。1912年6月、ゾンマーフェルトはゲッティンゲンで開催された物理学会でラウエ等がX線回折現象を発見したことを報告した。それが1914年のノーベル物理学賞受賞につながった。

また、物質の構造を調べるために結晶に白色X線というX線を照射して回折写真を得る方法をラウエ法という。この回折像はたいへん複雑で解析が難しいので、現在は単色X線というX線を用いて構造解析をするのが普通である。

ラウエは**アインシュタイン**の友人で、早くから相対論を理解し、解説書も書いている。また、徹底した反国家社会主義者で、公然とナチズムに反対を唱えた。ラウエのナチズムへの勇気ある反抗を示す例は数多い。

戦後は、ドイツ物理学会を立ち上げ、戦後ドイツの物理学会の再興に大きく寄与した。またゲッティンゲン大学の准教授に就いた1951年（昭和26）からは、マックス・プランク物理化学研究所（現フリッツ・ハーバー研究所）の所長として、1959年まで務めた。

■生理学・医学賞

この年の生理学・医学賞は内耳の前庭器の生理学と病理学の研究に対して**ローベルト・バーラーニ**が受賞した。バーラーニは1876年（明治9）オーストリアのウィーン生まれ。ウィーン大学で耳鼻咽喉学を学び、1903年にウィーン大学医学部外科学教室へ、1905年に耳鼻科教室に移り、耳鼻科学の創始者と呼ばれた**アダム・ポリッツァー**の助手となる。彼は、そこで「眼球運動は三半規管を満たすリンパ液の対流による」ことや「内耳に満たした水の温度によって対流の方向が逆になり、目の動きも逆になる」こと、「三半規管内の感覚毛が体の3次元の方向の位置感覚を生む」ことなどを、初めて明らかにした。

1901〜1930

マックス・フォン・ラウエ。1959年に開始されたノーベル賞受賞者会議に出席したときの写真。これが生前の最後の写真の1枚だとされている。

物理学	マックス・フォン・ラウエ（フランクフルト大学・独）	結晶によるX線の回折の発見
化学	セオドア・リチャーズ（ハーバード大学・米）	多数の化学元素の原子量を正確に決定
生理学・医学	ローベルト・バーラーニ（ウィーン大学・オーストリア）	内耳の前庭器の生理学と病理学の研究
文学	該当者なし	
平和	該当者なし	

この年の出来事

【世界】サライェヴォ事件から第一次世界大戦が勃発。パナマ運河開通。【日本】日英同盟を理由に独に宣戦布告。桜島の大噴火で桜島と大隅半島が陸続きになる。東京駅が完成。

1915年（大正4）

物理学賞

X線による結晶構造の解析。親子で受賞

この年、**ウィリアム・ヘンリー・ブラッグ**（イギリス）とその長男**ウィリアム・ローレンス・ブラッグ**（オーストラリア）がノーベル物理学賞を受賞した。ヘンリーは、オーストラリアのアデレード大学の数学と物理学の教授だったが、1909年（明治42）一家で英国に戻り、リーズ大学で物理学を教えた。ここで、X線に関する研究を続け、X線量の測定を可能にするX線分光計を発明した。

息子のローレンス・ブラッグは、わずか14歳でアデレード大学を卒業。英国に戻ったのち、1909年秋にケンブリッジ大学に入学した。入学後、物理学科に転向し、1911年に首席で卒業。1912年からケンブリッジ大学で研究生を始めていた頃、X線で結晶構造を解析する「ブラッグの法則」のアイデアを思いつく。これをリーズ大学にいた父に伝え、父の発明したX線分光計を使い、多くの結晶の分析を行った。その成果で、父とともにノーベル物理学賞を受賞した。

X線による結晶構造解析とは、X線を肺などに当てて骨などの写真を撮るレントゲン写真とはかなり違う。X線の波長は、ちょうど結晶格子などと同じ大きさで、結晶にX線を照射すると回折現象を生じ、3次元の回折斑点を生じる。これは、2次元のスリットに光をあてると縞模様ができるのと同じ。結晶の場合は、3次元のスリットになるので、縞模様は斑点になる。この斑点のX線の強度を計ることにより、結晶の中の原子や分子の詳細がわかる。現在の分子や原子の構造の大部分の情報は、X線結晶構造解析法から得られており、その意味では、自然科学に与えた影響はたいへん大きい。

その後さらに発展し、化学結合を明らかにした**ポーリング**、ミオグロビンやヘモグロビンの立体構造を明らかにした**ペルーツ**と**ケンドリュー**、ペニシリンやインスリンの構造を決めた**ホジキン**、直接法を考案した**ハウプトマン**と**カール**、DNAの二重らせん構造を明らかにした**ワトソン**と**クリック**など、この分野でノーベル賞を受賞した人は多い。

■文学賞

文学賞は**ロマン・ロラン**（フランス）が受賞した。執筆に1904年から12年までかかった『ジャン・クリストフ』や1922年から33年までかかった『魅せられたる魂』の2編の長編小説が有名。前者では19世紀から第一次世界大戦までの間の男性音楽家（ベートーヴェンがモデルといわれている）、後者では20世紀初頭から第二次世界大戦まで生きたアンネット・リヴィエールという女性の魂の遍歴が綴られている。

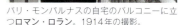

パリ・モンパルナスの自宅のバルコニーに立つ**ロマン・ロラン**。1914年の撮影。

物理学	ウィリアム・ヘンリー・ブラッグ（ユニヴァーシティ カレッジ ロンドン・英）、ウィリアム・ローレンス・ブラッグ（ヴィクトリア大学・オーストラリア）	X線による結晶構造の解析
化学	リヒャルト・ヴィルシュテッター（ミュンヘン大学・独）	植物色素、特にクロロフィルに関する研究
生理学・医学	該当者なし	
文学	ロマン・ロラン（作家・仏）	高尚な理想主義と、多様なタイプの人間を描写した真の同情と愛情に敬意を表して
平和	該当者なし	

この年の出来事

【世界】独軍が毒ガスを使用。英の客船ルシタニア号を独のUボートが攻撃、1000人以上が死亡。米国人も含まれていたため、第一次世界大戦に米が参戦するきっかけのひとつになった。【日本】中国に21カ条要求。

1916年（大正5）

文学賞

文学賞のみに賞が与えられた

　スウェーデンの貴族階級に生まれた**ヴェルネル・フォン・ヘイデンスタム**は湖畔の領地で少年期を過ごした後、南欧や中近東を旅して絵画や文学を志すようになる。30歳を前に帰国して領主の座に就き、1888年には旅の経験をもとに初の詩集『巡礼と放浪の歳月』を執筆して文壇に躍り出た。旺盛な創作意欲で次々と作品を世に送り出した。1916年の新作『新詩集』で「人格形成には孤独が必要である」と謳い、同年に文学賞を受賞する。ノーベル賞受賞者でノーベルと同じスウェーデン出身者は、この時点では**セルマ・ラーゲルレーヴ**（1909年文学賞）とヘイデンスタムの2人だけだった。

　ヘイデンスタムはノーベル文学賞の選考機関であるスウェーデン・アカデミーの会員でもあった。

物理学	該当者なし	
化学	該当者なし	
生理学・医学	該当者なし	
文学	ヴェルネル・フォン・ヘイデンスタム（作家、詩人、小説家・スウェーデン）	文学における新時代を切り開く重要な作家
平和	該当者なし	

この年の出来事

【世界】第一次世界大戦の主要な戦いの一つ仏軍と独軍がヴェルダン（仏）で戦い、両軍で70万人以上の死傷者が出た。【日本】日本軍に海軍航空隊が誕生。

1917年（大正6）

平和賞

第一次世界大戦のさなか赤十字が受賞

　北イタリアのソルフェリーノの戦いで戦場の惨状を目の当たりにしたスイスの**アンリ・デュナン**の提唱で1864年、「世界中の紛争において敵味方に関係なく負傷兵を救う」ことを目的に**赤十字国際委員会**が設立された。ジュネーヴ条約に基づき、各国に赤十字社が発足する。同委員会は提唱者デュナン（1901年平和賞）を含めると4度目の受賞だ。戦時中は該当者がないことが多いノーベル賞だが、第一次世界大戦と第二次世界大戦の2度の最中に赤十字へ平和賞を授与したのはノーベル財団から世界に向けたメッセージだったのかもしれない。

物理学	チャールズ・バークラ（エジンバラ大学・英）	元素の特性X線の発見
化学	該当者なし	
生理学・医学	該当者なし	
文学	カール・ギェレルプ（詩人、小説家・デンマーク）	崇高な理想に触発された多様で豊かな詩作
	ヘンリク・ポントピダン（小説家・デンマーク）	デンマークの現代生活の本質的な描写
平和	赤十字国際委員会	戦時捕虜の保護

この年の出来事

【世界】ロシア革命が起きる。10月革命でソヴィエト政権誕生。【日本】高潮災害で東京を中心に甚大な被害を受ける。

41

1918年（大正7）

物理学賞

古典力学では説明できない事象を解き明かす量子論を創始

マックス・カール・エルンスト・ルートヴィヒ・プランク（ドイツ）は、1874年（明治7）に16歳でミュンヘン大学に入学した。本人は熱力学に傾倒していったが、指導教官は熱力学は終わった学問であると見なして、プランクがその分野に進むのに反対した。彼はベルリン大学に移り、当時、熱力学の大家であったヘルマン・フォン・ヘルムホルツ、グスタフ・キルヒホフに師事し、1879年に学位を取得。1892年からは、ベルリン大学の教授になった。

当時は、黒体（外部から入射する電磁波を完全に吸収し、そして熱放射できる物体）を加熱していくと種々の温度で表面から放射されるエネルギーが正確に測定されていた。しかし、それを古典力学的に説明しようとするとうまくいかず、大きな問題になっていた。1900年（明治33）、プランクは理論を実験値に合わすためには、光のエネルギーが最小単位の整数倍になっていなければならないことを示した。古典力学では、エネルギーは連続であり、不連続な値はとらないので、明らかに矛盾していた。プランクは、結果的に、エネルギーは量子であることを初めて示し、量子論の扉を開けた。しかし、プランクは秩序を好む保守的な物理学者だったので、以後に発表した論文からわかるように、自分の出した結論にたいへん苦しめられたと言われている。最も保守的な研究者が、新しい時代の幕を開けたという運命の皮肉で、必ずしも革命的な研究者が新しい時代の扉を開くとは限らないことを歴史は示している。

プランクの発表以後、古典力学と全く矛盾する有名な仕事が次々に示された。1905年、**アルベルト・アインシュタイン**（ドイツ、1921年受賞）はプランクの論文を参考にして、「光電効果」を説明するために、光が粒子であると仮定した、光量子仮定を用いた。古典力学では、光は波であって、粒子ではないとされていた。また、1913年にコペンハーゲン大学の**ニールス・ボーア**（デンマーク、1922年）が「ボーアの原子模型」を提唱。1924年には、フランスの**ルイ・ド・ブロイ**（フランス、1929年）が、「粒子は波の性質もあること」を提唱し、全ての粒子は物質波（ド・ブロイ波）を持っていて、その波長は簡単に計算できることを示した。

これらの多くの古典力学に対する矛盾を解決すべく、1925年に**ヴェルナー・カール・ハイゼンベルク**（ドイツ、1932年）が、1926年に**エルヴィン・シュレーディンガー**（オーストリア、1933年）が、それぞれ独立して量子力学に関する研究を発表。さらに同時期、**ポール・ディラック**（イギリス、1933年）も量子力学の基盤をつくる研究を行っている。

マックス・カール・エルンスト・ルートヴィヒ・プランク。

物理学	マックス・カール・エルンスト・ルートヴィヒ・プランク（ベルリン大学・独）	エネルギー量の発見によって物理学の進歩に貢献
化学	フリッツ・ハーバー（カイザーヴィルヘルム協会・独）	アンモニアの合成
生理学・医学	該当者なし	
文学	該当者なし	
平和	該当者なし	

この年の出来事

【世界】独が休戦協定に調印し、第一次世界大戦が終わる。スペイン風邪が世界で猛威、2000万人以上が死亡。
【日本】英、米、仏、伊などと連合国の一員としてシベリアに出兵。富山で米騒動が起き、全国へ広がる。

1919年（大正8）

物理学賞

カナル線におけるドップラー効果の発見とシュタルク効果の発見

1905年（明治38）**ヨハネス・シュタルク**（ドイツ）はゲッティンゲン大学で、「カナル線におけるドップラー効果」を発見した。水素を入れた放電管の陽極に電子線を当てると、水素が陽イオン化して陰極に向かう。この時、水素陽イオンは細孔（カナル）を抜け、輝線スペクトルを発し、放電現象を示す。この水素陽イオンの陽極線をカナル線と呼ぶ。シュタルクは、この水素カナル線の速度を変えることにより発光色が微妙に変わることを発見した。これが、「カナル線におけるドップラー効果の発見」であった。

彼はまた、カナル線に電場をかけると、それらが出す光のスペクトルが何本かに分裂することに気付いた。これをシュタルク効果という。これは、かけた電場により、原子や分子のエネルギー準位が変化したために生ずる現象。ちなみに磁場をかけた時にスペクトルが分裂する現象をゼーマン効果という。

シュタルクは、1905年にはゲッティンゲン大学で人格的な理由で教授昇進ができなかったという。1919年にノーベル物理学賞の受賞後も、同僚とうまくいかないことが多く、1922年に公職から身を引く。また、徹底的な反ユダヤ主義者、ナチ党員、ヒトラーの信奉者で、アインシュタインの相対論や量子力学を嫌い、1933年（昭和8）ヒトラー内閣の成立とともに物理学工学研究所の所長に復帰し、1939年に退官した。

■生理学・医学賞

ジュール・ボルデは、ベルギーの細菌学者で、「免疫に関する諸発見」でノーベル生理学・医学賞を受賞。特に補体結合反応が評価された。彼は、ブリュッセル大学を卒業後、フランスのパストゥール研究所で7年間研究できる奨学金を得た。そこで、1898年（明治31）、血清を研究する中で、血清を55度で加熱すると、抗体は残っているのに、細菌に対する血清の作用が失われることを発見した。ボルデは、血清中に、抗体作用には欠かすことができないが、熱に弱い成分が存在すると考えた。後年、これを補体と呼び、抗体と共同して免疫作用を形成することがわかった。1901年、ベルギーに戻るとブリュッセル・パストゥール研究所を設立し、初代所長となった。1906年に、**オクターブ・ジャング**（ベルギー）とともに、新しい寒天培地を開発して、百日咳菌も発見している。

ヨハネス・シュタルク。

物理学	ヨハネス・シュタルク（グライフスヴァルト大学・独）	カナル線におけるドップラー効果、シュタルク効果の発見
化学	該当者なし	
生理学・医学	ジュール・ボルデ（ブリュッセル大学・ベルギー）	免疫に関する研究
文学	カール・シュピッテラー（詩人・スイス）	叙事詩『オリュンピアの春』に対して
平和	ウッドロウ・ウィルソン（米大統領・米）	国際連盟創設への貢献
	アルフレッド・フリート（オーストリア）	ドイツ平和協会の創設やジャーナリストとしての平和活動

この年の出来事

【世界】パリ講和会議が始まる。ナチ党の前身であるドイツ労働者党結成。【日本】関東軍を設置。3円以上の納税者に選挙権をあたえる衆議院議員選挙法改正。

1920年（大正9）

平和賞

国際連盟の創設、初代総会議長を務める

若い頃に法律を学んだ**レオン・ブルジョワ**（フランス）は、司法や教育分野で要職を歴任し、60代で国際連盟創設に関わる。1918年（大正7）に第一次世界大戦が終わり、1920年1月に発足した国際連盟は、同月にフランスのパリで初会合、11月にはスイスのジュネーヴ本部で初総会の開催となる。このとき総会議長を務めたのがブルジョアである。ちなみに、スイス西部にあるジュネーヴはフランスに接していて日常会話は仏語が主流など、フランスの関わりは少なくない。

結局、国際連盟は提唱国のアメリカが不参加のうえ日本やドイツは途中脱退など足並みが揃わず、設立から20年も経たない1939年（昭和14）に第二次世界大戦が始まる。しかし、最盛期には加盟60カ国余と過去に例をみない大規模な国際機関が誕生したのは画期的なことであった。

第二次世界大戦後の1945年10月に国際連合が正式発足した。目指すところは国際平和。国際連盟の遺志と資産を継承したスタートであった。国際連合の専門機関、国際労働機関（ILO）をはじめ多くの国際機関や、スイス銀行など世界規模の金融機関を抱えるジュネーヴは、レオンが活躍した頃と変わらず現在も世界の中心都市の一つである。

■文学賞

第一次世界大戦の激化で欧州各地で国土が疲弊していた1917年、大地が生み出す恵みに魅了されながら農地に生きる開拓農民の姿を描いた**クヌート・ハムスン**（ノルウェー）の長編小説『大地の恵み』は世に出て人々に支持され、終戦後の1920年に受賞する。米国批判やナチズム礼賛などの姿勢に世間は賛否両論であったが、作品自体は当初から母国ノルウェーやドイツをはじめ世界中で人気を博した。しかし、第二次世界大戦後は戦時中の一貫したナチス支持に対して自宅軟禁の状態におかれた。さらにノルウェー当局から訴追され、反逆行為で罰金刑を受けている。

ただ作品への評価は衰えず、2009年（平成21）には生誕150年を記念してノルウェーにクヌート・ハムスン・センターが開設され、全集も出版された。少年期に北欧の森で育まれたとされる独特の感性は、受賞からほぼ100年を経た今も世界の人々を惹きつけている。

クヌート・ハムスン。1929年、書斎での撮影。
写真：Anders Beer Wilse/ノルウェー国立図書館

物理学	シャルル・エドワール・ギヨーム（国際度量衡局・スイス）	ニッケル鋼合金の開発で物理学の精密測定を可能にした
化学	ヴァルター・ネルンスト（ベルリン大学・独）	熱化学の研究
生理学・医学	アウグスト・クローグ（コペンハーゲン大学・デンマーク）	毛細血管の運動調節機構の発見
文学	クヌート・ハムスン（小説家・ノルウェー）	田園生活を賛美した代表作『大地の恵み』
平和	レオン・ブルジョワ（元仏首相・仏）	国際連盟の創設、初代総会議長を務める

この年の出来事

【世界】国際連盟が正式に発足。英で経済恐慌起こる。【日本】初のメーデーに1万人が参加。堺利彦、山川均、大杉栄らが発起人になり日本社会主義同盟を設立。

9回もノミネートされながら受賞を逃した野口英世

南米エクアドルで発行された**野口英世**の切手。野口は黄熱病研究に対する「功績」が讃えられ、エクアドル共和国陸軍名誉軍医監・名誉大佐の肩書きも持つ。

野口英世は偉人伝の出版点数の多さでかなり上位にランクされているはずだ。2004年（平成16）からは1000円札の「顔」になりその知名度は下がることはない。

1876年（明治9）、福島県に生まれた野口の細菌学者としてのキャリアは、1900年に始まる。アメリカの病理学者で、ペンシルヴェニア大学医学部の教授に就いていた**サイモン・フレクスナー**のもとでヘビ毒を研究、血管にできた傷で出血と浮腫が生じる仕組みを病理学的に明らかにしたのである。フレクスナーは前年に志賀潔の赤痢研究の視察で来日しており、通訳・案内役が野口だった。

1901年にフレクスナーがロックフェラー医学研究所の初代所長に就任すると、野口は3年後に移籍、ロックフェラー医学研究所で研究を続けることになる。

この移籍以降、「病原性梅毒スピロヘータの純粋培養」（1911年）、「進行性麻痺・脊髄癆の患者が梅毒の進行したものであることを証明」「小児麻痺の病原体特定」「狂犬病の病原体特定」（1913年）などの功績を上げ、1918年にはエクアドルで黄熱病の病原体を特定し、ワクチンが開発された。

メキシコ、西アフリカのセネガルや英領ゴールド・コースト（現ガーナ）、ナイジェリアなどにも派遣され、黄熱病の研究を続けた。そして1928年（昭和3）、野口自身が黄熱病にかかり51歳で死亡する。

数々の業績に対して、野口は1913年から死ぬ前年の1927年までの間に9回もノーベル生理学・医学賞にノミネートされている。

ただし、現在では彼の研究成果はかなりの部分が否定されている。

ヘビ毒の研究や梅毒の進行が精神疾患を招くことを明らかにした研究などは大きな業績として評価されているのは確かだが、黄熱病や小児麻痺、狂犬病の病原体発見については、現在ではウイルスが原因だと判明しており、完全に否定されている。また、梅毒スピロヘータの純粋培養についても野口は成功していなかったと考えられている。

ノーベル賞受賞はかなわなかったが、それを「残念」と言い切るには微妙なところではある。

何度も推薦を受けた野口だが、彼自身は一度だけ、1926年（大正15・昭和元）のノーベル生理学・医学賞に、細菌に感染するウイルスであるバクテリオファージの研究者**フェリックス・デレーユ**（カナダ）を推薦している。デレーユは1924年（大正13）から1937年までの間に、野口を凌ぎ10回にわたってノーベル生理学・医学賞に推薦されたが、やはり受賞には至っていない。

ちなみに、なぜ平和賞を受賞しなかったのか、平和賞のあり方とともに話題になる**マハトマ・ガンディー**（インド）は、1937年から暗殺される1948年までに5回ノミネートされている。

■野口英世のノミネートの記録

	年	推薦者数*	ノミネートされた人数	受賞者
1	1913	1	152	シャルル・ロベール・リシェ（ソルボンヌ大学・仏）
2	1914	4 (3)	170	ローベルト・バーラーニ（ウィーン大学・オーストリア）
3	1915	2	65	該当者なし
4	1920	2	141	アウグスト・クローグ（コペンハーゲン大学・デンマーク）
5	1921	2	110	該当者なし
6	1924	1	102	ウィレム・アイントホーフェン（ライデン大学・オランダ）
7	1925	8	155	該当者なし
8	1926	3	102	ヨハネス・フィビゲル（コペンハーゲン大学・デンマーク）
9	1927	1 (1)	108	ユリウス・ワーグナー＝ヤウレック（ウィーン大学・オーストリア）

*（ ）内は日本人の数

1921年（大正10）

物理学賞

相対性理論ではなく、光電効果に関する研究で受賞したアインシュタイン

光の速度が不変であることをもとに、相対性理論を築いたことで有名な**アルベルト・アインシュタイン（ドイツ）**にもかかわらず、相対性理論がノーベル賞の受賞理由にあげられなかったのは、彼がユダヤ人であったことが関係していたとも言われている。

1879年（明治12）ドイツのウルムでユダヤ人の両親の元に生まれたアインシュタインは、チューリッヒ工科大学卒業後に大学の職を得られず、スイス特許局に就職した。1905年、弱冠26歳の若者が仕事の傍ら書きあげた3本の論文が、後の科学界に多大な影響を及ぼすことになった。最初の論文は「光電効果」に関するものであった。光電効果とは、波長の短い電磁波を金属に当てると電子が飛び出してくる現象のことで、当時「光」は波として扱われていたため、この現象をうまく説明することが出来なかった。アインシュタインは光が「波と粒子」の両方の性質を持つとすると、光電効果を説明できることを証明した。この成果は、後の量子力学の構築につながるものであった。2本目に発表されたブラウン運動に関する論文によって、念願の博士号を取得することになる。そして3本目に発表された「特殊相対性理論」によって、彼の名声は揺るぎないものとなった。その後、広範囲の現象に当てはまるよう理論を発展させ、1915年（大正4）には「一般相対性理論」が完成した。

例えば時速100キロメートルで走っている電車に乗っているときに、進行方向へ時速50キロメートルの速さの球を投げた場合、電車を横から眺めている人にとっては、球速は時速150キロメートルになる。このように速度は「相対的」なものであるが、光にはこれが当てはまらない。実験によって「光の速度は常に一定である」ことが示されていたからだ。光速度の「絶対性」を解くカギを「時間」と「空間」に求めたのが相対性理論である。にわかには信じがたいが、動いているものは止まっているものより時間の進み方が遅く、また動いているものは長さが縮むというのだ。相対性理論により「時間」や「空間」は絶対的ではなく相対的なものだと考えれば、光速度の一定性が保たれることが示された。

相対性理論の確立によって名声を得たアインシュタインは、1921年にノーベル物理学賞を受賞する。ただし、受賞理由となったのは「光電効果の法則の発見」であった。「ノーベル賞は人類に大きな価値をもたらす発見」に授与されることから、特殊な状況でしか恩恵をもたらさない相対性理論よりも、光電効果の研究のほうが評価されたと伝えられている。ただし、当時すでにドイツによるユダヤ人排斥運動が進んでいたことから、彼の最大の業績を受賞理由としないことで、ユダヤ人の評価が上がることを避けるもくろみがあったとも言われる。アインシュタイン自身はそのような政治的思

物理学	アルベルト・アインシュタイン（カイザーヴィルヘルム協会・独）	理論物理学への貢献、特に光電効果の法則の発見
化学	フレデリック・ソディ（オックスフォード大学・英）	放射性物質の化学に関する研究、同位体の起源と特性に関する研究
生理学・医学	該当者なし	
文学	アナトール・フランス（詩人、小説家、批評家・仏）	スタイルの高貴さ、人間への深い共感、そして真のガリア人気質であることを特徴とする文学的成果
平和	カール・ヤルマール・ブランティング（スウェーデン王国首相・スウェーデン）	スウェーデン王国首相、国際連盟評議会のスウェーデン代表としての活動
平和	クリスティアン・ランゲ（ノーベル委員会の事務総長・ノルウェー）	ノルウェー・ノーベル委員会の事務総長、列国議会同盟の事務局長としての活動

この年の出来事
【世界】9カ国が参加したワシントン会議で太平洋に関する四カ国条約調印。翌年海軍軍縮条約。ヒトラーがナチ党の党首に就任。中国共産党が結成される。【日本】原敬が暗殺され高橋是清内閣が成立。

惑をもろともせず、物理現象のさらなる統一化を目指して「統一場理論」の研究に没頭した。

1933年（昭和8）、ナチスの台頭に身の危険を感じた彼は、講演で訪れていたアメリカにそのまま亡命し、プリンストン高等研究所に安住の場を求めた。しかし、亡命後も時代は彼を翻弄する。母国ドイツは周辺国への侵入と併合を繰り返し、1939年いよいよ第二次世界大戦が勃発する。くしくもその前年には、ドイツ人化学者ハーン、オーストリアの物理学者マイトナーによって、ウランの原子核分裂が発見された。これはアインシュタインの提唱した特殊相対性理論をもとに、質量がエネルギーに変換できることを実証したものである。この成果をもとにナチスドイツが爆弾の開発を行うことを恐れた物理学者たちは、ドイツに対抗すべくアメリカで原子爆弾の開発をすることを、大統領のローズヴェルトに提案した。

すでに平和活動に身を投じていたアインシュタインも、この書簡に署名している。これに従い進められた「マンハッタン計画」によって人類初の原子爆弾の開発に成功したアメリカは、1945年8月、広島と長崎に原爆を投下した。アインシュタインはノーベル賞受賞後の1922年に講演で日本を訪れ、こよなく日本を愛したという。彼は、間接的とはいえ、自らの研究が日本に甚大な犠牲をもたらすきっかけになったことに苦悩し、後に「原子科学者協会」の議長となって核兵器の廃絶を強く訴えた。1955年（昭和30）、没して3カ月後に生前に署名していた政治的な思想を越えて核廃絶を主張する「ラッセル＝アインシュタイン宣言」が発表された。

1901〜1930

第5回ソルベー会議の出席者。1927年（昭和2）年開催。ソルベー会議はエルネスト・ソルベーがヘンドリック・ローレンツ（オランダ、1902年物理学賞受賞）やヴァルター・ネルンスト（ドイツ、1920年化学賞受賞）の協力で開催した国際的な物理学に関する会議。第1回は1911年で、現在も化学分野を含めて継続されている。参加者は会議からの招待。**アインシュタイン**は第1回にも招待されていたが、第5回は特にその時代を代表する最高レベルの物理学の頭脳が集結した。会議は毎回テーマを決めて議論が進められ、第5回は「電子と光子」だった。
出席者は前列左から3番目に**マリ・キュリー**、4番目にローレンツ、5番目にアインシュタインのほか中央列の右端のボーア、後列右から3番目に**ハイゼンベルク**、4番目にパウリなど、多数のノーベル賞受賞者など錚々たるメンバーが揃った。

47

1922年（大正11）

物理学賞

「量子力学の父」ニールス・ボーアに物理学賞

「量子」という概念が生まれるきっかけとなったのは、19世紀後半のヨーロッパでの製鉄業の繁栄であった。当時、良質な鉄を得るべく、溶鉱炉中の鉄の温度を正確に測る方法が模索されていた。物質を熱する温度と、その温度で物質が放つ色との関係を調べた研究から、ドイツ人物理学者の**マックス・プランク**（1918年物理学賞）によって「量子」が提唱されたのが1900年のことである。これを発展させ「量子論」を築きあげたのが**ニールス・ボーア**である。

1885年、デンマークに生まれたボーアはコペンハーゲン大学で学んだ後、イギリスのケンブリッジ大学で、ノーベル賞受賞者である**ジョゼフ・ジョン・トムソン**（1906年物理学賞）、マンチェスター大学で**アーネスト・ラザフォード**（1908年化学賞）に師事した。「あらゆる物質は、原子というそれ以上分解できない粒から成る」という考えは、すでに古代ギリシアから存在していた。しかし、19世紀初頭にトムソンらが電子を発見、ラザフォードによって原子核が発見されると、原子はもはや「分割不可能」な粒ではなくなり、その構造を表すモデルが提唱された。それらの原子モデルの欠点を克服するために、ボーアが取り入れたのが「量子」の概念である。これをもとに新たな「原子模型」を提唱したのは、彼が弱冠28歳のときであった。この功績が認められ1922年にノーベル物理学賞を受賞した。

19世紀には光は「波」であると考えられていた。しかし、光は波であると同時に「粒子」の性質を持つことを提唱したのが**アインシュタイン**である。1924年には**ド・ブロイ**（フランス、1929年受賞）が今度は、電子は粒子であると同時に「波」の性質を持つことを提唱した。電子が波であるとは実感しがたいが、量子論によれば電子はわれわれが観測していないときには波のように広がっており、電子が「ある場所」にいるかどうかは、偶然によって決定されるという。これが量子論の「不確定性原理」である。この考えに批判的だったアインシュタインは度々ボーアと論争を起こし、「神はサイコロを振らない（偶然に頼った采配はしない）」と主張した。

第二次世界大戦最中の1943年、ボーアはドイツに占領されたデンマークからイギリスを経てアメリカへ移る。ナチスドイツに対抗すべく、すでにアメリカで進められていた原子爆弾の製造計画にボーアも加わった。後にこれを後悔した彼は、戦後、スイスのジュネーヴにあるCERN（欧州原子核研究機関）の設立に貢献し、原子力の平和的利用の推進に努めた。

ボーア（右）とアインシュタイン。

物理学	ニールス・ボーア（コペンハーゲン大学・デンマーク）	原子の構造と原子から放出される放射線の研究
化学	フランシス・アストン（ケンブリッジ大学・英）	質量分析計の開発と非放射性元素における同位体の発見
生理学・医学	アーチボルド・ヒル（ロンドン大学・英）	筋肉中の熱の発生に関する発見
	オットー・マイヤーホフ（キール大学・独）	酸素消費量と筋肉における乳酸生成の関係を発見
文学	ハシント・ベナベンテ（劇作家・スペイン）	傑出した手法でスペインの演劇のレベルを高めた功績
平和	フリチョフ・ナンセン（科学者、探検家、政治家・ノルウェー）	戦争難民の帰国援助、飢餓難民の救済活動

この年の出来事

【世界】ソヴィエト社会主義共和国連邦成立。ツタンカーメン王の墓が発見される。【日本】日本共産党結成。「ひとつぶ300メートル」のグリコキャラメルが発売される。

1923年（大正12）

生理学・医学賞

不治の病といわれた糖尿病に光明。インスリンの抽出に成功

　糖尿病の歴史は古く、最古の文献は3500年以上も前の、エジプト王朝時代のパピルスに見ることができる。糖尿病になると視力低下や神経障害、意識障害や性機能障害などの症状を呈し、感染症にかかりやすくなるのが特徴で、長い間原因不明の不治の病として恐れられていた。糖尿病の原因究明、治療法の開発に大きく貢献したのが、1923年にノーベル生理学・医学賞を受賞した**フレデリック・バンティング**らである。

　1891年（明治24）カナダに生まれたバンティングは、トロント大学で神学を学んだ後、医学に転向。第一次世界大戦時に医療部隊員として活躍した後、開業医をしていた。当時すでにドイツの**オスカル・ミンコフスキー**によって、犬の膵臓を摘出してしまうと、糖尿病になることがわかっていた。そのため、膵臓から糖尿病の特効薬になるような物質を抽出しようと、多くの科学者が取り組んだが、すべて徒労に終わっていた。

　1921年、ある論文をヒントに抽出方法を思いついたバンティングは、母校トロント大学の**ジョン・ジェームズ・リチャード・マクラウド**（イギリス）教授に頼み込み、夏休みの休暇中だけという約束で研究室を借りて実験を行った。研究助手の**チャールズ・ベスト**とともに、犬の膵臓から得た抽出物を使って実験を繰り返し、トロント大学付属病院に入院していた重い糖尿病を患った少年に、その抽出物を注射する機会を得た。注射の効果は見られたものの、不純物が含まれていたためかアレルギー反応を起こしたため、生化学者の**ジェームス・バートラム・コリップ**の助けを得て、純度をあげて再度抽出を行った。その結果、死の目前とまで言われていた少年は、みるみるうちに回復。この出来事は「バンティング・ベストの奇跡」とさえ言われた。

　膵臓からの抽出物は「インスリン」と名付けられ、1922年には臨床で用いられるようになった。1923年、マクラウド教授とともにバンティングはノーベル生理学・医学賞を受賞。研究助手のベストやコリップに敬意を表して賞金を分かち合ったという。インスリンの発見によって、それまで有効な特効薬がなかった糖尿病で苦しむ多くの人々が救われたことは言うまでもない。

バンティング（右）と助手のベスト。手前は実験で使われた犬。トロント大学の病院棟の屋上で1921年に撮影された。

物理学	ロバート・ミリカン（カリフォルニア工科大学・米）	電気素量の計測と光電効果に関する研究
化学	フリッツ・プレーグル（グラーツ大学・オーストリア）	有機物の微量分析法の発明
生理学・医学	フレデリック・バンティング（トロント大学・カナダ）、ジョン・ジェームズ・リチャード・マクラウド（トロント大学・英）	インスリンの発見
文学	ウィリアム・バトラー・イェイツ（詩人、劇作家・アイルランド）	高い芸術性を持つ詩、戯曲でアイルランドの文学界に多大な貢献
平和	該当者なし	

この年の出来事

【世界】ソ連指導者レーニンが脳溢血で倒れ、スターリンによる独裁が始まる。【日本】9月1日、関東大震災発生。死者・行方不明14万人以上。混乱の中で朝鮮人虐殺。甘粕事件。

1924年（大正13）

生理学・医学賞

心臓に生じる電位の観察方法を考案。心電図の基礎を築いた

1901〜1930

いまや人間ドックなどでは当たり前のように行われている「心電図」の検査。何気なく受けているこの検査技術は、一人の医師の卓越した発想力と地道な観察の賜物である。

心電図の考案者として知られる**ウィレム・アイントホーフェン**は1860年（万延元）生まれのオランダ人。父親はジャワで医者をしていたという。1878年からオランダのユトレヒト大学で彼自身も医学を志し、1886年にライデン大学の教授に就任した。

それより1世紀近く前の1780年のこと、イタリアの解剖学者であった**ルイージ・ガルヴァーニ**は、カエルの筋肉が電気に反応することに気がついた。ガルヴァーニ自身はこの電気が筋肉から生じると考え、これを「動物電気」と呼んだ。今ではこの考えは間違いであることがわかっているが、この発見が後の電気生理学、神経生理学の発展につながる。

ガルヴァーニの発見以降、研究が進むにつれ、体内にかすかな電位が生じることは明らかになったが、その電位があまりに微弱過ぎて、当時は観察する方法がなかった。そこでアイントホーフェンが考案したのが「つり線検流計」である。検流計そのものは磁場を横切るようにごく細い導線を張ったもので、原理としては、電流が導線に伝わると、磁力線の方向と導線の角度が変化することで電位が発生したことがわかるというものである。この装置によって心臓に生じる電位を記録することに成功したアイントホーフェンは、地道で詳細な観察を続け、電位の変化と心臓の状態には重要な関係があることを見出した。

これが今日まで行われている心電図検査の基礎となっている。これらの功績が認められて1924年にノーベル生理学・医学賞を受賞した。今でも、心臓が電気的に中心になるように置いた3つの電極を結んだ形を、「アイントーヴェン（アイントホーフェン）の三角形」と呼んでいる。

■文学賞

この年のノーベル文学賞に輝いたのはポーランドの作家**ウワディスワフ・レイモント**であった。代表作となった『農民』は、ポーランド農民の春夏秋冬の生活を描いた作品で、彼自身の農村への愛情があふれた傑作である。

アイントホーフェンの受賞前、1911年にイギリスで製造された心電図測定装置。

物理学	マンネ・シーグバーン（ウプサラ大学・スウェーデン）	X線分光法の発見と研究
化学	該当者なし	
生理学・医学	ウィレム・アイントホーフェン（ライデン大学・オランダ）	心電図法を発明
文学	ウワディスワフ・レイモント（小説家・ポーランド）	春夏秋冬のポーランド農民の生活を描いた作品『農民』
平和	該当者なし	

この年の出来事

【世界】ジュネーヴ議定書（国際紛争平和的処理議定書）調印。伊の総選挙でファシスト党が勝利。米で先住民に市民権。モンゴル人民共和国成立。【日本】第二次護憲運動、加藤高明護憲三派内閣成立。阪神甲子園球場オープン。

1925年（大正14）

化学賞

コロイドの研究に一生を捧げる

牛乳や墨汁などは液体でありながら、塩水や砂糖水のような透明さがない。中に混じっている物質が、塩や砂糖よりも大きいからだ。牛乳や墨汁のような性質を持つ物質は「コロイド」と呼ばれる。粘性は違うが、化粧品の乳液やマヨネーズ、ゼリーもコロイドである。コロイドの中に混じっている物質を「コロイド粒子」という。コロイド粒子の直径は1ナノメートルから100ナノメートルほどで、たとえば「ろ紙」はくぐり抜けることができるが、セロハンを通ることはできない。

コロイド研究に一生を捧げたリヒャルト・ジグモンディは、1865年（慶応元）ウィーン生まれ。ミュンヘン大学で有機化学を修めた後、1897年にはイエナのガラス会社の研究員となった。ガラスの着色や曇りガラスの製造に使われるコロイドに興味を持った彼は、数々の色ガラスを作り、有名な「イエナミルクガラス」を考案した。雑貨屋などで、不透明な乳白色のレトロな雰囲気を持つガラス製品を目にしたことがあるだろう。

当時、普通の顕微鏡ではコロイド粒子を観察できないことが、研究の妨げとなっていた。この難点を克服すべく彼が考案したのが「限外顕微鏡」である。コロイドはいくつかの特徴的な性質をもつ。「チンダル現象」もその一つで、コロイド溶液に横から光線を当てると、溶液に一筋の光が浮かび上がる。コロイド粒子はある程度の大きさを持つため、粒子にぶつかって散乱された光が見えるのである。この性質を利用したのが限外顕微鏡である。開発にはイエナにあるツァイス研究所が関わった。この顕微鏡によってコロイド粒子の位置が確認できるようになり、後のコロイド研究に大きく貢献した。その栄誉を讃えてノーベル化学賞が贈られた。

■文学賞

辛辣な風刺によって一世を風靡したジョージ・バーナード・ショー（アイルランド）が、この年のノーベル文学賞を受賞した。1856年にアイルランドで生まれた彼は独学で執筆を始め、多くの戯曲や評論を残した。代表作に『ピグマリオン』『シーザーとクレオパトラ』『人と超人』などがある。

『ピグマリオン』の構想を練るジョージ・バーナード・ショー。

1901～1930

物理学	ジェイムス・フランク（ゲッティンゲン大学・独）、グスタフ・ヘルツ（ハレ大学・独）	電子と原子の衝突に関する法則を発見
化学	リヒャルト・ジグモンディ（ゲッティンゲン大学・オーストリア）	コロイド溶液の異質性を実証し、コロイド化学の基盤を確立
生理学・医学	該当者なし	
文学	ジョージ・バーナード・ショー（劇作家、批評家、教育家・アイルランド）	独特の詩的な美しさを持つ刺激的な風刺に満ち、理想主義と博愛主義を貫いた作品
平和	チャールズ・G・ドーズ（米副大統領・米）	ドイツ経済を安定させることで対仏の緊張を緩和
	オースティン・チェンバレン（政治家・英）	ヨーロッパにおける国際紛争の平和的解決を目指すロカルノ条約締結を主導

この年の出来事

【世界】ムッソリーニがファシストの独裁を宣言。独でナチス親衛隊設立。【日本】治安維持法公布。普通選挙法公布。東京放送局（NHK）がラジオ放送開始。

1926年（大正15・昭和元）

物理学賞
物質が原子からできていることを初めて実証した

スコットランドの植物学者ロバート・ブラウンが有名な「ブラウン運動」を見つけたのは、1827年（文政10）のことである。外からなんの力を加えなくても、花粉が水の中で素早い不規則な動きをすることを発見したのだ。その後、花粉だけではなく鉱物や金属などの微粒子も、同様の動きをすることがわかった。当時はその動きの正体が明かされることもなく、その重要性が理解されることもなかった。

その後何十年もの時を経て、再びブラウン運動に光を当てたのが、かのアインシュタインである。彼はブラウン運動によって、当時はまだ明らかにされていなかった「原子」の存在を証明することができると考えた。水の中ではどんな物体も、あらゆる方向からたくさんの水分子の衝突を受ける。もし、その物体がとても小さいものであった場合には、衝突する水分子の数が限られるだろう。彼は1回の衝突によって起こる物体の動きを想定して、ブラウン運動を記述した方程式を導いた。もし、必要な観測値さえ得られれば、この式によって原子の大きさも導かれるはずであった。

アインシュタインの方程式を実証したのが、フランスの物理学者ジャン・ペランである。1870年（明治3）にフランスのリールに生まれた彼は、1910年からソルボンヌ大学で教授を務めた後、1936年（昭和11）にはフランス第一次人民戦線内閣に科学研究担当次官として入閣した。

ペランの行った実験はシンプルなものである。容器に入った水の中に浮かぶ小さな粒子を、高さごとに数えたのである。粒子の密度は水分子の衝突の結果である。このような観測から、ブラウン運動は分子の熱運動によることが明らかになった。さらに観測値をアインシュタインの方程式に当てはめることで原子の大きさが測定された。原子の存在が、この世で初めて実証されたのである。これらの業績に対してノーベル物理学賞がペランに贈られた。

■生理学・医学賞

この年のノーベル生理学・医学賞はデンマークのヨハネス・フィビゲルが受賞した。コペンハーゲン大学で医学を修めた後、ドイツで細菌学者コッホやベーリング（ともに生理学・医学賞受賞）に師事して細菌学を学んだ。

フィビゲルは胃がんのマウスにのみ寄生する線虫がいることを発見した。この線虫はマウスのエサであるゴキブリに付着しているものであったことから、健康なマウスにこのゴキブリを食べさせたところ、胃がんが発生した。この実験でがんが寄生虫によって発生することが示されたとして、フィビゲルにノーベル賞が贈られた。ただし後に、ビタミンAの欠乏ががん発生の主となる原因だと判明して、寄生虫発がん説は否定された。

ジャン・ペラン。1927年頃の撮影。

物理学	ジャン・ペラン（ソルボンヌ大学・仏）	物質の不連続構造に関する研究、特に沈降平衡の発見
化学	テオドール・スヴェドベリ（ウプサラ大学・スウェーデン）	高分子のコロイド溶液などの分散系に関する研究
生理学・医学	ヨハネス・フィビゲル（コペンハーゲン大学・デンマーク）	寄生虫によるがん発生に関する研究
文学	グラツィア・デレッダ（詩人、小説家・伊）	故郷サルデーニャ島を舞台に、人間の苦悩と救済をテーマにした物語を展開
平和	アリスティード・ブリアン（元仏首相・仏）、グスタフ・シュトレーゼマン（元独首相・独）	ロカルノ条約の締結に尽力

この年の出来事

【世界】独が国際連盟に加盟、常任理事国になる。蒋介石の国民革命軍が北伐を開始。【日本】労働農民党結成。十勝岳が大噴火（死者・行方不明者144名）。

1927年（昭和2）

物理学賞

自然への憧憬から発案された「霧箱」は原子物理学に大きな進歩をもたらした

科学館などに置いてある「霧箱」をご存じだろうか。放射線研究の発展に多大な貢献をしたこの装置は、山頂から眺めた光に映える雲の美しさに魅了された、一人の物理学者によって生み出された。

霧箱の開発者である**チャールズ・ウィルソン**は1869年（明治2）イギリスのエジンバラで生まれた。動物学を専攻していたが、ケンブリッジ大学に移ってからは物理学に転向した。気象に興味があり、1894年にイギリスのベン・ネヴィス山頂の観測所に滞在の機会を得た。そこで目にした光と雲が織り成す自然現象の美しさに魅了され、これを実験室で再現しようとしたのが、霧箱の作成のきっかけであった。

密閉容器に水分を含む空気を入れて減圧すると霧が発生する。このとき水滴が付着できるようなホコリや塵などの「核」があることが、霧の発生の条件であると考えられていた。しかし、ホコリや塵をきれいに取り除いてしまっても、霧が発生することをウィルソンは見いだした。「核」の正体が空気中の「イオン」ではないかと考えたウィルソンは、試しに霧箱にX線を当てて観察を行った。すると、より多くの霧が発生することがわかった。X線のような放射線には「電離作用」といって、原子の中の電子を弾き飛ばして、原子を陽イオンに変える作用がある。X線によってイオンが増えたことで、これを核として霧が発生しやすくなったのだ。

もし、霧箱内の空気が水分を過剰に含んでいれば、放射線が通る度に次々とイオンができ、その周りに霧が発生することで、放射線の通り道が目に見えるようになる。この原理により、霧箱は後の放射線研究になくてはならない道具となった。

1911年（明治44）に完成した霧箱は、さらに放射線が観察しやすいように改良が加えられ、陽電子の発見や**アーサー・コンプトン**（アメリカ）のコンプトン効果の研究などに多くの成果をもたらした。霧箱を利用したこれらの研究に携わった者の中からも、多くのノーベル賞受賞者が生まれている。

■文学賞

この年のノーベル文学賞は、フランスの哲学者**アンリ・ベルクソン**が受賞した。1859年（安政6）パリに生まれたベルクソンは、1900年にコレージュ・ド・フランスの教授に就任、『現代哲学講義』で名声を博した。豊かで活気ある思想と卓越した筆力で、多くの著作が評価された。

1901〜1930

ウィルソンが発明した霧箱。

物理学	アーサー・コンプトン（シカゴ大学・米）	光の粒子性を証明するコンプトン効果の発見
	チャールズ・ウィルソン（ケンブリッジ大学・英）	帯電した粒子の軌跡を可視化する方法の開発
化学	ハインリッヒ・ヴィーラント（ミュンヘン大学・独）	胆汁酸と関連物質の構造研究
生理学・医学	ユリウス・ワーグナー＝ヤウレック（ウィーン大学・オーストリア）	麻痺性認知症の治療におけるマラリア接種の治療効果の発見
文学	アンリ・ベルクソン（哲学者・仏）	豊かで活気あるアイデアと卓越した技術に対して
平和	フェルディナン・ビュイソン（政治家・仏）	独仏の緊張緩和の貢献に対して
	ルートヴィッヒ・クヴィデ（平和運動家・独）	独仏の緊張緩和の貢献など一連の平和運動

この年の出来事

【世界】 日英米のジュネーヴ軍縮会議が決裂。中国の北伐軍が上海、南京を占領。蒋介石が上海で反共クーデターを起こす。**【日本】** 片岡蔵相の「東京渡辺銀行が破綻」との発言で、昭和金融恐慌が始まる。

1928年（昭和3）

化学賞

紫外線照射でステロイドの一種からビタミンDができることを発見

この年、化学賞を受賞した**アドルフ・ヴィンダウス**は1876年（明治9）ベルリン生まれ。フライブルク大学で医学を学んだ後、ベルリン大学にいた1902年のノーベル化学賞受賞者である**エミール・フィッシャー**のもとで化学を志す。彼が取り組んだのはステロイドの一種である「コレステロール」の構造に関する研究であった。ヴィンダウスは研究の過程で「エルゴステロール」に紫外線を当てると、ビタミンDに変化することを見出した。コレステロールはすべての細胞の膜の主要構成成分であるが、エルゴステロールは植物や酵母が持つステロイドである。

彼が発見した過程は、人の皮膚で「7-デヒドロコレステロール」からビタミンDが作られる過程に酷似していたことから、「くる病」発症の究明に大きな知見を与えた。当時すでに「くる病」の予防に日光が有効であることは知られていた。骨の石灰化異常によって生じる「くる病」の原因は様々だが、現在ではビタミンDの欠乏がその一因になることはよく知られている。その後、ヴィンダウスはビタミンDの単離にも成功し、これらの業績によりノーベル化学賞を受賞した。

■生理学・医学賞

同年、生理学・医学賞に輝いた**シャルル・ジュール・アンリ・ニコル**は、1866年（慶応2）フランスのルーアン出身。1892年にパストゥール研究所で細菌学の研究を始める。その後、当時フランスの植民地であったチュニジアのパストゥール研究所に赴任。当地で大流行していた風土病「発疹チフス」の研究に勤しんだ。

伝染性の強い発疹チフスが、病院内では感染しないことから、ニコルは患者の身に付けているものに着目し、病気の原因を媒介するものが「シラミ」であることを見出した。この発見をもとに発疹チフスの感染予防に努め、第一次世界大戦中の感染拡大を未然に防ぐことができた。この功績が認められノーベル賞を受賞。ちなみに発疹チフスの病原体は「リケッチア」の一種であるのに対し、「腸チフス」は「サルモネラ菌」が原因となる。彼の研究は、後にこれらの病原体発見にもつながった。

シャルル・ジュール・アンリ・ニコル。発疹チフスは衣服が広めていることを推察したニコルは着替えや入浴を推奨した。その後、チンパンジーを使った実験でシラミが媒介者であることを確定した。

物理学	オーエン・リチャードソン（ロンドン大学・英）	熱電子の研究とリチャードソン効果の発見
化学	アドルフ・ヴィンダウス（ゲッティンゲン大学・独）	ステロイドの構成とビタミンの関連性についての研究
生理学・医学	シャルル・ジュール・アンリ・ニコル（パストゥール研究所・仏）	チフスに関する研究
文学	シグリ・ウンセット（小説家・ノルウェー）	主に中世における人生について、堅実な歴史的知識、深い心理的洞察力、鮮やかな想像力を駆使して描写
平和	該当者なし	

この年の出来事

【世界】日本の関東軍が張作霖を爆殺。日米仏など15カ国がパリ不戦条約（ケロッグ・ブリアン条約）調印。【日本】初の男子普通選挙による総選挙実施。

1929年（昭和4）

生理学・医学賞

ビタミンに関する2つの研究が同時受賞

この年の生理学・医学賞を受賞した2つの独立した研究が、どちらもビタミンに関するものであったことは偶然ではないだろう。ビタミンの存在が明らかになったのは、20世紀に入ってからのことである。

1858年（安政5）オランダに生まれた**クリスティアーン・エイクマン**は、アムステルダム大学で医学を学んだ後、当時のオランダ領東インドで軍医として従事する。同地では「脚気」が流行しており、その原因究明のため送り込まれたのだ。この任務を勧めたのは著名な細菌学者コッホ（1905年生理学・医学賞）であったという。当時、脚気は何らかの病原体による感染症だと考えられていた。

赴任してすぐに、エイクマンはニワトリが脚気によく似た症状を示すことに気がついた。ニワトリのエサに原因があると考えた彼は、エサを白米のみ、または玄米のみにしてニワトリに与えた。すると、白米を与え続けたニワトリのみが、脚気の症状を現すことがわかった。今では、玄米の米ぬかに含まれるビタミンB_1が脚気予防に効果があることが明らかになっている。しかしエイクマン自身は、玄米の中に含まれる「解毒作用」のある物質が、脚気に効果があると考えていたという。この考え自体は誤りであったが、後に彼の後継者によって玄米に含まれるビタミンが単離された。その功績を称えて、エイクマンにノーベル賞が与えられた。

生理学・医学賞のもう一人の受賞者である**フレデリック・ホプキンズ**は1861年（文久元）、イギリスに生まれた。ロンドンのガイ病院医学校に学び、ケンブリッジ大学で生化学の教授を務めた。彼はネズミを使った実験から、生体を維持するにはタンパク質や炭水化物などの栄養素以外にも、何か別の要素が必要だと考えた。この着想が、後のビタミンの発見につながったことがノーベル賞の受賞理由である。その他にも彼の業績は数多く、たとえばアミノ酸の一種トリプトファンの単離に成功している。さらに、筋肉収縮における乳酸の発生を明らかにしたり、尿酸に関する研究を行ったりするなど、生化学の分野に貢献した。

ちなみに、「ビタミン」という名称はこの年より以前の1911年（明治44）に、米ぬかに含まれる栄養素の研究をしていたポーランドの化学者**カシミール・フンク**によって付けられた。また、ビタミンの単離に最初に成功したのは、栄養生化学の父、アメリカ出身の化学者**エルマー・マッカラム**で1914年のことである。ただし、彼らにノーベル賞が与えられることはなかった。

クリスティアーン・エイクマン。

物理学	ルイ・ド・ブロイ（ソルボンヌ大学・仏）	電子の波としての性質を発見
化学	アーサー・ハーデン（ロンドン大学・英）、ハンス・フォン・オイラー＝ケルピン（ストックホルム大学・スウェーデン）	砂糖と発酵酵素の発酵に関する研究
生理学・医学	クリスティアーン・エイクマン（ユトレヒト大学・オランダ）	抗神経炎ビタミンの発見
	フレデリック・ホプキンズ（ケンブリッジ大学・英）	成長を促進するビタミンの発見
文学	トーマス・マン（小説家・独）	主に現代の古典として認められた長編『ブッデンブローク家の人々』に対して
平和	フランク・ケロッグ（米国務長官・米）	戦争の放棄、紛争は平和的手段で解決することを規定したケロッグ・ブリアン条約締結に尽力

この年の出来事

【世界】イェルサレムでユダヤ教徒とイスラム教徒が衝突し「嘆きの壁事件」が起きる。米ニューヨーク証券取引所の株価大暴落から世界恐慌が始まる。【日本】共産党員を一斉検挙（四・一六事件）。

1930年（昭和5）

生理学・医学賞
輸血治療に不可欠なABO式血液型の発見

A型、B型、O型といった血液型は1901年にオーストリアの**カール・ラントシュタイナー**が発見した。

人類にとって輸血は長年の課題であった。動物からヒト、ヒトからヒトへの輸血が試みられた記録は古くからあり、19世紀になると欧米の戦場で実施されたという資料もあるが、溶血や凝集のトラブルから成功例は少なかったようだ。そこへラントシュタイナーは「血液には型があり、遺伝子が発現する抗原により3つに分類できる」と説明した。現代人に馴染みのあるA型、B型、O型のことである。それぞれに異なる抗原を持っているから、別抗原を持つ他人の血液が輸血されると溶血や凝集を引き起こすという理論である。1902年には別の学者がAB型を発見し、現在のABO式の血液型が出揃った。

ABO式に沿った血液の組み合わせを実施することで、輸血のリスクは大幅に低下した。大量失血がほぼ死に直結する時代にあって、失血ダメージを輸血で回復できる可能性が高まったことは、長年にわたる人類の望みの一つが叶えられたといえる。

ラントシュタイナーの探求心は収まらなかった。1910年には血液型がメンデルの法則に従い遺伝することを発見。さらに、血液に人体に無害なクエン酸ナトリウムを混ぜれば体外でも固まらないことを1914年に発見し、輸血のハードルをまた一つクリアした。1930年にはABO式血液型の発見を評価されてノーベル賞を受賞。発見から30年が経っていた。研究への熱意は止むことなく、1940年にはRh式血液型の発見に至る。

ABO式血液型の発見は輸血を容易にした。今日では乾燥血液を用いた犯罪捜査の実施、血液の遺伝要素を利用した親子関係特定や地域特性分析の実施など、多方面に貢献している。

■化学賞

この年、同じ血液に関して化学分野でも授賞があった。血液や葉の色素研究に勤しんでいた**ハンス・フィッシャー**（ドイツ）は、動物の赤血球中のヘモグロビンと、植物の光合成に関わるクロロフィル（葉緑素）とが、いずれもポルフィリンという化合物でよく似た分子構造を持つことを発見した。以降、ポルフィリンに関する研究が活発になる。

■物理学賞

チャンドラセカール・ラマン（インド）が海面が青く光ることへの疑問を発端に「ラマン効果」などを発見。近年急速に普及した光ファイバー通信には、ラマン効果による技術が利用されている。

カール・ラントシュタイナー。

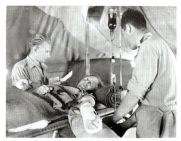

第二次世界大戦中の輸血治療の様子。イギリスの軍病院。

物理学	チャンドラセカール・ラマン（カルカッタ大学・インド）	光の散乱に関する研究とラマン効果の発見
化学	ハンス・フィッシャー（ミュンヘン工科大学・独）	ヘミンとクロロフィルの構造の研究、特にヘミン合成の研究
生理学・医学	カール・ラントシュタイナー（ロックフェラー医学研究センター・オーストリア）	人間の血液型の発見
文学	シンクレア・ルイス（小説家、劇作家・米）	躍動感あふれる描写と社会風刺の利いたユーモアで新しいタイプの文学を創出
平和	ナータン・セーデルブロム（神学者・スウェーデン）	エキュメニズム（キリスト教相互の団結）や教会の世界平和への参画を主導

この年の出来事

【世界】 独の総選挙でナチ党が大躍進。インドで「塩の行進」を行ったガンディーが逮捕される。ホー・チ・ミンが香港でベトナム共産党を結成。**【日本】** 世界恐慌が波及（昭和恐慌）。北伊豆地震で死者・行方不明者272人。

1931年（昭和6）

平和賞

貧困者支援から国際平和で活動したソーシャルワークの先駆者

1889年（明治22）、**ジェーン・アダムズ**（アメリカ）はシカゴの貧民街にあった古い大邸宅を活用して「ハルハウス」を設立、貧困者支援活動に従事した。彼女のハルハウスは貧困者をたんに救済するのではなく、施設を拠点に豊富な教育機会を提供することで、貧困者自身による自立を目指した。施設内には、教育や福祉などの専門知識や技術を持つ人々が多数住み込み、地域住民と交流しながら教育を浸透させていった。

こうした活動形態は当時「セツルメント」と呼ばれ、19世紀末に欧米で生まれて以来、拡がりつつあった。世界初のセツルメントは、英国の学者**アーノルド・トインビー**の呼びかけに応じて1884年に司祭らでロンドンに開設した「トインビー・ホール」。ここを見学して大いに触発されたジェーンが、5年後に完成させたのがハルハウスである。

同所の役割は多岐にわたった。料理や裁縫などの生活技術も教え、音楽や演劇や絵画で文化を創造し、保育所や運動場、食堂の開設で生活を補助する一方、デイケア活動やホームレス収容など福祉機能も担った。1週間あたり2000人もの貧困者をケアするまで規模は大きくなった。

やがてジェーンは児童就労問題や移民問題、国際平和にも貢献するようになる。1910年（明治43）には全米社会事業会議議長に就任、1914年に第一次世界大戦が起きた際は平和運動を牽引し、1915年には婦人平和会議で議長を務めた。大戦後の1919年には平和と自由国際女性同盟会長に就任するなど、活躍の舞台を拡げ、ついに1931年（昭和6）にノーベル平和賞を受賞する。彼女が目指したものは、現在は社会福祉やソーシャルワークとして世界各地で展開され、引き継がれている。

■化学賞

石炭は燃料として重宝されながらも黒い煤を出す、熱効率が良くない、などの理由から使い勝手はいいとはいえなかった。そこへ救世主が現れた。**フリードリッヒ・ベルギウス**は、1913年、高温高圧下で石炭を液化する「ベルギウス法」を確立。**カール・ボッシュ**は、ベルギウス法を活用して、石炭より熱効率の高いガソリンやメタノール合成に挑み、2人はノーベル賞を受賞する。彼らの技術は、石炭を豊富に産出するドイツのエネルギー事情を好転させ、第二次世界大戦では軍用燃料確保に大いに役立ったという。石油がエネルギーの主役となった戦後も、石油価格高騰時には石炭が注目を集め、彼らの功績およびそこから発展した生成法は活用されている。

脱石油は世界的な傾向だが、日本とオーストラリアは、石炭の中でも活用度の低い褐炭の液化で将来の発電等に利用しようと共同プロジェクトを進めている。ベルギウス法が、また形を変えて生かされることになるかもしれない。

ジェーン・アダムズとハルハウスの子どもたち。

物理学	該当者なし	
化学	カール・ボッシュ（IG ファルベン・独）、フリードリッヒ・ベルギウス（ゴールドシュミット社・独）	高圧化学的方法の発明と開発
生理学・医学	オットー・ワールブルク（カイザーヴィルヘルム協会・独）	呼吸作用の研究
文学	エリク・アクセル・カールフェルト（詩人・スウェーデン）	詩作に対して。1931年4月に死亡した後の受賞
平和	ジェーン・アダムズ（社会事業家・米）	平和と自由国際女性同盟の設立などの社会事業に対して
	ニコラス・バトラー（コロンビア大学総長・米）	国際司法裁判所の創設、米の不戦条約締結推進

この年の出来事

【世界】 米のアル・カポネが脱税により懲役11年が宣告される。関東軍が中国東北部で軍事行動、満州事変が起こる。**【日本】** 軍事クーデター計画発覚（三月事件、十月事件）。サラリーマン金融が登場。

1932年（昭和7）

生理学・医学賞
神経細胞の機能に関する幅広い研究で神経生理学を開拓

我々の身体は、常時膨大な量の情報を受け取っては反応して生命を維持しており、その仕組みを解明するのが神経生理学だ。1932年に生理学・医学賞を受賞した**チャールズ・シェリントン**（イギリス）と**エドガー・エイドリアン**（イギリス）の2人は、近代神経生理学の源を作り上げたと言える。

シェリントンは、1890年代には「一組の筋肉の一方を収縮させると、もう一方に弛緩が起こる」、のちに「シェリントンの法則」と呼ばれる反射活動を発見する。また、「刺激による諸情報をニューロン（神経細胞）が1000分の1秒単位の速さで統合し、指令を繰り出すことで、身体の動きに反映させている」と提唱した。大脳皮質のどの部分がどのような運動を司っているかの研究も行った。

エイドリアンは、カエルの視神経に電極を付け、神経細胞に電流が流れていることを発見した。中枢神経と末梢神経の関係の研究から「皮膚に受けた刺激による興奮は、時間経過とともに減少する」、また「繰り返し同じ刺激に晒されると、大脳制御により認識が減少する」と発表した。痛みの研究にも着手し、大脳皮質において感覚を司る領域を解明していった。

2人の受賞は、これらの研究が神経生理学に大いに貢献したことへの評価だった。

実は、彼らが受賞する20年以上も前の1906年、**サンティアゴ・ラモン・イ・カハール**（スペイン）が「化学物質や電流によってニューロンからニューロンへと情報が伝わる」というニューロン説でノーベル賞を受賞しているのだが、ニューロン間の連結構造を「シナプス」と名付けたのはシェリントンだ。ギリシア語で「一緒に」と「固定する」という意味を持つ言葉を合わせた造語だという。

■物理学賞

ヴェルナー・カール・ハイゼンベルク（ドイツ）は、現代物理学の基礎である「量子力学」を提唱した。量子力学では、主として分子や原子、それを構成する電子などの微細な物理現象を研究対象にする。1933年にノーベル物理学賞を受賞した**エルヴィン・シュレーディンガー**の「波動力学」は「量子力学」とほぼ同じ内容といって差し支えない。

アインシュタインが量子力学への疑問を示したことは知られているが、微小な電子回路の設計や製造に量子力学に基づくシミュレーションが活用されているのも事実。パソコンやスマートフォンなど身近なところに量子力学が応用され、超弩級に計算速度が速い量子コンピュータも実用化に向けて世界中で研究が進められている。

ヴェルナー・カール・ハイゼンベルク。1901年の第1回ノーベル賞の授賞式の5日前に生まれた。早くから理論物理学の分野で頭角を現し、31歳で受賞した。1925年頃の撮影。

物理学	ヴェルナー・カール・ハイゼンベルク（ライプツィヒ大学・独）	量子力学の創始と不確定性原理の発見
化学	アーヴィング・ラングミュア（GE社・米）	界面化学における発見と研究
生理学・医学	チャールズ・シェリントン（オックスフォード大学・英）、エドガー・エイドリアン（ケンブリッジ大学・英）	ニューロンの機能に関する発見
文学	ジョン・ゴールズワージー（小説家、劇作家・英）	『フォーサイト物語』を頂点とする高い芸術性を持つ作品
平和	該当者なし	

この年の出来事

【世界】サウジアラビア王国成立。イラク王国が英から独立。満州国建国。【日本】五・一五事件。この頃、美容室に「パーマ」登場。デパート白木屋で火災。

1933年（昭和8）

生理学・医学賞

モデル生物にショウジョウバエを採用し、遺伝子の存在を証明

　遺伝のからくりは長らくヴェールに包まれていた。親子の形質が似ることについて、例えば17～18世紀のヨーロッパでは前成説といって、生殖細胞あるいは母体のお腹に予め小さな身体がそっくりそのまま宿っているという考えが主流であった。1865年には遺伝学が誕生するきっかけになった「メンデルの法則」が発表されたが、遺伝子の存在に到達するにはまだ時間がかかった。その後、抽象的な概念として遺伝子が考えられるようになっていたが、**トーマス・ハント・モーガン**（アメリカ）は「概念ではなく実際目に見える物質として染色体上に存在する」ことを証明し、ノーベル賞を受賞する。

　彼は実験にショウジョウバエを用いた。染色体上で長さや形など他と違った特徴を持つ突然変異体を見つけ、これを交配して次世代を育てれば何らか違った特性が個体のいずれかの場所に現れる。この実験を重ねることで、個々の遺伝子が染色体のどこに存在するかを特定していったのだ。

　ショウジョウバエは染色体が単純、飼育が容易、一世代が2週間と短く、交配実験に使い易いといった特性があり、現代でも重要な実験生物である。遺伝子の研究ばかりでなく、ヒトをはじめ生物の秘密を解明するための研究素材としても利用されている。

　20世紀の間に遺伝子研究はさらに進み、21世紀になって遺伝子治療という形で医療現場に登場し始めた。現状ではがんの治療が主目的であるが、将来的にはアルツハイマー病やパーキンソン病も視野に入れられている。遺伝子の扉を開いたモーガンの功績は大きい。モーガンの弟子や孫弟子から8名のノーベル賞受賞者が生まれている。

■物理学賞

　エルヴィン・シュレーディンガー（オーストリア）が受賞する前年の1932年、**ハイゼンベルク**は量子力学を「行列力学」の形で発表した（1926年）ことで物理学賞を受賞した。同じ1926年、シュレーディンガーは量子力学を「波動力学」の形で提唱した後、行列力学と同義であることを証明。すなわち、時を同じくして量子力学が2つの方法で示されたのだ。彼が続けて発表した「シュレーディンガー方程式」や「シュレーディンガーの猫」は現在の量子力学のベースになっており、一般向け物理学入門書としてこれらを解説した書籍も少なくない。

　一方、**ポール・ディラック**（イギリス）は、当時まだ発見されていなかった陽子の存在を予言する。1928年に電子を表す量子力学上の方程式「ディラック方程式」を編み出した際、電子が負のエネルギーを持つ状態について「電子と同質量で反対向きの符合を持つ何らかの粒子があるのでは」と考えたものだ。数年後の1932年には**カール・デイヴィッド・アンダーソン**（アメリカ、1936年物理学賞）が絶対量が電子と同じでプラスの電荷を帯びた陽電子（ディラックが考えた陽子ではなく、電子の反粒子）を発見している。

実験飼育中のショウジョウバエ。900種以上いるショウジョウバエのなかで実験で使われるのはキイロショウジョウバエという種類。©Mélanie

1931〜1960

物理学	エルヴィン・シュレーディンガー（ベルリン大学・オーストリア）、ポール・ディラック（ケンブリッジ大学・英）	原子構造に関する理論の発見
化学	該当者なし	
生理学・医学	トーマス・ハント・モーガン（カリフォルニア工科大学・米）	遺伝学における染色体の役割に関する発見
文学	イヴァン・ブーニン（小説家・ソ連）	古典的なロシア伝統の筆致で確固たる散文家としての地位を築いた
平和	ラルフ・ノーマン・エンジェル（政治経済評論家・英）	『大いなる幻影』の著作で戦争を完全否定し、国際平和に貢献

この年の出来事

【世界】 ヒトラーが独首相になり、独裁制始まる。ナチスを恐れドイツ語圏からの頭脳流出が始まる。多くは米へ。
【日本】 国際連盟を脱退。「サイタ サイタ サクラ ガ サイタ」の教科書が採用される。忠君愛国の倫理観が強い内容。

1934年（昭和9）

化学賞

水素の同位体を発見、単離に成功

太陽のエネルギーは、水素の一形態である重水素が核融合反応を起こすことで生まれている。同様の状態を地球上で作ろうとしたのが、水素爆弾であり核融合発電である。重水素の存在は**ハロルド・ユーリー**（アメリカ）が発見した。重水素は水素の同位体。一つの元素が持つ原子構造は1種類とは限らず、正電荷を持つ陽子の数は同じでも中性子の数が異なる構造を持つものを同位体と呼ぶ。1929年に酸素の同位体が発見され、ユーリーは水素の同位体探しに取り掛かる。1932年、電子1個と陽子1個で構成される水素原子に、中性子1個が加わった水素の同位体「重水素」を発見。しかも難しいといわれる同位体の分離（単離）に成功したことでノーベル賞を受賞する。

重水素は地球上の水素原子全体の0.015％しか存在しないが、及ぼす影響は大きい。重水素は原子核が融合することで安定していく。ウランやプルトニウムの原子核が重いために分裂することで安定していくのと対照的だ。ただ、核分裂する原爆に対して重水素が核融合する水素爆弾は1000倍以上の威力といわれている。また、核分裂による原子力発電に対し、核融合による核融合発電は「地球上に太陽を作るようなもの」ともいわれている。

彼は同位体単離の技術を見込まれ、原子爆弾を開発するマンハッタン計画に参加。ウランからウラン235同位体のみを得るガス拡散法を開発し、原爆完成の一翼を担った。

■生理学・医学賞

ジョージ・H・ウィップル（アメリカ）、**ジョージ・リチャーズ・マイノット**（アメリカ）、**ウィリアム・P・マーフィ**（アメリカ）が貧血に対する肝臓療法の発見で受賞した。

100年ほど前の20世紀初めまでは貧血は命を落としかねない病気として恐れられていた。3人は単独または共同研究で、肝臓を食べれば貧血症状が良くなることを発見、のちに肝臓に含まれるビタミンB12という物資が奏功していることを突き止める。この発見を機に貧血は致命的な病ではなくなっていく。

■平和賞

アーサー・ヘンダーソン（イギリス）は労働者階級出身で労働者の地位確立に尽力したが、受賞はその後の活躍に対するものだ。第一次世界大戦後、60歳を過ぎたあたりから英政府外相として国際連盟設立に尽力、1931年にはジュネーヴ軍縮会議の議長に選ばれ、翌1932年からは参加約60カ国間の軍備縮小の交渉に奔走する。しかし、1933年には日本とドイツが国際連盟を脱退、軍縮会議から姿を消し、ドイツは1935年に再軍備を宣言。世界は1939年の第二次世界大戦開戦へと向かう。こうして軍縮会議は途中から暗礁に乗り上げた。にも関わらず第二次世界大戦開戦前に彼が平和賞を受賞したことは、選考委員を含む当時の人々の平和への願いが込められているといえる。

ハロルド・ユーリー。原爆の開発に一役買った彼だが、戦後は核兵器から遠ざかるように地球物理学に研究分野を移した。

物理学	該当者なし	
化学	ハロルド・ユーリー（コロンビア大学・米）	重水素の発見
生理学・医学	ジョージ・H・ウィップル（ロチェスター大学・米）、ジョージ・リチャーズ・マイノット（ハーバード大学・米）、ウィリアム・P・マーフィ（ハーバード大学・米）	貧血の肝臓の食餌療法の発見
文学	ルイジ・ピランデロ（劇作家、小説家・伊）	『作者を探す六人の登場人物』などの戯曲で演劇術に革命を起こした
平和	アーサー・ヘンダーソン（政治家・英）	国際連盟の推進、軍縮会議の主催など

この年の出来事

【世界】独・ポーランド不可侵条約締結。ソ連、国際連盟に加盟。【日本】ワシントン海軍軍縮条約を破棄し、軍備拡張路線へ。東北地方で冷害による飢饉。渋谷駅前に忠犬ハチ公像が設置される。

1935年（昭和10）

生理学・医学賞
発生の仕組み「形成体（オーガナイザー）」「誘導」を発見

ヒトは受精卵から数カ月で形を変えてこの世に生まれ、成長して再び受精卵を作るようになる。この一連の受精から次世代受精までの生体の仕組みを明らかにするのが「発生生物学」と呼ばれる分野で、基礎を築いたのが**ハンス・シュペーマン**（ドイツ）だ。

シュペーマンはイモリの受精卵の細胞分裂中の2割球期に胚を新生児の毛で結紮し、人工的に双子をつくることなどに成功している。この成果は、「前成説」を払拭するものだった。「前成説」は大人のミニサイズの個体が身体または卵の中に入っていて、入れ子式に子孫が続くという説で、当時でもほぼ否定されていたが、それを完全に追いやる動かぬ証拠をシュペーマンが示したわけだ。

シュペーマンは胚の研究を続け、やがて胚の中には、周りの細胞に働きかけてその分化を促す（誘導）部位（形成体・オーガナイザー）があることを発見。たとえば、形成体はある部位に対しては神経細胞を、他の部位には筋肉をつくるように誘導する。つまり形成体が胚発生の司令塔として働くことを発見し、受賞対象になった。

■物理学賞

ジェームズ・チャドウィック（イギリス）は核物理学研究の中心地といわれるイギリスのキャベンディッシュ研究所で「原子物理学の父」の異名を持つ**アーネスト・ラザフォード**（1908年化学賞）と研究生活を送った。ラザフォードらは「原子核は陽子で構成されている」と考えていたが、陽子の存在だけでは質量の計算が合わないことから何らかの異なる粒子があるのではと考えられていた。

チャドウィックは1932年、電気的に中性である中性子の存在を明らかにする。中性子は電荷を持たないが強い核力（原子核を結合させる働き）を持つため、正電荷である陽子と安定結合している。中性子の発見と構造の解明は、1938年の**オットー・ハーン**（ドイツ、1944年化学賞）による核分裂反応の発見へと続く。さらに同年に**エンリコ・フェルミ**（イタリア、1938年物理学賞）が中性子をコントロールする減速材としてのパラフィンの有効性を発見。そして、これらの発見や発明が基礎になり、第二次世界大戦の戦況と相まって各国の原爆開発競争が展開されていった。

ハンス・シュペーマン。微細な実験に能力を発揮した。シュペーマンの誘導の発見は実験発生学における歴史的偉業とされる。写真：Marine Biological Laboratory 所蔵

1931〜1960

物理学	ジェームズ・チャドウィック（リバプール大学・英）	中性子の発見
化学	フレデリック・ジョリオ＝キュリー（ラジウム研究所・仏）、イレーヌ・ジョリオ＝キュリー（ラジウム研究所・仏）	新しい放射性元素の合成
生理学・医学	ハンス・シュペーマン（フライブルク大学・独）	生物の発生における誘導の発見
文学	該当者なし	
平和	カール・フォン・オシエツキー（ジャーナリスト・独）	反戦ジャーナリズムに対して

この年の出来事
【世界】ヒトラーがヴェルサイユ条約を破棄し、再軍備を宣言。フランス人民戦線結成。イタリア、エチオピア侵略。フィリピンで米からの独立準備政府が成立。【日本】築地市場開場。初の年賀用郵便切手発売。

1936年（昭和11）

生理学・医学賞
神経伝達物質の研究で大きな礎を築く

刺激が体内を伝わる際には情報伝達物質と呼ばれるものがシナプス（神経細胞と神経細胞のつなぎ目）を通る必要がある。1914年に神経伝達物質の一つを突き止めたのが**ヘンリー・ハレット・デール**（イギリス）で、1920年にカエルの心臓を使った実験で「情報伝達は電気的なものでなく化学物質によって行われている」と発表したのが**オットー・レーヴィ**（オーストリア）だ。レーヴィの提唱した化学物質こそ情報伝達物質のアセチルコリンであるとデールが後に証明した。現代医療の中核を成す薬物療法や化学療法は彼らの研究をもとに後続の研究者らが発見した数々の情報伝達物質が関わっており、2人の功績は大きい。

■物理学賞

宇宙にある物質は目に見えないほどの小さな粒子（波）となって絶え間なく地上に降り注いでいる。これを宇宙線と呼ぶ。2015年に日本の**梶田隆章**がニュートリノに関する発見でノーベル物理学賞を受賞するなど、世界中で盛んに研究が行われているが、礎を築いたのが**ヴィクトール・フランツ・ヘス**（オーストリア）である。彼は1911年から、気球に放射線の強度を測定するための電離箱を乗せて上空5000メートル程まで飛ばす実験を行った。その結果、上空では放射線が明らかに強くなり5200メートルでは約2倍になった。夜間でも日食時でも測定結果は変わらなかった。これらは太陽には関係なく、宇宙から届いたもので、動きを遮られにくく透過力の高い未知の放射線であるとした。この発見で物理学賞を受賞した。1925年にこの放射線が**ロバート・ミリカン**（アメリカ、1923年物理学賞）によって宇宙線と名付けられた。ヘスの発見は素粒子論の展開へとつながっていく。

■平和賞

カルロス・サアベドラ・ラマス（アルゼンチン）は1932年にパラグアイとボリビア間で領土問題を機に起こったチャコ戦争の際に「南米2国間で戦争が起きた場合、他国が委員会を組織し外交及び経済面で圧力をかける」とした不戦協定の締結をし、調停に奔走。その後も南米各国で批准された。1936年には国際連盟総会議長も務めるなど国際協調に尽力したことから、南米初の平和賞を受賞した。

気球のゴンドラに乗り込んだヴィクトール・フランツ・ヘス（中央）。気球による実験は1911～1921年に実施された。測定装置とヘスを含め3人の乗員で実験が繰り返された。

物理学	ヴィクトール・フランツ・ヘス（インスブルック大学・オーストリア）	宇宙放射線の発見
	カール・デイヴィッド・アンダーソン（カリフォルニア工科大学・米）	陽電子の発見
化学	ピーター・デバイ（ベルリン大学・オランダ）	双極子モーメントの研究とガス中のX線と電子の回折による分子構造の研究
生理学・医学	ヘンリー・ハレット・デール（国立研究所［英］・英）オットー・レーヴィ（グラーツ大学・オーストリア）	シナプスにおける情報伝達が化学的なものであることを発見
文学	ユージン・オニール（劇作家・米）	悲劇の根源的概念を具現化した力強く深みのある感性を持つ劇作に対して
平和	カルロス・サアベドラ・ラマス（政治家・アルゼンチン）	パラグアイとボリビアの和平交渉、南米の不戦協定に関する活動

この年の出来事

【世界】スペインの総選挙で人民戦線派が圧勝。スペイン内戦。ソ連でスターリン憲法制定。【日本】ロンドン軍縮会議を脱退。二・二六事件、東京市に戒厳令布告。阿部定事件。日独防共協定調印。

1937年（昭和12）

生理学・医学賞

ビタミンCと壊血病の関係を明らかにした

　壊血病は体の各器官が出血しやすく、一旦出血すると止まりにくく死に至ることもある疾患だ。16世紀頃に始まった大航海時代には航海の最中に乗員の半数以上がこの病気で死ぬこともあったという。壊血病予防の方策が探られるなか、1920年に**ジャック・セシル・ドラモンド**（イギリス）がオレンジ由来の因子に壊血病治療に効果があることを発見し、ビタミンCと名付けた。

　1928年になって**アルベルト・セント＝ジェルジ**（ハンガリー）は副腎からヘキスロン酸を精製する。オレンジなどからも同じ物質を抽出し、これらが抗壊血病因子であるビタミンCと同じものであることを公表。その後ヘキスロン酸をアスコルビン酸と改名した。ビタミンCと壊血病の関係を明らかにした功績は大きい。因みにアスコルビン酸とは、英語で壊血病という意味の scurvey に否定を意味する接頭語 a を付けた造語である。

■**物理学賞**

　クリントン・デイヴィソン（アメリカ）と**ジョージ・パジェット・トムソン**（イギリス）が結晶による電子線回折現象を発見し、物理学賞を受賞した。彼らが受賞する少し前に、波動と粒子の双方の性質を併せ持つ物質波という概念を**ルイ・ド・ブロイ**（フランス）が提唱、物理学者たちに反発されるが**アインシュタイン**の共感を得て1929年に物理学賞を受賞していた。

　デイヴィソンとトムソンはド・ブロイの理論を補完した。各物質ごと固有に存在する分子や原子の配列（結晶構造）に電子線を当てれば、物質ごと特有の屈折をするであろうとの仮説を立て、結果、それぞれX線による回折と変わらぬ結果を得た。これにより、粒子（この場合は電子）も波動のような振る舞いをするというド・ブロイの説が強化された。物質波の理論はその後の物理学に大きな影響を与える。

■**文学賞**

　『チボー家の人々』を著した**ロジェ・マルタン・デュ・ガール**（フランス）が文学賞を受賞した。第一次世界大戦中に様々な運命に翻弄された人々のようすを描き、平和主義とされる著者の思想が登場人物を通して表現された本作は、時を超えて読み継がれている。

■**平和賞**

　平和賞を受賞した**ロバート・セシル**（イギリス）はイギリス首相の息子で、20代から弁護士や議員として活躍、1914年に勃発した第一次世界大戦の際は終戦前から国際連盟創設など戦後の世界体制を検討していた。1918年に終戦を迎え、2年後の1920年には国際連盟が創設された。世界の様々な紛争解決と新たな争いの回避を目的にした世界的組織の誕生であった。しかし、ソヴィエト連邦やドイツは当初は参加を許されず、アメリカは初めから不参加、ドイツはナチス台頭により脱退、常任理事国の日本も満州からの撤兵勧告を受けて脱退など、肝心の主要各国を束ねられずに第二次世界大戦を迎えることになった。それでも戦後は国際連合へ資産を引き継ぎ、役割をバトンタッチした経緯を鑑みれば、国際連盟は世界平和を築く重要な一歩であったといえよう。

物理学	クリントン・デイヴィソン（ベル研究所・米）、ジョージ・パジェット・トムソン（ロンドン大学・英）	結晶による電子回折の発見
化学	ウォルター・ハース（バーミンガム大学・英）	炭水化物とビタミンCの研究
化学	ポール・カーラー（チューリッヒ大学・スイス）	カロテノイド、フラビン、ビタミンAおよびB$_2$の研究
生理学・医学	アルベルト・セント＝ジェルジ（セゲド大学・ハンガリー）	ビタミンCとフマル酸の触媒作用を中心に、生物学的燃焼過程に関する発見
文学	ロジェ・マルタン・デュ・ガール（小説家・仏）	人間の葛藤や同時代の根源的な様相を描写した『チボー家の人々』の芸術性
平和	ロバート・セシル（政治家・英）	国際連盟を通じて軍縮と集団安全保障のために活動した国際平和運動を主導

この年の出来事

【世界】スペイン内戦中に独軍によるゲルニカ爆撃。日独伊三国防共協定。伊が国際連盟を脱退。ヒンデンブルク号爆発事件。【日本】盧溝橋事件から日中戦争起こる。

1938年（昭和13）

物理学賞

中性子を元素にぶつけて多数の放射性同位体元素をつくる

エンリコ・フェルミ（イタリア）は、原子核に中性子をぶつけて核分裂を起こし、多くの放射性同位元素をつくり出したことで物理学賞を受賞した。

原子核中の陽子の数は各元素ごとに固有だが、中性子についてはその数が異なるものが存在する。これらをその元素の同位体という。同位体には不安定なものがあり、不安定さから脱するために放射線を放出して安定な状態へ変化していくことから「放射性同位体」と呼び、そうした同位体を持つ元素を「放射性同位元素」と呼ぶ。フェルミは自然界に存在する元素に中性子を照射し、40種類以上の放射性同位元素をつくり出すことに成功している。また、彼は「パラフィンによる中性子の減速」を発見しており、これは原子炉を製造する基礎技術になり、原子爆弾の材料であるウラン235の製造や後の原子力発電につながった。

■生理学・医学賞

人体は自ら酸素量を感知して呼吸や血圧を調整している。その仕組みを明らかにしたのは**コルネイユ・ハイマンス**（ベルギー）だ。感知するのは血管で、大動脈洞という心臓近くを通るやや太い部分と、頸動脈洞という喉仏の両側の部分がセンサーとなって、血中の酸素量や血圧を感知する。得た情報は大脳へ送られ、脳幹の延髄から必要な指令が出る。このような、無意識下でも呼吸調節により血中の酸素量や血圧をコントロールする機能があると実証したのだ。彼はこの実験のために2頭の犬を使い、1頭は頭部と胴体を神経だけでつなげ、もう1頭はその頭部に血液を供給するように手術した。

■文学賞

パール・S・バック（アメリカ）は父親が宣教師であったことから生後まもなく中国にわたり、アメリカの大学へ入学するまで中国で育つ。1932年に40歳で『大地』（1931年発表）でピューリッツァー賞を受賞、6年後のノーベル文学賞へとつながる。

『大地』は中国の貧農一家が知恵と工夫で経済的豊かさを得て、度重なる試練に遭うもその都度たくましく生き抜くようすを描いた小説である。パール・S・バックが長年過ごした中国の生活描写、王朝時代から近代へとダイナミックに移り変わる中国、様々な側面が垣間見られる完成度の高い小説で、今も広く読み継がれている。

グスタフ5世からノーベル文学賞を授与されるパール・S・バック。

物理学	エンリコ・フェルミ（ローマ大学・伊）	中性子照射による新放射性元素の発見と熱中性子による核反応の発見
化学	リヒャルト・クーン（カイザーヴィルヘルム協会・独）	カロテノイドとビタミンの研究
生理学・医学	コルネイユ・ハイマンス（ゲント大学・ベルギー）	頸動脈洞と大動脈洞にあるセンサーが呼吸の調節をすることを発見
文学	パール・S・バック（小説家・米）	中国における農民生活を叙事詩的に描いた一連の著作に対して
平和	ナンセン国際難民事務所	難民救助活動に対して

この年の出来事

【世界】ナチス・ドイツがオーストリアを併合。米でオーソン・ウェルズのラジオドラマ「宇宙戦争」のリアルさにパニック。【日本】国家総動員法公布。1940年の東京オリンピック開催を返上。

1939年（昭和14）

化学賞

性ホルモンの結晶を単離し化学構造を明らかにした

アドルフ・ブーテナント（ドイツ）は女性ホルモンのエストロゲンやプロゲステロン、男性ホルモンのアンドロステロンの結晶を取り出し（単離）、化学構造を明らかにした（構造決定）。彼はコレステロール研究に従事していた**アドルフ・ヴィンダウス**（ドイツ、1928年化学賞）の弟子だった。コレステロールと性ホルモンはまるで別物のように聞こえるが、実はいずれもステロイドの一種で構造的に近いものである。ヴィンダウスのもとで彼は性ホルモン研究に傾倒していき、やがてその研究成果は避妊薬開発へとつながっていく。

なお、ブーテナントは当時のナチス政権により1939年のノーベル賞を辞退させられている。第二次世界大戦後の1949年になって改めて賞状とメダルを受け取った。

■物理学賞

アーネスト・ローレンス（アメリカ）は、粒子の加速装置「サイクロトロン」を発明した功績で受賞する。サイクロトロンにより、それまでの直線型加速器を桁違いに上回るエネルギーを持つ粒子の生成に成功した。

サイクロトロンでは電子を帯びた原子や素粒子が螺旋状の軌道を大きくしながら加速し、軌道がいちばん外側になりエネルギーが最大になったところで外部に誘導する。加速した粒子を他の粒子にぶつけ、どんな生成物ができるかを研究するなど、核物理実験のための高エネルギービームを得られる最良の装置だった。

サイクロトロンの技術は、がんの早期発見などに効力を発揮する医療用検査装置PET（陽電子放出断層撮影）や、陽子をがん細胞に照射する放射線治療などに活かされている。

また、ローレンスは多くの超ウラン元素をつくり出し、ウラン235やプルトニウムの電磁分離実施により結果的には原子爆弾づくりにも寄与することになった。

■生理学・医学賞

1932年に**ゲルハルト・ドーマク**（ドイツ）は工業用の染料であったプロントジルという物質に抗菌効果があることを発見し、感染症分野に新しい治療の可能性を開いた。彼は1927年からドイツの化学トラストであるファルベン社に所属し、1932年に猩紅熱や髄膜炎を起こすレンサ球菌に対して赤色プロントジルの投与を試みて成功する。しかし1940年代には抗生物質のペニシリンが登場し、プロントジルは1960年代には世間から姿を消す。社会への寄与は一時的ではあったが、打つ手がなかった感染症治療に希望を与え、化学療法の口火を切る発見だった。

また、彼は1951年に抗結核剤イソニアジドを発見し、ストレプトマイシンとの併用で高い治療効果を発揮した。イソニアジドは現在でも結核の第一選択薬として利用されている。

アドルフ・ブーテナント。彼はノーベル賞を辞退させられ、1949年にメダルを手にした。同じ年に生理学・医学賞を受賞したゲルハルト・ドーマクもナチス政権の政治的思惑で辞退させられ、戦後の1947年になってからメダルを手にした。

物理学	アーネスト・ローレンス（カリフォルニア大学バークレー校・米）	サイクロトロンの開発と人工放射性元素の研究
化学	アドルフ・ブーテナント（カイザーヴィルヘルム協会・独）	性ホルモンに関する研究
	レオポルト・ルジチカ（スイス連邦工科大学・スイス）	ポリエチレンと高級テルペンの研究
生理学・医学	ゲルハルト・ドーマク（ミュンスター大学・独）	プロントジル（合成抗菌薬）の発見
文学	フランス・エーミル・シランペー（小説家・フィンランド）	祖国の農民層に対する深い理解と、彼らの生き方と自然との関係を描いた高い技術に対して
平和	該当者なし	

この年の出来事

【世界】独ソ不可侵条約締結。独がポーランドに侵攻し、英仏が独に宣戦布告、第二次世界大戦開戦。ソ連軍がフィンランドに侵攻。【日本】ノモンハン事件でソ連・モンゴル軍に敗退。

1943年（昭和18）

生理学・医学賞

血液を凝固させるビタミンKが発見され、その構造が明らかに

ビタミンKは血液凝固ビタミンとも呼ばれ、欠乏すると出血を制御できなくなる。**カール・ピーター・ヘンリク・ダム**（デンマーク）はビタミンKの効果を明らかにし、分離生成に成功したことでノーベル賞を得た。血液に関する授賞はこれ以前にも何度かあった。1930年には「ABO式血液型発見」が受賞、輸血による死亡リスクは減少した。1934年には「肝臓の食餌療法による貧血改善効果の発見」が受賞、貧血による死亡リスクは低下した。これらはいずれも、失血に対してきわめて有効な救済策を与えてくれた。

死に至ることも多かったビタミンK欠乏症状に対して、かつては原因物質の正体もわからず打つ手がなく非常に恐れられていた。

当初、ダムはニワトリの飼料に関する実験を行っていた。すると、コレステロールを含まない餌を与えたニワトリが皮下出血を起こしやすくなり、かつ血液が固まるまで時間がかかることに気付く。しかし、純粋なコレステロールを与えてみても症状が改善しなかったことから、何か別の成分が不足しているとの予測のもとに実験を重ねた。その結果、ある種の脂溶性ビタミンの不足が原因らしいと突き止める。

すでに発見されていた脂溶性ビタミンA、D、Eのいずれも該当しないことを確認したダムは、この成分にビタミンKと命名した。因みにKとはドイツ語で凝固を意味するKoagulationsの頭文字である。現在、ビタミンKは単体でビタミンK剤として製品化されており、止血薬や骨粗しょう症治療薬として広く活用されている。

ビタミンKの化学構造を明らかにし、合成に成功した**エドワード・アダルバート・ドイジー**（アメリカ）は、ダムと同時受賞した。

研究室のカール・ピーター・ヘンリク・ダム（右）。受賞時、デンマークはナチス・ドイツの占領下にあったため、マスコミは検閲によってダムの受賞を一言も報じることができなかった。授賞式にも出られず翌年にメダルを受け取った。写真：デンマーク工科大学所蔵

物理学	オットー・シュテルン（カーネギー工科大学・米）	分子線法の開発とプロトンの磁気モーメントの発見
化学	ゲオルク・ド・ヘヴェシー（ストックホルム大学・ハンガリー）	化学反応の研究におけるトレーサーとしての同位体使用に関する研究
生理学・医学	カール・ピーター・ヘンリク・ダム（ポリテクニック研究所・デンマーク）	ビタミンKの発見
生理学・医学	エドワード・アダルバート・ドイジー（セントルイス大学・米）	ビタミンKの化学的性質の発見
文学	該当者なし	
平和	該当者なし	

この年の出来事

【世界】 英国空軍によるベルリン大空襲。北アフリカ戦線が独伊の敗北で終結、伊軍無条件降伏。スターリングラードの戦闘で独軍降伏、ソ連軍勝利。**【日本】** 東京府と東京市が統合され東京都が誕生。勤労挺身隊の動員開始。

1944年（昭和19）

物理学賞

核磁気共鳴は原子爆弾、核磁気共鳴画像法（MRI）にも応用された

イジドール・イザーク・ラービ（アメリカ）は奨学金を得て1927年から2年間、ヨーロッパの**オットー・シュテルン**（ドイツ、1943年物理学賞）や**ヴォルフガング・パウリ**（オーストリア、1945年物理学賞）といった当時の物理学を牽引する錚々たるメンバーと研究を行った。

アメリカに帰国後は、原子核が外部の磁場から影響を受ける磁気の強さや方向（磁気モーメント）を研究する実験に従事する。そして30年代に受賞理由となった核磁気共鳴を開発した。

1940年代には、アメリカのロスアラモス国立研究所で原子爆弾の研究開発や原子核の研究に携わる。

ラービが開発した核磁気共鳴は当初は原子核内の構造を知る実験法として捉えられていたが、物質の分析や同定にも利用されるようになった。また医療現場の検査で使われている核磁気共鳴画像法（MRI）にも応用されている。人体の70%を占める水分の水素原子を強い磁場に反応させることで、微妙な水分量の違いを感知できるので、血管や臓器のようすが鮮明な画像で得られる。画像を3D化することも可能になっている。

■化学賞

オットー・ハーン（ドイツ）はウランに中性子を当て、バリウムを生成した（当初はラジウムだと考えていた）。質量はウランの状態の時の2分の1になっていた。重い原子核がより軽い元素に分解されるという事象は当時はまったく理解できないものだった。

彼はこの結果を分析しかねて、ユダヤ系だったためナチスの迫害を逃れスウェーデンに渡っていた研究仲間の**リーゼ・マイトナー**女史に手紙で見解を尋ねたという。マイトナーは核分裂が起きたとの見解と巨大なエネルギー産出につながるとの予測を記した。「核分裂」という名前はマイトナーが命名した。マイトナーの予測通り、米英独日などが一斉にこのエネルギーを利用する原子爆弾の開発へと向かう。なお、核分裂の発見に対するノーベル賞はマイトナーにも贈られるべきとする意見は当時から強い。

■平和賞

負傷兵を敵味方の区別なく救うことを理念とした赤十字活動は、19世紀にスイスの事業家**ジャン・アンリ・デュナン**（1901年平和賞）から始まった。1914年からの第一次世界大戦及びその後の各地の紛争においては大規模な支援員を送り出して活動し、その名を世界に知らしめた。1944年の受賞後、第二次世界大戦では救いきれなかった一般市民の保護を可能にするジュネーヴ条約改正で、紛争形態の変化に即した活動基盤を築く。現在はスイスのジュネーヴに拠点を置き、80カ国以上の国で1万3000人以上の職員が活動する大規模組織に発展している。

オットー・ハーンらの研究チームが核分裂を発見した実験装置。ドイツ核分裂博物館の展示。©brewbooks

物理学	イジドール・イザーク・ラービ（コロンビア大学・米）	原子核の磁気特性を記録する共鳴法の開発
化学	オットー・ハーン（カイザーヴィルヘルム協会・独）	原子核分裂の発見
生理学・医学	ジョセフ・アーランガー（ワシントン大学・米）、ハーバート・ガッサー（ロックフェラー医学研究所・米）	神経線維の高度に分化した機能に関する発見
文学	ヨハネス・ヴィルヘルム・イェンセン（小説家・デンマーク）	広い視野の知的好奇心と斬新なスタイル、詩的想像力の強さと豊かさに対して
平和	赤十字国際委員会	戦争捕虜に対する人道的支援。2度目の受賞

この年の出来事

【世界】 連合国軍がノルマンディー上陸。パリ解放。シリア共和国成立。**【日本】** レイテ沖で神風特別攻撃隊が初出撃。サイパン島で日本軍が全滅。学童疎開開始。

1945年（昭和20）

生理学・医学賞
感染症を防ぐペニシリンが発見される

　1928年、**アレクサンダー・フレミング**（イギリス）は研究室に放置していた数多くのサンプルから、カビが細菌の生育を抑えている現象を見つけた。20世紀最大の発見ともいわれる抗生物質ペニシリンの発見である。彼はアオカビの中に抗菌物質すなわち微生物や細菌の増殖を抑える物質が潜んでいることを発見し、アオカビ（pennicilium）に因んでペニシリンと名付けた。

　フレミングはこの物質を精製することはできなかったが、10年近く経った1938年に、彼が書いた論文を読んだ化学者**エルンスト・ボリス・チェーン**（イギリス）と**ハワード・フローリー**（オーストラリア）がアオカビに限らずあらゆるカビからの生成物を渉猟し、抗菌活性のある成分であるペニシリンを抽出、精製に成功する。

　ペニシリンをより多く産出するアオカビの発見などで大量生産が可能になったペニシリンは、第二次世界大戦の負傷兵に投与され、感染症の危険から救った。戦後は感染症を防ぐ抗菌剤として広く普及した。

■物理学賞

　ヴォルフガング・パウリ（オーストリア）は「1つの原子の中で2つ以上の電子は同じ状態では存在し得ない」と提唱した。後に「パウリの原理」「排他原理」などと呼ばれるこの原理は、シンプルながら化学の基礎をつくった重要な理論である。

　パウリはこの原理で物理学賞を受賞したが、彼が1931年に放射性同位元素の原子核崩壊に関する実験過程で提唱した「電気的に中性で質量の小さな粒子」の存在は、やがてニュートリノと命名されて1956年に初観測された。質量ゼロとされていたニュートリノが質量を持つことを**梶田隆章**（2015年物理学賞）らが発見するなど、現代につながるテーマにも取り組んでいた。

■化学賞

　アルトゥーリ・ヴィルタネン（フィンランド）は1939年からフィンランドのヘルシンキ大学の教授になり、飼料保存法の改良に取り組んだ。穀物や飼料は放っておくとどんどん変質し、腐敗して利用できなくなってしまう。ヴィルタネンは塩酸や硫酸を使って飼料のpH値を制御し、適正な発酵ができるAIV方法を開発した。AIV法は現在でも発酵抑制の基礎になっている。

■文学賞

　ガブリエラ・ミストラル（チリ）は大学教員、国際連盟職員、外交官などとして活躍する一方で、出身地ラテンアメリカに根付いた詩を発表した。叙情詩によりラテンアメリカの理想主義の象徴となったことで、ラテンアメリカで初めて文学賞を受賞した。

街頭のポストに貼られた「ペニシリンは4時間で淋病を治す」と兵士や市民に宣伝するポスター。ペニシリンの大量生産が可能になった1944年頃の撮影。

物理学	ヴォルフガング・パウリ（プリンストン大学・オーストリア）	パウリの原理と呼ばれる排他原理の発見
化学	アルトゥーリ・ヴィルタネン（ヘルシンキ大学・フィンランド）	農業と栄養化学、特に飼料保存法の研究と発明
生理学・医学	アレクサンダー・フレミング（ロンドン大学・英）、エルンスト・ボリス・チェーン（オックスフォード大学・英）、ハワード・フローリー（オックスフォード大学・オーストラリア）	ペニシリンの発見と様々な感染症への治療効果の発見
文学	ガブリエラ・ミストラル（詩人・チリ）	力強い感情に触発された詩はラテンアメリカの理想主義の象徴となった
平和	コーデル・ハル（元米国務長官・米）	国際連合の発案、国際連合憲章の起草

この年の出来事

【世界】 独が無条件降伏。独が東西に分断される。ポツダム会談、ポツダム宣言。**【日本】** 原子爆弾が投下される。無条件降伏。米軍進駐開始。

1946年（昭和21）

生理学・医学賞

X線照射で突然変異が起こることを発見

1926年、ハーマン・J・マラー（アメリカ）はショウジョウバエにX線を照射し、高い確率で突然変異を発生させられる（人為突然変異）ことを発見したと発表した。

人為的な操作で進化の過程を加速することが可能になったと考えられる一方で、負の側面も明らかになった。研究を続けると、X線を照射して突然変異を起こした個体の変異がほとんどが有害な変異であることが判明。それまで科学者間で問題にされていなかった放射線の安全性について、マラーは警告を発した。不用意にX線治療を行わないこと、X線を扱う仕事をする人に対して安全基準を設けることなどを提唱したのである。

なお彼は、1955年には核兵器廃絶と科学技術の平和利用を謳った「ラッセル・アインシュタイン宣言」に署名し、10人の科学者とともに現代科学への警鐘を鳴らしている。また、未来の人類の質を守るために優秀な男性の精子を冷凍保存するいわゆる「精子バンク」を提案したことでも知られている。

■文学賞

ヘルマン・ヘッセ（西ドイツ）の著書は、日本では1906年作の『車輪の下』が良く知られている。ヘッセが29歳の時の作品だ。生まれ育ったドイツで、難関校に入る学力を持ちながらも学校からの脱走を繰り返した彼自身の内面の葛藤が反映されているという。

他の著作を含めヘッセの作品には平和主義が貫かれており、それ故にナチス政権時代には批判の的となる。彼の作品は戦時中はほとんど出版が認められなかったが、終戦後すぐノーベル賞が贈られた。

（左）ヘルマン・ヘッセ。後半生は執筆の合間に庭いじりをするのが常だったという。
（上）ドイツ南部ガイエンホーフェンの博物館に展示されているヘッセが使っていたタイプライター。ガイエンホーフェンは最初の結婚の1904年から10年ほどの間住んだ村。

1931〜1960

物理学	パーシー・ブリッジマン（ハーバード大学・米）	高圧を生成する装置の発明と高圧物理の分野での発見
化学	ジェームズ・サムナー（コーネル大学・米）	酵素を結晶化できることを発見
	ジョン・ノースロップ（ロックフェラー研究所・米）、ウェンデル・スタンリー（ロックフェラー研究所・米）	酵素とウイルスタンパク質を結晶化
生理学・医学	ハーマン・J・マラー（インディアナ大学・米）	X線照射による突然変異生成の発見
文学	ヘルマン・ヘッセ（小説家、詩人・西独）	揺るぎない博愛主義と高度な筆力で育まれた作品に対して
平和	エミリー・グリーン・ボルチ（経済学者、社会学者・米）	平和と自由のための国際婦人連盟の設立などの平和運動
	ジョン・モット（宗教家・米）	YMCA会長として

この年の出来事

【世界】 米がビキニ環礁で原爆実験実施。仏がハノイを攻撃し第1次インドシナ戦争が始まる。フィリピンが米から独立。中国で国民政府軍と共産党軍による内戦が始まる。**【日本】** 日本国憲法公布。

1947年（昭和22）

物理学賞

電離層までの距離を測定し、電波通信技術の発展に貢献

　地球上空60～500キロメートルには電波を反射する電離層という領域がある。太陽からの紫外線やX線などによって電子の放出や獲得などイオン化を繰り返し、電子の密度がとても高くなっている層である。

　この層は1900年代初めには予見されていたが、1924年に**エドワード・アップルトン**（イギリス）が開始まもない商業放送用の無線電波を使って電離層までの距離の測定に成功した。また、電離層は内部でさらに分かれ、紫外線などを強く受ける上層部は電子密度がより高く、波長が短い短波を反射し、下層部の電子密度は小さく、波長が長い長波を反射することを発見。電離層の存在を証明し、その構造を解明したことで物理学賞を受賞した。彼の研究は、電波通信技術や航空レーダーに活かされている。

■生理学・医学賞

　夫婦かつ研究パートナーであった**カール・コリ**（アメリカ）と**ゲルティー・コリ**（アメリカ）は炭水化物の代謝経路を解明したことで生理学・医学賞を受賞する。脳や筋肉で運動が行われると炭水化物の成分であるブドウ糖（グルコース）を消費するが、その際に副産物として乳酸が生成される。血中に乳酸が増えると体調不良の原因になるが、夫妻が発見した「コリ回路」が働いているおかげで乳酸が増えすぎずにすんでいることがわかった。「コリ回路」とは、乳酸が肝臓を通ってグルコースとして血中へ放出され、過分なグルコースはグリコーゲンの形で筋肉に蓄積され、必要に応じて再度グルコースとして血中へ放出されるという、仕組みのことだ。この回路の発見は、のちにホルモンの研究などに発展していく。

　1930年代、**バーナード・ウッセイ**（アルゼンチン）は脳下垂体前葉部から分泌される成分が糖尿病の原因となっていることを発見し、糖尿病治療には同前葉部の切除が有効であると発表した。脳下垂体からの成分とはホルモンのことで、彼の研究はホルモン制御の仕組みにも言及した。内分泌学の分野で彼の研究は後世に大きく貢献した。

■化学賞

　窒素を含む有機化合物をアルカロイドと呼ぶ。数千以上あると言われるアルカロイドの中から人類に有益な形に精製したものがモルヒネやカフェインやニコチンである。**ロバート・ロビンソン**（イギリス）は一連の開発の基礎となる「ロビンソン環化反応」を導き出して化学賞を受賞した。これにより多くの有益なアルカロイド開発の基礎が築かれた。

ゲルティー・コリ（左）と夫のカール・コリ。

物理学	エドワード・アップルトン（キャヴェンディッシュ研究所・英）	アップルトン層の発見など上層大気の研究
化学	ロバート・ロビンソン（オックスフォード大学・英）	アルカロイドに関する研究
生理学・医学	カール・コリ（ワシントン大学・米）、ゲルティー・コリ（ワシントン大学・米）	グリコーゲンの触媒的作用を発見
	バーナード・ウッセイ（実験医学生物学研究所・アルゼンチン）	下垂体ホルモンの研究
文学	アンドレ・ジッド（仏）	人間の本質を臆することのない真実への追求と鋭い精神的洞察で描写
平和	イギリス・フレンズ協議会（英）	国際平和運動と人種や国籍を問わずに行われた人道的援助活動
	アメリカ・フレンズ奉仕団（米）	ユダヤ難民、スペイン内戦の犠牲者、戦争捕虜たちへの支援

この年の出来事

【世界】 米大統領がトルーマン・ドクトリン（共産主義に対抗）発表、米国務長官がマーシャル＝プラン（ヨーロッパ経済復興援助計画）提唱。**【日本】** 日本国憲法施行。学校給食開始。第1回国会開会。

1948年（昭和23）

生理学・医学賞

DDTは殺虫剤や農薬にも使われたが環境ホルモン作用が判明

　戦後GHQが日本に持ち込んだDDTは頭や衣服に散布され、シラミ対策に効果を上げた。DDTは19世紀後半には合成されていたが、その殺虫効果は1939年に**パウル・ヘルマン・ミュラー**（スイス）が発見した。アメリカはそれまで殺虫剤に日本の除虫菊を利用していたが、戦争で供給されなくなるとDDTの生産に乗り出した。戦場では発疹チフスを媒介するシラミ対策、遺体や排泄物にわくハエ対策、南太平洋ではマラリアやデング熱を媒介する蚊に対して空中散布などにDDTを活用した。

　戦後は農薬や家庭用の殺虫剤として世界中で利用されたが、化学的に分解されにくく、食物連鎖で動物や人体に生物濃縮されていくことが判明する。1960年代にはDDTをはじめとする化学物質への警鐘を鳴らした書物『沈黙の春』（1962年、**レイチェル・カーソン**、アメリカ）が発売から半年で50万部売れ、公害問題が顕在化し、世界的に化学物質への危惧が高まった。日本では1971年に農薬登録を解除して1981年には製造と輸入を禁止。世界的にも環境ホルモン作用（環境中に存在している物質が生体内であたかもホルモンのように作用して内分泌系を攪乱する作用）が懸念されて2001年に「残留性有機汚染物質に関するストックホルム条約」で製造や使用制限・禁止する指定物質になった。しかし、WHOは2006年に、マラリアのリスクがDDTのリスクより高いと判断できる発展途上国では、DDTの希釈液の室内散布をマラリア対策として勧告している。

■化学賞

　化学賞は**ウィルヘルム・ティセリウス**（スウェーデン）が電気泳動法の改良で受賞した。生化学や分子生物学での電気泳動法は、筋肉や骨や酵素や細胞などを構成し生命活動の本体といえるタンパク質やDNAを分離する手法で、正と負の電極間に設置した濾紙や寒天ゲルに電気を通して対象物の動きを測定する。構成物の電荷や分子の大きさ、重さや形ごとに「泳ぎ方」が異なるので分離が可能になる。

　ティセリウスが開発した電気泳動法は研究手法の礎となり、現在はがん検査や法医学、遺伝子研究などの分野で活用されている。

■文学賞

　T・S・エリオット（イギリス）は現代詩の新たな境地を開いたといわれる詩人・作家である。代表作は1922年に発表した「四月は残酷極まる月だ」で始まる『荒地』で、第一次世界大戦後の荒廃と不安と希望を描き出した長編詩だ。シェークスピアをはじめとする過去の文学作品が随所に登場することから難解と評されることもあるが、それまでにない形式が作品の醍醐味となって読み継がれている。

　日本への影響も大きく、現代詩人の**田村隆一**を中心メンバーとして、1947年から1948年まで同人誌として刊行された詩誌は『荒地』と名付けられ、日本の詩の新しい時代を切り開いた。

米農務省の職員によるメキシコからの季節農業労働者へのDDT噴霧。大戦による労働者不足で米は国策（ブラセロ・プログラム）として大量のメキシコ人を雇用した。1956年テキサス州での撮影。写真：スミソニアン博物館所蔵

1931〜1960

物理学	パトリック・ブラケット（マンチェスター大学・英）	核物理と宇宙放射線の分野における発見
化学	ウィルヘルム・ティセリウス（ウプサラ大学・スウェーデン）	電気泳動法開発、血清タンパク質の特性に関する発見
生理学・医学	パウル・ヘルマン・ミュラー（J.R.ガイギー社・スイス）	DDTの殺虫効果の発見
文学	T・S・エリオット（詩人・英）	傑出した現代詩の開拓者
平和	該当者なし	

この年の出来事

【世界】ビルマ（現ミャンマー）が英から独立。マハトマ・ガンディーが暗殺される。朝鮮民主主義人民共和国樹立宣言。大韓民国樹立宣言。イスラエル共和国成立。【日本】帝銀事件。46年に始まった東京裁判が終わる。

1949年(昭和24)

物理学賞

湯川秀樹、「中間子理論」で日本人初のノーベル賞受賞者に

ノーベル賞が創設されてから約半世紀を経た1949年、ようやく日本人初のノーベル賞受賞者が誕生した。1934年(昭和9)に発表した「中間子理論」で世界的に注目され、アメリカの名門コロンビア大学に客員教授として招かれていた**湯川秀樹**である。当時、湯川は42歳。これは日本人最年少受賞記録として現在でも破られていない。

湯川の研究分野は、当時物理学の中でも比較的新しい分野だった「量子力学」というもの。これは物質を構成する分子や原子、さらにそれらを構成する電子など、微視的な物理現象を研究する学問である。湯川が専門としたのは、物質を作る最小の粒子である原子、その中核を成す原子核を構成する、陽子と中性子の構造と性質だった。

中でも湯川が探究したのが「なぜ陽子と中性子が原子核の中で、バラバラにならないのか?」という命題であった。つまり、原子核がプラスの電気を持つ陽子と電気を持たない中性子だけで成り立っているなら、プラスの電気を持つ陽子同士が反発し合って原子核が崩壊してしまうはず。何か両者をつなぎとめる仕組みがあるはずだと、湯川は考えたのである。

その結果、湯川はある仮説にたどり着く。それは「陽子同士ではなく、陽子と中性子の両者をつなぎとめる別の粒子をキャッチボールしているからではないか?」というものだった。しかもその粒子は、ほんの一瞬しか存在できない性質を持つために発見されない。湯川はそう考えた。その粒子が「中間子」というわけである。

「素粒子の相互作用について」と題した論文に記されたこの仮説は極めて画期的なもので、世界から「素粒子論の扉を開いた」と評価され、日本の物理学界のみならず、世界に通用する技術を模索していた産業界にも大きな勇気を与えた。

■生理学・医学賞

この年の生理学・医学賞は、それまで比較的未知の領域が多かった脳の働きに関する研究が評価された2人の科学者に贈られた。生理学者の**ウォルター・ルドルフ・ヘス**(スイス)と神経科医**エガス・モニス**(ポルトガル)である。ちなみに2人は共同研究者ではない。

ヘスの受賞理由は内臓の活動を統合する「間脳」の機能の発見である。「間脳」とは大脳半球と中脳の間にある自律神経の中枢のことで、ヘスは間脳に電気の刺激を与えることによって、間脳が呼吸、血圧、心拍数、体温、消化液の分泌などの調節機能を持つ自律神経中枢で

湯川秀樹 Hideki Yukawa
1907年(明治40)~1981年(昭和56)

東京都生まれ。1歳の時に父の京都帝国大学(現京都大学)教授就任にともない京都府に転居。府立京都第一中学(現洛北高校)を経て京都帝大理学部に入学し理論物理学を専攻。卒業後も同大学や大阪帝国大学(現大阪大学)で研究を続け、1934年(昭和9)に「中間子」の存在を予言し、1943年(昭和18)には最年少(36歳)で文化勲章を受章。1949年(昭和24)、日本人初のノーベル賞受賞者となった。

物理学	湯川秀樹(京都大学・日本)	原子核の理論的研究に基づいて中間子の存在を予言
化学	ウィリアム・ジオーク(カリフォルニア大学バークレー校・米)	低温での物質の挙動に関する研究
生理学・医学	ウォルター・ルドルフ・ヘス(チューリッヒ大学・スイス)	内臓の活動を制御する間脳の機能の発見
	エガス・モニス(リスボン大学・ポルトガル)	ある種の精神病に対するロボトミーの治療的価値に関する発見
文学	ウィリアム・フォークナー(小説家・米)	アメリカの現代小説に対する強力で芸術的な貢献
平和	ジョン・ボイド・オア(元グラスゴー大学総長・英)	国際連合食糧農業機関の代表としての活動

この年の出来事

【世界】北大西洋条約機構(NATO)成立。ソ連が核兵器保有を宣言。ドイツ連邦共和国、ドイツ民主共和国成立。中華人民共和国成立。東南アジア諸国が次々と独立。**【日本】**下山事件、三鷹事件、松川事件が起こる。

あることを明らかにした。
　一方のエガス・モニスは、大脳のうち思考や感情、性格、理性などの中枢となる「前頭葉」（前半部）と、比較的急激な感情の動きを引き起こす「大脳辺縁系」をつなぐ経路にダメージを与えて精神疾患を治療する手術法を考案。1935年（昭和10）には実際の手術にも導入した。その後、アメリカの精神科医が、モニスの手術法を改良した「ロボトミー手術」で実績を上げ、これを機に、考案者のヘスの名声が瞬く間に広がった。
　しかしその後、「ロボトミー手術」は感情や人格に深刻な影響を及ぼす副作用が多数報告され、さらには手術の危険性、マインドコントロールへの悪用の懸念も指摘された。また投薬治療の発達もあって、現在では手術自体がほぼタブー扱いとなっているだけでなく、モニスの受賞取り消しの声まで上がったこともある。

湯川秀樹と平和運動

1948（昭和23）年、**湯川秀樹**は世界屈指の科学者が集まる研究機関であるプリンストン高等研究所（アメリカ）に客員教授として招かれ、ここで世紀の出会いに恵まれる。「相対性理論」で物理学に革命を起こし、1921年（大正10）に光量子論でノーベル物理学賞を受賞した伝説の物理学者、**アルベルト・アインシュタイン**である。
1933（昭和8）年から同研究所に在籍していたアインシュタインは、湯川に会うなり涙を流しながら謝罪をした。彼はアメリカ大統領に「ドイツより先に原子爆弾を製造せよ」と進言した科学者の一人だったのである。
　〝英雄〟の懺悔に衝撃を受けた湯川は、「平和なくして学問はない」と思い至り、アインシュタインが推進する「世界連邦運動」に参画した。紛争の原因となる国境や領土をなくそうという運動だ。また湯川は他のノーベル賞受賞者らとともに世界の指導者に核兵器廃棄を勧告する「ラッセル＝アインシュタイン宣言」にも署名。さらに核廃絶と戦争の廃絶を訴える科学者の会議「パグウォッシュ会議」（1995年平和賞受賞）にも参加した。一方国内では川端康成（1968年文学賞受賞）らと「世界平和アピール７人委員会」でも活動。その思いは1981（昭和56）年に74歳で死去するまで終生変わることはなかった。

左から**アルベルト・アインシュタイン**、**湯川秀樹**、**ジョン・アーチボルト・ホイーラー**。1954年、プリンストンで撮影された。©JHU Sheridan Libraries/Gado/Getty Images

1950年（昭和25）

文学賞

人文科学分野での著作に脈打つ思想が評価される

バートランド・ラッセル（イギリス）は、哲学者、記号論理学者、社会思想家、数学者として生涯にわたり多方面に才能を発揮して「人道的理想や思想の自由を尊重する著作群」を評価されて文学賞を受賞した。ただラッセルは受賞するまでにこれといった小説や詩、劇作といった文学作品は発表していない。人文科学分野における多様で人道的かつ一貫した思想の自由を擁護する著作群が評価されて受賞した。

1955年（昭和30）には核廃絶と科学の平和利用を訴える「ラッセル＝アインシュタイン宣言」を**アインシュタイン**ら10人の科学者・知識人とともに発表している。**湯川秀樹**も署名し、11人中10人がノーベル賞受賞者だった。この宣言はその後の核廃絶運動の礎となった。

ラッセルは文学賞を受賞して3年目に初めて短編小説集を発表している。81歳のときだった。その後も短編小説の執筆は続いた。なお、19世紀にイギリス首相を2度務めた政治家のジョン・ラッセルは祖父にあたる。

■化学賞

1928年（昭和3）、キール大学の教授と生徒である**オットー・ディールス**（西ドイツ）と**クルト・アルダー**（西ドイツ）の2人はその後の有機化学産業の礎となる「ジエン合成」あるいは「ディールス・アルダー反応」と呼ばれる有機化学反応を発見した。この反応を利用して、合成ゴムの一種であるジエン系ゴムが作られた。化学的には安定性に欠ける合成ゴムだが、摩耗性や弾性があるためタイヤの材料として天然ゴムに混ぜて使用された。現在、世界に普及している薬品や殺虫剤、プラスチック製品などは彼らが発見した合成法がベースとなっている。

■平和賞

ラルフ・バンチ（アメリカ）は黒人初のノーベル賞受賞者である。ハーバード大学卒業後に同大学の政治学の大学講師や研究者として務め、第二次世界大戦中は米軍戦略諜報局や国務省で勤務する。終戦前の1944年頃からは国際連合の設立準備や「世界人権宣言」採択のために奔走。のちに、20世紀を代表する平和主義者と評されるようになる。「世界人権宣言」は「すべての人間は、生まれながらにして自由であり、かつ、尊厳と権利について平等である」の第一条に始まる。西側諸国だけでなく中国、キューバ、イラン、イラクなども草案に賛成票を投じ、反対票がゼロという結果で1948年に国連総会で採択される。同宣言は多くの国が人権に関する判断基準に用いている。

1961年にロンドンで行われた反核行進。ラッセルが結成した百人委員会が主導した。中央にラッセルと妻のエディス。©Tony French

物理学	セシル・パウエル（ブリストル大学・英）	写真撮影による原子核崩壊過程の研究方法の開発および中間子の発見
化学	オットー・ディールス（キール大学・西独）、クルト・アルダー（ケルン大学・西独）	ジエン合成の発見と開発
生理学・医学	エドワード・カルビン・ケンダル（メイヨークリニック・米）、タデウシュ・ライヒスタイン（バーゼル大学・スイス）、フィリップ・ショウォルター・ヘンチ（メイヨークリニック・米）	副腎皮質のホルモンの構造解明と生物学的作用に関する発見
文学	バートランド・ラッセル（哲学者・英）	人道的理念と思想の自由を尊ぶ著作群に対して
平和	ラルフ・バンチ（政治学者・米）	1948年のイスラエル国建国に伴うイスラエルとアラブ諸国の間の戦争で停戦を実現

この年の出来事

【世界】米でマッカーシー旋風（赤狩り）始まる。ヒマラヤのアンナプルナに仏隊が初登頂に成功。朝鮮戦争勃発。中国がチベットに侵攻。【日本】マッカーサーの要請で警察予備隊発足（後の自衛隊）。朝鮮戦争で特需景気。

1951年（昭和26）

生理学・医学賞

黄熱病の研究で野口英世の仮説を覆したウイルス学者

この年の生理学・医学賞は、黄熱（病）ワクチンの開発を成し遂げた南アフリカのウイルス学者、**マックス・タイラー**が受賞した。

1920年代末まで、黄熱病の病原体をめぐっては「細菌説」と「ウイルス説」とが存在していた。タイラーは「ウイルス説」に立っていた。当初は「細菌説」が有力で、これを唱えていたのが、黄熱病の研究で世界的に著名だった細菌病理学者の**野口英世**である。

当時すでに、蛇毒や梅毒などに関する血清学上の研究で高い評価を得、ノーベル賞候補にもなるほどの実績を上げていた野口は、1918年（大正7）には黄熱病の病原体（細菌「レプトスピラ・イクテロイデス」）を発見したと発表。ワクチンの製造にも乗り出すなど、黄熱病の研究でも一歩先んじていた。しかし南米では効果があった「野口ワクチン」が、アフリカではほとんど効果を示さないことがわかり、「細菌説」に対する疑義が広がっていった。

そして1927年（昭和2）になると、野口と同じロックフェラー研究所にいたエイドリアン・ストークスが、黄熱病の病原体が細菌ではなく、より小さなウイルスであることを突き止め、さらに当時ハーバード大学の研究員だったタイラーが、野口が黄熱病の病原体だとした細菌が、黄熱病によく似た症状を示す「ワイル病」レプトスピラ症（ワイル病）の病原体だったことを証明するに至り、「細菌説」は完全に否定された。

そして1937年（昭和12）、タイラーは黄熱病ワクチンを開発。その後、このワクチンは、黄熱病ワクチンの基準となるものとして用いられるようになった。

■化学賞

化学賞は、原子力発電所や原子爆弾にも用いられるプルトニウムを含む「超ウラン元素」を発見し、アメリカの原爆開発計画「マンハッタン計画」にも参画した**グレン・シーボーグ**（アメリカ）らが受賞した。

パラグアイの黄熱病を媒介するネッタイシマカ（熱帯縞蚊）に注意を促す広告。ネッタイシマカはデング熱やジカ熱も媒介する。熱帯・亜熱帯地域に生息している。黄熱病は重症患者に黄疸が見られることから命名された。©Pablo D. Flores

物理学	ジョン・コッククロフト（ハーウェル研究所・英）、アーネスト・ウォルトン（トリニティカレッジ・アイルランド）	加速された陽子による原子核変換に関する研究
化学	エドウィン・マクミラン（カリフォルニア大学バークレー校・米）、グレン・シーボーグ（カリフォルニア大学バークレー校・米）	原子番号92のウランよりも重い超ウラン元素の発見
生理学・医学	マックス・タイラー（ロックフェラー財団・南アフリカ共和国）	黄熱病の研究と治療法の開発
文学	ペール・ラーゲルクヴィスト（作家、詩人・スウェーデン）	人類が直面する永遠の課題に対する答えを見つけるための芸術的活力に溢れる詩作
平和	レオン・ジュオー（労働組合活動家・仏）	国際労働機関創設への貢献

この年の出来事

【世界】チベットと中華人民共和国が平和的解放に関する協定を締結。【日本】日本と第二次世界大戦における連合国諸国（米国など48カ国）が平和条約（サンフランシスコ平和条約）を締結し、正式に戦争状態が終結。

1952年（昭和27）

平和賞

アフリカでの医療活動に生涯を賭けた「密林の聖者」

　この年の平和賞は、アフリカでの医療活動に生涯を捧げ、ヨーロッパで「密林の聖者」と称賛されたフランス人医師、**アルベルト・シュヴァイツァー**が受賞した。

　牧師を父に持つシュヴァイツァーが医療の道に進んだのは30歳を過ぎてから。それまではオルガン奏者として、また宗教哲学者として高い評価を得ていた。その彼が突如医療の道に進んだのは、宗教哲学の研究で培った自身の宗教観である「生命への畏敬」を医療を通じて実践、伝道しようと思い立ったからであった。

　そして1913年（大正2）、看護師の妻とともにフランス領赤道アフリカ（現ガボン共和国）のランバレネに渡ったシュヴァイツァーは、私財を投じて病院を建設し、蚊を介して伝染する熱帯病のマラリアや、細菌によって皮膚や神経が冒されるハンセン病などの治療に従事した。病院の運営費が底をつくとヨーロッパで寄付を募り、自身もオルガンの演奏会や講演活動で資金を集めた。

　ただし、こうしたシュヴァイツァーの活動が欧米諸国で高く評価されている一方で、アフリカでは複雑な感情を抱く人々も少なくないといわれる。

　これは当時のアフリカが、ベルリン会議（1884年［明治17］〜1885年）によって決められた、ヨーロッパ列強諸国による植民地化の原則にしたがって、面積の約90％がその支配下にあったこと。

　そして列強諸国の一角であるフランス出身であり、ヨーロッパ的な宗教観をアフリカに持ち込もうとしたシュヴァイツァーが、現地の人々の一部には「植民地主義の象徴」と写ったことが背景にある。

　もっとも、ランバレネにおける医療活動を晩年まで続け、核兵器廃絶運動にも参画するなど、シュヴァイツァーの「生命への畏敬」は終生衰えることはなかった。

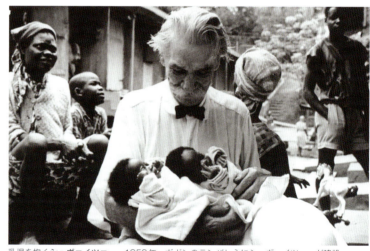

乳児を抱くシュヴァイツァー。1950年、ガボンのランバレネにシュヴァイツァーが建設した病院で撮影。現在ではガボンを代表する病院になっている。

物理学	フェリックス・ブロッホ（スタンフォード大学・米）、エドワード・ミルズ・パーセル（ハーバード大学・米）	核磁気の精密な測定法の開発
化学	アーチャー・マーティン（国立医学研究所［英］・英）、リチャード・シング（ローウェット研究所・英）	ペーパークロマトグラフィーによる分析法の発明
生理学・医学	セルマン・ワクスマン（ラトガース大学・米）	結核に有効な抗生物質ストレプトマイシンの発見
文学	フランソワ・モーリアック（小説家、劇作家・仏）	作品に浸透した精神的な深い洞察と芸術的な強さ
平和	アルベルト・シュヴァイツァー（宣教師、医師、音楽家・仏）	ガボンのランバレネにおける医療奉仕活動

この年の出来事

【世界】西ドイツがユダヤ人虐殺などに対する賠償金をイスラエルに支払う協定を締結。【日本】沖縄、奄美、小笠原諸島を除き、GHQによる統治が終了。日米安全保障条約発効。

1953年（昭和28）

文学賞

戦争や政治の舞台裏を文学で遺したイギリスの宰相

　文学賞は職業作家ばかりではなく、哲学者や歴史学者などの受賞例もある。だがこの年は現役の政治家が受賞するというとりわけ稀有な例となった。イギリスの首相を2度（1940年～1945年、1951年～1955年）務めた**ウィンストン・チャーチル**である。

　代表作『世界の危機』『第二次世界大戦』など、彼の著作は「英語とともに後世に残る」と言われたほどの格調高い語法が特徴で、一政治家が著した歴史的資料を、文学の領域にまで高めたと言われている。事実、彼の著書やスピーチ原稿などは、ユネスコの記憶遺産にも登録（2015年）されている。

　チャーチルはもともと職業軍人だったが、文才に長け、『河畔の戦争』（1899年[明治32]）などの従軍記を出版するなど、文人としても名を馳せていた。

　特に従軍記者に転身して著した『ロンドンからレディスミスへ』（1900年）は、同書のテーマとなった南アフリカ戦争（1899年～1902年）における自身の捕虜収容所からの脱出体験と相まって、彼を祖国の英雄にまで押し上げる。これを機に政界へと進出（1900年）したチャーチルは、1908年に発足したアスキス内閣の通商大臣を皮切りに、重要閣僚を歴任。持ち前の格調高い表現力を演説でも発揮して耳目を集め、第二次世界大戦勃発後の1940年に、ついに首相へと上り詰める。

　彼が現在でもイギリスにおいて人気が高い政治家であることは確かだが、一方でその政治手法に対する批判は決して少なくない。特に植民地主義への固執から、インドの独立運動家**ガンディー**らを弾圧したこと、第二次世界大戦を〝対ファシズム戦争〟と位置づけながら、国内では投獄も辞さない言論弾圧を行ったことに対する批判は、今も根強く残っている。

首相在任中の1944年7月、ノルマンディー上陸作戦の直後、カーンへ兵士の激励に訪れた**チャーチル**。オルヌ川に架かるウィンストン橋上での撮影。

1931～1960

物理学	フリッツ・ゼルニケ（フローニンゲン大学・オランダ）	位相差顕微鏡の発明、位相コントラスト法の開発
化学	ヘルマン・シュタウディンガー（フライブルク大学・西独）	高分子化学分野での発見
生理学・医学	ハンス・クレブス（シェフィールド大学・英）	尿素回路、クエン酸回路の発見
生理学・医学	フリッツ・アルベルト・リップマン（ハーバード大学医学大学院・米）	コエンザイムAの発見と中間代謝の重要性を解明
文学	ウィンストン・チャーチル（政治家、軍人、作家・英）	歴史や伝記の格調高い文体や演説と、人間の価値を認めた作品に対して
平和	ジョージ・C・マーシャル（元国務長官、元国防長官・米）	第二次世界大戦後の西ヨーロッパの経済回復を目指したマーシャル計画

この年の出来事

【世界】朝鮮戦争の休戦が成立。南北間に軍事境界線を設定。【日本】奄美群島が日本復帰。2月にNHKが日本初のテレビ本放送を開始。8月に初の民間放送局である日本テレビが本放送を開始。

1954年（昭和29）

平和賞

平和賞に込められた難民救済への称賛と期待

ハードボイルド文学のパイオニアである**アーネスト・ヘミングウェイ**（アメリカ）が文学賞を受賞して話題になったこの年、平和賞には、難民保護と難民問題の解決を任務とする**国際連合難民高等弁務官事務所**（UNHCR）が選ばれた。

UNHCRは1951年（昭和26）に発足し、1946年に同じく国連に設置された「国際難民機関（IRO）」を前身とする。UNHCRの受賞が設立のわずか3年後なのは、選考委員会のUNHCRに対する期待と、IROの功績への評価が背景にあったと考えられる。

IROは第二次世界大戦で戦場となった欧州諸国で、大量に発生した避難民の保護や帰国、第三国への定住斡旋などが任務だったが、その活動はドイツ敗戦直後に発足した連合国復興救済局の難民対策業務を継承したもので、戦災復興組織としての性格が色濃かった。

UNHCRも当初はIROの復興残務処理が主たる任務であったが、その後、東欧の共産主義国化の進行や、アジアやアフリカ、南米などでの内戦や独立戦争により難民が発生。UNHCRの役割と実績は、皮肉にも想定よりもはるかに大きくなり、1981年（昭和56）には再び平和賞を受賞する。

UNHCRは国連総会で選出された任期5年の「国連難民高等弁務官」がトップを務める組織で、1991年〜2000年までは日本の**緒方貞子**が務めた。ただし日本の難民問題への貢献について、緒方はこう指摘したことがある。

「日本は（ショーパブ等で働く）エンターテイナーを毎年10万人近く……受け入れていますが……、難民に対する思いやりよりもはるかに優先されているのでしょうか」

これは2002年の発言だが、今も状況に大きな進展はない。事実、2016年（平成28）の日本の難民認定数は28人（申請者数1万901人＝認定率0.3％）。人数、認定率ともにG7諸国の中でもっとも低い数値である。

国際連合難民高等弁務官事務所のロゴマーク。UNHCRは、Office of the United Nations High Commissioner for Refugeesの略称。本部はスイスのジュネーヴにある。

物理学	マックス・ボルン（エジンバラ大学・西独）	量子力学の基礎研究、特に波動関数の統計的解釈
	ワルサー・ボーテ（ハイデルベルク大学・西独）	コインシデンス法による原子核反応とガンマ線に関する研究
化学	ライナス・ポーリング（カリフォルニア工科大学・米）	化学結合の本性と複雑な物質の構造解明の研究
生理学・医学	ジョン・フランクリン・エンダース（ハーバード大学医学大学院・米）、トーマス・ハックル・ウェーラー（ボストン児童医療センター・米）、フレデリック・チャップマン・ロビンス（ウェスタンリザーヴ大学・米）	ポリオウイルスがさまざまなタイプの培養で増殖することを発見
文学	アーネスト・ヘミングウェイ（小説家・米）	『老人と海』にみられる自然と闘う人間の姿を描く、現代的なスタイルが及ぼした影響
平和	国際連合難民高等弁務官事務所	人道的な活動に対して。難民の国際援助活動が財政的危機に陥っていることへの喚起

この年の出来事

【世界】第1次インドシナ戦争（ベトナムの対仏独立戦争）の休戦が成立、ベトナムが南北分割へ。【日本】自衛隊創設。マーシャル諸島ビキニ環礁でアメリカが水爆実験、マグロ漁船第五福竜丸が被曝。

1955年（昭和30）

生理学・医学賞

生理学・医学賞の選考機関が輩出した初の受賞者

生理学・医学賞の選考はスウェーデンの名門医科大学カロリンスカ研究所が行うが、賞創設から半世紀余りを過ぎたこの年、同研究所が初の受賞者を輩出する。酸化還元酵素の一種である酸化酵素の研究で画期的な成果を残した**ヒューゴ・テオレル**（スウェーデン）である。

テオレルはスウェーデン王立アカデミー（物理学賞、化学賞などを選考）によって化学賞にも推薦されていたが、先にカロリンスカ研究所が生理学・医学賞に決定したため、化学賞は次に評価が高かった**ヴィンセント・デュ・ヴィニョー**（アメリカ）に授与された。テオレルの評価の高さがうかがえる逸話である。

ところで、酸化酵素とは酸化、つまり酸素原子と結合して水素原子と電子を失う現象の触媒（化学反応を速める物質）となる物質である。たとえば大量の飲酒をして血中アルコール濃度が高くなった場合にのみ働く酵素「ミクロゾームエタノール酸化酵素（MEOS）」もその一つ。〝酒に強い人〟は、このMEOSの活性度が高い人である。

テオレルは、このアルコール分解の分野でも先駆者として知られるが、酵素研究で得た知見をタンパク質の研究にも生かし（酵素自体がタンパク質である）、血中酵素を筋組織内に運搬するタンパク質「ミオグロビン」の結晶化にも成功している。

タンパク質は5万種類とも10万種類ともいわれ、〝新薬の宝庫〟ともされる物質で、その有用性は未知数である。ただしその解析にはそれぞれを結晶化することが不可欠だが、現在も結晶化に成功していないものが無数に存在するなど、今もってハードルの高い研究分野である。

なおテオレルは、幼少時に患ったポリオ（小児麻痺）の後遺症のため足が不自由で、これが研究生活に人生を捧げる動機の一つになったともいわれている。

カロリンスカ研究所でヒューゴ・テオレルが自製の磁気計量器を操作している様子。
写真：カロリンスカ研究所

物理学	ウィリス・ラム（スタンフォード大学・米）	水素スペクトルの微細構造に関する発見
	ポリカプ・クッシュ（コロンビア大学・米）	電子の磁気モーメントの精密な決定
化学	ヴィンセント・デュ・ヴィニョー（コーネル大学・米）	生物における硫黄化合物の働きに関する研究
生理学・医学	ヒューゴ・テオレル（カロリンスカ研究所・スウェーデン）	酸化酵素の性質と作用様式に関する発見
文学	ハッルドル・ラックスネス（作家・アイスランド）	アイスランドの偉大な物語芸術を再現した鮮やかな文学の力
平和	該当者なし	

この年の出来事

【世界】ワルシャワ条約機構発足、冷戦激化。アジア・アフリカ会議が開催され、平和10原則を採択。【日本】自由党と日本民主党が合併（保守合同）し、自由民主党を結党。左右の社会党が統一。55年体制成立。

1956年（昭和31）

物理学賞

コンピュータの小型化はトランジスタの発明から始まった

この年の物理学賞は、コンピュータなどの電子機器の小型化に寄与した「トランジスタ」の発明者、**ウィリアム・ショックレー**（アメリカ）、**ジョン・バーディーン**（アメリカ）、**ウォルター・ブラッテン**（アメリカ）の3人に授与された。

コンピュータの発明（1946年［昭和21］）は「20世紀最大の発明」と称されるほどの偉業だったが、その1号機は床面積がおおよそ家1軒分（約100平方メートル）、重量は車30台分（約27トン）という巨大なものだった。これは電流を制御する基幹部品の「真空管（ST管）」を約1万8000個も必要としたためである。それに対して3人が開発に携わったトランジスタは真空管の10分の1以下の大きさで同じ機能を実現するものだった。

受賞した共同研究者3人のうち、先にトランジスタ（点接触型）を開発したのはバーディーンとブラッテンであるが（1947年）、動作が不安定で大量生産にも不向きという難点があり、普及したのは1951年にショックレーの持論に基づいて開発された「接合型」である。

またトランジスタは、条件によって通電したりしなかったりする「半導体」を素材に使ったことで、性能面でも革命的変化を起こした。後に半導体は、ゲルマニウムからシリコンへと代わるが、これもショックレーの持論で、IT企業都市「シリコン・バレー」にその名がついたのも、彼がここに研究所を設立したことがきっかけである。

もっとも、実際にシリコンを使ったトランジスタを開発したのも、シリコン・バレーを形成したのも、彼のもとを去った人々である。これは彼が支配欲と猜疑心が強い性格で、後年には優生思想や人種差別にも傾倒するなど、問題の多い人物だったためである。なかでも共同研究者のバーディーンは受賞前から距離を置き、超電導理論の道へと進んだ後、1972年に再び物理学賞を受賞している。

1947年、ジョン・バーディーン、ウォルター・ブラッテンによって世界で初めて作られた、点接触型トランジスタのレプリカ。

物理学	ウィリアム・ショックレー（ベックマン研究所・米）、ジョン・バーディーン（イリノイ大学・米）、ウォルター・ブラッテン（ベル研究所・米）	半導体に関する研究とトランジスタ効果の発見
化学	シリル・ヒンシュルウッド（オックスフォード大学・英）、ニコライ・セミョーノフ（ソ連科学アカデミー・ソ連）	化学反応のメカニズムに関する研究
生理学・医学	アンドレ・フレデリック・クルナン（ベルビュー病院・仏）、ヴェルナー・フォルスマン（マインツ大学・西独）、ディキソン・W・リチャーズ（コロンビア大学・米）	心臓カテーテル法と循環器系の病理学的変化に関する発見
文学	ホセ・ラモン・ヒメネス（詩人・スペイン）	スペイン語で描写された高邁な精神と純度の高い芸術的な抒情詩
平和	該当者なし	

この年の出来事

【世界】ソ連共産党大会でスターリン批判。ハンガリーで反ソ暴動。エジプト、スエズ運河国有化宣言。【日本】工場廃液に含まれる水銀が原因の公害病「水俣病」の患者を初めて公式に確認。ソ連と国交回復。国連加盟。

1957年（昭和32）

文学賞

〝20世紀最高の哲学者〟をも唸らせた世界観、しかし……

フランス領アルジェリアが独立戦争（1954年〜1962年）の只中にあったこの年、同国出身のフランス人文学者がノーベル賞を受賞した。「恐怖心にもとづく尊敬の念ほど卑しむべきものはない」「自由とはより良くなるための機会である」など、現在も世界中で盛んに引用される名言を数多く残した、**アルベール・カミュ**である。

哲学的な作風で知られた彼の代表作は、パリがナチスの占領下にあった1942年（昭和17）に発表された小説『異邦人』と、随筆集『シーシュポスの神話』である。社会の矛盾と彼の代名詞ともなった「不条理」を浮き彫りにした作品群だ。

カミュのいう「不条理」とは、人生の中で出会う〝いくら努力しても報われない現実〟や〝人生に意義を見出せない状況〟を表す。ただし、カミュは理性を持って「不条理」に反抗する、つまり不条理への挑戦こそが生きがいや自由につながるのだと説き、若者を中心に多くの共感を呼んだ。

そしてカミュの哲学は〝20世紀最高の哲学者〟と称された人物にも絶賛を受ける。同胞でもある**ジャン＝ポール・サルトル**である。以来2人は親交を深めたものの、カミュの『反抗的人間』（1951年）の発表を機に、一転して2人の間で論争が起こる（カミュ＝サルトル論争）。「（実力行使をともなう）革命ではなく、（非暴力の）反抗こそが社会を具体的に変革しうる」と考えるカミュと、「革命こそが社会を変革しうる」とするサルトル。「〝絶対的な正義〟はあらゆる矛盾を制圧する。自由を破壊するものだ」と考えるカミュ、「絶対的正義と自由は両立しうる」とするサルトル。互いに敬意を抱いていた2人の蜜月は、ここで終わった。

そして1960年。カミュは自動車事故でこの世を去る。受賞から3年後の死。46年の生涯だった。

アルベール・カミュ。『異邦人』で矛盾に満ちた現代社会と現代に生きる人間の不条理を照らし出した。

物理学	楊振寧（プリンストン高等研究所・中国）、李政道（コロンビア大学・中国）	パリティに関する徹底的な調査研究
化学	アレクサンダー・トッド（ケンブリッジ大学・英）	ヌクレオチドとその補酵素に関する研究
生理学・医学	ダニエル・ボベット（公衆衛生研究所・伊）	抗ヒスタミン薬の発見
文学	アルベール・カミュ（小説家、劇作家・仏）	同時代の人間の良心の問題を真摯な姿勢で照らし出した作品
平和	レスター・ピアソン（カナダ外相・カナダ）	第二次中東戦争時に国連緊急軍の創設を提唱

この年の出来事

【世界】 ソ連が世界初の人工衛星「スプートニク1号」の打ち上げに成功。**【日本】** 茨城県東海村で日本初の原子炉が運転を開始。東京通信工業（現ソニー）が世界最小のトランジスタラジオを発売。

1958年（昭和33）

化学賞

タンパク質の分子構造の解明で医薬の発展に寄与

「この賞はすでに達成された業績のみならず、将来の仕事への激励でもあるべきとノーベルは言いました。あなたはその意味でも受賞の資格があると確信しています」

これは化学賞の選考委員長、**ウィルヘルム・ティセリウス**（スウェーデン、1948年化学賞受賞）が、授賞式で40歳の若き分子生物学者、**フレデリック・サンガー**（イギリス）に捧げた言葉である。

サンガーは1955年（昭和30）に世界で初めて「インスリン」のアミノ酸構造を解明した人物である。

「インスリン」とは膵臓から分泌されるホルモンで、血糖値を下げる物質である。サンガーの研究の先進性は、その構造研究を通じて、体内のタンパク質が"漠然とした塊"ではなく、アミノ酸の分子が鎖状に連結した物質であると確定した点にある。ちなみにサンガーがインスリンを対象にしたのは、それ自体がタンパク質の一種であり、なおかつ分子構造が比較的単純だったからである。

そもそも人間の肉体の多くはアミノ酸の集合体であるタンパク質で占められ、それぞれの性質（働き）は21種類ある「アミノ酸配列（アミノ酸の並び順）」によって決まる。

では、なぜタンパク質の構造を解明する必要性があるのかといえば、医薬の開発に不可欠だからだ。医薬の多くは、体内のタンパク質と分子レベルで結合してその働きを調節し、効果を現す。つまり体内のタンパク質が分子レベルで解明されないと、医薬も作れないのである。サンガーの業績がノーベル賞に値する理由は、まさにここにある。

サンガーは1980年（昭和55）に、DNAの塩基配列の決定法の発明によって再び化学賞を受賞した。

フレデリック・サンガー。1980年の2度目の化学賞はDNAの塩基配列の決定法を考案した功績でウォルター・ギルバートと共同受賞した。同年はもう一人、DNA組み替えなど遺伝子工学の基礎を築いたポール・バーグも化学賞を受賞した。

物理学	パーヴェル・チェレンコフ（PNレベデフ物理研究所・ソ連）、イリヤ・フランク（PNレベデフ物理研究所・ソ連）、イゴール・タム（PNレベデフ物理研究所・ソ連）	チェレンコフ効果の発見とその解明
化学	フレデリック・サンガー（ケンブリッジ大学・英）	タンパク質の構造、特にインスリンの構造に関する研究
生理学・医学	ジョージ・ウェルズ・ビードル（カリフォルニア工科大学・米）、エドワード・ローリー・タータム（ロックフェラー研究所・米）	遺伝子が細胞内の生化学過程を制御していることを発見
	ジョシュア・レダーバーグ（ウィスコンシン大学・米）	遺伝子組換えおよび細菌の遺伝物質の発見
文学	ボリス・L・パステルナーク（詩人、小説家・ソ連）	現代的な叙情詩と大ロシアの叙事詩の両方における重要な業績
平和	ドミニク・ピール（司祭・ベルギー）	ヨーロッパにおける難民救済活動

この年の出来事

【世界】 欧州経済共同体（EEC）と欧州原子力共同体（EURATOM）が発足、欧州統合の第一歩を踏み出す。**【日本】** 1955年頃に始まった高度経済成長が加速。テレビ受信機契約が100万突破。

1959年（昭和34）

生理学・医学賞

実は〝失敗〟だった DNA と RNA の人工合成

1950年代は遺伝を支配する物質である「核酸」の構造や機能の解明に、重要な進展が見られた10年だった。それを締めくくったのが**セベロ・オチョア**（アメリカ）と**アーサー・コーンバーグ**（アメリカ）のノーベル賞受賞だった。「核酸」にはDNA（デオキシリボ核酸）とRNA（リボ核酸）の2種類があり、DNAは遺伝子情報の記録と蓄積、RNAは一時的な処理を行う機能を持つ。そのうちオチョアはRNA、コーンバーグはDNAの合成酵素を発見し、それぞれの複製の人工合成に成功した業績によって、生理学・医学賞を受賞した。それは将来の遺伝子研究に計り知れない進歩をもたらす偉業であるはずだった。

しかし受賞翌年の1960年（昭和35）、オチョアが発見した合成酵素が、実は分解酵素ではないかという疑義が持ち上がった。事実、その酵素が合成方向に向かうのはガラス管の中の特別な条件下だけで、生体内では不要なRNAを分解する方向へと進んだのである。さらに1961年になって別の研究者が合成酵素を発見するに至り、オチョアの解釈が誤りであったことが判明する。さらにコーンバーグが発見した酵素も、遺伝学上の活性がないことがわかり、2人は「間違った発見（解釈）で受賞した科学者」の汚名を着ることになってしまった。

しかし、その後オチョアは、即座に誤って解釈した酵素を利用して、わずか1カ月でアミノ酸全20種のうち11種もの遺伝子暗号を解読し、1968年（昭和43）にはタンパク質合成を司る「タンパク質因子」を発見。またコーンバーグも引き続きDNAの複製研究に取り組み、死の前年（2006年）には、子息のロジャーが化学賞を受賞。汚名を挽回して余りある業績を成し遂げた。

何より彼らの研究は結果的に核酸の人工合成を可能にし、遺伝メカニズム解明の発展の礎となった。その意義は決して小さくはない。

研究仲間と受賞を祝福しあうセベロ・オチョア（中央）。

アーサー・コーンバーグ（右）。左は妻の生化学者シルヴィ・コーンバーグ。DNA合成酵素の発見に多大な貢献をしたといわれている。

物理学	エミリオ・セグレ（カリフォルニア大学バークレー校・米）、オーウェン・チェンバレン（カリフォルニア大学バークレー校・米）	反陽子の発見
化学	ヤロスラフ・ヘイロフスキー（チェコスロヴァキア科学アカデミー・チェコスロヴァキア）	ポーラログラフによる分析方法の発見と発展
生理学・医学	セベロ・オチョア（ニューヨーク大学・米）、アーサー・コーンバーグ（スタンフォード大学・米）	DNAとRNAの生物学的合成におけるメカニズムの発見
文学	サルヴァトーレ・クァジモド（詩人・伊）	同時代の悲劇的な経験を照らし出す叙情的な詩に対して
平和	フィリップ・ノエル＝ベーカー（政治家・英）	一貫した軍縮活動

この年の出来事

【世界】キューバ革命成功、カストロ政権が成立、米国との友好関係維持を表明するも、米国は拒否。中国でチベット反乱。【日本】砂川事件裁判で東京地裁が米軍駐留の違憲判決（最高裁では逆転）。在日朝鮮人の帰還事業開始。

1960年（昭和35）

化学賞

〝放射性炭素の量で年代を測る方法〟に潜んでいた罠

1945年の終戦と1947年からの登呂遺跡（静岡県）の発掘を機に、日本の考古学界には、実証的かつ科学的な研究への欲求が満ちていた。1947年にウィラード・リビー（アメリカ）が発表した画期的な年代測定法は、その機運を後押しするものだった。

リビーの研究チームが考案したのは、生物（有機物）に残存する放射性炭素の量でその年代を推定する「放射性炭素年代測定法」。現代でも考古学や地質学などの分野で広く活用されている測定法だ。

自然界や生物体の有機物の炭素中には、放射性同位体である「炭素14」がほぼ一定程度存在する。炭素14は放射線を出して窒素に変化し、この炭素14は生物が死滅すると供給が止まるので、体内から減少していく。リビーらはこの性質を発見し、年代測定に応用した。

だが後に、この測定法の運用にとって障害になる事実が浮上する。1950年代から60年代にかけての大気中の放射性炭素濃度が、最大で天然レベルの2倍に達していることが判明したのである。主たる原因はこの時期に盛んに行われた大気圏内での核実験だった。

これは皮肉な現実である。なぜならリビー自身がアメリカの原爆開発プロジェクト「マンハッタン計画」に関わり、その後も積極的な核武装論者だったからだ。

またリビーは核兵器による健康影響を調査する「サンシャイン作戦」にも参画している。ただし目的は健康リスクを懸念する声を抑えるためである。しかもリビーらは、その研究過程で死産した乳児を含む死体（検体）を違法に入手し、「腕のいい死体泥棒は愛国者である」とうそぶいたといわれる。「放射性炭素年代測定法」は、今も他の測定法と併用される形で活用されているが、現在その測定結果は、大気中の炭素濃度が安定していた1950年を起点に記載されている。

加速器質量分析（AMS）装置。ウィラード・リビーは自作のガイガーカウンターで炭素14の放射線を計測し、炭素14の量を求めていた。現代では加速器で炭素14を直接数えるAMSで、ごく少ない試料量と測定時間で高精度、効率的に時代測定ができるようになっている。

物理学	ドナルド・グレーザー（カリフォルニア大学バークレー校・米）	粒子を観測する泡箱の発明
化学	ウィラード・リビー（カリフォルニア大学ロサンゼルス・米）	考古学、地質学、地球物理学などで年齢決定に炭素14を使用する方法の開発
生理学・医学	フランク・マクファーレン・バーネット（ウォルター エライザホール医学研究院・オーストラリア）、ピーター・メダワー（ユニヴァーシティ カレッジ・ロンドン・英）	後天性免疫寛容の発見
文学	サン＝ジョン・ペルス（詩人、外交官・仏）	高らかな飛翔と幻想的な方法で同時代を反映した喚起力豊かな詩
平和	アルバート・ルツーリ（政治家・南アフリカ共和国）	アフリカ民族会議議長としての活動、反アパルトヘイト闘争に対して

この年の出来事

【世界】アフリカで脱植民地ラッシュ、17カ国が独立（「アフリカの年」）。フランスが初の原爆実験、第4の核保有国に。【日本】新たな日米安保条約を締結。激しい反対運動が起こる（60年安保闘争）。

1961年（昭和36）

平和賞

対話と紛争解決に奔走した若き国連事務総長

東ドイツが「ベルリンの壁」の建設を開始したこの年、世界各地で起こる紛争の解決に奔走した人物が平和賞を受賞した。第2代国連事務総長の**ダグ・ハマーショルド**（スウェーデン）である。

47歳の若さながら、1953年（昭和28）に圧倒的な信認を得て事務総長に選出された彼は、卓越した交渉能力の持ち主だった。

最初の大仕事は、朝鮮戦争休戦後も中華人民共和国に抑留されたままの米国人捕虜11人の返還交渉（1954年）だった。当時国連非加盟国だった中国に飛んだ彼は、周恩来首相に直談判。解放に成功した。

また1956年に始まったスエズ戦争（第2次中東戦争）では、エジプトに侵攻したイスラエル、イギリス、フランスの撤兵を含む停戦勧告決議の採択に尽力し、カナダ外相の**ピアソン**が提唱した停戦確認のための国際連合緊急軍（UNEF）を史上初めて派遣。さらに1958年にレバノンとヨルダンが政情不安に陥ると、いち早く監視団を送って治安の安定に努め、後に派兵された米英両軍を含めた同年中の撤収を実現した。

しかし1960年に始まったコンゴ動乱（内乱）では、国連軍を派遣したものの泥沼化。そこで1961年に、ハマーショルドはコンゴから分離独立を宣言したカタンガ州の首脳と接触すべく現地に向かったが、搭乗した飛行機が墜落。帰らぬ人となってしまった。

その死を受けたノルウェーのノーベル委員会は、ハマーショルドへの平和賞授与を決定。これは推薦状（1月31日〆切）が届いていれば、本来は対象外である物故者も対象にできるという、当時の例外規定を適用したものだった。

しかしこれには裏話がある。彼を敵視していたソ連の反発を考慮して見送られたが、本来彼は前年の平和賞を受賞するはずだったのである。しかも、すでに1961年の平和賞には反アパルトヘイト活動家として初の受賞となる**アルバート・ルツーリ**に内定していた。そこで委員会は、ハマーショルドを1961年の受賞者とし、ルツーリを1960年の受賞者に事後変更したのである。

国連ビル前のハマーショルド。1953年。
©UN/DPI

物理学	ロバート・ホフスタッター（スタンフォード大学・米）	原子核における電子散乱の研究、核子の構造に関する発見
	ルドルフ・メスバウアー（カリフォルニア工科大学・西独）	ガンマ線の共鳴吸収についての研究、メスバウアー効果の発見
化学	メルヴィン・カルヴィン（カリフォルニア大学バークレー校・米）	植物における二酸化炭素同化に関する研究
生理学・医学	ゲオルグ・フォン・ベケシ（ハーバード大学・ハンガリー）	蝸牛殻内の刺激の物理的メカニズムの発見
文学	イヴォ・アンドリッチ（小説家、詩人・ユーゴスラヴィア）	自国の歴史の主題と運命を描写し得た叙事詩的力量に対して
平和	ダグ・ハマーショルド（外交官・スウェーデン）	効率的かつ独立した国連事務局を創設

この年の出来事

【世界】米国大統領にケネディが就任。ソ連が初の有人宇宙船ヴォストークを打ち上げ。韓国でパク・チョンヒによる軍事クーデター。【日本】四日市でぜん息患者が多発（四日市ぜん息）。

1962年（昭和37）

生理学・医学賞

〝世紀の発見〟は他人の未発表データが鍵だった

1869年に**フリードリッヒ・ミーシェル**（スイス）が、細胞核の中に遺伝情報を記憶するDNA（デオキシリボ核酸）を発見してから約1世紀、その構造と遺伝情報の伝達メカニズムの発見に携わった人々にノーベル賞が授与された。**ジェームズ・ワトソン**（アメリカ）、**フランシス・クリック**（イギリス）、**モーリス・ウィルキンス**（イギリス）である。

彼らが成し遂げたのは1953年（昭和28）に発表された「DNAの二重らせん構造」の発見である。これは生物の基本的な性質である自己複製や遺伝の仕組みを、分子レベルで完全に説明しうることを意味し、〝20世紀科学の最高の業績〟とも称される偉業である。

ただ一方で、DNAを用いた実験を行わず、発表論文も科学雑誌2ページ分にすぎなかった彼らの受賞には、多くの疑問が呈された。

1つはこの発見に不可欠だった「シャルガフの法則」を発見した核酸研究の権威、**エルヴィン・シャルガフ**（オーストリア）が受賞者から外されていたこと。もう1つは、発見の鍵となったDNA結晶のX線回折写真の入手方法についてである。

この写真は共同受賞者のウィルキンスの同僚で、やはりDNAの構造研究をしていた**ロザリンド・フランクリン**（イギリス、1958年死去）が撮影したもので、DNAが二重らせん構造であることを想像させて余りある、鮮明かつ貴重なものだった。

しかしこの写真は未発表のもので、後にワトソンが「フランクリンではなくウィルキンスから見せてもらった」と告白している。事実ならば、ワトソンらは他人の未発表データに着想を得たことになり、ウィルキンスに至っては、写真を提供しただけでノーベル賞を受賞したことになる。しかも後の分析で、フランクリン自身も、この世紀の発見に近づいていたことがわかっている。

なお当時、この分野でもっとも先行していたとされるのが**ライナス・ポーリング**（アメリカ、1954年化学賞）である。ただしフランクリンのX線解折写真を見る由もなかった彼は、ワトソンらの後塵を拝し、そして何の偶然か、この年の平和賞受賞者になっている。

1953年、『ネイチャー』誌にDNAの二重らせん構造を発表したワトソン（右）とクリック。

物理学	レフ・ランダウ（ソ連科学アカデミー・ソ連）	凝縮系物理の理論、特に液体ヘリウムの研究
化学	マックス・ペルーツ（MRC分子生物学研究所・英）、ジョン・ケンドリュー（MRC分子生物学研究所・英）	球状タンパク質の構造研究
生理学・医学	フランシス・クリック（MRC分子生物学研究所・英）、ジェームズ・ワトソン（ハーバード大学・米）、モーリス・ウィルキンス（ロンドン大学・英）	核酸の分子構造および生体の情報伝達におけるその重要性の発見
文学	ジョン・スタインベック（小説家・米）	現代的かつ想像力豊かな文章にユーモアと鋭い社会的認識を結合
平和	ライナス・ポーリング（化学者・米）	反核運動に対して。54年の化学賞に続いて2度目の受賞

この年の出来事

【世界】キューバにソ連製核ミサイル基地建設計画、核戦争の危機が叫ばれるも、米ソ首脳の交渉でソ連がミサイルを撤去（キューバ危機）。【日本】戦後初の国産旅客機「YS-11」が完成。リニアモーターカーの研究始まる。

1963年（昭和38）

物理学賞

量子力学の功労者、ウィグナーの光と陰

　日本初ノーベル賞受賞者の湯川秀樹が、同じく日本の量子力学をリードした朝永振一郎（1965年物理学賞）や坂田昌一と著した『平和時代を創造するために』が世に出たこの年、20世紀の量子力学に多大な影響を与えた人物が物理学賞を受賞した。理論物理学者のユージン・ウィグナー（アメリカ）である。

　ウィグナーは量子力学に抽象代数学の最も基本的な理論「群論」を応用した先駆者の1人で、原子核の構造や核力（陽子や中性子の間に働く力）の性質などの理論的解明で名を馳せた。湯川秀樹の「中間子理論」も、彼の核力理論に基づいて導き出されたものだ。

　そのほかにも、量子力学における数学的定式化の標識的な定理である「ウィグナーの定理」。金属の凝集エネルギー（分子や原子の集合によって発生する力）の理論「ウィグナー＝ザイツの方法」。中性子線による原子の変位がもたらす現象である「ウィグナー効果」など、彼の名がついた理論は、量子力学の発展に不可欠なものとなった。

　一方でウィグナーは、自らの知見を戦争に供することを厭わない人物でもあった。彼がナチスの迫害から逃れてアメリカに亡命したユダヤ系ハンガリー人であることも背景にあるが、原爆開発プロジェクトの「マンハッタン計画」の端緒となった大統領宛ての書簡は、ウィグナーが主導してアインシュタインに依頼したもので、その後ウィグナー自身も、原爆開発を理論面で牽引している。

　そして戦後も、アインシュタインらが核兵器開発に危惧を表明したのとは対照的に、彼は原爆開発の理論的指導者であり続け、ベトナム戦争時には、戦闘の効率化を進める科学者集団「ジェイソン機関」の構想立案の中心ともなった。

　なおウィグナーは、商用原子炉開発を先導したことでも知られているが、その危険性からプルトニウムを燃料とする「高速増殖炉」には否定的だった。ちなみに彼が死去した1995年（平成7）、偶然にも日本では、高速増殖炉「もんじゅ」のナトリウム漏えい事故が起こっている。

1946年、マンハッタン計画への功績に対してアメリカ合衆国陸軍長官ロバート・ポーター・パターソンから勲章を受けるウィグナー（右）。

分野	受賞者	受賞理由
物理学	ユージン・ウィグナー（米）	原子核および素粒子に関する理論、特に対称性の基本原理の発見と応用
物理学	マリア・ゲッパート＝メイヤー（米）、ヨハネス・ハンス・イェンゼン（西独）	原子核の殻構造に関する発見
化学	カール・ツィーグラー（マックス・プランク研究所・西独）、ジュリオ・ナッタ（ミラノ工科大学・伊）	新しい触媒を用いた重合法の発見
生理学・医学	ジョン・カリュー・エクレス（オーストラリア）、アラン・ロイド・ホジキン（英）、アンドリュー・フィールディング・ハクスリー（英）	神経細胞膜の末梢および中枢部における興奮と抑制に関するイオン機構の発見
文学	イオルゴス・セフェリス（詩人・ギリシア）	ギリシア神話の世界観への深い感情から創作された叙情的な詩作
平和	赤十字国際委員会	2つの世界大戦中の平和活動に対して。創立100周年に組織の重要性を喚起
平和	国際赤十字赤新月社連盟	戦中のほか洪水、干ばつなどの自然災害時の人道的支援

この年の出来事

【世界】米で人種差別撤廃を求めるデモ「ワシントン大行進」。ケネディ米大統領暗殺。【日本】日米間の衛星中継実験が成功、ケネディ大統領暗殺を伝える。貿易外資本取引を自由化。

1964年（昭和39）

平和賞

人種差別に非暴力で対抗した〝アフリカ系アメリカ人〟

〝20世紀最高の哲学者〟と称された**ジャン＝ポール・サルトル**が、「いかなる人間も生きて神格化されるに値しない」と文学賞の受賞を辞退したこの年、平和賞はアメリカ公民権運動に重要な役割を果たした黒人（アフリカ系アメリカ人）牧師**マーティン・ルーサー・キング**に授与された。

キングが生まれた1929年（昭和4）、アメリカは人種差別が横行する只中にいた。確かに1863年（文久3）の第16代大統領**エイブラハム・リンカーン**による「奴隷解放宣言」と、合衆国憲法第13条の修正（1865年）によって奴隷制度は消滅していた。しかし、各州が憲法の枠内で独自の法律を制定できるアメリカでは、1950年代に至っても、フロリダ、ミシシッピ、そしてキングの故郷ジョージアといった南部の州に「ジム・クロウ法」という有色人種を〝隔離〟する法律があったのである。

この法律の下では、学校や病院、バス、食堂などで、白人と有色人種を隔離することが許され、選挙人登録の際には、貧困層が多く識字率も低かった黒人を標的に、投票税の徴収や識字テストを行って排除することも容認されていた。

1955年にキングが牧師として最初に赴任したのも、そうした州の一つであるアラバマ州だった。そして翌年、キングは当地で起こったある出来事に触発される。市バスに乗っていた黒人女性の**ローザ・パークス**が、白人に席を譲るよう咎める運転手の命令に背き、逮捕された事件である。

これを社会運動家の**エドガー・ニクソン**から知らされたキングは、市バスのボイコットを呼びかけ、多くの市民がこれに応えた。ボイコットは382日間に及んだ。その結果、市バスの財政は破綻寸前となり、連邦最高裁判所もこうした人種差別政策を違憲とする判断を下したのである。

さらにこれに勇気づけられた黒人たちも、各地で白人専用の設備を利用する抗議活動「シット・イン」を展開。キングもまた、各地のデモや集会に出向き、警察に理不尽な扱いを受けながらも連帯を訴え続けた。

キングにはこうした運動に関わる上で大きな信念があった。一つは「憎しみには愛で応えねばならない」という非暴力主義。そしてもう一つは「自分たちは白人たちと闘っているのではない」という融和主義である。キングのこうした姿勢は、有色人種のみならず、白人層からの共感も呼んだ。

そして1963年（昭和38）、公民権運動は一つのピークを迎える。白人を含む20万人以上の市民が参加した人種差別撤廃デモ「ワシントン大行進」である。そしてキングは、デモの終着地であるワシントン記念塔広場で〝I have a dream……〟の一節で有名な、あの演説を行う。

"I have a dream that my four little children will one day live in a nation where they will not be judged by the color of their skin but by the content of their character.〟

〝私には夢がある。いつの日か私の4人の幼な子たちが、肌の色ではなく、その人となりで評価される国で暮らす時が来るという夢が〟

物理学	チャールズ・タウンズ（米）、ニコライ・バソフ（ソ連）、アレクサンドル・プロホロフ（ソ連）	量子エレクトロニクス分野の基礎研究、メーザー・レーザー原理に基づく振動子・増幅器の開発
化学	ドロシー・ホジキン（英）	X線回折法による生体物質の分子構造の決定
生理学・医学	コンラート・ブロッホ（西独）、フェオドル・リュネン（西独）	コレステロールと脂肪酸の代謝の機構と調節に関する発見
文学	ジャン＝ポール・サルトル（哲学者、小説家、劇作家・仏）	辞退
平和	マーティン・ルーサー・キング（牧師・米）	人種差別に反対する非暴力的運動

この年の出来事

【世界】北ベトナムの哨戒艇が米軍の駆逐艦に魚雷を発射、米国のベトナム戦争介入が本格化（トンキン湾事件）。中国が初の核実験。【日本】新幹線開業。東京五輪開催。経済協力開発機構（OECD）に正式加盟。

この演説の翌年、連邦議会が人種差別の禁止を含む「1964年公民権法」を可決し、キングたちの運動は一つの結実を見る。

しかし、それでも人々の差別感情は簡単にはなくならず、黒人に対する卑劣な暴力事件も後を絶たなかった。また公民権法成立と相前後して、キングの融和的な路線に異を唱える運動家たちも頭角を現し始めていた。非妥協的な黒人解放指導者として知られた**マルコムX**率いる「アフリカ系アメリカ人統一機構」や、マルコムX暗殺（1965年）の翌年に結成され、武装革命による黒人解放を唱えた「ブラックパンサー党」などである。

キングは、こうした状況に苦悩しながらも活動を継続したが、1968年に遊説先の宿舎で銃撃され、無念の死を遂げた。

1964年『Why We Can't Wait』の出版で記者会見する**キング**。

マルコムX（右）とキング。

1963年、リンカーンの「奴隷解放宣言」100周年を記念して実施された「ワシントン大行進」。20万人以上が参加したとされ、キングはこの集会で"I have a dream……"で始まる演説を行った。

1961〜2017

1965年（昭和40）

物理学賞

量子電磁力学の発展に朝永振一郎らが貢献

ミクロの世界の物質の振る舞いを表す「量子論」が確立するにつれて、これを他の物理現象に当てはめる試みが行われた。電気や磁気の働く空間を「場」と呼ぶが、これに量子論を当てはめたのが「場の量子論」である。この年の物理学賞には場の量子論の発展に貢献した3氏が選ばれた。

朝永振一郎は1906年（明治39）東京生まれ。京都帝国大学に学び、1932年（昭和7）から理化学研究所に活躍の場を求めた。1937年から2年間ドイツのライプツィヒでノーベル賞受賞者である**ハイゼンベルク**に師事した。

当初、量子論は「相対性理論」を考慮せずに生み出されたため、この2つの理論をうまく融合させることが当時の大きな課題であった。場の量子論では、光を「光子」という粒子として扱い、電子や光子などの粒子は絶えず生まれては消えるとされる。朝永の同期であった**湯川秀樹**が提唱した「中間子論」では、中間子という粒子によって原子核の中の粒子同士は堅く結びついているという。ハイゼンベルクのもとで、場の量子論による中間子論の解釈に取り組んでいた朝永は、これがうまくいかないことに気づいた。どう計算しても、電子の質量やエネルギーが無限大に発散してしまうのだ。

朝永は帰国してからもこの問題に取り組み、相対性理論を手掛かりに「くりこみ理論」という方法を編み出した。電子が持つ本来の質量や電荷は、厳密には測定では得られない。それならば電子は「無限大」の質量、または電荷を持つことにして、なおかつ「無限大」の陽電子が周りにいるとすることで互いを相殺させ、発散を退けるという方法である。

朝永と同じ頃、やはりこの問題を解決する方法を見出したのが、アメリカの**リチャード・P・ファインマン**である。ファインマンは1918年ニューヨーク生まれ。マサチューセッツ工科大学、プリンストン大学で学び、1942年には原子爆弾開発の「マンハッタン計画」に加わった。ファインマンの編み出した「ファインマン・ダイアグラム」は、後に朝永の提唱したくりこみ理論に相当するものであることがわかった。この頃アメリカの物理学者**ジュリアン・シュウィンガー**も、独自の方法で「くりこみ理論」に到達している。

くりこみ理論によって量子論的電磁気学は大きな発展を遂げた。この方法を取り入れた計算結果は驚くべき精度で実測値と一致する。これらの功績により、朝永、ファインマン、シュウィンガーにノーベル物理学賞が贈られた。

朝永振一郎 Shinichirō Tomonaga
1906年（明治39）～1979年（昭和54）

東京都生まれ。7歳の時に父の京都帝国大学教授就任に伴い京都市に転居。京都一中、第三高等学校、京都帝国大学理学部物理学科を卒業。卒業後は京都帝国大学の無給副手に着任。同じく東京から京都に転居した湯川秀樹とは中学校、高等学校、帝国大学とも同期入学・同期卒業、同期就職で同室だった。ドイツのライプツィヒ留学などを経て、1947年（昭和22）、くりこみ理論を完成。ノーベル賞の授賞式には肋骨の骨折で出席していない。在日本スウェーデン大使館で賞が授与された。

物理学	朝永振一郎（日本）、ジュリアン・シュウィンガー（米）、リチャード・P・ファインマン（米）	量子電磁力学の基礎研究と素粒子物理学についての研究
化学	ロバート・ウッドワード（ハーバード大学・米）	有機合成化学における業績
生理学・医学	フランソワ・ジャコブ（パストゥール研究所・仏）、アンドレ・ルウォフ（パストゥール研究所・仏）、ジャック・モノー（パストゥール研究所・仏）	酵素とウイルス合成の遺伝的制御に関する発見
文学	ミハイル・ショーロホフ（小説家・ソ連）	『静かなるドン』をはじめとするロシア文学への多大な功績
平和	国際連合児童基金	途上国の母子への食料や教育などの人道的支援

この年の出来事

【世界】米による北ベトナムへの「北爆」開始。米でマルコムX暗殺される。インドとパキスタンがカシミールの領有で印パ戦争勃発。【日本】名神高速が全面開通。いざなぎ景気始まる。日韓基本条約可決。

1966年（昭和41）

生理学・医学賞

〝がんの原因〟の発見から55年後の栄冠

がん制圧を目指す国際団体「国際対がん連合（UICC）」が、初めて日本で総会を開いたこの年、生理学・医学賞もまた、2人のがん研究者に授与された。ニワトリに腫瘍を生じさせる発がん性ウイルス（腫瘍ウイルス）を発見した**ペイトン・ラウス**（アメリカ）と、ホルモンの分泌量を下げることでがんの進行を抑えられる効果を発見した**チャールズ・ブレントン・ハギンズ**（アメリカ）である。

ラウスの功績は、がんの原因の1つを特定する大きな足がかりになったこと、ハギンズのそれは、がんが化学物質で制御できることを示したことだ。言うまでもなく、彼らの発見は、その後のがん治療の進歩に大きな財産を残した。

ところで2人のうち、ラウスの受賞は別の側面からも注目を集めた。1つはラウスの発見が55年前（1911年、明治44）のものだったという点。そしてもう1つは、それゆえに当時の最年長記録である87歳での受賞になってしまったことである。

これはラウスが示した「がんウイルス説」が、発表当時は荒唐無稽な印象を持たれ、あまり注目を集めなかったことに起因する。加えて1926年（大正15・昭和元）に生理学・医学賞を受賞した**ヨハネス・フィビゲル**（デンマーク）が唱えた「がん寄生虫説」が、1952年（昭和27）にアメリカの研究者たちによって誤りだと証明され、ノーベル委員会ががん研究への授賞に二の足を踏んでいたという説もある。ともあれ、がん研究で功績を残した人物が次々とノーベル賞を受賞するのは、この受賞以降の話である。

なお現在の医学では、がんの発生要因はラウスの唱えた「ウイルス説」、遺伝によるもの、そして日本の病理学者で人工がん研究の世界的権威だった**山極勝三郎**が唱えた「刺激（生活習慣）説」がある。ちなみに山極は、1926年にフィビゲルと同時受賞の可能性もあったが、2人が取り組んだ人工がん研究そのものへの評価があまり高くなく、最終的に山極が科学界に入る前から実績を積み重ねてきたフィビゲルに贈られることになったという。なお山極は1930年に死去している。

ペイトン・ラウス。

山極勝三郎。がんの発生原因に刺激説を唱え、ノーベル賞受賞寸前だったといわれている。

物理学	アルフレッド・カストレル（エコール ノルマル・仏）	原子のヘルツ波共鳴を研究するための光学的手法の発見および開発
化学	ロバート・マリケン（シカゴ大学・米）	分子軌道法による化学結合、分子の電子構造に関する研究
生理学・医学	ペイトン・ラウス（ロックフェラー大学・米）	腫瘍ウイルスの発見
	チャールズ・ブレントン・ハギンズ（シカゴ大学・米）	前立腺がんのホルモン療法に関する発見
文学	シュムエル・アグノン（作家・現ウクライナ）	ユダヤ人の生活をモチーフにした深遠かつ個性的な叙述に対して
	ネリー・ザックス（詩人・西独）	ユダヤ人の運命を伝える優れた詩と劇作に対して
平和	該当者なし	

この年の出来事

【世界】中国で文化大革命始まる。フランスがNATO軍から脱退（2009年復帰）。エンリコ・フェルミ高速増殖炉（米）で史上初の炉心溶融事故。【日本】戦後初の赤字国債発行。人口1億人突破。

1967年（昭和42）

生理学・医学賞
物を見ることのできる仕組みを解明

　私たちが物を見ることができるのは、網膜にある「視細胞」のおかげである。光として入ってきた情報は視細胞によって電気信号に変えられ、脳に伝えられる。この仕組みの解明に貢献したのが**ハルダン・ケファー・ハートライン**（アメリカ）、**ラグナー・グラニト**（フィンランド）、**ジョージ・ワルド**（アメリカ）の3名のノーベル賞受賞者である。

　アメリカの生理学者ハートラインは1903年（明治36）生まれ。ジョンズ・ホプキンス大学で学び、後に同大学の教授になった。ほとんどの脊椎動物は「桿体細胞」と「錐体細胞」の2種類の視細胞をもつ。桿体は錐体より高感度で、少ない光刺激によって電気信号を起こすことができる。人の網膜には約1億個の桿体細胞と約600万個の錐体細胞があるといわれる。彼はカブトガニを用いて、網膜にある単一の視細胞を電気生理学的に観察することにより、受容野（ある神経細胞の活動を引き起こすのに必要な刺激を与えるべき網膜の範囲）の研究を行った。

　錐体細胞は3種類あり、それぞれ反応する波長が異なる。該当する波長の光をとらえたときのみに、電気信号が発せられ情報が伝達される。

　錐体細胞の研究に貢献したグラニトは1900年ヘルシンキ生まれ。ヘルシンキ大学で医学を修め、後に同大学の教授に就任した。微小電極を用いた方法で視覚の研究を行い、1947年には『網膜の知覚の仕組み』を出版した。1950年代以降は、運動の制御に関する神経の研究を行い、神経科学に多大な貢献をした。

　視細胞に含まれる「視物質」に関する研究が認められ受賞したのは、1906年アメリカに生まれたジョージ・ワルドである。ニューヨーク大学、コロンビア大学で学んだ後にドイツに移ったが、彼はユダヤ人であったため、1934年ナチスドイツから逃れてアメリカに戻り、後にハーバード大学の教授に就任した。ワルドは網膜に「ビタミンA」が含まれることを発見した。桿体細胞に含まれる「ロドプシン」という物質は、「オプシン」と「レチナール」という部分に分けることができる。光が入るとレチナールが構造変化を起こし、これがさらオプシンの構造を変えることで情報が伝わる。このレチナールの元になるのがビタミンAであり、人の体内では合成できないため、食物からの摂取が不足すると夜盲症を起こすことが知られている。ワルドはさらに錐体細胞の研究を行い、異なる波長に反応する3種類のオプシンがあることを突き止めた。

ラグナー・グラニト。

物理学	ハンス・ベーテ（コーネル大学・米）	星の内部におけるエネルギー生成に関する発見
化学	マンフレート・アイゲン（マックス プランク研究所・西独）、ロナルド・ノーリッシュ（ケンブリッジ物理化学研究所・英）、ジョージ・ポーター（王立協会・英）	液体中の高速化学反応の研究
生理学・医学	ラグナー・グラニト（カロリンスカ研究所・フィンランド）、ハルダン・ケファー・ハートライン（ロックフェラー大学・米）、ジョージ・ワルド（ハーバード大学・米）	視覚に関する化学的、生理学的な発見
文学	ミゲル・アンヘル・アストゥリアス（小説家・グアテマラ）	ラテンアメリカの先住民の伝統と国民性に深く根ざした文学
平和	該当者なし	

この年の出来事

【世界】 中国が初の水爆実験。米でベトナム戦争反戦運動、公民権運動激化。米で黒人暴動発生。ヨーロッパ共同体（EC）が発足。**【日本】** 非核三原則宣言を発表。東京都知事に革新系の美濃部亮吉が当選。

受賞者の最年少記録と最年長記録

2016年までの日本人のノーベル受賞者25人の平均年齢は約64.7歳だ。世界の平均は72歳だから、日本は比較的若い受賞者が多いことになる。

下の表は、自然科学分野の3賞の各年代別の受賞者平均年齢で、全体的に「高齢化」が進んでいることがわかる。

特徴的なのは物理学賞で、20世紀半ばまでの受賞者は他の部門に比べてとくに若く、そしてその高齢化の進み方は激しい。その理由は、20世紀前半に科学界に革命的な進化をもたらした量子力学という新分野の登場によるところが大きい。若い研究者が次々と新発見をし、新理論を構築し、その成果に選考委員会がノーベル賞を贈ったのだ。

では、ノーベル賞受賞者の最年少はというと、2014年までは、99年間その記録を保持した量子力学分野ではないがやはり物理学の**ローレンス・ブラッグ（イギリス）**だった。X線による結晶構造の研究で25歳の若さで、父親の**ヘンリー・ブラッグ**と共同受賞した。

2014年に25歳の記録を大幅に更新したのはパキスタンの**マララ・ユスフザイ**だ。銃撃で瀕死の重傷を負いながらも女性の地位向上を訴える活動に対して、わずか17歳で平和賞を受賞した。

一方、最年長はメカニズムデザインの理論の基礎を確立した功績で2007年の経済学賞を受賞した**レオニード・ハーヴィッツ（ロシア）**。年齢は90歳。受賞後、約半年で死去した。

■自然科学3賞の年代別受賞平均年齢 (2016年現在)

年代	物理学賞	化学賞	生理学・医学賞
1901～1930	42.8歳 (36)	50.1歳 (28)	53.8歳 (29)
1931～1960	47.3歳 (38)	51.2歳 (46)	53.5歳 (49)
1961～1990	55.4歳 (66)	57.4歳 (42)	57.8歳 (73)
1991～2016	65.1歳 (61)	65.6歳 (60)	63.3歳 (60)

平均年齢（受賞者数）

マララ・ユスフザイ。1997年、パキスタン生まれ。2012年にパキスタン・ターリバーン運動（TTP）によって彼女が欧米文化を広めているとして襲撃を受ける。一命を取り留め、治療、安全の確保のためにイギリスに移送される。2013年、国連は彼女の誕生日である7月12日をマララ・デーとした。© Simon Davis / DFID

1968年（昭和43）

文学賞

抒情的表現で日本文学の新境地を拓いた川端文学

インドの詩人、**ラビンドラナート・タゴール**の受賞から55年、アジア人として2人目、そして日本人初の文学賞受賞者が誕生する。不朽の名作『雪国』や『伊豆の踊子』を世に送った**川端康成**である。

川端が初期の代表作『伊豆の踊子』を発表したのは1926年（大正15・昭和元）、27歳の時。30代に入ると『浅草紅団』『抒情歌』『禽獣』などの話題作を次々と世に送り、流行作家としての地位を確たるものにする。

そして1935年、36歳の川端は、休暇で訪れた新潟県湯沢町で、『雪国』のヒロインのモデルとなる女性と、運命的な出会いを果す。

「国境の長いトンネルを抜けると雪国であった」

この一節がつとに有名な『雪国』だが、"新感覚派"と呼ばれた川端の言語感覚の真骨頂は、実は次に続く「夜の底が白くなった」という一文にある。夜の闇に白く映える地面に、異郷に来た主人公の心理を投影する描写である。

この手法は『伊豆の踊子』の「雨足が杉の密林を白く染めながら、すさまじい早さで麓からわたしを追って来た」という部分にも見られるが、こうした川端の表現法は、しばしば〝抒情的〟と評される。感情や激情を直截に綴らず、風景や事物に託して内心を描く、和歌にも見られる手法である。

それは後の文学賞受賞者にも影響を与えた。中国の**莫言**（モーイエン）（2012年受賞）は、『雪国』の主人公とヒロインの再会につながる場面で、「黒く逞しい秋田犬がそこの踏石に乗って、長いこと湯を舐めていた」という、見方によっては唐突で虚無的な一文に触れ、小説が持つ本来の自由さに気づいたという。

川端自身は受賞記念講演（演題『美しい日本の私』）で、自らの作風について、こう述べている。

「私の作品を虚無と言う評価がありますが、西洋流のニヒリズム（虚無主義）という言葉はあてはまりません。心の根本がちがうと思っています。道元の四季の歌も（中略）四季の美を歌いながら、実は強く禅に通じたものでしょう」

ここでいう「禅」とは、人間は自然と対立する存在ではなく、自然の中に存在するものという考え方で、観念を廃して直覚的に事物

川端康成　Yasunari Kawabata
1899年（明治32）～1972年（昭和47）

大阪市に生まれる。父は医師だった。3歳の時に両親と死に別れ、祖父母に育てられる。尋常小学校に入学すると祖母も亡くなる。大阪府立茨木中学校に首席で入学すると、徐々に作家を志すようになる。3年生になると祖父も亡くなる。天涯孤独の康成を癒したのは、寄宿舎で同室の清野との同性愛的な感情だった。成績が落ち込んでいた康成は周囲に反対されるも、東京の第一高等学校を目指し、合格する。高校時代に伊豆に旅に出て旅芸人一座と出会う。以降、康成は毎年のように伊豆湯ケ島へ出かけるようになる。1921年（大正10）、第六次『新思潮』を発刊。1924年に大学を卒業すると横光利一らとともに同人誌『文芸時代』を創刊。新感覚派作家として独自の文学を貫いた。逗子の仕事部屋でガス自殺。

物理学	ルイ・アルヴァレ（カリフォルニア大学バークレー校・米）	水素泡箱を用いた素粒子の共鳴状態に関する研究
化学	ラルス・オンサーガー（イェール大学・米）	不可逆過程の熱力学の研究
生理学・医学	ロバート・W・ホリー（コーネル大学・米）、ハー・ゴビンド・コラナ（ウィスコンシン大・米）、マーシャル・ニーレンバーグ（国立衛生研究所・米）	遺伝暗号とそのタンパク質合成における機能の解明
文学	川端康成（小説家・日本）	日本の精神の本質を表現する偉大な感性で描かれた物語
平和	ルネ・カサン（法学者・仏）	国連人権宣言の起草に対して

この年の出来事

【世界】チェコスロヴァキアで「人間の顔をした社会主義」を掲げる改革政権誕生（プラハの春）。パリ五月革命。米でキング牧師暗殺。【日本】小笠原諸島返還。「イタイイタイ病」が初の公害病認定。新宿騒乱事件。

を把握しようとする心をいう。これに似た思想は古代ギリシアにも存在するが、時代や自我に左右されない普遍的な価値を重んずる川端の美学を表したものだ。

また川端作品には、美の中に醜さを見出し、その醜さをさらなる美に転化する描写も数多い。

「駒子の唇は美しい蛭のやうに滑らかであつた」(『雪国』)

美を描写する比喩でありながら、唇を〝蛭〟にたとえて主人公の背徳感情を暗示した表現である。美を見つめる醜い感情が、より美を際立たせる筆致は、個別の表現に限らず、川端の作品そのものにも共通するものである。

実は選考機関であるスウェーデンアカデミーの関心を最もひいたのは『雪国』でも『伊豆の踊子』でもなく、『千羽鶴』(1952年刊)だった。茶道の師範である女性が亡き不倫相手の息子に抱いた愛を軸に、幻想的かつ官能的な世界を描いた作品である。そこには茶道や茶碗、和服といった、西洋人が好む日本情緒だけではなく、慎ましさと人間が持つ自然な欲望に忠実な心情が同居する、より自然な日本人像が描かれていた。

ところで、2012年にスウェーデンアカデミーが開示した資料によれば、川端は1961年(昭和36)から正式な候補となっている。当時のアカデミー内では、受賞実績がなかった日本人を選びたいという意思もあったようだ。

そのためスウェーデンアカデミーは、日本人作家の審査にあたり、2人の専門家に協力を依頼した。コロンビア大学日本語学科教授の**ドナルド・キーン**と、スタンフォード大学などで日本文学を教えていた**エドワード・サイデンステッカー**である。

そのうちサイデンステッカーは、川端や三島由紀夫などの作品の翻訳者としても知られ、翻訳が難しい川端の抒情的表現を巧みに英訳した。その名訳は、川端をして「(受賞は)半分くらいは翻訳者の功績」と言わしめ、川端は彼に賞金の半分を贈っている。

なお、川端が受賞する1968年までに候補となった日本人は、他に**谷崎潤一郎、西脇順三郎、三島由紀夫**などがいる。そのうちアカデミーがその将来性とともに「ノーベル賞を取る可能性がもっとも高い」と評したのは、1963年に初めて名前があがった三島である。ただし1966年、彼は候補から外れる。奇しくもその活動に、ナショナリズムが色濃く反映し始めた時期である。

1968年12月10日、スウェーデンのストックホルム市庁舎で開催されたノーベル賞授賞晩餐会で、サインを求められる川端康成。©Keystone-France/Gamma-Keystone/Getty Images

神奈川県鎌倉市長谷の自宅での川端康成。1946年頃の撮影。

1961〜2017

1969年（昭和44）

平和賞

資本主義社会に労働者の権利を根づかせた国際機関

「ノーベル記念経済学賞」の第1回授賞式が行われたこの年の平和賞は、世界経済を担う労働者の権利と生活水準の向上を使命とする**国際労働機関**（ILO = International Labour Organization）に授与された。

ILOは1919年（大正8）、第一次世界大戦の戦後処理でドイツと連合国の間で結ばれた「ヴェルサイユ条約」に基づく国際機関として設立された。ロシア革命（1917年）の波及を避ける狙いがあったとはいえ、ともすれば労働者の権利を軽視しがちだった当時の資本主義社会において、ILOが果たした役割は小さくない。

1945年（昭和20）の国際連合設立にともない、ILOは国連初の専門機関として再出発するが、その前年に「国際労働機関の目的に関する宣言（フィラデルフィア宣言）」を採択し、次のことなどを確認している。

(a) 労働は、商品ではない。(b) 表現及び結社の自由は、不断の進歩のために欠くことができない。(c) 一部の貧困は、全体の繁栄にとって危険である。

現在、ILOの加盟国数は187カ国（2016年3月時点）で、国連機関としては唯一、政府、使用者、労働者の三者構成で代表が派遣される。なお日本の場合は、使用者代表を**日本経済団体連合会**（経団連）が、労働者代表を**日本労働組合総連合会**（連合）が務めている。

また、ILOが採択した条約や勧告には加盟国への拘束力があり、その数は条約が189、勧告が205（2017年時点）にのぼる。しかし設立時の加盟国であり、常任理事国でもある日本（1938年脱退、1951年復帰）の批准数はOECD（経済協力開発機構）加盟国の平均を下回り、未批准の条約にはILOが〝最優先条約〟に指定した「強制労働の廃止（第105号条約）」や「雇用及び職業における差別待遇禁止（第111号条約）」も含まれる。

なお、この年に授賞が始まった経済学賞は、マクロ経済とミクロ経済の2分法を考案した**ラグナル・フリッシュ**（ノルウェー）と、計量経済学の応用、発展に寄与した**ヤン・ティンバーゲン**（オランダ）が受賞。また、物理学賞には物質の最小単位と考えられるクオークの理論を確立した**マレー・ゲルマン**（アメリカ）が受賞している。

ILOは児童労働排除国際プログラムを策定し、児童労働の撲滅を目指している。写真はホンジュラスの少年。

物理学	マレー・ゲルマン（カリフォルニア工科大学・米）	素粒子の分類およびその相互作用に関する発見
化学	デレック・バートン（インペリアル カレッジ ロンドン・英）、オッド・ハッセル（オスロ大学・ノルウェー）	分子の立体配座概念の確立
生理学・医学	マックス・デルブリュック（カリフォルニア工科大学・米）、アルフレッド・ハーシー（ワシントン カーネギー協会・米）、サルバドール・エドワード・ルリア（マサチューセッツ工科大学・伊）	ウイルスの複製メカニズムと遺伝的構造に関する発見
文学	サミュエル・ベケット（劇作家、小説家、詩人・アイルランド）	新形式の小説や戯曲で現代人の悲惨を描くことで芸術的な偉業を果たした
平和	国際労働機関	労働条件や生活水準の向上に対する取組みに対して
経済学	ラグナル・フリッシュ（オスロ大学・ノルウェー）、ヤン・ティンバーゲン（オランダ経済学院・オランダ）	計量経済モデル構築の先駆的研究

この年の出来事

【世界】南ベトナム共和国臨時革命政権樹立。アポロ11号が月面着陸に成功。**【日本】**国民総生産が世界第2位に。日米首脳が沖縄返還合意。東大紛争に警官を導入して安田講堂の封鎖解除。

1970年（昭和45）

文学賞

政治に翻弄された正統派ロシア文学の継承者

19世紀に**トルストイ**、**ドストエフスキー**など多くの文豪を生んだロシア文学界は、この年までに3人のノーベル賞受賞者を輩出していた。だが、1933年（昭和8）の受賞者**イヴァン・ブーニン**はロシア革命後の1920年にフランスに亡命。**ボリス・L・パステルナーク**（1958年）は名作『ドクトル・ジバゴ』が国内で発禁処分となり、受賞の辞退を強要された（死後授賞）。そして『静かなるドン』で知られる**ミハイル・ショーロホフ**（1965年）も、革命に対して中庸な〝ソヴィエト文学〟の体裁をとるなど、何らかの形でロシア革命（1917年）、つまりソヴィエト連邦誕生の影響を受けた。

この年、4人目の受賞者となった**アレクサンドル・ソルジェニーツィン**も、その1人である。

1945年に友人宛の手紙で**スターリン**を茶化した彼は、政治犯として収容所に送られる。1956年（昭和31）の釈放後に著したデビュー作『イワン・デニーソヴィチの一日』（1962年）も、自身が送られた収容所を舞台にしたものである。

この作品は、不条理な現実を赤裸々に描く19世紀のロシア文学が持っていた批判的リアリズムに貫かれた、ある意味では〝反体制的〟なものだった。ロシア革命の翌年に生まれ、確固たるマルクス・レーニン主義者だった彼だが、収容所での経験はそれと決別するに十分なインパクトを持っていた。

にもかかわらずこの作品は国内での出版が許される。ソ連の最高指導者が、スターリンを厳しく批判した**フルシチョフ**に代わっていたからである。

だが、フルシチョフが力を失う1964年頃から、彼の執筆活動は再び当局からの圧力にさらされる。授賞式にも再入国阻止を恐れて欠席。そして1973年（昭和48）の『収容所群島』の海外出版をきっかけに逮捕、市民権剥奪、国外追放の憂き目に遭う。

その後、彼はスイスを経てアメリカで執筆活動を継続し、ペレストロイカ時代の1989年（昭和64・平成元）に『収容所群島』がソ連誌に掲載。さらにソ連崩壊によって市民権を回復し、1994年に帰国。政治によるロシア文学の断絶に抗した功労者だった。

ソルジェニーツィン。© Verhoeff, Bert/Anefo

物理学	ハンス・アルヴェーン（スウェーデン王立工科大学・スウェーデン）	電磁流体力学における基礎的研究および発見
	ルイ・ネール（グルノーブル大学・仏）	反強磁性およびフェリ磁性に関する基礎的研究および発見
化学	ルイ・ルロワール（ブエノスアイレス生化学研究所・アルゼンチン）	糖ヌクレオチドの発見とその機能についての研究
生理学・医学	ベルンハルト・カッツ（ユニヴァーシティ カレッジ・ロンドン・英）、ウルフ・スファンテ・フォン・オイラー（カロリンスカ研究所・スウェーデン）、ジュリアス・アクセルロッド（国立衛生研究所・米）	神経末梢部の液性伝達物質に関する発見
文学	アレクサンドル・ソルジェニーツィン（作家、歴史家・ソ連）	ロシア文学の伝統を追求したその倫理的な力に対して
平和	ノーマン・ボーローグ（農学者・米）	メキシコで小麦の自給自足を実現
経済学	ポール・サミュエルソン（マサチューセッツ工科大学・米）	静学的、動学的経済理論に対する業績と分析水準の向上に対する貢献

この年の出来事

【世界】初の東西ドイツ首脳会談。チリにアジェンデ社会主義政権誕生。米国で改正大気浄化法（マスキー法）成立。
【日本】日本万国博覧会（大阪万博）。核兵器拡散防止条約に調印。初の国産人工衛星の打ち上げ成功。

1971年（昭和46）

物理学賞

1枚のフィルムから3次元像が浮かび上がるホログラフィーを発明

　紙幣やクレジットカードの片隅に光る、虹色のマークを見たことがあるだろう。現在では目にすることも多い「ホログラム」の技術が生みだされたのは1947年（昭和22）のこと。画期的なアイデアだったが、当時の技術では実現が難しく、実用化されたのは最近のことである。

　ホログラフィーの発明者である**ガーボル・デーネシュ**（ハンガリー）は1900年（明治33）生まれ。ブダペスト工科大学で学んだ後、ドイツのベルリン工科大学に進んだ。ユダヤ人であったため、1933年にナチスドイツから逃れ、イギリスに研究の場を求めた。

　ホログラフィーとは3次元の像を2次元に記録、または再生する技術のことである。もともとは電子顕微鏡の分解能を上げる目的で思いついたアイデアだという。この技術で作成されたものを「ホログラム」という。

　たとえば通常の写真には、光の波長や強度の情報が記録されている。ホログラフィーではこれらに加えて「光の位相」の情報も記録する。そのために必要なのが、単一の波長から成る、位相のそろった「コヒーレントな光」であった。レーザー光はコヒーレントな性質を持ち、互いに干渉することができるためこの技術にはうってつけであったが、当時はまだ開発されていなかった。ホログラフィーの実用化には、レーザーの誕生を待つ必要があった。

　レーザー光を2つに分けそれぞれを鏡で反射させて、一方は物体に向けて照射する。物体から反射した光を「物体光」とよび、これを記録材料に当てる。もう片方のレーザー光は「参照光」として、直接記録材料に当てる。物体光と参照光が互いに干渉してできた「干渉縞」を記録したものがホログラムである。

　記録されたホログラムを再生するには、記録時に用いたのと同様の参照光をホログラムに当てる。すると、記録したときに物体光が示した光がそのまま現れるため、3次元の像が映し出されるわけである。この功績によってガーボルはノーベル物理学賞を受賞した。

　現在お札やクレジットカードの偽造防止には、白色光を当てるだけで浮かび上がる「レインボーホログラム」が使われている。ホログラフィーの技術はさらに、3次元テレビや映画の実現に応用が期待されている。

ガーボル・デーネシュ。英語圏の慣習でデニス・ガボールとも称される。ホログラムは物体からの光を全て記録できるという意味で、ギリシア語の「全体」を意味する「holos」と「記録したもの」を意味する「gram」を合わせた造語。

物理学	ガーボル・デーネシュ（インペリアル カレッジ ロンドン・ハンガリー）	ホログラフィーの発明
化学	ゲルハルト・ヘルツベルク（カナダ国立研究機関・カナダ）	遊離基の電子構造と幾何学的構造の研究
生理学・医学	エール・サザランド（ヴァンダービルト大学・米）	ホルモンの作用に関する発見
文学	パブロ・ネルーダ（詩人・チリ）	南米の運命と夢を豊かに創出した詩作
平和	ヴィリー・ブラント（西独首相・西独）	東欧諸国との関係正常化を目指した東方外交に対して
経済学	サイモン・クズネッツ（ハーバード大学・米）	経済および社会の成長を洞察するための理論を実証的手法を用いて構築

この年の出来事

【世界】 米カリフォルニア・サンフェルナルドで大地震発生。ドル・ショックで国際通貨不安が高まる。中国、国際連合に加盟。台湾は追放。**【日本】** 自衛隊機が全日空機に衝突。円為替が変動相場制に移行（1ドル＝308円）。

1972年（昭和47）

物理学賞

超低温下における超電導現象の理論化成功の裏に……

1911年（明治44）にオランダの**ヘイケ・カメルリング・オネス**（1913年物理学賞）が〝超電（伝）導現象〟を発見してから約半世紀、長らく実現しなかったこの現象の理論化に成功した研究者たちがノーベル賞を受賞した。いずれもアメリカの**ジョン・バーディーン、レオン・クーパー、ジョン・ロバート・シュリーファー**の3人である。なおバーディーンは2度目の物理学賞受賞となる（1956年＝半導体の研究、トランジスタ効果の発見）。

超電導現象の下では電気抵抗がなくなるため、送電ロスの最小化や超高速データ通信、省電力化など、その利用価値は極めて高い。ただしこの理論化には多くの研究者が苦慮し、かの**アルベルト・アインシュタイン**（1921年物理学賞）さえも断念している。

1957年（昭和32）に理論化に成功した3人の頭文字を取って「BCS理論」と名づけられたそれは、超電導現象の基本的なメカニズムを微視的（分子、原子核、素粒子のレベル）に説明したものである。

牽引したのはバーディーンだった。彼は1951年、後に物理学賞を受賞した半導体やトランジスタの研究を離れ、イリノイ大学で超電導理論の研究に入った。バーディーンは超電導現象を起こす鍵が金属原子や分子の運動（または振動）のうち、格子振動を指す〝フォノン〟にあると考えていた。そして彼は、1953年に日本で行われた国際理論物理学会で、**中嶋貞雄**（当時名古屋大学助教授）の「電子フォノン理論」と出合い、自身の推論に確信を深める。なお中島の理論は「BCS理論」の論文の中でも引用されている。

その後、共同研究者として招いていたクーパーが、超電導状態にある原子の電子がペアを作って単一体のような動きをする（クーパー対）ことを発見。シュリーファーが超電導状態を表す波動関数を導き、「BCS理論」は完成する。

なお「BCS理論」は超低温状態（－196℃以下）下の理論であり、その後研究が進んだ「高温超電導（－196℃超）」については適用できないことが判明している。

ジョン・バーディーン。2017年までで物理学賞を2度受賞した唯一の人物。

物理学	ジョン・バーディーン（イリノイ大学・米）、レオン・クーパー（ブラウン大学・米）、ジョン・ロバート・シュリーファー（イリノイ大学・米）	超電導に関する研究
化学	クリスチャン・アンフィンセン（国立衛生研究所・米）	リボヌクレアーゼ分子のアミノ酸配列の決定
	スタンフォード・ムーア（ロックフェラー大学・米）、ウィリアム・スタイン（ロックフェラー大学・米）	リボヌクレアーゼ分子の活性部位の構造に関する研究
生理学・医学	ジェラルド・モーリス・エデルマン（ロックフェラー大学・米）、ロドニー・ロバート・ポーター（オックスフォード大学・英）	抗体の化学構造に関する発見
文学	ハインリヒ・ベル（作家・西独）	同時代への幅広い洞察と鋭い描写によってドイツ文学の革新に貢献
平和	該当者なし	
経済学	ジョン・ヒックス（オールソウルズカレッジ・英）、ケネス・アロー（ハーバード大学・米）	一般経済均衡理論と福祉理論への貢献

この年の出来事

【世界】ニクソン米大統領、中国を訪問。英国、EC加盟条約に調印。【日本】連合赤軍による浅間山荘事件。沖縄の施政権が返還。佐藤内閣退陣、田中内閣発足、日中共同声明調印により日中の国交正常化。札幌冬季五輪開催。

1973年（昭和48）

物理学賞

日本企業の技術者が成し遂げた世紀の発見

この年の物理学賞は半導体や超電導体の〝トンネル効果〟の発見と実証、理論化を成し遂げた3人に授与された。**アイヴァー・ジェーヴァー**（アメリカ）、**ブライアン・ジョセフソン**（イギリス）、そして日本人4人目の物理学賞受賞者となった**江崎玲於奈**である。

〝トンネル効果〟とは、分子・原子の極微（1ナノメートル＝10億分の1メートル）で起こる〝壁抜け〟つまり古典力学的には粒子が跳ね返るような障壁を、トンネルを抜けるように通過する現象で、1896年（明治29）に**アンリ・ベクレル**（1903年物理学賞）が発見したものだ。

江崎は1947年（昭和22）に東京大学理学部を卒業。真空管技術に定評があった川西機械製作所に入社し、1956年に東京通信工業（現ソニー）に移る。当時ソニーはトランジスタの改良を進めていた時期だったが、新製品に不良が続出し、江崎はその原因究明にあたっていた。トランジスタの半導体結晶に大きな電圧をかけ、ある値以上になると電圧が低下していく未知の現象を発見したのは、その時である。

これはまさに〝トンネル効果〟による現象だったが、ポイントは電圧を順方向に加えた結果起こったということだった。もちろん、報告例がない事象である。

そして1958年、江崎はこれを論文として発表。当初はそれほど反響は広がらなかったが、推敲を重ねて改めて発表したところ、トランジスタの開発者である**ウィリアム・ショックレー**（1956年物理学賞）の目に留まり、これをきっかけに江崎の名声が広まった。

さらに江崎は、この原理を応用して、電圧が一定の値を超えると電流が弱まるPN接合型ダイオー

江崎玲於奈　Reona Esaki
1925年（大正14）〜

現在の東大阪市に生まれ、京都市で育つ。1947年に東京帝国大学理学部物理学科を卒業し、川西機械製作所（現在の富士通テン）に入社。1956年、東京通信工業株式会社（現在のソニー）に転職。PN接合ダイオードの研究過程で、トンネル効果を発見した。エサキダイオード（上の写真で手に載せている）が誕生する大きな発見だった。1960年、米国IBMトーマス・J・ワトソン研究所に移籍し、研究を進める。1992年に筑波大学学長に就任。6年間学長を務めた。2017年8月現在、存命する日本人ノーベル賞受賞者では最長老である。

物理学	江崎玲於奈（トーマス J ワトソン研究所・日本）、アイヴァー・ジェーヴァー（GE社・米）	半導体内および超電導体内におけるトンネル効果の発見
	ブライアン・ジョセフソン（ケンブリッジ大学・英）	ジョセフソン効果の理論的予測
化学	エルンスト・オットー・フィッシャー（ミュンヘン工科大学・西独）、ジェフリー・ウィルキンソン（インペリアル カレッジ ロンドン・英）	サンドイッチ構造を持つ有機金属化合物の研究
生理学・医学	カール・フォン・フリッシュ（ミュンヘン工科大学・オーストリア）、コンラート・ローレンツ（コンラート ローレンツ研究所・オーストリア）、ニコ・ティンバーゲン（オックスフォード大学・オランダ）	近代動物行動学を確立
文学	パトリック・ホワイト（小説家・オーストラリア）	文学に新しい地平を開いた叙事詩的な著作
平和	ヘンリー・キッシンジャー（米国務長官・米）	ベトナム戦争の停戦交渉
	レ・ドゥク・ト（政治家・ベトナム）	ベトナム戦争の停戦交渉（辞退）
経済学	ワシリー・レオンチェフ（ハーバード大学・米）	産業関連表の応用

この年の出来事

【世界】ベトナム和平協定調印。第4次中東戦争。第1次石油ショック。東西ドイツの国連加盟承認。【日本】札幌地方裁判所が自衛隊違憲判決（長沼ナイキ基地訴訟）。北ベトナムと国交樹立。金大中事件。

米国IBM トーマス・J・ワトソン研究所時代の江崎玲於奈。1970年代後半の撮影。
©Bernard Gotfryd/Getty Images

ド（トンネルダイオード）を開発して評判を呼ぶ。ダイオードとは、電流を一定方向にしか流さない整流作用を持つ電子素子で、いわば電流の"弁"のような役割を果たす電子部品（素子）である。

後に「エサキダイオード」と呼ばれる革新的なダイオードは、従来にないスピードでの電流の切り替えを可能にし、マイクロ波帯で動作する発振回路や増幅器を中心に使われた。期待が高かったコンピュータの処理速度向上には相性が悪かったものの、彼の研究は後世の金属や超電導体の研究にも大きく寄与するものだった。

そして1960年（昭和35）、江崎はアメリカのIBMが持つ研究所に招かれ、1969年に「半導体超格子」を発明する。"超格子"とはごく薄い半導体膜と絶縁体を交互に重ねた素子で、江崎はこの量子構造によって特異な現象を生じる「人工超格子」の概念を提唱した。

これは後のナノテクノロジー発展の基礎ともなり、半導体デバイスやハードディスクの読み取りヘッドなどにも応用され、青色発光ダイオードの理論的基礎の一つともなった。

1992年（平成4）、江崎は筑波大学学長に就任するために帰国し、その後、芝浦工業大学（2000年〜）や横浜薬科大学の学長（2006年〜）を歴任。日本の学術界、産業界、教育界に対して数々の提言も行った。その中には、「日本の科学技術水準が世界最高レベルであると信じるのは、むしろ発展を妨げる。全体としては改革すべき余地は多い」（2012年のインタビュー）といった冷静な警鐘も数多い一方で、「いずれは就学時に遺伝子検査を行い、遺伝情報に見合った教育をしていく形になっていく」（2000年のインタビュー）といった、優生思想と解釈されかねない発言で物議を醸したこともある。

なお、共同受賞者のジェーヴァーは、1960年に薄膜絶縁体を挟んだ超電導体間のトンネル効果を実証し、同時受賞のブライアン・ジョセフソンは、ケンブリッジ大学の大学院生だった1962年に、超電導体同士のトンネル効果（ジョセフソン効果）の計算式を考案した人物である。

■平和賞

この年の平和賞は、ベトナム戦争からのアメリカ軍撤退などを含む和平協定（パリ協定）の調印に尽力したとして、アメリカの大統領特別補佐官**ヘンリー・キッシンジャー**とベトナム民主共和国（北ベトナム）の特命大使**レ・ドゥク・ト**に授与された。

しかし米軍が撤退しても、当地での戦闘状態は依然継続されていたため（〜1975年）、レ・ドゥク・トは「まだ平和は訪れていない」として、受賞を辞退している。

ノーベル賞を辞退したサルトルとレ・ドゥク・ト

2017年までにノーベル賞を受賞したのに辞退した人物が2人いる。ジャン＝ポール・サルトル（フランス、1964年文学賞辞退）とレ・ドゥク・ト（ベトナム、1973年平和賞辞退）だ。

サルトルは哲学者であり、小説家であり、劇作家でもある。1943年（昭和18）『存在と無』の著作で哲学者としての地位を築いた。

受賞時、59歳だったサルトルはノーベル賞辞退について記者を相手に「受賞すると今後の著作に対して自由な捉え方をされないんではないだろうかと危惧する。また、受賞辞退でスキャンダルを生じてしまったことは後悔する」といった主旨の発言をしている。

ノーベル賞を受け入れることは、彼の求めて止まない「自由」を目に見えない手枷足枷で束縛することだったのである。

サルトルに冠せられる言葉は実存主義、現象学、解釈学、マルクス主義、アナキズムなど数々あるが、一貫しているのは「人間は自由という刑に処せられている」という思想だ。人間は本来「無」であり、だからこそ自由であり、その自由から自分自身を創造し、獲得しなければならないとした。

晩年には、自由は運命によってその道筋が決まってしまうとし、その限られた環境から自身の自由を探索せざるを得ないと言明した。

ジャン＝ポール・サルトル。1905年（明治38）〜1980年（昭和55）。1957年から8回目のノミネートで受賞した。右目に強度の斜視があった。主著に小説『嘔吐』（1938年）、哲学書『存在と無』（1943年）、小説『自由への道』（1945年、1949年）、「実存は本質に先立つ」「人間は自由の刑に処せられている」と提示した評論『実存主義とは何か』（1946年）などがある。作家で哲学者のシモーヌ・ド・ボーヴォワール（フランス）はサルトルの内縁の妻。

右からジャン＝ポール・サルトル、チェ・ゲバラ、シモーヌ・ド・ボーヴォワール、リサンドロ・オテロ（キューバの小説家）。1960年、キューバでの撮影。サルトルは積極的に政治・社会に関わり、キューバ革命後の政権を支持した。1966年にはボーヴォワールとともに来日している。

レ・ドゥク・トはフランスの進駐、日本軍の進駐、フランスの再進駐、南北分断、そして冷戦による戦場化と、列強国から翻弄され続けたベトナムで、一貫して共産主義者として活動を続けた。1930年から1940年代にはフランス領インドシナ当局に2度投獄されている。第二次世界大戦後に北ベトナムのベトナム労働党（現・ベトナム共産党）の要職に就く。

第35代アメリカ合衆国大統領に就任したジョン・F・ケネディ、続くジョンソン大統領が1960年代初頭からベトナム戦争への介入を推し進め、ベトナム戦争は次第に中ソ対米の代理戦争として泥沼化していく。そして長い戦いに終止符を打つべく、1973年1月にパリ協定が調印された。調印したのはベトナム共和国外相（南ベトナム）、アメリカ合衆国代表団主席、アメリカ合衆国国務長官、ベトナム民主共和国外相（北ベトナム）、南ベトナム共和国臨時革命政府外相の5人。

この調印に向けて調整役として活躍したレ・ドゥク・ト（ベトナム民主共和国代表団特別顧問）とヘンリー・キッシンジャー（アメリカ合衆国大統領補佐官）の2人にノーベル平和賞が贈られた。

しかし、レ・ドゥク・トは「ベトナムにまだ平和は訪れていない」と辞退。事実、1976年に南北が統一され、ベトナム社会主義共和国が成立するまで戦争は続いた。

右から2人目がレ・ドゥク・ト。1911年（明治44）～1990年（平成2）。右端はヘンリー・キッシンジャー。1968年にベトナム民主共和国の主席交渉者に任命されるとキッシンジャーと会談を重ね、パリ協定の調印に尽力した。ちなみに1973年12月10日の授賞式にキッシンジャーは出席せず、受賞スピーチはアメリカのノルウェー大使がキッシンジャーの原稿を代読した。

1975年4月30日、「サイゴン陥落」の直前に南ベトナムから米軍のヘリコプターで脱出し、航空母艦に到着した市民。パリ協定以降も戦闘は続いた。

1974年（昭和49）

平和賞

議論を呼んだ日本人初、佐藤栄作元首相の平和賞受賞

この年、日本人として初の平和賞受賞者が誕生した。1964年から1972年まで日本の総理大臣を務めた**佐藤栄作**である。

佐藤の受賞理由は「非核政策と外交的和解による太平洋地域の安定への努力」である。前者は後に〝国是〟となった「非核三原則」、後者はアメリカ軍の施政下にあった沖縄（琉球諸島、大東諸島）の本土復帰（1972年）を指す。

「非核三原則」は、核兵器を〝持たず〟〝作らず〟〝持ち込ませず〟という3つの原則であるが、これらは1960年代には概念として存在し、そのうち〝持たず〟〝作らず〟に関してはある程度の合意が醸成されていた。ただし〝持ち込ませず〟については、アメリカ軍の核兵器搭載艦の寄港や通過、沖縄や小笠原諸島など、アメリカの施政下にあった地域への持ち込みの可能性が指摘され、返還後の非核化が議論の焦点になっていた。

佐藤が非核三原則の方針を公式に表明する契機となったのが、1967年の臨時国会（12月）の質疑である。**竹入義勝**（公明党）や**成田知巳**（社会党）が、後にアメリカ軍による核貯蔵庫の建設が明るみに出る小笠原諸島の返還（1968年）に際して、三原則をアメリカに主張するかと尋ねたところ、佐藤は肯定。翌年1月の施政方針演説でもこれを踏襲した。ちなみに「非核三原則」という言葉を最初に国会で使ったのは、佐藤ではなく竹入である。

非核三原則は沖縄返還の際も大きな論点となった。

1952年の琉球政府創設によって、沖縄には形式上の自治権が与

佐藤栄作　Eisaku Satō
1901年（明治34）～1975年（昭和50）

山口県生まれ。1921年、東京帝国大学法学部法律学科（独法）入学。卒業後、鉄道省に入省。運輸次官などを経験し、1948年退官。民主自由党に入党。議員ではなかったが、第2次吉田内閣で内閣官房長官として入閣。翌年、総選挙に当選する。1964年、池田勇人の病気退陣で内閣総理大臣に就任。首相在任中の主な実績は、小笠原諸島・沖縄の返還、日米安全保障条約自動延長、非核三原則の表明など。写真右は第37代アメリカ合衆国大統領のリチャード・ニクソン。

物理学	マーティン・ライル（ケンブリッジ大学・英）	電波天文学における研究（開口合成技術）
	アントニー・ヒューイッシュ（ケンブリッジ大学・英）	電波天文学における研究（パルサー発見への貢献）
化学	ポール・フローリー（スタンフォード大学・米）	高分子化学に関する基礎研究
生理学・医学	アルベルト・クラウデ（ルーヴァン カトリック大学・ベルギー）、クリスチャン・ド・デューブ（ロックフェラー大学・英）、ジョージ・エミール・パラーデ（イェール大学・米）	細胞の構造と機能に関する発見
文学	エイヴィンド・ユーンソン（小説家・スウェーデン）	各地域、各時代を俯瞰する物語の才能と心理的洞察力に対して
	ハリー・マーティンソン（詩人、小説家・スウェーデン）	露のひとしずくを捉えて宇宙を映し出す作品群に対して
平和	佐藤栄作（元首相・日本）	日本国民の平和への意思を表明し、核兵器不拡散条約に署名
	ショーン・マクブライド（政治家・アイルランド）	欧州評議会を通じて欧州人権条約を規定、アムネスティ・インターナショナルの創設など
経済学	グンナー・ミュルダール（ストックホルム大学・スウェーデン）、フリードリヒ・ハイエク（ザルツブルク大学・オーストリア）	経済的、社会的、制度的現象の相互依存関係に関する分析

この年の出来事

【世界】ウォーターゲート事件、ニクソン米大統領辞任。インドが初の地下核実験。ポルトガルの独裁体制崩壊（カーネーション革命）。**【日本】**連続企業爆破事件。田中内閣が金脈問題で総辞職、三木内閣発足。

1967年の2度目の訪米で、リンドン・ジョンソン米大統領と会談する**佐藤栄作**首相。米側に、日本に対する核攻撃から守るよう要請。翌年、非核三原則「持たず、作らず、持ち込ませず」（「持ち込ませず」については日米密約があったことが後に判明）を表明。核や駐留米軍の問題を抱えながら沖縄は返還された。© Bettmann/Getty Images

えられていたが、米軍が法令の執行停止権を持つなど、極めて不安定な立場にあった。特に警察権や裁判権は軍関係者にはほとんど行使できず、不法行為が横行。そして年を追うごとに反軍運動や復帰運動が大規模化し、これが日米関係にも暗い影を落としていた。

こうした中、佐藤は首相就任直後の1965年1月に訪米し、アメリカ大統領**リンドン・ジョンソン**との首脳会談の中で、沖縄返還問題を取り上げている。さらに同年8月には沖縄を訪問し、「沖縄が日本に復帰しない限り、戦後は終わらない」と述べ、沖縄の本土復帰に強い意欲を示した。

返還交渉の過程で焦点になったのは「核抜き、本土並み」という概念である。前者は在日米軍が核兵器の配備、貯蔵、持ち込みなどを行わないこと。後者は沖縄が本土と同じく日米安保条約上の地位が保たれ、行政上も、基地政策においても差別的な待遇を受けないことを意味すると解された。そして度重なる交渉の結果、1969年（昭和44）に佐藤とアメリカ大統領**リチャード・ニクソン**との間で1972年の返還を合意。しかし〝核抜き〟に対する疑念が払拭されることはなかった。

そこで佐藤は返還後の沖縄への非核三原則の適用を公式に表明し、国会も1971年、沖縄返還協定の付帯決議として「非核兵器ならびに沖縄米軍基地縮小に関する決議」を議決。そして沖縄は1972年に返還され、その2年後に佐藤はノーベル平和賞を受賞する。

しかし1994年（平成6）に、沖縄返還交渉にあたって佐藤の密使を務めたとされる国際政治学者の**若泉敬**が、その著書で、1969年に佐藤とニクソンが、有事の際に沖縄への核持ち込みを認める秘密協定に署名したと告白。2009年には佐藤の邸宅からそれを示す文書も発見された。また2010年には、佐藤内閣下で核保有の可能性についての検討がなされていたことも判明する。

佐藤の平和賞受賞について、平和賞の選考機関であるノルウェーノーベル委員会は「彼の非核政策は日本国民の意思を代弁するもの」という但し書きをつけたが、国内では大きな議論を呼んだ。受賞の背景には、元国連大使の**加瀬俊一**を中心とする働きかけや、ノーベル委員会が核拡散防止条約（NPT）の批准を日本に促す狙いもあったとされる。事実、日本は1970年にNPTに署名したが、批准は棚上げにされていた（1976年批准）。

なお、2001年に同委員会が刊行した『ノーベル賞 平和への100年』には、「アメリカの公文書によれば、佐藤は日本の非核政策を〝ナンセンス〟と評していた」という記述があり、同誌の共同執筆者である歴史家の**オイビン・ステネルセン**も、会見で「佐藤を選んだことは最大の誤り」と述べている。

またこの年、世界最大の人権擁護団体アムネスティ・インターナショナルの創設者**ショーン・マクブライド**（アイルランド）も平和賞を受賞したが、授賞式で佐藤にアムネスティへの入会を勧め、佐藤がこれを承諾したという逸話が残っている。

1961〜2017

1975年（昭和50）

平和賞

〝水爆の父〟から〝軍縮と人権の旗手〟となった科学者

アメリカとソ連の宇宙船が初の共同飛行テストを行ったこの年、核兵器に異を唱え続けた人物が平和賞を受賞した。宇宙論や素粒子論でも名を馳せたソ連の物理学者**アンドレイ・サハロフ**である。

原子物理学を専攻していた彼は、1950年（昭和25）に**イゴール・タム**（ソ連、1958年物理学賞）とプラズマ中の放電による熱核反応理論についての共同論文を発表するなど、理論物理学者として高い評価を受けていた。ただ一方で、1948年からソ連の核兵器開発に携わり、同国初の原子爆弾の完成（1948年）に寄与。さらにソ連初の水素爆弾の開発（1953年）では中心的役割を担い、〝水爆の父〟と称された。

しかし水爆実験に立ち会ったサハロフは、自らの想像を超える破壊力に衝撃を受ける。そして1957年にアメリカの科学者**ライナス・ポーリング**（1954年化学賞、1962年平和賞）が、1万人以上の科学者の署名とともに、国連に核兵器実験の根絶を訴える請願書を提出したことに触発される。彼は1958年と1961年に政府首脳に核実験中止を進言し、1963年の部分的核実験禁止条約の締結につながる。

1968年（昭和43）には論文「進歩、平和共存及び知的自由に関する考察」を発表。反体制派知識人のリーダーとして、公然と平和やソ連の民主化を訴える。そして1975年のノーベル賞受賞を経て、1980年にソ連によるアフガニスタン侵攻（1979年）を批判したことでモスクワから追放。以来、KGB（国家保安委員会）の監視下に置かれたが、改革路線を推進した最高指導者**ミハイル・ゴルバチョフ**によって1986年に復権。人民代議員（国会議員）にも選出された。

なお、サハロフは1989年（平成元）に日本を訪れ「戦後の日本は平和的経済発展のモデルを世界に示している。今後は人口、資源、環境、高齢化をいかに解決するかに注目している」と、日本の発展過程に関心を寄せた。

しかしそのわずか2カ月後、サハロフはこの世を去った。

「明日は戦わねばならぬ」

複数政党制の導入を目指していた、彼の最後の言葉である。

1961〜2017

物理学	オーゲ・ニールス・ボーア（ニールス ボーア研究所・デンマーク）、ベン・ロイ・モッテルソン（北欧理論物理学研究所・デンマーク）、レオ・ジェームス・レインウォーター（コロンビア大学・米）	原子核構造に関する理論の開発
化学	ジョン・コーンフォース（サセックス大学・オーストラリア）	酵素による触媒反応の立体化学的研究
	ウラジミール・プレローグ（スイス連邦工科大学・スイス）	有機分子および有機反応の立体化学的研究
生理学・医学	デヴィッド・ボルティモア（マサチューセッツ工科大学・米）、レナト・ドゥルベッコ（世界研究基金研究所・伊）、ハワード・マーティン・テミン（ウィスコンシン大学・米）	腫瘍ウイルスと細胞内の遺伝物質との相互作用に関する発見
文学	エウジェーニオ・モンターレ（詩人・伊）	日常的な描写で緻密な心象風景を表出しイタリア文学界に多大な貢献をした
平和	アンドレイ・サハロフ（物理学者・ソ連）	ソ連の水素爆弾の父である彼は権力の乱用に反対し、人権擁護に活動した
経済学	レオニード・カントロヴィッチ（ソ連科学アカデミー・ソ連）、チャリング・クープマンス（イェール大学・オランダ）	資源の最適配分理論への貢献

この年の出来事

【世界】第1回主要国首脳会議（G6サミット）。南ベトナムの首都サイゴンが陥落、ベトナム戦争終結。【日本】山陽新幹線の岡山〜博多間開業。日本女子登山隊、女性初のエヴェレスト登頂。

1976年（昭和51）

経済学賞

〝規制なき市場で経済成長〟が招いた貧富の格差

この年の経済学賞には、「新貨幣数量説（マネタリズム）」の提唱者ミルトン・フリードマン（アメリカ）が選ばれた。従来の経済学では対処が難しかったスタグフレーション、すなわちインフレ下での不況に対する〝処方箋〟を書いたことでも注目された経済学者である。

彼の理論は、政府が公共事業などの財政政策によって需要を喚起するのではなく、中央銀行が貨幣供給を一定率で増加させれば、インフレなしで経済は安定し、自律性を発揮させるというものだった。

また彼は、政府の市場への介入や統制を排除し、市場原理に基づく自由な競争こそ経済を成長させるとする「小さな政府」論を展開する。「新自由主義（ネオ・リベラリズム）」と呼ばれるその主張には、法定最低賃金の廃止や、公的年金などの社会保障の廃止、郵便事業や有料道路などの民営化、国立公園の廃止も含まれていた。

こうした政策を実行した国の1つがチリである。フリードマンは、1973年に軍事クーデターでアウグスト・ピノチェトが政権を掌握した同地を訪れ、アドバイスを行う。そしてこれに共鳴したピノチェトは、フリードマン門下の経済学者を次々と招いて、その政策を実行していった。しかしピノチェト政権下では、思想弾圧や粛清が行われ、多数の亡命者を出していたことから、その協力者としてみなされていた彼の経済学賞受賞に対し、複数の歴代受賞者を含む多くの人が抗議の声を上げた。

フリードマンが主張した新自由主義的な経済政策は、イギリス、アメリカ、そして日本でも導入されたが、市場を活性化させる一方で、市場性善説に立った経済的自由を優先することで、大資本や富裕層の経済的、政治的な力が増し、相対的に経済的弱者はより一層力を失い、格差拡大をもたらした。

なお、2001年に経済学賞を受賞したジョセフ・E・スティグリッツ（アメリカ）は、2016年に「規制なき市場が経済成長を促すという考え方は、今やかなり反証されている」と指摘し、その見直しを訴えている。

ミルトン・フリードマン。1986年（昭和61）に日本から勲一等瑞宝章が贈られている。

物理学	バートン・リヒター（スタンフォード リニア アクセラレータ センター・米）、サミュエル・ティン（マサチューセッツ工科大学・米）	ジェイプサイ中間子の発見
化学	ウィリアム・リプスコム（ハーバード大学・米）	ボランの構造研究
生理学・医学	バルチ・サミュエル・ブランバーグ（フォックス チェイス癌センター・米）、ダニエル・カールトン・ガジュセック（国立衛生研究所・米）	感染症の原因と感染拡大の新しいメカニズムを発見
文学	ソール・ベロー（小説家・米）	人間への理解と現代文明の精緻な分析が結合した作品群
平和	ベティ・ウィリアムズ（平和運動家・英）、マイレッド・コリガン・マグワイア（平和運動家・英）	北アイルランドの平和運動への貢献
経済学	ミルトン・フリードマン（シカゴ大学・米）	消費分析、金融史、金融理論の分野における業績と安定化政策の複雑性の実証

この年の出来事

【世界】南北ベトナムが統一、ベトナム社会主義共和国成立。中国の周恩来首相、毛沢東主席が死去。スーダンとコンゴでエボラ出血熱が発生。【日本】ロッキード事件で田中前首相逮捕。

1977年（昭和52）

生理学・医学賞

ライバル心がもたらした内分泌学の革命的変化

この年の生理学・医学賞は、内分泌学に革命的な変化をもたらした**ロジェ・ギルマン**（フランス）、**アンドリュー・ウィクター・シャリー**（アメリカ）、**ロサリン・ヤロー**（アメリカ）の3人に贈られた。

ギルマンとシャリーはもともと共同研究者、上司と部下という関係だったが、部下のシャリーに芽生えたライバル心が原因で袂を分かった間柄。その2人が挑んだのが、脳内の視床下部から分泌されるタンパク質「ペプチドホルモン」の精製と構造解析（決定）である。

体内タンパク質はアミノ酸の結合体だが、アミノ酸の数が少ないものを〝ペプチド〟といい、そのうち体に命令を伝え生理状態のバランスを整える〝神経伝達物質〟としての働きを持つものを「ペプチドホルモン」という。こうした体内タンパク質の構造解析は、医薬の開発にも不可欠なものだ。

視床下部から分泌されるペプチドホルモンは極めて微量で、2人がほぼ同時期に構造決定に成功した「チロトロピン放出因子（TRF）」の研究では、数ミリグラムのTRFを採取するために、ギルマンは約250万頭のヒツジの脳を、シャリーは約10万頭のブタの脳を使った。

先に成果を上げたのは、1971年（昭和46）に「黄体形成ホルモン放出因子（LHRH）」の構造決定に成功したシャリーである。ただしこの成功には、ギルマンの研究装置の模倣や、実際に構造決定を行った**松尾寿之**をはじめ、**有村章**、**馬場義彦**ら協力者の存在が不可欠だった。

一方のギルマンは、その2年後に成長ホルモンの分泌制御機能を持つ「ソマトスタチン（SST）」の構造決定に成功したことで雪辱を果たし、その差を埋めた。

なお、3人目の受賞者であるヤローは共同研究者の**ソロモン・バーソン**とともに、分泌量が少なすぎて測定できなかった血中のホルモンなどの量を測定する「ラジオイムノアッセイ法（放射免疫測定法＝RIA）」を開発した。バーソンは1972年に死去し、受賞は叶わなかったが、彼らが特許を申請しなかったことは、多くの研究者の助けとなった。

ロサリン・ヤロー。授賞式の晩餐会で「多くの問題を解決するためには、人口の半数（女性）が持つ才能を無駄にしてはならない」と述べた。

物理学	フィリップ・アンダーソン（ベル研究所・米）、ネヴィル・モット（ケンブリッジ大学・英）、ジョン・ヴァン・ヴレック（ハーバード大学・米）	磁性体と無秩序系の電子構造の理論的研究
化学	イリヤ・プリゴジン（ブリュッセル自由大学・ベルギー）	非平衡熱力学、とくに散逸構造の研究
生理学・医学	ロジェ・ギルマン（ソーク研究所・仏）、アンドリュー・ウィクター・シャリー（退役軍人病院・米）	脳のペプチドホルモン産生に関する発見
	ロサリン・ヤロー（退役軍人病院・米）	ペプチドホルモンの放射免疫測定の開発
文学	ヴィセンテ・アレイクサンドレ（詩人・スペイン）	自然界と現代社会における人間を照らし出す作品、スペイン詩壇での主導的貢献
平和	アムネスティ・インターナショナル	世界的な人権保護運動に対して
経済学	ベルティル・オリーン（ストックホルム商科大学・スウェーデン）、ジェイムズ・ミード（ケンブリッジ大学・英）	国際貿易に関する理論および資本移動に関する理論を開拓

この年の出来事

【世界】米ソ、ECが200海里（約370km）の排他的経済水域（EEZ）を設定。【日本】200海里規定に基づく日米漁業協定調印。領海法施行、日本の領海を海岸より12海里（約22.2km）と定める。

1978年（昭和53）

化学賞

独創的な「化学浸透説」で世紀の難問を解いた孤高の人

この年の化学賞は、細胞内で起こるエネルギー変換の仕組みを説明する「化学浸透説」を発表した**ピーター・ミッチェル**（アメリカ）に授与された。

生物学界には、1940年代ごろから「生命体はどのようなメカニズムでエネルギーを取り込むのか？」という大命題があった。言いかえれば、生体活動で用いられるエネルギーの保存や利用に関わる体内タンパク質「アデノシン三リン酸（ATP）」がどのように合成されるかということである。

大半の学者は「細胞内の連鎖的な化学反応による」と考える中、ミッチェルは1961年（昭和36）に発表した「化学浸透説」で、「ミトコンドリアの膜でイオンが通過する際に取り込みが起こる」と主張した。

しかし彼の仮説は独創的すぎて相手にされず、所属していたエジンバラ大学でも助教授にすらなれないまま失職。田舎に自宅兼研究所を作り、農業や牧畜をしながらわずか6人のチームで自費研究を続けていたが、1966年に植物学者**アンドレイ・ヤーゲンドルフ**（アメリカ）らの実験によって「化学浸透説」の正しさが証明された。

大学や名門研究所に属していれば、もっと早く仮説の正しさが証明されただろうという指摘もあるが、彼は受賞後も自らが設立した研究所で、やはり少人数のスタッフとともに研究を続けたという。

■平和賞

平和賞は、第4次中東戦争終結に向けた「キャンプデーヴィッド協定」に合意したエジプトの大統領**アンワル・サダト**と、イスラエルの首相**メナヘム・ベギン**が受賞した。

もっとも、サダトは第4次中東戦争をシリアとともに企図した張本人であり、ノーベル賞受賞後もこの協定に反対する人々を弾圧した人物である。

またベギンも受賞後にイラクの核施設攻撃やレバノン侵攻で国際的非難を受けており、彼らの受賞を否定的に見る向きも少なくない。

■物理学賞

物理学賞は、現在でも宇宙の始まりである〝ビッグバン〟の最良の裏づけとされる「宇宙マイクロ波背景放射（CMB）」を発見した**アーノ・ペンジアス**（アメリカ）と**ロバート・W・ウィルソン**（アメリカ）らが受賞した。

物理学	ピョートル・カピッツァ（ソ連科学アカデミー・ソ連）	低温物理学における研究
物理学	アーノ・ペンジアス（ベル研究所・米）、ロバート・W・ウィルソン（ベル研究所・米）	宇宙マイクロ波背景放射の発見
化学	ピーター・ミッチェル（グリン研究所・米）	生体膜におけるエネルギー転換の研究
生理学・医学	ヴェルナー・アルバー（バーゼル大学・スイス）、ダニエル・ネイサンズ（ジョンズ ホプキンス大学・米）、ハミルトン・O・スミス（ジョンズ ホプキンス大学・米）	DNAを切断する酵素の発見と分子遺伝学への応用
文学	アイザック・バシェヴィス・シンガー（小説家・米）	ポーランドのユダヤ人社会をイディッシュ語で生き生きと情熱的に描写
平和	アンワル・サダト（エジプト アラブ共和国大統領・エジプト）	イスラエルとの平和条約締結
平和	メナヘム・ベギン（イスラエル首相・現ベラルーシ）	エジプトとの平和条約締結
経済学	ハーバート・サイモン（カーネギーメロン大学・米）	経済組織内での意思決定過程における先駆的な研究

この年の出来事

【世界】アフガニスタンで社会主義政権誕生、各地でイスラム系反政府武装勢力が蜂起。第1回国連軍縮特別総会。
【日本】成田（現新東京）国際空港開港。日中平和友好条約調印。稲荷山古墳出土の鉄剣に銘文発見。

1979年（昭和54）

平和賞

一滴の水を大きな慈愛で大河に変えた修道女

　この年の平和賞は、献身的な慈愛で人々を救った人物に贈られた。**マザー・テレサ**（インド）である。

　1910年（明治43）、ユーゴスラヴィアのスコピエ（現マケドニア共和国の首都）で生まれたテレサは、1928年にアイルランドのローマ・カトリック系の修道会に入り、インド行きを志願。その後コルカタ（カルカッタ）に赴き、修道院で教師を務めながら布教活動に従事した。

　当時のインドは、1947年（昭和22）までの約70年に及ぶ、イギリスの直接統治下にあり、搾取による貧困、インドとパキスタンが分離する原因ともなった、ヒンドゥー教徒とイスラム教徒の対立が影を落としていた。

　こうした状況を目の当たりにしていたテレサは、1948年に単身でスラム街に入り、孤児や身寄りのない高齢者、ハンセン病患者の救済に身を投じた。

　そして1950年にインドの市民権を取得したテレサは、コルカタに「神の愛の宣教者会」を設立。1952年（昭和27）には身寄りのない高齢者用のホスピス「死を待つ人々の家」を開き、児童福祉施設などの開設にも尽力した。

　そして1960年代末になると、著名なジャーナリスト、**マルコム・マッグリッジ**（イギリス）の著書や映画によってテレサの活動が国際的に知れ渡り、支援の輪は世界に広がった。1997年に彼女が亡くなった時、慈善施設の数は123カ国、610カ所にまで拡大していたが、彼女は生前「私たちの活動は、大河の一滴にすぎない」と言い、人々に「身近な人々を助けよ」と呼びかけ続けた。

　もっとも、貧困を生む社会の歪みへの具体的な提言が乏しかったテレサには批判もあった。寄付を寄せた投資家が詐欺事件で逮捕された際には嘆願書を送り、独裁国家の指導者とも交流するなど、一般には理解しがたい行動もあった。

　それでも人々が嫌がる仕事に身を捧げ、希望を与え続けたテレサの記憶は、今も色あせてはいない。

マザー・テレサ。©Manfredo Ferrari

物理学	シェルドン・グラショー（ライマン研究所・米）、アブドゥッサラーム（国際理論物理学センター・パキスタン）、スティーヴン・ワインバーグ（ハーバード大学・米）	素粒子間に働く弱い相互作用と電磁相互作用を統一した理論
化学	ハーバート・ブラウン（パデュー大学・英）	有機ホウ素化学における業績
	ゲオルク・ウィッティヒ（ハイデルベルク大学・西独）	アルケンの合成法（ウィッティヒ反応）の開発
生理学・医学	アラン・マクロード・コーマック（タフト大学・米）、ゴッドフライ・ニューボルド・ハウンスフィールド（EMI社・英）	コンピュータ断層撮影（CT）の開発
文学	オデッセアス・エリティス（詩人・ギリシア）	ギリシアの伝統を背景に現代人の自由と創造のための闘いを描いた詩
平和	マザー・テレサ（修道女・インド）	長期にわたる献身的な働きで苦しみのなかにいる人々に安息をもたらした
経済学	セオドア・シュルツ（シカゴ大学・米）、アーサー・ルイス（プリンストン大学・セントルシア）	発展途上国問題の考察を通じた経済発展に関する先駆的な研究

この年の出来事

【世界】ソ連がアフガニスタンに軍事介入。イラン・イスラム革命。米中国交樹立。カンボジア問題をめぐり中国とベトナムが交戦（中越戦争）。米国スリーマイル島原発事故。【日本】主要7カ国首脳会議（東京サミット）。

1980年（昭和55）

文学賞

母国を離れ、母国を見つめ、母国語に執着した亡命作家

社会主義国で初めての自主管理労働組合「連帯」がポーランドで結成されたこの年、その地を約30年以上、遠く離れた地から見つめ続けた亡命作家が、文学賞を受賞した。**チェスワフ・ミウォシュ**である。

後にポーランド領となるリトアニアのヴィリニュスで青年時代を過ごした彼は、20代で著した第2詩集『三つの冬』が注目を集め、若手詩人のリーダー的存在となる。しかし第二次世界大戦が始まり、ナチスドイツやソ連などに分割統治される祖国を目の当たりにした彼は、地下組織でレジスタンス活動に身を投じながら執筆活動を続けた。

1945年に出版した第3詩集『救出』で文化芸術省賞を受賞すると、彼は文化担当官に任命され、アメリカやフランスの大使館に赴任。しかしスターリン主義への不満を募らせていた彼は、1951年にフランスに亡命を申請し、当地で体制に屈する知識人を描いた小説『囚われの魂』や『権力の奪取』などを出版して大きな反響を呼ぶ。

そして1960年（昭和35）にカリフォルニア大学バークレー校に招聘されたことを機に、彼はアメリカに移住。市民権を取得して、1978年まで教壇に立ち続けた。

彼の詩、小説、エッセイは、いわば楽園から追放された人間が生きる世界観に立脚した、繊細でありながら、劇的かつ挑発的な筆致が特徴である。そして彼は多言語に通じていたが、詩については母国語での執筆に執着した。彼の詩「私の忠実な言葉よ」には、その心情が色濃く表われている。

　私の忠実な言葉よ
　私はお前に仕えてきた
　（中略）
　それは長い間続いた
　お前は私の祖国だった
　別の祖国はなかったから

ノーベル文学賞を受賞した翌年の1981年、彼は35年ぶりにポーランドに一時帰国。そして1994年には南部のクラクフに住まいを持ち、2004年（平成16）に当地で生涯を閉じた。

なお、独立自主管理労働組合「連帯」結成のきっかけとなったストライキが行われたグダニスク造船所の犠牲者記念碑には、ミウォシュの詩が刻まれている。

チェスワフ・ミウォシュは、1980年代前半に京都を訪れ、その時の気持ちを「京都でわたしは幸せだった」という詩に綴っている。

物理学	ジェイムズ・クローニン（シカゴ大学・米）、ヴァル・フィッチ（プリンストン大学・米）	中性K中間子崩壊におけるCP対称性の破れの発見
化学	ポール・バーグ（スタンフォード大学・米）	遺伝子工学の基礎としての核酸の生化学的研究
化学	ウォルター・ギルバート（ハーバード大学・英）、フレデリック・サンガー（MRC分子生物学研究所・英）	核酸の塩基配列の決定
生理学・医学	バルフ・ベナセラフ（ハーバード大学・米）、ジャン・ドーセ（パリ大学・仏）、ジョージ・スネル（ジャクソン研究所・米）	免疫反応を調節する細胞表面の構造に関する研究
文学	チェスワフ・ミウォシュ（詩人、小説家・ポーランド）	妥協のない明確な視線で現代文明の危機、紛争世界での人間の生き方を描写
平和	アドルフォ・ペレス・エスキベル（建築家、平和運動家・アルゼンチン）	非暴力闘争を通じてアルゼンチンの暴力の暗闇に光をあてた
経済学	ローレンス・クライン（ペンシルヴェニア大学・米）	景気変動、経済政策を分析する経済的なモデルと手法の開発

この年の出来事

【世界】 イラン・イラク戦争。エジプトとイスラエル国交樹立。ポーランドで自主管理労組「連帯」結成。韓国・光州で民主化運動（光州事件）。**【日本】** モスクワ五輪ボイコット。携帯電話発売。

1981年（昭和56）

化学賞

「フロンティア軌道理論」の福井謙一が日本人初の化学賞を受賞

有機化学反応に関する重要な理論が日本から生まれたのは、陸軍の航空燃料の開発がきっかけであった。

福井謙一は1918年（大正7）奈良県生まれ。1941年京都大学工学部を卒業。大学では化学を専攻し、1951年（昭和26）に同大学教授に就任した。大学卒業後すぐに、第二次世界大戦最中の陸軍で、飛行機の航空燃料の研究に携わった。当時、エンジンを始動させるときに、ガソリンを含んだ気体が点火以前に爆発をしてしまう「異常燃焼」が問題になっていた。彼は改良を重ねて異常燃焼が起こりにくく、効率のよい燃料の開発に成功した。

その当時、有機化学の分野で広まっていたのが、1947年のノーベル化学賞受賞者である**ロバート・ロビンソン**（イギリス）の提唱した「有機電子論」である。これは、有機化学の反応を電子の密度や、結合状態の変化に着目して、統一的に理解しようとする理論であった。有機化合物ではほとんどの原子が「共有結合」をしており、原子間の電子の受け渡しによって新たな結合ができることで、反応が進むと説明される。

しかし、福井が開発した燃料をつくり出す反応は、有機電子論では説明することができなかった。従来の有機電子論に限界を感じた福井は、「フロンティア軌道理論」という新たな理論を打ち立てた。ボーアの提唱した原子模型では、電子は原子核の周りにある何重かの「電子殻」という同心円の軌道上を移動している。それぞれの殻は異なるエネルギーの大きさを持ち、原子核から離れている電子殻

福井謙一　Kenichi Fukui
1918年（大正7）～1998年（平成10）

奈良県に生まれ、大阪に移住。1930年、旧制今宮中学校に入学すると、生物同好クラブに入会。『ファーブル昆虫記』を愛読する少年時代を過ごす。一方で、数学が好きだったが遠い親戚にあたる京都大学工学部応用化学科の喜多源逸教授の助言で化学の道を選ぶ。旧制大阪高等学校から京都帝国大学工学部工業化学科に進学。卒業すると1945年、26歳の若さで同大学工学部燃料化学科助教授に就く。そして1952年に化学反応における数多くの謎を解き明かすフロンティア軌道理論を発表する。メモ魔として有名。

物理学	ニコラス・ブルームバーゲン（ハーバード大学・米）	レーザー分光学への貢献
	アーサー・ショーロー（スタンフォード大学・米）、カイ・シーグバーン（ウプサラ大学・スウェーデン）	高分解能光電子分光法の開発
化学	福井謙一（京都大学・日本）、ロアルド・ホフマン（コーネル大学・ポーランド）	化学反応過程の理論的研究
生理学・医学	ロジャー・ウォルコット・スペリー（カリフォルニア工科大学・米）	大脳半球の機能分化に関する発見
	デビッド・ハンター・フーベル（ハーバード大学・米）、トルステン・ニルス・ウィーセル（ハーバード大学・スウェーデン）	視覚系における情報処理に関する発見
文学	エリアス・カネッティ（小説家・英）	幅広い見通し、豊かなアイデア、芸術的パワーによって特徴づけられた文章
平和	国際連合難民高等弁務官事務所	1970年代の難民を本国に送還するための活動。国連への支援と、難民条約遵守の表明
経済学	ジェームズ・トービン（イェール大学・米）	金融市場の分析と支出の決定、雇用、生産、価格の関連性の分析

この年の出来事

【世界】米でスペースシャトル「コロンビア号」が打ち上げられた。東西ドイツの首脳会議。米でエイズ患者が発見される。【日本】沖縄でヤンバルクイナ発見。

ほど大きなエネルギーをもつ。

　福井は、化学反応の起こりやすさは、特定の電子殻のみによって決定すると考えた。電子殻の中でも特に反応に重要な役割を持つのが、最もエネルギーが高い軌道（HOMO）と、最もエネルギーの低い軌道（LUMO）であり、HOMOとLUMOをあわせて「フロンティア軌道」と呼ぶ。反応はフロンティア（最前線、境界域）の軌道が大きく関わっているというのだ。そして、化学反応はHOMOの電子がLUMOに移ることで生じると論じたが、このHOMO-LUMO相互作用の理論は、当初はそれほど耳目を集めなかった。

　同年、同じく化学賞を受賞した**ロアルド・ホフマン**は、1937年（昭和12）ポーランド生まれ。ユダヤ人であったため、ナチスドイツから逃れアメリカに居を移した。1962年ハーバード大学で学位取得、1965年にコーネル大学教授に就任した。

ホフマンの提唱した「ウッドワード・ホフマンの法則」は、有機化学の反応において、分子の軌道の対称性は反応の前後で変わることなく、この対称性こそが反応の経路を決定づけていることを示した。ホフマンが1953年（昭和28）に発表した論文で、福井の論文を引用したことが、後に「フロンティア軌道理論」が世界に広まるきっかけになった。

日本人初のノーベル化学賞受賞が決まった**福井謙一**京大教授（手前左）は友栄夫人と乾杯。教え子たちから祝福を受ける。1981年10月20日、京都市左京区の自宅での撮影。
写真：共同通信社

1982年（昭和57）

経済学賞

〝情報経済学〟と〝規制の経済学〟の先駆け

　1970年代における2度のオイルショックで世界経済が停滞する中、従来の経済理論の修正ではなく、それを覆す理論が注目され始めていた。この年、経済学賞を受賞したジョージ・スティグラー（アメリカ）は、その象徴の1人である。

　彼はもともと、60年代に〝情報経済学〟の先駆者として名を上げた経済学者である。たとえば、消費者に十分な情報が与えられれば、同質の製品同士の価格差は最小化されるという法則は、彼が最初に提唱したものである。

　また彼はミルトン・フリードマン（アメリカ、1976年経済学賞）と並んで「小さな政府」論の旗手でもあった。市場原理を優先し、企業への政府の干渉を最小化すべきという理論だ。スティグラーは、特に企業への規制に着目し、顕著な経済的効果はないと主張。さらに「政府が消費者の保護を目的に企業への規制を行うという考えは幻想であり、実際はその業界の利益の獲得と既得権益の保護を目的に計画・運営される」という、いわゆる〝規制の虜〟論（キャプチャード理論）を展開して、〝規制緩和〟が経済を活性化させると唱えた。

　彼らの主張はイギリス、アメリカなどの経済政策に採用され、一面的な効果は見せたものの、一方で緩和による弊害の軽減に不可欠な〝セーフティ・ネット（救済策）〟の整備という観点が乏しく、規制緩和によって大企業がより多くの権益を得たり、寡占化の進行で政治力を増した受益者が既得権益化したとの指摘もある。規制の弊害であるはずのものが、規制緩和の弊害として現れた格好である。

　ところで、「小さな政府」論を主張するスティグラーとフリードマンは、経済学の重鎮フランク・ナイト（元シカゴ大学教授）を共通の師に持つ、いわゆる〝シカゴ学派〟の経済学者である。

　もっとも、ナイトは「市場原理主義」に対しては批判的で、同じくナイトを師にもつ経済学者の宇沢弘文（1997年文化勲章）も、スティグラーらの目的は、時々の経済的強者が自由に利益を追求することにあったと指摘している。

ジョージ・スティグラー。15万7000ドルの賞金を手にした。© Bettmann/Getty Images

物理学	ケネス・ウィルソン（コーネル大学・米）	相転移に関連した臨界現象に関する理論
化学	アーロン・クルーグ（MRC分子生物学研究所・英）	電子線結晶学の開発と核酸・タンパク質複合体の立体構造の研究
生理学・医学	スネ・カール・ベルイストレーム（カロリンスカ研究所・スウェーデン）、ベント・インゲマー・サムエルソン（カロリンスカ研究所・スウェーデン）、ジョン・ロバート・ヴェイン（ウェルカム研究所・英）	重要な生理活性物質の一群であるプロスタグランジンの発見と研究
文学	ガブリエル・ガルシア＝マルケス（小説家・コロンビア）	豊かに構成された想像力の世界に幻想と現実的が融合し、大陸の生と葛藤を反映した作品
平和	アルバ・ライマル・ミュルダール（外交官・スウェーデン）	軍縮会議のスウェーデン代表、ストックホルム国際平和研究所の初代所長としての功績
	アルフォンソ・ガルシア・ロブレス（元外務大臣・メキシコ）	ラテンアメリカとカリブを非核地域と定めたラテンアメリカ核兵器禁止条約の成立に尽力
経済学	ジョージ・スティグラー（シカゴ大学・米）	産業構造や市場の役割と規制の原因と影響についての独創的な研究

この年の出来事

【世界】国際捕鯨委員会総会が1985年漁期以降の捕鯨禁止を可決。英、アルゼンチン間でフォークランド紛争勃発。【日本】ホテル・ニュージャパン火災で33人が死亡。日航機逆噴射事故で24人が死亡。

1983年（昭和58）

生理学・医学賞

トウモロコシに問いかけ続けて〝動く遺伝子〟を発見

遺伝学の記念碑的業績であるDNAの二重らせん構造の発見から30年を過ぎたこの年、その発見の2年前に、遺伝学の歴史において極めて重要な論文を発表した女性が、生理学・医学賞を受賞した。バーバラ・マクリントック（アメリカ）である。

受賞時、マクリントックは81歳。発表から30年以上、発見から約40年以上の歳月が流れていた。

彼女が発見したのは、〝動く遺伝子〟と呼ばれる、DNA内の可動遺伝因子（トランスポゾン）。つまり細胞内でゲノム（DNAの遺伝情報）の位置を移動させる現象を可能にする塩基配列である。なお、ゲノムの位置変化は、突然変異や環境に応じた生物の進化、単一の生物種が複数の生物種に分化する現象（種分化）を起こす大きな要因となり、また抗生物質が効かない耐性菌の出現に大きく関与している。

彼女はトウモロコシを用いた染色体研究が専門で、遺伝学と細胞学を結びつけたその研究は、早くから高い評価を受けていた。しかし本格的な研究生活に入った1920年代は、まだ女性研究者の就職や昇進の機会が限られていた時代で、彼女自身の天才肌で気難しい性格も手伝い、しばらくは安定した研究環境とは無縁の時期が続いた。

しかし1942年（昭和17）に、生涯の研究拠点となるニューヨーク郊外のコールドスプリングハーバー研究所に職を得て、彼女はトウモロコシを育てながら研究にまい進する。

そして1951年、彼女は後に偉大な発見と証明される、可動遺伝因子の発見に関する最初の論文を発表する。しかしあまりに先駆的な発見だったため、評価する側に理解するだけの知識がなく、反響はほとんどなかった。彼女の学説の先進性が理解され始めるのは約20年後、遺伝子の研究が進んだ1970年代後半のことだった。

もっとも受賞後、彼女はこんな屈託のない感想を発した。

「トウモロコシに問いかけて、返事をもらう喜びを長年味わってきた私が、賞までもらうなんて、不公平ではないでしょうか？」

バーバラ・マクリントック。
© Smithsonian Institution

物理学	スブラマニアン・チャンドラセカール（シカゴ大学・現パキスタン）	星の構造と進化の物理的過程に関する理論的研究
	ウィリアム・ファウラー（カリフォルニア工科大学・米）	宇宙における化学元素の生成と原子核反応に関する研究
化学	ヘンリー・タウベ（スタンフォード大学・カナダ）	金属錯体の電子遷移反応機構の解明
生理学・医学	バーバラ・マクリントック（コールドスプリングハーバー研究所・米）	可動遺伝因子の発見
文学	ウィリアム・ゴールディング（小説家・英）	現実的な物語の芸術と多様性と普遍性を備えた現代の世界における人間の状態を明るくする小説
平和	レフ・ヴァウェンサ（労働運動家・ポーランド）	「連帯」の結党とポーランドの民主化運動への貢献に対して
経済学	ジェラール・ドブルー（カリフォルニア大学バークレー校・仏）	一般均衡理論の改良と経済理論に新たな分析手法を取り込んだ

この年の出来事

【世界】大韓航空機がソ連領空内で撃墜される。ビルマ（現ミャンマー）で北朝鮮による韓国大統領への爆弾テロ。米国、グレナダの政変阻止を目的に侵攻（グレナダ侵攻）。【日本】参議院選挙全国区で比例代表制導入。

1984年（昭和59）

平和賞

人種隔離政策に非暴力で粘り強く立ち向かった大主教

この年の平和賞は、南アフリカのプロテスタント大主教であり、同国のアパルトヘイト（人種隔離政策）撤廃運動の指導者**デズモンド・ムピロ・ツツ**に授与された。反アパルトヘイト指導者の受賞は、人種隔離政策（法制）への不服従運動を率いた**アルバート・ルツーリ**（1960年平和賞）以来、2人目である。

1948年（昭和23）に法制化された人種隔離政策によって、南アフリカでは、人口の2割にも満たない白人の絶対優位を前提に、居住地、職業、賃金、教育、参政権、結婚、公共施設の利用など、非白人のあらゆる権利が制限され、背けば弾圧、逮捕、投獄が待っていた。

1950年代に入るとアパルトヘイトへの国際的非難が強まり、国連による度重なる抗議や、イギリスに始まる不買運動、さらに国際オリンピック委員会（IOC）による大会からの追放（1964年東京大会から）など、スポーツ界でも抗議の輪が広がっていった。

国内でもルツーリのほか、**ネルソン・マンデラ**（1993年平和賞）、**スティーヴ・ビコ**といった指導者たちが抵抗運動を率いた。しかし当局は軟化するどころか、有力な指導者が登場するたびに弾圧を強化する法律を制定して対抗した。

その上、マンデラは1964年に投獄され、1967年にはルツーリが事故死。1977年にはビコが当局の拷問で死去するなど、黒人たちは相次いで精神的支柱を失った。そんな時に現れたのが、1978年（昭和53）に南アフリカ教会協議会の事務局長に就任したツツだった。

ツツは非暴力による粘り強い抵抗運動を説き続けながら、海外の歴訪を通じて各国政府にも協力を要請。その一方で経済的、政治的な理由で消極的な姿勢をとるレーガン米大統領やサッチャー英首相を厳しく非難し、翻意を促した。

なお、韓国や台湾とともに〝名誉白人〟として優遇されていた日本は、南アフリカとの経済関係縮小に動く各国に比して必ずしも協力的だったとはいえず、事実、1980年代後半には、南アフリカ最大の貿易相手国となっていた。

デズモンド・ムピロ・ツツ。1931年（昭和6）生まれ。© Libris Forlag

物理学	カルロ・ルビア（欧州原子核研究機構・伊）、シモン・ファンデルメール（欧州原子核研究機構・オランダ）	弱い相互作用を媒介するW粒子およびZ粒子の発見を導いた巨大プロジェクトへの貢献
化学	ロバート・メリフィールド（ロックフェラー大学・米）	固相反応によるペプチド化学合成法の開発
生理学・医学	ニールス・カイ・ジェルネ（引退・デンマーク）、ゲオルク・J・F・ケーラー（マックス プランク協会・西独）、ケサー・ミルスタイン（MRC分子生物学研究所・英）	免疫制御機構に関する理論の確立とモノクローナル抗体の作成法の開発
文学	ヤロスラフ・サイフェルト（詩人・チェコスロヴァキア）	斬新で官能的、豊かな創造性を持つ詩で不屈の精神と多彩なイメージをもたらした
平和	デズモンド・ムピロ・ツツ（平和運動家・南ア）	南アの残忍なアパルトヘイト体制に対する彼の反対運動に対して
経済学	リチャード・ストーン（ケンブリッジ大学・英）	国民勘定のシステムに対する貢献と実証的な経済分析法の基礎の大幅な改良

この年の出来事

【世界】ロサンゼルス五輪開催、東側諸国がボイコット。イギリスがリビアと国交を断絶。ブルネイがイギリスから独立。【日本】NHKが衛星放送を開始。グリコ・森永事件。日本人の平均寿命が男女とも世界一に。

1985年（昭和60）

生理学・医学賞

動脈硬化症につながるコレステロール代謝異常の仕組みを発見

健康診断の検査票に「HDL」「LDL」とあるのを見たことがあるだろう。これは血液中のコレステロール値を表す項目だ。今では耳にすることも多い「コレステロール」だが、その代謝メカニズムが明らかになったのは、ほんの数十年前のことである。

五大栄養素の一つである「脂質」はエネルギー源であり、重要な生理的機能をもつ。「コレステロール」は動物がもつ脂質の一種で、細胞膜の主な構成要素であり、膜の維持と安定化に関わっている。

最初にコレステロールと脂肪酸の代謝について明らかにしたのは、1964年（昭和39）にノーベル生理学・医学賞を受賞した**コンラート・ブロッホ**（ドイツ）と**フェオドル・リュネン**（ドイツ）である。1985年（昭和60）のノーベル生理学・医学賞は、より詳細な代謝調節の機構を明らかにした業績に対して贈られた。

マイケル・ブラウンは1941年に、**ジョセフ・L・ゴールドスタイン**は1940年にアメリカで生まれた。1966年にブラウンはペンシルヴェニア大学で、ゴールドスタインはテキサス大学で、それぞれ博士号を取得。1977年（昭和52）に2人ともテキサス大学の教授に就任した。インターンをともに過ごした2人は共同研究によって、血液中の「低密度リポタンパク質（LDL）」と呼ばれる物質からコレステロールが作られることを発見した。

血液やリンパ液の中で、コレステロールのような脂質を運ぶのは「リポタンパク質」という粒子である。リポタンパク質の中でも肝臓の酵素によってできる「低密度リポタンパク質（LDL）」は、コレステロールの素である「コレステロールエステル」を豊富に含み、体の各組織へコレステロールを運搬供給する役目がある。しかし、何らかの原因で血液中のLDL濃度が高くなると、動脈硬化症のリスクが増すことがわかっている。血管内のLDLは、活性酸素によって変性しやすく、変性したLDLは「マクロファージ」とよばれる白血球の一種に取り込まれやすくなる。マクロファージは変性したLDLを次々と取り込んで、泡状の「泡沫細胞」になる。これが蓄積することで動脈硬化を起こしやすくなるのである。

LDLが運んできたコレステロールを各組織に受け渡すには、目印となるタンパク質が必要である。ブラウンとゴールドスタインは、このタンパク質をつくり出す遺伝子に欠陥があると、LDLがコレステロールをうまく組織に受け渡すことができず、結果的に血液中のコレステロール濃度が高くなることを発見した。この知見によって、遺伝性の動脈硬化症の理解が進み、治療方法の確立に大きな進歩がもたらされた。

物理学	クラウス・フォン・クリッツィング（マックスプランク研究所・ポーランド）	量子ホール効果の発見
化学	ハーバート・ハウプトマン（バッファロー医療財団・米）、ジェローム・カール（米国海軍研究所・米）	結晶構造の決定に新しい数学的手法を導入しハウプトマンの直接法を確立
生理学・医学	マイケル・ブラウン（テキサス大学・米）、ジョセフ・L・ゴールドスタイン（テキサス大学・米）	コレステロール代謝の調節に関する発見
文学	クロード・シモン（小説家・仏）	時代に対して深く洞察する詩人と画家の創造を融合した作品
平和	核戦争防止国際医師会議	核実験禁止措置の勧告、紛争時の核不使用の提言
経済学	フランコ・モディリアーニ（元アメリカ経済学会会長・伊）	貯蓄と金融市場に関する先駆的な分析

この年の出来事

【世界】ソ連でペレストロイカ政策が始まる。イラン・イラク戦争で都市部へのミサイル攻撃が激化。南アで黒人暴動多発。【日本】日本電信電話公社、日本専売公社が民営化。日本航空機、御巣鷹山に墜落。

1986年（昭和61）

物理学賞

電子顕微鏡の開発、発展に貢献

　レンズを組み合わせることで物の大きさが変わって見えることは、紀元前後にはすでに知られていたという。目で見える大きさの限界に挑んだ3人の研究者が、この年のノーベル物理学賞を受賞した。

　電子顕微鏡の父、**エルンスト・ルスカ**は1906年ドイツ生まれ。ミュンヘン工科大学を卒業後、ベルリン工科大学、ジーメンス社で研究を続け、1959年にはマックス・プランク研究所の教授となった。ルスカが世界で初めての電子顕微鏡を開発したのは、1931年（昭和6）のことである。当初の倍率は20倍であったが、その後も改良を続け、1933年には1万倍の倍率を得ることに成功した。

　光学顕微鏡は光を利用して物体を観察する方法で、可視光線の範囲の波長（400ナノメートルから800ナノメートルほど）の物体であれば見ることができる。これに対して、電子顕微鏡は光の代わりに「電子」を利用する。電子の波長は1ナノメートルよりさらに短いから、光学顕微鏡よりはるかに高い分解能を得ることができる。

　電子顕微鏡は「透過型電子顕微鏡」と「走査型電子顕微鏡」に大別される。透過型は薄く切った試料に電子線を当て、透過してきた電子を拡大する方法である。これに対し走査型は、試料をいくつもの領域に分け、端から電子線の束を当てて領域ごとに放出される電子を読み取り、画面上で像を構築する方法である。

　同年、「走査型トンネル電子顕微鏡（STM）」の開発に成功した功績で、**ゲルト・ビーニッヒ**と**ハインリッヒ・ローラー**の2人にもノーベル物理学賞が贈られた。1933年スイスに生まれたローラーは、1960年にスイス連邦工科大学で学位を取得した後、1963年からはIBMの研究所で研究を始めた。ビーニッヒは1947年ドイツに生まれ、フランクフルト大学で学位を取得した後、ローラーの研究室に加わった。2人が開発した走査型トンネル電子顕微鏡では、トンネル電流と呼ばれるわずかな電流の差を利用しており、この方法によって原子レベルの物まで見ることが可能になった。

■文学賞

　この年のノーベル文学賞を受賞した**ウォーレ・ショインカ**はナイジェリアの生まれ。イギリスで古典演劇、現代演劇を学んだ後、西洋とアフリカが融合した演劇の創作に努めた。アフリカ人、また黒人としては初のノーベル文学賞受賞者となった。

物理学	エルンスト・ルスカ（フリッツ ハーバー研究所・西独）	電子を用いた光学に関する基礎研究、特に電子顕微鏡の設計
	ゲルト・ビーニッヒ（チューリッヒ研究所・西独）、ハインリッヒ・ローラー（チューリッヒ研究所・スイス）	走査型トンネル電子顕微鏡の設計
化学	ダドリー・ハーシュバック（ハーバード大学・米）、李遠哲（カリフォルニア大学バークレー校・中華民国）、ジョン・ポラニー（トロント大学・カナダ）	化学反応素過程の動力学的研究
生理学・医学	スタンリー・コーエン（バンダービルト大学・米）、リータ・レーヴィ＝モンタルチーニ（CNR細胞生物学研究所・伊）	成長因子の発見
文学	ウォーレ・ショインカ（劇作家、詩人・ナイジェリア）	母国のヨルバ文化に根ざした広い文化的な視点でアフリカの混沌とした状況を描いた
平和	エリー・ウィーゼル（作家・ルーマニア）	ホロコーストをはじめ暴力や圧政、差別を告発する著述および活動に対して
経済学	ジェームズ・M・ブキャナン（ジョージ メイソン大学・米）	公共選択論で経済と政治の意思決定理論を統合、体系化

この年の出来事

【世界】 米のスペースシャトル「チャレンジャー号」爆発事故。ソ連のチェルノブイリ原子力発電所で史上最悪の爆発事故。**【日本】** 1987年度政府予算案で防衛費がGNPの1％枠を突破。

1987年（昭和62）

生理学・医学賞
北里が発見し、利根川が解明した「抗体」のミステリー

この年、日本人初の生理学・医学賞受賞者が誕生した。免疫学における長年の謎を解き明かした**利根川進**である。

利根川がノーベル賞を獲得した研究テーマは、細菌やウイルスなどの体内に侵入する異物（抗原）と結合し、これを無毒化する「抗体（免疫グロブリン＝血中タンパク質の一種）」という物質が、体内においてどのようなメカニズムで変化するのかという謎を、遺伝子レベルで解明することだった。

その鍵となったのが、免疫システムの中心を担う「B細胞」と呼ばれる細胞である。B細胞は血中を流れるリンパ球の１つで、「抗体」を作る、つまり抗原の無毒化に寄与する細胞である。

利根川がこの研究を始めた1971年（昭和46）までには、こうしたB細胞の働きや仕組みについては他の研究者たちによって解明されていた。しかし、当時の常識であった１個のB細胞は１種類の抗体しか作れないという前提に立つと、自然界に存在する抗原には、数量的に対応しきれないという矛盾も残っていた。

事実、約10万種類と考えられていた（現在では３万種類未満）人間の遺伝子では、最大でも同数の抗体しか作れず、しかも抗体の産生に使われる遺伝子はそのうちの一部にすぎない。いずれにせよ約1000万種類とされた抗原の数には、遠く及ばないのである。

これを説明するには、１つの抗体がさまざまな抗原に対応できる〝多様性〟を持っていなければならないことから、免疫学の世界では、この謎を〝GOD（Generation of Diversity＝多様性発現の謎）〟と呼んでいた。

抗体が多様性を持つという予想は、1957年（昭和32）にウイルス学者**フランク・マクファーレン・バーネット**（オーストラリア、1960年生理学・医学賞）によってなされていたが、証明する者は現

利根川進　Susumu Tonegawa
1939年（昭和14）～

愛知県名古屋市で生まれ、大阪で育つが、転居が続く。小学１年（1947年）から現富山市、現西予市（愛媛県）、東京と移り住む。1955年に東京都立日比谷高等学校に入学。一浪し、1959年に京都大学理学部に入学する。同大学院理学研究科に進学するが中退し、分子生物学を研究するためカリフォルニア大学サンディエゴ校へ留学。その後スイスを含む大学や研究所を経て、1981年（昭和56）にマサチューセッツ工科大学生物学部および癌研究所の教授に就く。1987年の生理学・医学賞を受賞後は マサチューセッツ工科大学ピカウア学習・記憶研究センター所長、沖縄科学技術研究基盤整備機構運営委員、理化学研究所脳科学総合研究センター長、沖縄科学技術大学院大学学園理事を歴任。
© User9131986

物理学	ヨハネス・ベドノルツ（チューリッヒ研究所・西独）、カール・アレクサンダー・ミュラー（チューリッヒ研究所・スイス）	セラミックスの超電導体の発見
化学	ドナルド・クラム（カリフォルニア大学ロサンゼルス校・米）、ジャン＝マリー・レーン（ルイパストゥール大学・仏）、チャールズ・ペダーセン（デュポン社・米）	クラウン化合物の開発と応用
生理学・医学	利根川進（マサチューセッツ工科大学・日本）	抗体の多様性に関する遺伝的原理の発見
文学	ヨシフ・ブロツキー（詩人・ソ連）	思考の明快さと詩的な力強さが一体化した作品群に対して
平和	オスカル・アリアス・サンチェス（コスタリカ大統領・コスタリカ）	中米を壊滅させた内戦を終わらせるための自由選挙、人権保護、外国の内政干渉終結を交渉
経済学	ロバート・ソロー（米）	経済成長理論への貢献

この年の出来事
【世界】 米ソ、中距離核戦力（INF）全廃条約に調印。史上最悪の世界的株価暴落（ブラックマンデー）。ソ連で企業の自主運営が始まる。**【日本】** 国鉄分割民営化、JRに移行。朝日新聞阪神支局襲撃事件。連合が発足。

利根川進。1975年（昭和50）にスイスのバーゼル免疫学研究所で、遺伝子からいかに多種多様な抗体が作られるかを解明し、1987年に生理学・医学賞を受賞。その後は脳の疾患を検出するバイオマーカーの研究に進んでいる。2016年2月の撮影。
© The Washington Post/Getty Images

れていなかった。利根川が挑んだのは、まさにそれだった。

利根川が立てた仮説は「抗体をつくり出す遺伝子が組み替えられて、使い回しされているのではないか」というもの。そして実験を重ねた結果、利根川は「免疫グロブリン（抗体）遺伝子の再構成」という現象を発見する。

これは抗体には「定常領域（C領域）」と「可変領域（V領域）」という2つの領域が存在し、そのうちV領域のアミノ酸配列が多彩に変化（再構成）するという現象である。つまり1つの抗体は1つの抗原にしか結合できないのではなく、抗体の組成が多様に変化することで、複数の抗原に結合する（無毒化する）能力があることがわかったのである。計算上、V領域におけるアミノ酸配列は1億種類以上。約1000万種類の抗原に十分対応できる数だ。

そして1979年（昭和54）、この発見を記した論文を共同研究者の**坂野仁**とともに発表すると、彼らの研究は国内外でまたたく間に注目を集め、研究を主導した利根川は、ノーベル賞受賞前の1984年に、45歳という異例の若さで文化勲章を受章する。

現在、日本の免疫学の世界において、この業績は「北里が始めたことを、利根川が完結させた」と形容されている。北里とは**エミール・アドルフ・フォン・ベーリング**（ドイツ、1901年生理学・医学賞）とともに「抗体」を発見した**北里柴三郎**である。利根川らのそれが「100年に1度の研究」と形容される、大きな理由のひとつでもある。

受賞後、利根川は脳科学や神経科学にも研究領域を広げ、1996年（平成8）には、1981年から教授を務めていたマサチューセッツ工科大学のピカウア学習・記憶研究センターの所長、2009年には理化学研究所脳科学総合研究センターのセンター長に就任。うつ病や心的外傷後ストレス障害（PTSD）等の治療への応用が期待される、マウスの記憶書き換えや、社会性記憶への直接的アクセス、記憶を思い出す神経回路の発見など、利根川はこの分野でも数々の実績を残している。

ただし、ピカウア学習・記憶研究センター所長時代には、同大学への招聘が決まっていた脳神経学者に、自分と研究内容が重複しているという理由で、辞退を迫るメールを送ったことが発覚。学内で問題視され、教授職には留まったものの、2006年に所長を退任。また、その後就任した理化学研究所脳科学総合研究センターの所長についても、日米を往復する体力的負担から、2017年6月に退いた。

1988年（昭和63）

平和賞

止まない戦火、終わりなき紛争解決への道

この年の平和賞は、創設から40周年を迎えた**国連平和維持軍（PKF）**に授与された。

国連平和維持軍は国連憲章に基づいて〝平和維持活動（PKO）〟の手段として組織されるもので、第1次中東戦争（1948年～）の際に編成され、現在も活動中の「国連休戦監視機構」が初の例である。

国連平和維持軍には、その目的などによって3つの形態がある。

1つは平和を破壊する国に対して強制的な措置を講じるための実力組織としての「国連軍」であるが、この形での編成は1度もない。

2つ目は安全保障理事会の勧告を受けて編成される実力部隊で、朝鮮戦争（1950年～）での「国連軍」がこれに当たる。

3つ目は停戦後の監視など、戦闘以外の任務を主として、受け入れ先の同意を原則に編成するもので、今日ではこれが大半である。

なお、かつては、紛争当事者でない平和維持軍は停戦合意が破綻した場合には撤退を開始するのが原則であったが、1994年（平成6）にルワンダ支援団がこれを適用した結果、部族間での大量虐殺（ジェノサイド）が発生。これを機に「保護する責任」、すなわち状況に応じて紛争当事者となり「住民保護」を行うことになっている。ちなみに、今日における主要部隊の構成は、その多くが発展途上国や派遣先周辺国の人員である。

日本は1992年制定の「国際平和維持活動協力法（PKO協力法）」に基づき、同年、第2次アンゴラ監視団に選挙監視要員として3名の文民を、またカンボジア暫定統治機構については自衛隊の派遣を行っている。

日本は、独自の原則として（1）紛争当事者間の停戦合意の成立（2）紛争当事者の同意（3）中立性の厳守（4）合意が破綻した場合の撤収（5）必要最小限の武器使用という〝PKO5原則〟を定めている。しかし原則から外れないことが目的化して〝戦闘〟の解釈を曖昧にしたり、あるいは国際法違反を犯した自衛隊員の処遇や人権保護に関する法整備がなされていないなど、問題点も指摘されている。

日本はPKO法に基づき、1992年9月に初業務として、第2次国連アンゴラ監視団（UNAVEM II）に選挙監視要員を派遣。また同年9月、国連カンボジア暫定統括機構（UNTAC）に第1次陸上自衛隊施設部隊600名を派遣。同年10月には75名の文民警察要員を派遣。この時派遣された文民警察要員が1名武装集団に殺害されている。写真は内戦で荒廃した道路を修復する自衛隊。

物理学	レオン・レーダーマン（フェルミ国立加速器研究所・米）、メルヴィン・シュワーツ（ディジタル パスウェイ社・米）、ジャック・シュタインバーガー（欧州原子核研究機構・米）	ニュートリノビーム法、ミューニュートリノの発見によるレプトンの二重構造の実証
化学	ヨハン・ダイゼンホーファー（テキサス南西部医療センター・西独）、ロベルト・フーバー（マックス プランク研究所・西独）、ハルトムート・ミヒェル（マックス プランク研究所・西独）	光合成に必要なタンパク質複合体の三次元構造を解明
生理学・医学	ジェームス・ブラック（ロンドン大学・英）、ガートルード・エリオン（ウェルカム研究所・米）、ジョージ・ヒッチングス（ウェルカム研究所・米）	薬物療法、創薬における重要な原理の発見
文学	ナギーブ・マフフーズ（小説家・エジプト）	全人類に通じる、リアリズムや象徴主義を駆使したニュアンスに富むアラビア語で書かれた物語
平和	国連平和維持軍（国際連合）	中東、カシミール、キプロス、コンゴ、西ニューギニアにおける平和維持活動
経済学	モーリス・アレ（パリ国立高等鉱業学校・仏）	市場と資源の効率的な利用に関する理論への貢献

この年の出来事

【世界】ソ連がアフガニスタンからの撤兵を開始。イラン・イラク戦争停戦。米国で商用インターネット開始。【日本】リクルート疑惑が発覚。

1989年（昭和64・平成元）

平和賞

チベットの自治を求め、非暴力で闘い続けた政教の司

〝ベルリンの壁〟が崩れ、東欧に民主化の波が押し寄せていたこの年、約30年にわたりチベットの自治を訴え続けた人物が平和賞を受賞した。**ダライ・ラマ14世**である。

〝ダライ・ラマ〟という名は、チベット仏教における最高クラスの師僧名跡の1つで、彼は1940年（昭和15）にわずか4歳で14世に即位し、15歳で祭政の最高位に就いている。

即位当時のチベットは、日中戦争や第二次世界大戦の混乱もあり、交戦国に対して中立政策をとるなど、ある程度、独立した行政主体として機能していた。

しかし戦後に政権を掌握した中華民国政府も、内戦を制して1949年に成立した中華人民共和国もチベットの独立を認めず、1950年には人民解放軍が進駐。これを機に中国の宗主権とチベットの自治権を相互承認する合意が交わされ、チベットは中国の施政下に入った。

ダライ・ラマ自身は全国人民代表者会議の常務委員会副委員長を務め、周恩来外交部長（後に首相）の外遊にも同行するなど、チベットの発言権を高めることに努めたが、1959年（昭和34）に中国による支配に反対する住民が蜂起（ラサ蜂起）。当局が鎮圧と粛清に乗り出すと、彼は約10万人の住民とともにインドに脱出して亡命政府を樹立し、独立運動を開始する。

しかしその後、「憎しみからは何も生まれない」「地球人口の4分の1を占める中国の存在を無視するわけにはいかない」と説き、外交権や防衛は中国に委ねる一方、チベット人による民主的かつ仏教や伝統に基づく自治を求める平和共存路線へと転換。そして仏教の根本であるとして「非暴力」「自己犠牲」「生命の尊重」を掲げた自治運動を粘り強く牽引し続けた。

21世紀に入ると、彼は〝ダライ・ラマ〟という名跡、すなわちカリスマの存在が、中国政府に警戒心を抱かせると意識してか、「ダライ・ラマという制度は必ずしも必要ではない、私で終わりにしたい」と発言。実際、彼は2011年に「政治的な引退」を宣言し、17世紀以来の伝統に終止符を打った。

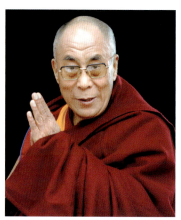

ダライ・ラマ14世。2011年の「引退宣言」でダライ・ラマ5世以来、370年近く続いたチベットにおけるダライ・ラマによる政教の掌握を終わらせた。

物理学	ノーマン・ラムゼー（ハーバード大学・米）	分離振動場法の開発、その水素メーザーや原子時計への応用
	ハンス・デーメルト（ワシントン大学・東独）、ヴォルフガング・パウル（ボン大学・西独）	イオントラップ法の開発
化学	シドニー・アルトマン（イェール大学・カナダ）、トーマス・チェック（コロラド大学・米）	RNAの触媒機能の発見
生理学・医学	J・マイケル・ビショップ（カリフォルニア大学サンフランシスコ校・米）、ハロルド・ヴァーマス（カリフォルニア大学サンフランシスコ校・米）	ヒトの癌遺伝子であるv-Srcを発見
文学	カミーロ・ホセ・セラ（小説家・スペイン）	控えめな同情で、人間の脆弱性に挑戦的なビジョンを形成する豊潤で刺激的な作品
平和	ダライ・ラマ14世（宗教家・現中国）	中国のチベット占領に対する非暴力反対派の主導者
経済学	トリグヴェ・ホーヴェルモ（ノルウェー）	計量経済学の理論的基礎を構築など

この年の出来事

【世界】東欧で民主化革命、ベルリンの壁崩壊。北京で大規模な民主化デモ（天安門事件）。米、パナマに侵攻。【日本】昭和天皇崩御。リクルート事件で竹下首相辞任。消費税法施行、税率3%。日経平均株価が史上最高値。

1990年（平成2）

平和賞

わずか6年で世界を変えた、東西冷戦終焉の象徴的人物

イギリス初の女性首相**マーガレット・サッチャー**が辞任したこの年、彼女が「彼となら仕事ができる」と称揚したソ連の最高指導者が平和賞を受賞した。ソ連の民主化を推進し、東西の冷戦を終結に導いた**ミハイル・セルゲーエヴィチ・ゴルバチョフ**である。

1985年（昭和60）、ソ連共産党の書記長に就任し、最高権力者となった彼は、約60年に及ぶ一党独裁制で硬直した政治経済を再建すべく、〝ノーボエ・ムイシュレーニエ（新思考）〞を旗印に、〝ペレストロイカ〞と呼ばれる大胆な改革に乗り出す。

経済面では国営企業の独立採算制への移行や、価格の部分的自由化を進め、また内政面では、チェルノブイリ原発事故（1986年）で官僚機構の閉鎖性に直面したことを機に、〝グラスノスチ（情報公開政策）〞を推進。これらは、後に東欧の民主化をも誘引した。

そして彼は外交においても新機軸を打ち出す。とりわけ東西の軍拡競争の下、国家財政に大きな負担となっていた軍事費を削減するため、各国との関係改善や軍縮交渉に乗り出したのである。特にアメリカとの中距離核戦力（INF）全廃条約調印は世界から称賛され、東西冷戦終焉の象徴ともなった。

もっとも国内では、1990年（平成2）に導入した複数政党制や大統領制は保守派の不満を増大させ、また経済再建が遅れたことで、一般国民はもちろん、**ボリス・エリツィン**などの改革派からも批判された。そして翌年、彼はあっけなく大統領の座を追われ、ソ連は崩壊。書記長就任から6年後のことだった。

西側諸国から〝ゴルビー〞と親しまれた彼だが、国内では現在も「アメリカと覇権を二分した偉大な国を崩壊させた人物」と考える人が少なくなく、その後のロシア大統領選への出馬や、3度の新党結成でも、支持はごく少数だった。

現在は自らの財団を拠点に活動し、ロシアのプーチン政権については反民主的で専制的と評し、世界情勢については、新たな軍拡競争が再燃し、世界中が戦争に備えているようだと警告を発している。

ミハイル・セルゲーエヴィチ・ゴルバチョフ。1931年（昭和6）生まれの高齢ながら、現在も政治活動を精力的に行っている。

物理学	ジェローム・アイザック・フリードマン（マサチューセッツ工科大学・米）、ヘンリー・ケンドール（マサチューセッツ工科大学・米）、リチャード・E・テイラー（スタンフォード大学・カナダ）	素粒子物理学におけるクォーク模型の展開に関する先駆的研究
化学	イライアス・コーリー（ハーバード大学・米）	有機合成理論および方法論の開発
生理学・医学	ヨセフ・マレー（ブリガム アンド ウィメンズ病院・米）、エドワード・ドナル・トーマス（フレッド ハッチンソン 癌研究センター・米）	ヒトの臓器および細胞移植に関する発見
文学	オクタビオ・パス（詩人・メキシコ）	鋭い知性と確固たるヒューマニズムを特徴とする広い視野を持つ情熱的な作品
平和	ミハイル・セルゲーエヴィチ・ゴルバチョフ（大統領・現ロシア）	冷戦の終結、中距離核戦力全廃条約調印、ペレストロイカなどの功績
経済学	ハリー・マーコウィッツ（ニューヨーク市立大学・米）、マートン・ミラー（シカゴ大学・米）、ウィリアム・シャープ（スタンフォード大学・米）	資産形成の安全性を高めるための一般理論形成

この年の出来事

【世界】東西ドイツ統一。イラクがクウェートに侵攻。米ソが化学兵器廃棄条約に調印。バルト三国がソ連から独立。
【日本】今上天皇の「即位の礼」挙行。日経平均株価が年間で1万5000円以上下落、バブル経済崩壊。

1991年（平成3）

平和賞

逆境に耐えて闘ったミャンマー民主化運動のヒロイン

この年の平和賞授賞式に主役の姿はなかった。「もし出国したら、二度と祖国に入れないのでは」。ミャンマー（旧ビルマ）民主化運動のシンボル、**アウンサンスーチー**は、そう考えたのである。

1948年（昭和23）、ビルマは悲願の独立を勝ち取る。この過程で中心的役割を果たし、独立前年に暗殺された〝ビルマ建国の父〟アウンサンの長女がアウンサンスーチーである。

独立後、ビルマはアウンサンらが率いた反ファシスト人民自由連盟（AFPLF）が政権を担ったが、1962年（昭和37）のクーデター以後は、半世紀以上にわたって軍事政権が続く。

駐インド大使の母とともに当地で暮らしたアウンサンスーチーは、その時代に**マハトマ・ガンディー**の〝非暴力、不服従運動〟に感銘を受ける。そしてイギリスのオックスフォード大学や、京都大学の研究員などを経て、1988年（昭和63）に危篤状態に陥った母を見舞うために帰国。民主化運動に身を投じた。

そして同年に国民民主連盟（NLD）を結成して党首に就任するも、翌年自宅軟禁処分に。その上、1990年の総選挙でNLDが大勝しても、軍事政権は権力の移譲を拒否した。

しかし1991年にイギリス人の夫**マイケル・アリス**が、彼女の演説などを収録した『恐怖からの自由』を発刊すると、彼女の名は世界に広まり、支援の声が沸き起こった。

1995年（平成7）に自宅軟禁を6年ぶりに解除されたものの、2000年には再び軟禁。自宅軟禁の期間は2010年まで、合計15年間に及んだ。

その後、ミャンマーは国際的な非難に押され、2010年頃から段階的に民政へと移行。彼女も同年に自宅軟禁を解かれ、2015年、ついに彼女が率いるNLDが政権を奪取した。家族がイギリス国籍のため、憲法上、大統領職に就くことは叶わなかったが、事実上の〝アウンサンスーチー政権〟といえた。

ただし政権獲得後は、反政府的な人物への弾圧が指摘され、軍によるイスラム系少数民族「ロヒンギャ」の人権侵害問題で、国連難民高等弁務官事務所や歴代の平和賞受賞者からも非難を浴びている。

2012年、選挙演説でミャンマー・ヤンゴンの町に立ち寄ったアウンサンスーチー。
© Htoo Tay Zar

物理学	ピエール＝ジル・ド・ジャンヌ（コレージュ ド フランス・仏）	液晶や高分子の研究手法に対する業績
化学	リヒャルト・エルンスト（スイス連邦工科大学・スイス）	高分解能核磁気共鳴（NMR）の開発
生理学・医学	エルヴィン・ネーアー（マックス プランク研究所・独）、ベルト・ザクマン（マックス プランク研究所・独）	細胞内のイオンチャネル（タンパク質の一種）の機能に関する発見
文学	ナディン・ゴーディマー（小説家・南ア）	アパルトヘイトの悪を著作を通じて告発し続けた
平和	アウンサンスーチー（政治家・ミャンマー）	ミャンマーの民主主義と人権擁護に対する非暴力的な闘い
経済学	ロナルド・コース（シカゴ大学・英）	経済の制度構造と機能のための取引コストと財産権の重要性の発見と明確化

この年の出来事

【世界】ソ連崩壊、CIS発足。米ソ、第一次戦略兵器削減条約（START I）調印。湾岸戦争開戦。ワルシャワ条約機構が解散。ユーゴ内戦勃発。【日本】自衛隊初の海外派遣（ペルシャ湾）。

1992年（平成4）

物理学賞

世界中の研究者が使う素粒子検出器の発明者

この年、素粒子物理学の飛躍的な発展に寄与した機器を発明した人物が、物理学賞を受賞した。画期的な粒子検出器を開発した**ジョルジュ・シャルパク**（ポーランド）である。

粒子検出器とは放射線や高エネルギー粒子を検出、追跡、特定する機器であり、放射線量を計測する「ガイガーカウンター（ガイガーミュラー計数管＝GM計数管）」などと同じ範疇に入る機器である。

1968年（昭和43）にシャルパクが発表したのは、測定器の中にワイヤーを何本も張り巡らせて、粒子の通過を電気信号としてとらえる新技術を用いた「多線（マルチワイヤー）式比例計数管（MWPC）」と呼ばれるものである。

それ以前にも粒子検出器の発明で物理学賞を受賞した人物はいる。放射線を検出する「霧箱」を発明した**チャールズ・ウィルソン**（イギリス、1927年）や、ニュートリノなどの粒子を観測する「泡箱」を開発した**ドナルド・グレーザー**（アメリカ、1960年）である。

シャルパクの「MWPC」が画期的なのは、データ収集速度を1000倍に高めて、空間や位置を識別・測定する能力（空間分解能、位置分解能）を改善し、10億回に1回しか起こらないような素粒子相互作用の識別までを可能にした点である。

粒子の観測効率を飛躍的に高めた「MWPC」は、素粒子実験に新しい時代を招来し、事実、**バートン・リヒター**（アメリカ、1976年物理学賞受賞）や**カルロ・ルビア**（イタリア、1984年物理学賞受賞）の業績は、この測定技術なしでは、到底達成できなかったものである。

シャルパクは、フランス国内では原子力発電の頑強な信奉者としても有名だが、一方で物理学をわかりやすく紹介する著作でも知られ、1996年（平成8）には彼が提唱した革新的な理科教育法『ラ・マン・ア・ラ・パート』の普及促進も始まった。

そして彼は80代に入っても研究を続け、X線検査で浴びるX線量を、10分の1から50分の1に低減する装置の開発に取り組んだ。これは、骨の病気を患い、X線検査を頻繁に受けなければならない子どもたちを念頭に置いた研究だった。

ジョルジュ・シャルパク。
© Studio Harcourt

物理学	ジョルジュ・シャルパク（欧州原子核研究機構・ポーランド）	粒子検知器、特に多線式比例計数管の発明と発展
化学	ルドルフ・マーカス（カリフォルニア工科大学・米）	溶液中の電子移動反応理論への貢献
生理学・医学	エドモンド・フィッシャー（ワシントン大学・米）、エドウィン・クレブス（ワシントン大学・米）	生体制御機構としての可逆的タンパク質リン酸化反応の発見
文学	デレック・ウォルコット（詩人、劇作家・セントルシア）	カリブ海の多様な民族とその文化を歴史的な視野に捉えて描き続けた
平和	リゴベルタ・メンチュウ（グアテマラ）	先住民族の権利向上と民族間の和解に尽力
経済学	ゲーリー・ベッカー（米）	非市場を含めた人間の広範にわたる行動と相互作用へのミクロ経済学分析の応用

この年の出来事

【世界】中国がイスラエル、韓国と国交樹立。【日本】PKO協力法が成立、自衛隊カンボジアPKO派遣。全国の地価が下落局面に入る。

1993年（平成5）

平和賞

呉越同舟でアパルトヘイトを乗り越えた2人の指導者

この年の平和賞は、南アフリカのアパルトヘイト（人種隔離政策）の終焉に尽力した指導者たちに贈られた。同国大統領の**フレデリック・ウィレム・デクラーク**と、黒人解放指導者の**ネルソン・マンデラ**である。

マンデラは、学生だった1930年代後半から黒人解放運動に身を投じ、1944年（昭和19）にアパルトヘイト廃止後の最大勢力となるアフリカ民族会議（ANC）に入党。その後、同党の副議長に就任する。

1950年代までの反アパルトヘイト運動は、**アルバート・ルツーリ**（南アフリカ、1960年平和賞）らが唱える非暴力主義が主流だった。しかし1960年に非暴力の抗議活動に参加した黒人たちに対する虐殺事件（シャープビル虐殺事件）を機に、マンデラらANCのメンバーが、実力行使を辞さない路線に転換。しかしその結果は、1962年の逮捕、そして終身刑の宣告（1964年）であった。

以後、マンデラの投獄は約27年に及んだが、当局の狙いとは裏腹に、獄中で闘い続ける彼の存在が、黒人たちが解放運動の火を灯し続ける大きな動機となっていく。

一方、80年代後半に入り、南アフリカ政府は孤立化を一層深めていた。国際社会の非難や制裁に加え、社会主義諸国の民主化によって、〝反共の砦〟としての同国への制裁に消極的だった国々の後ろ盾は、もはや期待できず、国内の経済界からも、アパルトヘイト廃止論が公然と出始めていた。

1989年（昭和64・平成元）に大統領に就任したデクラークにはもはや選択肢は残されておらず、1990年にマンデラを釈放。彼の出身母体であるANCなど、黒人解放政党の非合法化を解除し、アパルトヘイト廃止に向けた対話のテーブルについた。

そして1991年にアパルトヘイト根幹法（人口登録法、原住民土地法、集団地域法）の廃止が決定。1994年には史上初の全人種参加選挙が実施され、ANCの勝利と、マンデラの大統領就任が決定した。

デクラークの共同受賞には異論も出たが、戦いと抵抗の象徴であるマンデラと、謝罪と反省の象徴であるデクラークが並び立ったことの意義は小さくはない。

1994年の選挙で投票するネルソン・マンデラ。© Paul Weinberg

物理学	ラッセル・ハルス（プリンストン大学・米）、ジョゼフ・テイラー（プリンストン大学・米）	新型連星パルサーの発見
化学	キャリー・マリス（シータス社・米）、マイケル・スミス（ブリティッシュ コロンビア大学・カナダ）	DNA化学での手法開発への貢献
生理学・医学	リチャード・ロバーツ（ニュー イングランド ラボ・英）、フィリップ・シャープ（マサチューセッツ工科大学・米）	分断された遺伝子の発見
文学	トニ・モリソン（小説家・米）	幻想的で詩的な小説でアメリカの現実の一面に息吹を与えた
平和	ネルソン・マンデラ（アフリカ民族会議議長・南ア）	アパルトヘイト政権の平和的終結、新しい民主的南アの土台を築く
	フレデリック・ウィレム・デクラーク（大統領・南ア）	マンデラとともにアパルトヘイト政権の平和的終結、新しい民主的南アの土台を築く
経済学	ロバート・フォーゲル（シカゴ大・米）、ダグラス・ノース（ワシントン大学・米）	経済理論と計量的手法によって経済史の研究を一新

この年の出来事

【世界】欧州連合（EU）発足。イスラエルとパレスチナ解放機構（PLO）が主権を相互承認（オスロ合意）。【日本】55年体制崩壊。非自民の細川内閣発足。従軍慰安婦への「強制」を認めた河野談話。

1994年（平成6）

文学賞

戦後日本人の生き方をグローバルな筆致で描き続けた大江健三郎

この年、川端康成以来26年ぶりとなる、日本人2人目の文学賞受賞者が誕生した。豊かな想像力と独特の文体で、戦後の日本社会に生きる人々の葛藤を赤裸々に描き続けた**大江健三郎**である。

1935年（昭和10）、愛媛県の大瀬村（現喜多郡内子町）に生まれた大江は、この森に囲まれた谷間の村で、祖母が話す日本の神話や歴史を聞きながら幼少時代を送った。

終戦を迎えた1945年、10歳の大江は、それまで自らを育んだ軍国主義とはまるで正反対の民主主義に強烈な共感を覚える。大江の思想的根幹を形成する原点となった出来事である。

高校時代にフランス文学者の**渡辺一夫**の著書に感銘を受けた大江は、1954年（昭和29）、渡辺が教授を務める東京大学に入学。大江はフランスの哲学者であり作家でもあるサルトルやカミュなどの著書を原書で読み込む。それは彼の思想だけでなく、フランス語的な自由で不規則な言い回しにも似た、大江の難解で独特な文体の構築にも影響を与えた。

在学中の1957年、大江は『死者の奢り』でデビューする。大学病院で解剖用の死体を運ぶアルバイトに励む学生を主人公とする短編で、**川端康成**や**井上靖**からも称揚され、芥川賞候補にもなった。

さらにその翌年には、戦時中に日本の村で捕らえられた黒人兵士と子どもたちとの、のどかで残酷な関係を描いた『飼育』を発表。23歳の若さで芥川賞を受賞する。

そして大学を卒業した1959年（昭和34）、初期の作風と世界観を確立させる記念碑的な作品が発表される。〝戦後日本〟という空間に居場所を見出すことができな

大江健三郎　Kenzaburō Ōe
1935年（昭和10）〜

1935年、愛媛県喜多郡大瀬村（現内子町の北東部）に生まれる。両親と兄や姉、弟、妹の9人家族だった。大瀬村は山深い谷間の村で、その環境は『万延元年のフットボール』（1967年、第3回谷崎潤一郎賞を最年少で受賞）など大江文学の底流に流れる。愛媛県での高校時代は石川淳、小林秀雄、渡辺一夫などを愛読。同級生の伊丹十三と出会う。1953年に上京し、翌年東京大学教養学部文科二類（現文科III類）に入学。1957年、『文學界』に『死者の奢り』を発表し、学生作家としてデビュー。同作は芥川賞の候補にもなる。翌年に『飼育』で芥川賞を受賞。また60年安保の反対運動など政治活動にも積極的に関わる。

物理学	バートラム・ブロックハウス（マックマスター大学・カナダ）	中性子分光法の開発
	クリフォード・シャル（マサチューセッツ工科大学・米）	中性子回折技術の開発
化学	ジョージ・オラー（カリフォルニア大学ロサンゼルス校・米）	カルボカチオン化学への貢献
生理学・医学	アルフレッド・ギルマン（テキサス大学・米）、マーティン・ロッドベル（国立環境衛生研究所・米）	Gタンパク質とその細胞内情報伝達における役割の発見
文学	大江健三郎（小説家・日本）	現実と神話が混交、融合する世界を詩的言語で創造
平和	ヤーセル・アラファート（パレスチナ自治政府大統領・パレスチナ）、シモン・ペレス（元首相・現ベラルーシ）、イツハク・ラビン（首相・現イスラエル）	オスロ合意など中東における平和構築への努力
経済学	ジョン・ハーサニ（カリフォルニア大学バークレー校・米）、ジョン・ナッシュ（プリンストン大学・米）、ラインハルト・ゼルテン（ラインフリードリヒ ヴィルヘルム大学ボン・独）	非協力ゲームの均衡の分析に関する理論の開拓

この年の出来事

【世界】金日成主席死去、同国核開発放棄を含む米朝枠組み合意。NATO、セルビア人勢力圏を空爆（ボスニア・ヘルツェゴヴィナ紛争）。ルワンダで約100万人が虐殺。【日本】村山内閣発足（自社さ連立政権）。松本サリン事件。

大江健三郎。2014年6月、発起人の1人である「戦争をさせない1000人委員会」の運動での一コマ。© NurPhoto/Corbis/Getty Images

い、4人の若者の閉塞感と、時代への怨嗟を描いた『われらの時代』である。

以降、大江の作品は、戦後日本を生きる青年の鬱屈と虚無感を、倒錯した性の描写を厭わずに描く、ある意味で挑発的な作風に変化するが、これは西洋文学における〝グロテスク・リアリズム（崇高なものを、大地と地続きの身体的、物質的なものに格下げする手法）〟に基づく世界観で、大江の作品が〝日本語で書かれた世界文学〟と称される所以でもある。

また、特に初期の大江作品は、軍国主義から民主主義へと移行したという日本独特の要素と、若者が抱く苦悩や不安という世界共通の要素が同居しているのも特徴である。これも〝グロテスク・リアリズム〟とともに、大江文学が海外で受容された1つの要因である。

そして1961（昭和36）年には、性に溺れる一方で右翼思想に陶酔する若者を描いた『セヴンティーン』と続編の『政治少年死す』を発表する。実在の少年をモデルにしたことで右翼団体から脅迫され、続編の単行本化が見送られた問題作である。

さらに1964年、従来の作風を大きく転換させた『個人的な体験』が上梓される。これは1963年に知的障がいを抱えて誕生した大江の長男と、自身を含む家族をモデルとした物語で、父親が障がいを持つ息子の死を願い、家庭を捨てようとする衝撃的な内容である。

さらに同年には、被爆者らへの取材に基づくルポルタージュ『ヒロシマ・ノート』も発表。この年以降、障がいを持つ子どもや、戦争や核兵器という人類共通の悲劇を主題とした作品が増えていく。

さらに1967年、32歳の大江は、後に〝大江文学の最高峰〟と謳われ、ノーベル賞の授賞式でも取り上げられた『万延元年のフットボール』を発表する。これは彼の故郷である〝谷間の村〟を舞台に、1960年に起こった日米安保条約改定への反対運動と、その100年前（万延元年）に当地で起こった農民一揆を重ね合わせた作品で、30以上の言語に翻訳されるなど、海外でも高い評価を得た作品である。

大江文学は、現実と神話が行き交う世界を詩的な表現で描写するのが特徴だが、大江は後年、この作品で子どもの想像力や、祖母から聞いた神話や歴史などの表現に成功し、ようやく本当の小説家になれたと述懐している。

ストックホルムで行われた受賞講演で、大江は26年前に川端康成が掲げた演題「美しい日本の私」をもじり、「あいまいな日本の私」と題して自論を披露した。

「西欧に向けて全面的に開かれていたはずの近代の日本文化は、それでいて、西欧側にはいつまでも理解不能の（中略）暗部を残し続けました」

それは西洋的な、ある種の無機質な発展を遂げる一方で、戦前の精神性や価値観を引きずる戦後の日本が、戦後世代の人々や〝戦後民主主義の信奉者〟としての自分にとって、生きやすい社会なのかという問いであり、大江文学の根幹を成す大きな命題でもあった。

1961〜2017

1995年（平成7）

化学賞

環境問題に関するテーマで初めてのノーベル賞

「オゾン」の名付け親であるドイツ系スイス人の化学者**クリスチアン・シェーンバイン**が、特有の臭気を帯びた気体を発見したのは1839年（天保10）。それから1世紀以上もの時を経て、再びオゾンが脚光を浴びることになった。

パウル・クルッツェンは1933年（昭和8）オランダ生まれ。第二次世界大戦のために十分に教育を受けられず、彼が本格的に研究を始めたのは1959年にストックホルムに移ってからである。ストックホルム大学で気象学を学び、1973年に学位を取得。1980年からドイツのマックス・プランク研究所の教授に就任した。

クルッツェンは大気圏に「オゾン層」があることを理論的に証明した。地球の周りは何層かの大気層に分かれており、上空10キロメートルから50キロメートルあたりの「成層圏」には、オゾンの密度の濃い層がある。オゾン層は生物にとって有害な紫外線を遮断することで、われわれの生活に大きく貢献している。クルッツェンは、亜酸化窒素物が成層圏に入ると太陽光によって分解されて「窒素酸化物」ができ、これがオゾンの分解をうながす「触媒」の働きをすることを発見した。この知見は後の環境汚染研究の大きな助けになった。

アメリカの化学者**シャーウッド・ローランド**は1927年（昭和2）生まれ。1952年シカゴ大学で学位を取得した後、1964年にカリフォルニア大学で化学科の教授に就任した。**マリオ・モリーナ**は1943年（昭和18）メキシコで生まれた。ドイツのフライブルク大学で学んだ後、1973年（昭和48）からはローランドの研究室で研究を始めた。1974年、この2人が名を連ねてイギリスの科学雑誌『ネイチャー』に発表した論文は、科学界のみならず、社会的にも大きな衝撃を与えた。スプレー缶や冷媒など、当時多くの製品に使われていた「フロンガス」は成層圏に達しており、そこで紫外線によって分解され、その際に放出された塩素がオゾン層を破壊するという内容であった。フロン1分子から生じる塩素原子はたった1つであるが、連鎖反応によって10万個ものオゾン分子を破壊するという。

その後、南極で実際に「オゾンホール」が見つかったことで、彼らの論文は大きく報じられることとなり、世界的にフロンガス撤廃の動きが加速した。

物理学	マーチン・パール（スタンフォード大学・米）	タウ粒子の発見
	フレデリック・ライネス（カリフォルニア大学アーバイン校・米）	ニュートリノの検出
化学	パウル・クルッツェン（マックス プランク研究所・オランダ）、マリオ・モリーナ（マサチューセッツ工科大学・メキシコ）、シャーウッド・ローランド（カリフォルニア大学アーバイン校・米）	大気化学、特にオゾンの生成と分解に関する研究
生理学・医学	エドワード・ルイス（カリフォルニア工科大学・米）、クリスティアーネ・ニュスライン＝フォルハルト（マックス プランク研究所・独）、エリック・ヴィーシャウス（プリンストン大学・米）	初期胚発生における遺伝的制御に関する発見
文学	シェイマス・ヒーニー（詩人・英）	日々の奇跡、過去を賞賛する叙情的な美しさと民族的な深みを持つ作品
平和	ジョセフ・ロートブラット（物理学者、平和活動家・現ポーランド）、パグウォッシュ会議（1957年設立）	核兵器を縮小し、長期的には廃絶するための努力
経済学	ロバート・ルーカス（シカゴ大学・米）	合理的期待仮説の理論で1970年代以降のマクロ経済理論に大きな影響を与えた

この年の出来事

【世界】仏に続いて中国が地下核実験実施。米マイクロソフト社が「Windows95」を発売。【日本】阪神・淡路大震災。地下鉄サリン事件。オウム真理教麻原彰晃代表を逮捕。沖縄の米兵少女暴行事件で県民総決起大会。

1996年（平成8）

化学賞

ありえないと思われていた〝炭素第三の同素体〟の発見

　この年の化学賞は〝炭素第三の同素体〟フラーレン（C60）を発見した**ロバート・カール**（アメリカ）、**ハロルド・クロトー**（イギリス）、**リチャード・スモーリー**（アメリカ）の3人に授与された。

　フラーレンの発見までは、炭素のとり得る安定的な形態は、「ダイヤモンド」と「グラファイト（石墨、黒鉛＝鉛筆の芯にも使われる）」の2つ以外にはありえないというのが共通認識であった。当然、フラーレン発見の報は大きな衝撃をもたらした。

　受賞者3人の関係は、カールとスモーリーが元々の共同研究者であり、クロトーは星間物質（恒星間に分布する希薄物質）の中に炭素化合物を探すという別の目的で実験室を訪れ、偶然フラーレンの実物を発見した人物である。

　1985年（昭和60）の発見後、3人はフラーレンの存在と、これが炭素原子60個で構成されるサッカーボール状の構造（五角形×12、六角形×20で網目状のカゴ構造を形成）であることなどを論文にまとめて発表したが、形状については根拠となるデータがほとんどなく、決め手に欠けていた。彼らは同じ分野の研究者に接触し、これを補強する証拠探しに明け暮れていた。元NEC特別主席研究員の**飯島澄男**（2009年文化勲章）も、彼らから相談を受けた1人である。

　実は飯島は、彼らの発見の5年前に電子顕微鏡でフラーレンをとらえ、この構造を説明するには五角形が12個必要であることも論文に記していた。だだし、飯島自身はそれがフラーレンであることには気づいておらず、発見の報を聞いて愕然としたという。

　もっとも、彼はその後も研究を続け、1991年（平成3）にフラーレンの一種とされることもある「カーボンナノチューブ」を発見している。これは炭素原子が同軸管状に連なった物質で、半導体や燃料電池などへの応用が期待されている。

　また、同分野の研究者である**大澤映二**も、1970年（昭和45）にフラーレンの存在を理論的に予想していたが、日本語版の論文しか発表しなかったために受賞を逃したとの声が、今もって少なくない。

C60の構造の一例。© Bryn C

物理学	デビッド・リー（コーネル大学・米）、ダグラス・D・オシェロフ（スタンフォード大学・米）、ロバート・リチャードソン（コーネル大学・米）	ヘリウム3の超流動の発見
化学	ロバート・カール（ライス大学・米）、ハロルド・クロトー（サセックス大学・英）、リチャード・スモーリー（ライス大学・米）	フラーレンの発見
生理学・医学	ピーター・ドハーティー（セントジュード児童病院・オーストラリア）、ロルフ・ツィンカーナーゲル（チューリッヒ大学・スイス）	細胞性免疫防御の特異性に関する研究
文学	ヴィスワヴァ・シンボルスカ（詩人・ポーランド）	皮肉をはらんだ緻密な詩によって、人間の現実における歴史的および生物学的文脈を照らした
平和	カルロス・フィリペ・シメネス・ベロ（司教・東ティモール）、ホセ・ラモス＝ホルタ（東ティモール民族抵抗評議会・代表）	東ティモール紛争の公正な平和的解決への取り組み
経済学	ジェームズ・マーリーズ（ケンブリッジ大学・英）、ウィリアム・ヴィックリー（コロンビア大学・カナダ）	情報の非対称性の下での経済的誘因の理論への貢献

この年の出来事

【世界】国連で包括的核実験禁止条約（CTBT）採択。南ア、全人種平等を規定した憲法施行。第一次チェチェン紛争。
【日本】衆院選で初の小選挙区比例代表選挙。薬害エイズ事件、国が責任を認める。

1997年（平成9）

経済学賞

金融工学の新たな数理モデル、その実践の果てに……

　この年の経済学賞は、金融派生商品（デリバティブ）の価格決定についての新手法を導き出したロバート・マートン（アメリカ）とマイロン・ショールズ（カナダ）に授与された。皮肉にもこの年は、アメリカのヘッジファンド（資金を金融派生商品などに分散させ、高い運用益を得る機関投資家）などによる通貨の空売りに端を発して、アジア新興国が通貨危機に見舞われていた年である。

　ショールズとマートンはもともとライバル関係にあり、互いに金融派生商品の価格決定に応用できる革新的な方程式を研究していた。

　先に到達したのは、1970年（昭和45）に「ブラック＝ショールズ方程式」を導き出したショールズだったが、理論的根拠が不足していたため、その3年後にマートンがこれを理論的に証明し、完成させた。

　ところで金融派生商品とは、株式や為替などの取引で生じる損失を回避するために考案された金融商品で、将来の相場変動を予測して取引を行う「先物取引」や、変動金利と固定金利を交換する「スワップ取引」などがこれに当たる。

　元本に相当する金額の現金のやりとりがないため、少額の資金で多額の利益を得られる可能性がある一方、支払い能力を超える損失を被ることもあり、「購入者にも免許制を導入すべき」と提言する専門家がいるほど専門性が高く、その目的とは裏腹にリスクも高い投資手段である。

　ショールズとマートンが導いたような数理モデルは、いわゆる〝金融工学〟の中核を成すものである。ただし金融工学は「市場の大半の人間は合理的な行動を取る」という性善説に立っているため、それが崩れると、途端にリーマン・ショック（2008年）のような金融危機を引き起こすこともある。

　2人が経済学賞を受賞した翌年、世界に衝撃を与えた大手ヘッジファンド「ロング・ターム・キャピタル・マネジメント（LTCM）」の大規模破綻も、そうした前提が崩れたがゆえであった。しかもLTCMは、ショールズとマートンが役員を務め、彼らの投資理論を駆使して投資を行っていた企業である。

物理学	スティーブン・チュー（スタンフォード大学・米）、クロード・コーエン＝タヌージ（コレージュ ド フランス・仏）、ウィリアム・ダニエル・フィリップス（米国国立標準技術研究所・米）	レーザー光を用いて原子を冷却、捕捉する手法の開発
化学	ポール・ボイヤー（カリフォルニア大学ロサンゼルス校・米）、ジョン・ウォーカー（MRC分子生物学研究所・英）	ATP合成の基礎となる酵素機構の解明
	イェンス・スコウ（オーフス大学・デンマーク）	ナトリウム-カリウムポンプの発見
生理学・医学	スタンリー・B・プルシナー（カリフォルニア大学サンフランシスコ校・米）	感染を引き起こす新たな原因物質としてのプリオンの発見
文学	ダリオ・フォ（劇作家・伊）	中世的な権威を喜劇で風刺し、抑圧された人の尊厳を守った
平和	地雷禁止国際キャンペーン（1992年結成）、ジョディ・ウィリアムズ（平和活動家・米）	地雷の禁止および除去に対する貢献
経済学	ロバート・マートン（ハーバード大学・米）、マイロン・ショールズ（スタンフォード大学・カナダ）	金融派生商品の価格決定の新手法に対して

この年の出来事

【世界】香港、英国から中国に返還。地球温暖化防止会議で「京都議定書」を採択。韓国で初の平和的政権交代、金大中が大統領に選出。【日本】北海道拓殖銀行、山一證券が破綻。GDP実質マイナス成長へ。消費税5％に。

1998年（平成10）

経済学賞

世界の飢餓・貧困対策に貢献した〝幸福追求の経済学〟

この年、アジア人初の経済学賞受賞者が誕生した。インドの経済学者**アマルティア・セン**である。

1933年（昭和8）、イギリス領インドの裕福な家庭に生まれたセンは1943年、10歳の時に200万人以上が死亡した「ベンガル大飢饉」を目撃し、これが経済学者としての原点となる。

18歳の時に数学や物理学から経済学へと転じたセンは、インドやイギリスの大学に学び、1956年（昭和31）に博士号を取得。その後、インド、イギリス、アメリカの大学で教職を得、研究生活を送る。

1981年（昭和56）、センは『貧困と飢餓』を発表する。その中で「ベンガル大飢饉」は、食糧供給の総量が足りていたにもかかわらず、経済力、政治力を持つ一部の層に供給が偏り、全体に行き渡らなかったことを証明し、「飢饉の原因は食料の供給不足」という従来の通説を覆した。そしてセンは、こうした事態を避けるためには、民主主義が健全に機能していること、つまり情報を正確に伝えるメディア、政府を監視・批判する勢力の存在、経済的弱者の政治参加の機会が不可欠であるとも説いた。

なお、センは貧困についても、社会や個人の生産性の低さに原因を求めた通説に対し、市場が理想的（合理的）な所得（資源）分配を保証しない場合（〝市場の失敗〟）にも起こりうると退けている。

センは経済学に哲学や倫理を援用し、利益追求よりも、広く幸福追求に重点を置く点で、経済学者の多数とは趣を異にする。しかしセンの知見は、あくまでデータや数学的理論を駆使する経済学的手法から導き出されていたことから、観念論に否定的な経済学者たちにも、少なからず影響を与えた。

センは「人間の安全保障」の提唱者としても知られる。貧困や環境破壊、人権侵害などの〝脅威〟からの解放が幸福や経済的利益を生むという見地に立ち、諸対策を強化するという概念である。

これは国連の「人間の安全保障委員会」設置という形で結実し、センは元国連難民高等弁務官の**緒方貞子**とともに共同議長を務めた。

物理学	ロバート・B・ラフリン（スタンフォード大学・米）、ホルスト・ルートヴィヒ・シュテルマー（コロンビア大学・独）、ダニエル・ツイ（プリンストン大学・中国）	分数量子ホール効果の発見
化学	ウォルター・コーン（カリフォルニア大学サンタバーバラ校・米）	電子の状態を計算する密度汎関数法の開発
	ジョン・ポープル（ノースウェスタン大学・英）	量子化学における計算化学的方法の開発
生理学・医学	ロバート・ファーチゴット（ブルックリン健康科学センター・米）、ルイ・イグナロ（カリフォルニア大学ロサンゼルス校・米）、フェリド・ムラド（テキサスメディカルスクール大学・米）	循環器系における情報伝達物質としての一酸化窒素に関する発見
文学	ジョゼ・サラマーゴ（作家・ポーランド）	想像、哀れみ、皮肉を織り込んだ物語で捉え難い現実を描いた
平和	ジョン・ヒューム（政治家・英）、デヴィッド・トリンブル（政治家・英）	北アイルランド紛争の平和的解決策を模索する活動
経済学	アマルティア・セン（ケンブリッジ大学・インド）	所得分配の不平等に関わる理論、貧困と飢餓に関する研究についての貢献

この年の出来事

【世界】北アイルランド紛争の和平合意。国連の大量破壊兵器査察を拒否したイラクを米、英が空爆。インド、パキスタンが核実験。グーグル社創業。【日本】金融監督庁（現金融庁）発足。民主党結党。

1999年（平成11）

平和賞

〝医療と証言〟をアイデンティティとする国際緊急医師団

　1901年、赤十字社の設立を提唱したアンリ・デュナン（スイス）が平和賞を受賞してから約100年、その赤十字活動に従事していた医師らが設立した団体が平和賞を受賞した。「**国境なき医師団（MSF）**」である。

　国境なき医師団は、国際緊急医療や人道支援を行う非営利の民間組織で、1971年（昭和46）の設立以来、1億人以上の治療実績を持ち、2016年には約70ヵ国の紛争地、災害被災地、難民キャンプなどで約3万9000人が活動に従事。980万人近くの外来診察を行った。世界6ヵ所に救援物資の輸送拠点を持ち、48時間以内に派遣可能な即応態勢も、この団体の大きな特徴である。

　派遣先の中には衛生状態の悪い地域も多く、また紛争地では生命の危険にもさらされる。そのため、現在はすべての紛争当事者にGPSによる関係施設の位置情報を知らせるなどの対策を講じているが、2015年にはアフガニスタンで活動中のスタッフ12名が、米軍の空爆で命を落としている。無論、医療施設や医療従事者への攻撃は国際法で禁止されている。

　しばしば赤十字社と比較される彼らだが、政治や特定の思想、宗教に対して中立を保つ点では同じであるが、赤十字社が〝沈黙する中立〟を旨とするのに対し、彼らは〝医療と証言〟を身上としている。

　最近では、西アフリカでエボラ出血熱が流行した際に、速やかに緊急事態宣言を出さなかった世界保健機構（WHO）を告発。また欧州連合（EU）とトルコ政府が締結した難民保護希望者についての協定が非人道的だとして、EUからの資金受給を停止。さらにワクチンの特許を独占し、価格の維持を図る企業からのワクチン提供を拒絶した例もある。

　こうした姿勢には批判もあるが、この団体が赤十字社の〝中立〟に不満を抱いたフランスの医師やジャーナリストによって設立された経緯を考えれば、これはむしろアイデンティティとさえいえる。

　ところで、ワクチン提供拒絶の件に関しては、その告発から間もなく、製薬会社が人道援助団体向けの値下げを発表している。

チャド（中央アフリカ）のダルフール難民キャンプで活動するMSF。右上がMSFのロゴマーク。2005年の撮影。
© Mark Knobil

物理学	ゲラルド・トフーフト（ユトレヒト大学・オランダ）、マルティヌス・フェルトマン（ミシガン大学・オランダ）	電弱相互作用の量子構造の解明
化学	アハメッド・ズウェイル（カリフォルニア工科大学・米）	超短時間のパルスで発光するフェムト秒レーザーを用いた化学反応の遷移状態の研究
生理学・医学	ギュンター・ブローベル（ロックフェラー大学・独）	タンパク質が細胞内での輸送や局在化を指示する信号を内在している事の発見
文学	ギュンター・グラス（小説家、劇作家・独）	陽気かつグロテスクな寓話によって歴史の忘れられた側面を描き出した
平和	国境なき医師団（1971年設立）	自然災害や戦場で医療倫理と人道援助に対する人間の権利に従い実施した多数の援助活動
経済学	ロバート・マンデル（コロンビア大学・カナダ）	さまざまな通貨体制における金融、財政政策と最適通貨圏についての分析

この年の出来事

【世界】対人地雷全面禁止条約が発効。コソボ紛争、NATO軍がユーゴスラビア空爆。ポルトガル領マカオの中国返還。【日本】東海村JCO臨界事故、初の事故被曝死。日銀、ゼロ金利実施。コメの関税化（輸入許可制の廃止）。

2000年（平成12）

化学賞

「電気を通すプラスチック」導電性ポリマーを白川英樹らが開発

ある一人の学生の失敗が、「プラスチックは電気を通さない」という常識を大きく覆す研究につながった。

日本で2人目のノーベル化学賞受賞者となった**白川英樹**は、1936年（昭和11）東京生まれ。1966年に東京工業大学で博士号を取得した後、1982年に筑波大学の教授に就任した。

後の大発見となる研究は、1967年、ある学生が試料の分量を間違えたことがきっかけで始まったという。彼はポリアセチレンの合成時に、誤って通常の1000倍もの触媒を加えてしまった。すると今まで見たこともない「膜」ができたのである。これに興味を持った白川は、試行錯誤の末にポリアセチレンのフィルムを作る技術「白川法」を開発した。この膜そのものが大発見であると同時に、このフィルムは電気を通すという重要な性質を持っていた。ポリアセチレンのように多数の分子が重なったものを高分子（ポリマー）と呼ぶ。ほとんどの高分子は炭素化合物からできており、電気を通すことはない「絶縁体」であるというのが通説であったため、当時この発見に注目した人はほとんどいなかったという。

たまたま講演のために訪れた日本で、白川の噂を聞きつけたのが**アラン・マクダイアミッド**であった。マクダイアミッドは1927年（昭和2）ニュージーランド生まれ。アメリカのウィスコンシン大学、イギリスのケンブリッジ大学で学位を取得後、1955年からペン

白川英樹　Hideki Shirakawa
1936年（昭和11）～

東京生まれ。在満国民学校時の1944年に岐阜県・高山へ。東京工業大学理工学部化学工学科に進むまで高山で暮らす。昆虫採集や真空管ラジオの製作、植物にも興味を持ったという。大学では山岳部で活動。大学院に進み、博士課程を修了すると1966年に同大学資源化学研究所の助手に就く。そして1967年の「失敗」。マクダイアミッドとヒーガーとの共同研究を経て1979年に筑波大学の物質工学系の助教授に就き、第三学群長を務め、2000年に定年退官した。

物理学	ジョレス・アルフョーロフ（AFヨッフェ物理技術研究所・ロシア）、ハーバート・クレーマー（カリフォルニア大学サンタバーバラ校・米）、ジャック・キルビー（テキサス インスツルメンツ・米）	高速および光エレクトロニクスに利用される半導体ヘテロ構造の開発
化学	アラン・ヒーガー（カリフォルニア大学サンタバーバラ校・米）、アラン・マクダイアミッド（ペンシルヴェニア大学・ニュージーランド）、白川英樹（筑波大学・日本）	導電性高分子の発見と開発
生理学・医学	アービド・カールソン（ヨーテボリ大学・スウェーデン）、ポール・グリーンガード（ロックフェラー大学・米）、エリック・カンデル（コロンビア大学・米）	神経系における情報伝達に関する発見
文学	高行健（小説家、劇作家・中国）	普遍的な妥当性と痛烈な洞察力、独創的な言語で描写した作品で中国の小説や劇作に新たな道を開いた
平和	金大中（大統領・韓国）	韓国と東アジアの民主主義と人権、特に北朝鮮への太陽政策に対して
経済学	ジェームズ・ヘックマン（シカゴ大学・米）、ダニエル・マクファデン（カリフォルニア大学バークレー校・米）	ミクロ計量経済学で個人や家計、企業の細かい経済活動を実証的に分析する理論と手法の構築

この年の出来事

【世界】プーチンがロシアの大統領に。朝鮮半島の分断55年で初の南北首脳会談。【日本】ストーカー規制法公布。Googleが日本語検索サービス開始。IT革命。有珠山・三宅島雄山大噴火。

シルヴェニア大学で研究を始めた。3人目の受賞者である**アラン・ヒーガー**は1936年（昭和11）生まれのアメリカ人。1961年カリフォルニア大学で物理学を修め、その後マクダイアミッドとともに伝導性有機物の研究を行っていた。

白川のフィルムに興味を示したマクダイアミッドは1976年、白川をペンシルヴェニア大学に招き入れ、本格的な研究が始まった。3人の研究は実を結び、ヨウ素をポリアセチレンに混ぜる（ドーピング）ことで高分子内の電子が動きやすくなり、金属に相当する伝導性を持たせることに成功した。電気を通すプラスチックは驚愕をもって世界に受け入れられ、その後、銀行のATMやスマートフォンのタッチパネル、コピー機、レーザープリンターなど、多方面の分野において重要な研究へと発展していった。さらに、軽量で自在に形を変えられる充電可能なプラスチック電池や電気で伸縮する人工筋肉などの開発にもつながっている。

ノーベル化学賞の賞状とメダルを手にした**白川英樹**・筑波大名誉教授（前列右端）。握手しているのは共同受賞者の**アラン・マクダイアミッド**（米ペンシルヴェニア大教授）。左は同じく共同受賞した**アラン・ヒーガー**（米カリフォルニア大サンタバーバラ校教授）。2000年12月10日、ストックホルムのコンサートホールでの授賞式直後の撮影。
写真：共同通信社

1961〜2017

2001年（平成13）

化学賞

「鏡像体」分子を作り分ける技術に貢献した野依良治

「鏡像体」または「光学異性体」とは、同じ形をしていながら決して重ね合わせることのできない立体のこと。わかりやすい例が右手と左手だ。自然界にはこのような分子がたくさん存在し、これを「キラル分子」と呼ぶ。人工的な合成では、特別な操作をしなければ、キラル分子が1対1の割合で合成され、どちらか一方だけを選択的に合成することはできないと考えられていた。この難問に挑んだのが**野依良治**である。

野依は1938年（昭和13）兵庫県の生まれ。1963年に京都大学大学院を修了。1972年に名古屋大学の教授に就任した。大学院時代から光学異性体の作り分け（不斉合成と呼ぶ）に取り組み、銅を触媒として、選択的にどちらか一方のキラル分子が合成できることを発見した。彼が1987年（昭和62）に開発した触媒「BINAP（バイナップ）」は「水素化反応」を利用したもので、この触媒により、キラル分子の完全な作り分けが可能になった。

同じく化学賞に輝いた**ウィリアム・ノールズ**（アメリカ）、**バリー・シャープレス**（アメリカ）らも相前後して触媒を開発。ともに不斉合成に関する研究の功績が受賞につながった。

©The Asahi shinbun/GettyImages

野依良治 Ryōji Noyori
1938年（昭和13）〜

兵庫県生まれ。1951年、私立灘中学校に入学。灘高等学校を卒業し、1957年に京都大学工学部入学。1961年に京都大学工学部工業化学科を卒業し、1963年同大学大学院工学研究科工業化学専攻で修士課程を修了し、同大学助手に。1968年に名古屋大学理学部助教授、翌年ハーバード大学博士研究員に。1972年、名古屋大学理学部教授に。1983年、メントールの量産化に成功し、1987年に新しい触媒を発明、ノーベル賞につながる。1997年、名古屋大学理学部長に。独立行政法人理化学研究所の理事長を経て科学技術振興機構研究開発戦略センター長に就任する。

物理学	エリック・コーネル（コロラド大学・米）、ヴォルフガング・ケターレ（マサチューセッツ工科大学・西独）、カール・ワイマン（コロラド大学・米）	極低温で希薄なルビジウム原子のガスでボース・アインシュタイン凝縮の実現など
化学	ウィリアム・ノールズ（モンサント社・米）、野依良治（名古屋大学・日本）	キラル触媒による不斉合成反応の研究
	バリー・シャープレス（スクリプス研究所・米）	キラル触媒による不斉酸素化反応の研究
生理学・医学	リーランド・ハートウェル（フレッドハッチンソン癌研究センター・米）、ティモシー・ハント（インペリアル癌研究基金・英）、ポール・ナース（インペリアル癌研究基金・英）	細胞周期の主要な制御因子の発見
文学	V・S・ナイポール（作家・英）	明晰かつ陳腐化しない洞察で抑圧された歴史の存在を訴えた作品
平和	国際連合（1945年設立）	グローバル組織の構築で世界平和への貢献
	コフィー・アナン（国連事務総長・ガーナ）	国連事務総長としての貢献
経済学	ジョージ・アカロフ（カリフォルニア大学バークレー校・米）、マイケル・スペンス（スタンフォード大学・米）、ジョセフ・E・スティグリッツ（コロンビア大学・米）	情報の非対称性が持つ市場の分析

この年の出来事

【世界】 米など連合諸国がアフガニスタンの空爆開始。地球温暖化防止条約「京都議定書」に米が不支持を表明。米で9・11同時多発テロ事件。**【日本】** テロ対策特別措置法成立。大阪教育大学附属池田小学校事件。

2002年（平成14）

物理学賞

カミオカンデでニュートリノの検出に成功した小柴昌俊

「素粒子」とは、それ以上分割することができない物質の単位を指す。1800年代初頭の「ドルトンの原子説」に代表されるように、昔から物質の最小単位は「原子」だと考えられていた。しかし、今や原子は「陽子」や「中性子」といった粒子からなる原子核を持つことがわかっている。さらに陽子や中性子も「素粒子」という単位が集まってできている。

素粒子は「物質の構成要素である素粒子」「力を伝える素粒子」「質量を与える素粒子」に大別でき、「電子」は物質を構成する素粒子の一種である。

「ニュートリノ」は電子と同じく物質を構成する素粒子の一つである。1945年（昭和20）にノーベル物理学賞を受賞した**ヴォルフガング・パウリ**（オーストリア）によって1930年にはその存在が予測されていたが、ニュートリノは反応性が低く、他の物質と全く相互作用しないため検出が難しかった。その反応性の低さは、1兆キロメートルの鉛の板さえも通り抜けるといわれるほどだ。毎日何兆個ものニュートリノが私たちの体を通り抜けているのに、全く影響がないことからも、検出の難しさがわかるだろう。2002年のノーベル物理学賞は、このニュートリノの検出に成功した2人が受賞した。

レイモンド・デイヴィスは1914年（大正3）アメリカ生まれ。1942年にエール大学で学位を取得、1984年（昭和59）にペンシルヴェニア大学の教授に就任した。デイヴィスは太陽内部の核融合反応によってできる「太陽ニュートリノ」を観測するため、サウスダコタ州の金鉱跡の地下1500メートルに巨大なタンクを建設。30年近くにもおよぶ地道な観測でニュートリノの検出を続けた。そしてデイヴィスが提起したのが「太陽ニュートリノ問題」である。これは、観測されるニュートリノが理論値の3分の1しかなかったことから生じたテーマである。

同じ分野で受賞した**小柴昌俊**は、1926年（大正15）愛知県生まれ。1951年に東京大学理学部を卒

物理学	レイモンド・デイヴィス（ペンシルヴェニア大学・米）、小柴昌俊（東京大学・日本）	天体物理学への先駆的貢献、特に宇宙ニュートリノの検出
	リカルド・ジャコーニ（アソシエイテッド ユニバシティズ社・米）	宇宙X線源の発見につながる天体物理学への貢献
化学	ジョン・フェン（バージニア コモンウェルス大学・米）	生体高分子分析のためのエレクトロスプレーイオン化法の開発
	田中耕一（島津製作所・日本）	生体高分子分析のためのソフトレーザー脱離イオン化法の開発
	クルト・ヴュートリッヒ（スイス連邦工科大学・スイス）	生体高分子分析のための多次元核磁気共鳴法の開発
生理学・医学	シドニー・ブレナー（カリフォルニア大学バークレー校・南ア）、ロバート・ホロヴィッツ（マサチューセッツ工科大学・米）、ジョン・サルストン（ウェルカム トラストサンガー研究所・英）	器官発生とプログラム細胞死の遺伝制御に関する発見
文学	ケルテース・イムレ（小説家・ハンガリー）	野蛮な歴史の恣意性に対抗する脆弱な個人の経験を支える作品
平和	ジミー・カーター（元米大統領・米）	国際紛争の平和的解決策を見つけ、民主主義と人権を進歩させる努力を何十年も続けた
経済学	ダニエル・カーネマン（プリンストン大学・現イスラエル）	経済学と認知科学を統合した行動経済学の開拓
	バーノン・スミス（ジョージメイソン大学・米）	経済学的な問題に対して実験的な手法で研究を行う実験経済学の開拓

この年の出来事

【世界】EU共通通貨「ユーロ」の運用開始。米ブッシュ大統領がイラン、イラク、北朝鮮を「悪の枢軸」と非難。バリ島で爆弾テロ。【日本】学校の週5日制スタート。小泉総理が初の訪朝。北朝鮮拉致被害者5人が帰国。

小泉純一郎首相（中央、当時）と握手するノーベル賞に決まった小柴昌俊（左）と田中耕一。首相官邸で2002年10月11日撮影。写真：内閣官房内閣広報室

小柴昌俊 Masatoshi Koshiba
1926年（大正15）～

愛知県生まれ。1歳の時に東京に移転。神奈川県立横須賀中学校に入学。小児麻痺に罹患。1948年に東京大学理学部物理学科に入学。卒業後、大学院を経て1953年、米ロチェスター大学に留学し、後にシカゴ大学研究員に就く。帰国し、1958年に東京大学原子核研究所助教授に就任。東京大学理学部物理学科助教授を経て、1970年に東京大学理学部教授に就任し、東京大学理学部内に現東京大学素粒子物理国際研究センターを設立。1983年には「カミオカンデ」が完成し観測を開始する。1987年に東京大学を定年退官。同名誉教授。東海大学理学部教授に就任、10年後に東海大学を退職。

田中耕一 Koichi Tanaka
1959年（昭和34）～

富山県に生まれる。母親が出産後すぐに病死したため叔父の養子として育てられる。富山市立八人町小学校、富山市立芝園中学校、富山県立富山中部高等学校を卒業。東北大学工学部に入学。卒業後、指導教授の安達三郎博士の勧めで、島津製作所（京都）の入社試験を受け合格。技術研究本部中央研究所に配属され化学分野の技術研究に従事。1987年に「ソフトレーザー脱離イオン化法」を発表し、後のノーベル化学賞受賞につながる。イギリスなどへの出向を経て、2002年に島津製作所ライフサイエンス研究所主任に就く。2003年に田中耕一記念質量分析研究所長に就任。2013年には同社シニアフェローとなる。

業した後、アメリカに留学。1970年（昭和45）に東京大学理学部教授に就任した。

　小柴の指揮のもと、岐阜県神岡町の神岡鉱山跡に建設されたのが、素粒子観測施設「カミオカンデ」である。地下1000メートルのところにあり、ニュートリノ以外の粒子は到達できない。直径16メートル、高さ16メートルの巨大なタンクの内壁は1万1200個もの光センサー（光電子倍増管）によって覆われ、タンクに注がれた2140トンの純水には、豊富に陽子が含まれている。もし、ニュートリノがタンクに到達すれば、かなり低い確率だが、水の中の陽子や電子と反応して「チェレンコフ放射」という光を発することがある。このわずかな光を、壁面に並べた光センサーで検出して、間接的にニュートリノの存在を示すという計画である。

　1983年（昭和58）に観測を開始したカミオカンデは1987年2月23日、ついにニュートリノの観測に成功した。このときとらえられたニュートリノは、地球から約16万光年先にある「大マゼラン銀河」で起こった超新星爆発によってできたものであることがわかっている。その後、1996年に建設された後継機「スーパーカミオカンデ」による観測から、それまで質量を持たないとされていたニュートリノにも、質量があることが証明された。また、デイヴィスの「太陽ニュートリノ問題」に対する答えとして、ニュートリノが飛行中に姿を変えることが原因であることも明らかにされた。

　同年、宇宙空間におけるX線の観測によるX線天文学の先駆けとなる研究が認められて、**リカルド・ジャコーニ**（アメリカ）も物理学賞を受賞した。

■**化学賞**

　化学賞でも日本人が受賞した。タンパク質など生体高分子の画期的分析法を開発した当時43歳の**田中耕一**である。

　田中耕一は1959年（昭和34）富山県生まれ。1983年東北大学工学部卒業後、島津製作所に入社し、同社では分析機器を製造していた。

　従来の分析では、まず試料を加熱して気体状にし、電子を与えるなどして「イオン化」する。次に得られたイオンを質量ごとに分離して測定するという方法がとられる。しかし、これはタンパク質など熱によって変性しやすい物質には不向きである。そこで田中はタンパク質にエネルギー吸収率のよい物質を混ぜることを思いついた。彼が考案した「ソフトレーザー脱離イオン化法」によって、タンパク質などの高分子化合物の分析が可能になり、その技術は生命現象の解明や新薬開発などに役立っている。同年、同じく高分子化合物の分析技術開発の功績により**ジョン・フェン**（アメリカ）も化学賞を受賞した。

2003年（平成15）

生理学・医学賞

核磁気共鳴画像法（MRI）開発、実用化に貢献

今や脳だけでなく、体幹部の検査にも欠かせなくなったMRI（核磁気共鳴画像法）。開頭することなく脳の状態を知る試みは、1895年（明治28）にレントゲンが開発したX線によって始まった。時を経て1970年代にはCT（コンピュータ体軸断層撮影法）によって、脳をコンピュータ上で三次元に復元することが可能になった。そしてさらにその10年後には、MRIによって脳腫瘍や血栓などの疾患までわかるようになったのである。

MRIを開発した**ポール・ラウターバー**は1929年（昭和4）アメリカ生まれ。ピッツバーグ大学で化学を修め、1962年に学位を取得後、ニューヨーク州立大学、イリノイ大学で教授を務めた。

MRIの原理となる「核磁気共鳴（NMR）」とは、強い磁場の中に置かれた原子の「原子核」が、ある決まった周波数の電磁波に共鳴することである。原子を強力な磁場の中に置くと、原子核の向きは一定の方向にそろう。ここで磁場をかけるのをやめると原子核の向きは元に戻ろうとするが、その時間は組織や状態によって異なる。この差を画像化したものがMRIであるが、NMR信号だけから画像を得ることは難しく、当初この方法は実用化には程遠かった。

この方法を人体の内部の検査に応用しようと考えたラウターバーは、「ズーグマトグラフィー」という技術を考案した。人の体の大半を占めるのは水である。水は酸素と水素から成るため、体内には無数の水素原子が含まれる。ラウターバーは線形磁場勾配という方法で、人体にかける磁場を場所によって変化させ、水素原子の原子核から得られる共鳴信号を測定した。これを多方向から行って画像を重ね合わせる技術が、ズーグマトグラフィーである。この方法により、より鮮明な人体の画像を得ることが可能になった。

この年、生理学・医学賞を同時受賞したイギリスの物理学者**ピーター・マンスフィールド**は、1933年（昭和8）ロンドン生まれ。ロンドン大学で物理学を学び、1972年からはマックス・プランク研究所で研究を行った。ラウターバーの技術をさらに発展させ、より高速で精度のよい画像を得る方法を考案し、医療への実用化に結びつけた功績が認められた。MRI技術により放射線を浴びることなく体内の状態がわかるようになったことは、医療技術における大きな進歩となった。

物理学	アレクセイ・アブリコソフ（アルゴンヌ国立研究所・ロシア）、ヴィタリー・ギンツブルク（レベデフ物理学研究所・ロシア）、アンソニー・レゲット（イリノイ大学・英）	超電導と超流動の理論に関する貢献
化学	ピーター・アグレ（ジョンズ ホプキンス大学・米）	細胞膜に存在するアクアポリンの発見
	ロデリック・マキノン（ロックフェラー大学・米）	細胞膜に存在するイオンチャネルの構造および機構の研究
生理学・医学	ポール・ラウターバー（イリノイ大学・米）、ピーター・マンスフィールド（ノッティンガム大学・英）	核磁気共鳴画像法に関する発見
文学	ジョン・クッツェー（小説家・南ア）	アウトサイダーが現実に巻き込まれていく様を無数の手法を用いて意表をつく物語で描写
平和	シーリーン・エバーディー（弁護士、人権運動家・イラン）	民主主義と人権のための努力、特に女性と子供の権利のための闘争
経済学	ロバート・エングル（ニューヨーク大学・米）、クライヴ・グレンジャー（カリフォルニア大学サンディエゴ校・英）	時系列分析手法の確立

この年の出来事

【世界】 ヒトゲノム解読の完全版が完成。イラク戦争開戦。イラクのフセイン政権が崩壊。北朝鮮が核拡散防止条約から脱退。**【日本】** 住民基本台帳ネットワークシステムが本格稼働。有事関連三法が成立。

2004年（平成16）

化学賞

ユビキチンシステムによる細胞内タンパク質の分解の仕組みを解明

　私たちの体のほとんどの部分を形作り、また体内の様々な機能を請け負っているのは「タンパク質」である。タンパク質は必要なときに必要な場所で合成されると同時に、必要に応じて分解もされている。タンパク質の分解にかかわる研究に貢献した3人に、この年のノーベル化学賞が贈られた。

　アブラム・ハーシュコは1937年（昭和12）ハンガリーの生まれ。イスラエル人であることからナチスドイツによる強制収容を受けた経験があるという。1969年ヘブライ大学で博士号を取得、1998年にイスラエル工科大学で医学部教授に就任した。**アーロン・チカノーバー**は1947年（昭和22）イスラエル生まれ。1974年にヘブライ大学を卒業後、ハーシュコのもとで研究を始めた。1981年に学位取得、2002年にイスラエル工科大学の医学部教授に就任した。同年、同様に化学賞を受賞した**アーウィン・ローズ**は1926年（大正15・昭和元）アメリカ生まれ。1952年にシカゴ大学で学位を取得。1977年よりハーシュコらと共同研究を行った。

　タンパク質の分解は重要な現象であるにもかかわらず、長い間その詳細がわからないままであった。ハーシュコとチカノーバーは、分解の対象となるタンパク質には「76個のアミノ酸」が結合していることを発見した。この小さなタンパク質こそが「ユビキチン」である。

　ユビキチンそのものは、1975年（昭和50）に発表された胸腺のホルモンに関する研究の中で、**ギデオン・ゴールドシュタイン**（カナダ）によって発見されていた。このタンパク質が体内のあちこちから見つかることから「ユビキタス（いたるところにある）」をもじって命名された。

　分解されるべきタンパク質にはユビキチンが結合する。これが標識となり「タンパク質分解酵素」によって、特定のタンパク質のみが分解されるのである。もし、このシステムに異常が生じれば、役目を終えたタンパク質が蓄積してしまい、体に悪い影響を及ぼす可能性がある。

　現在では、ユビキチンとそれに関連するタンパク質分解の異常が、アルツハイマー病やパーキンソン病など様々な疾患と関連していることが指摘されている。タンパク質分解過程のさらなる解明が、これらの疾患の治療につながると期待されている。

物理学	デイヴィッド・グロス（カリフォルニア大学サンタバーバラ校・米）、H・デヴィッド・ポリツァー（カリフォルニア工科大学・米）、フランク・ウィルチェック（マサチューセッツ工科大学・米）	素粒子の強い相互作用における漸近的自由性の理論的発見
化学	アーロン・チカノーバー（テクニオン-イスラエル工科大学・現イスラエル）、アブラム・ハーシュコ（テクニオン-イスラエル工科大学・ハンガリー）、アーウィン・ローズ（カリフォルニア大学アーバイン校・米）	ユビキチンを介するタンパク質分解の発見
生理学・医学	リチャード・アクセル（コロンビア大学・米）、リンダ・バック（フレッドハッチンソン癌研究センター・米）	嗅覚受容体と嗅覚系組織の発見
文学	エルフリーデ・イェリネク（小説家、劇作家・オーストリア）	多声的かつ圧倒的な言語的熱意で社会の偽善とその征服力の不合理を明らかにした
平和	ワンガリ・マータイ（環境保護活動家・ケニア）	グリーンベルト運動などの持続可能な開発、民主主義、平和への貢献
経済学	フィン・キドランド（カーネギーメロン大学・ノルウェー）、エドワード・プレスコット（アリゾナ州立大学・米）	動学的マクロ経済学への貢献

この年の出来事

【世界】 米発SNS「Facebook」運営開始。インドネシア・スマトラ沖地震で死者30万人。**【日本】** 麻原彰晃、一審で死刑判決。自衛隊をイラクに派遣開始。有事法制関連7法案成立。新潟県中越地震。

2005年（平成17）

平和賞

原子力技術の軍事転用に目を光らせてきた〝核の番人〟

　北朝鮮が核兵器の保有を公式に宣言したこの年、平和賞は1957年（昭和32）の設立以来〝核の番人〟としての役割を担ってきた、**国際原子力機関**（IAEA）と、当時の事務局長**ムハンマド・モスタファ・エルバラダイ**（エジプト）が受賞した。IAEAは、核兵器の不拡散と〝原子力の平和利用〟の促進を目的として設立された、国連保護下の自治機関である。その背景には、米ソをはじめとする核兵器保有国が、自らの軍事的優位性を維持する思惑もあった。

　2016年末現在、159の国が加盟しているが、その主たる任務は、途上国に対する原子力技術の提供や安全基準の策定、提供した技術が軍事転用されないための調査と報告である。また1970年（昭和45）の核拡散防止条約（NPT）発効後は、条約の遵守を確認する機関としても機能している。

　加盟国のうち、核兵器の非保有国は核兵器の製造や取得が禁止され、現地査察を含む「保障措置（セーフガード）」の受け入れが義務付けられている。これは原子力技術が平和利用されていることをIAEAが保障（証明）するためのプログラムで、およそ80カ国、1200カ所以上の施設が対象となっている。なお、これまで査察拒否を公式に認定されたのはイラク、イラン、北朝鮮のみである。

　原子力施設保有国にして核兵器非保有国である日本にも、IAEAの査察対象となっている施設は数多くあるが、近年、国際的な関心を呼んでいるのが、日本のプルトニウム保有量の多さである。

　プルトニウムはウラン燃料の燃焼によって副産物として抽出される物質で、IAEAによれば核兵器1発に必要な量は約8キロだという。日本は約47トン（2016年末時点、海外貯蔵分含む）を保有しているが、これは世界全体の約10％にあたり、非核兵器保有国としては格段に多い数字である。ちなみにIAEAは、2005年に民生用のプルトニウム抽出の国際管理を提案しているが、実現には至っていない。

　なお、IAEAの活動目的は核技術の軍事転用防止が目的であり、軍縮ではない。また原子力発電についても推進の立場である

国際原子力機関の旗。本部はオーストリアのウィーンにある。

物理学	ロイ・グラウバー（ハーバード大学・米）	光学コヒーレンスの量子論への貢献
	ジョン・ホール（コロラド大学・米）、テオドール・ヘンシュ（マックス プランク研究所・独）	光周波数コム技術などのレーザーを用いた精密な分光法の開発
化学	イヴ・ショーヴァン（フランス石油研究所・仏）、ロバート・グラブス（カリフォルニア工科大学・米）、リチャード・シュロック（マサチューセッツ工科大学・米）	有機合成におけるメタセシス法の開発
生理学・医学	バリー・マーシャル（NHMRC ヘリコバクターピロリ研究所・オーストラリア）、ロビン・ウォレン（王立パース病院・オーストラリア）	ヘリコバクター・ピロリとその胃炎や胃潰瘍における因果関係の発見
文学	ハロルド・ピンター（劇作家・英）	日々の会話に潜在する危機をさらけ出し、見る者を抑圧された密室に押し込む劇作の手法
平和	国際原子力機関（IAEA・1957年設立）、ムハンマド・モスタファ・エルバラダイ（IAEA 長官・エジプト）	原子力の軍事利用を防ぎ、安全な方法で平和利用されることを促進
経済学	ロバート・オーマン（ヘブライ大学・独）、トーマス・シェリング（メリーランド大学・米）	ゲーム理論の分析を通じて対立と協力の理解を深めた功績

この年の出来事

【世界】パレスチナ・ガザ地区からユダヤ人入植者の退去完了。京都議定書発効。英、印、エジプトなどで同時爆破テロ相次ぐ。【日本】普天間から辺野古への米軍基地移設合意。郵政民営化法成立。

2006年（平成18）

物理学賞

ビッグバンの名残「宇宙背景放射」の観測で宇宙の起源の解明へ

宇宙空間に飛び交う謎の電波が初めて確認されたのは、1964年（昭和39）のことである。1978年にノーベル物理学賞を受賞したベル研究所の**アーノ・ペンジアス**（アメリカ）と**ロバート・W・ウィルソン**（アメリカ）が見つけたこの「雑音」こそ、宇宙の起源を示す重要な証拠であった。

宇宙のあらゆる方向から飛んでくるこの電波は「宇宙背景放射」と呼ばれる。まるで宇宙の「背景」から飛んでくるようだからだ。ペンジアスとウィルソンが発見したこの「雑音」は「ビッグバン（Big bang）」の名残ではないかと考えられた。

宇宙の起源を示す「ビッグバン理論」は、ロシアの物理学者**ジョージ・ガモフ**によって1948年（昭和23）に提唱された。この考えによれば、宇宙の最初期は今とは比べものにならないほど小さく、高温で高密度であったという。あるときこの宇宙が「大爆発」を起こして膨張を始め、その結果生まれたのが現在の宇宙だという。宇宙背景放射は「ビッグバン」の時の宇宙の熱が、大爆発後に宇宙が膨張したため冷やされたものではないかというのだ。

アメリカ航空宇宙局（NASA）が募集した「ビッグバン」実証計画に採用されたのが、**ジョージ・スムート**の宇宙背景放射の観測計画であった。スムートは1945年（昭和20）アメリカに生まれ、マサチューセッツ工科大学、カリフォルニア大学でそれぞれ学位を取得。1994年（平成6）にカリフォルニア大学の教授に就任している。スムートは宇宙背景放射の温度は、空間ごとにわずかなむらがあると考えた。このむらは物質の偏りによるもので、この偏りこそが太古の宇宙において、星が生まれる条件であったと考えられる。スムートの案に従って宇宙背景放射探査機「COBE」が打ち上げられたのが1989年のことであった。

スムートとともに物理学賞を受賞したのが、NASAの物理学者**ジョン・マザー**である。1000人規模のCOBEチームを統括したマザーは1946年アメリカに生まれた。1974年にカリフォルニア大学で物理学の博士号を得た後、NASAに入局した。

COBEによる観測で、チームは空間ごとの宇宙背景放射のわずかな温度差をとらえることに成功した。COBEの観測データから計算された宇宙の平均温度は2.725K（−270℃）で、観測された温度差は、わずか10万分の1度くらいでしかない。しかしこの結果から、ビッグバン直後の宇宙空間にはわずかな温度差が生じていたことが明らかにされ、太古の宇宙空間に物質の偏りがあったことが示された。COBE以降も、より精度の高い衛星「WMAP」、「Planck」が打ち上げられ、その観測結果をもとに、現在では宇宙の年齢は138億年（2013年**欧州宇宙機関**発表）であることが判明している。

物理学	ジョージ・スムート（NASA ゴダード宇宙飛行センター・米）、ジョン・マザー（カリフォルニア大学バークレー校・米）	宇宙マイクロ波背景放射の黒体放射性の発見
化学	ロジャー・コーンバーグ（スタンフォード大学・米）	真核生物における転写の研究
生理学・医学	アンドリュー・ファイアー（スタンフォード大学・米）、クレイグ・メロー（マサチューセッツ医科大学・米）	RNAiの発見
文学	オルハン・パムク（小説家・トルコ）	故郷イスタンブールの憂鬱な魂を探求し、文明の衝突と混交を表現する新たな手法を獲得
平和	ムハマド・ユヌス（経済学者・バングラデシュ）	経済社会の発展を貧困層から創造するグラミン銀行などの活動
	グラミン銀行（1976年創業）	経済社会の発展を下層から創造する活動
経済学	エドムンド・フェルプス（コロンビア大学・米）	マクロ経済政策における時間的なトレードオフの分析

この年の出来事

【世界】 冥王星が惑星から矮惑星に降格となる。北朝鮮が核実験。米で「Twitter」サービス開始。**【日本】** ライブドアの堀江社長が証券取引法違反で逮捕。最高裁でオウム真理教の麻原彰晃被告に死刑判決。

2007年（平成19）

平和賞

〝地球のために人類ができること〟を問い続けた人々

　第33回G8サミットで「温室効果ガスを2050年までに半減する」と目標を掲げたこの年、地球温暖化に警鐘を鳴らし続けた人々に平和賞が授与された。「**気候変動に関する政府間パネル（IPCC）**」と、クリントン政権で副大統領を務めた**アル・ゴア**（アメリカ）である。

　IPCCは、1988年（昭和63）に国連環境計画（UNEP）と世界気象機関（WMO）が設立した、地球温暖化に関する学術的な政府間組織である。5、6年ごとに公表される評価報告書（アセスメント・レポート）は、2000人以上の自然科学や社会科学の専門家の知見を集約し、これを参加195カ国で構成するパネル（審査団）が、妥当性や実現性を評価したもので、その信頼性の高さから、国際機関や各国政府の施策にも大きな影響を与えている。ちなみに平和賞を受賞した年のIPCCの報告書では「100年後の地球の平均気温が、20世紀末に比べて1.1℃から6.4℃上昇し、約2億人が難民となる」という予測を発表している。

　一方、共同受賞者のアル・ゴアは、1976年に民主党の下院議員として国政に進出して以来の環境保護派で、副大統領時代には政府代表として、第3回地球温暖化防止会議（COP3）で採択された「京都議定書」にも署名している。

　しかし、当時はアメリカで強大な力を持つ国際石油・石炭資本（メジャー）が温暖化否定論を展開していた時代で、事実、議会では議定書への承認が得られず、2001年（平成13）にゴアを退けて大統領となった共和党の**ジョージ・W・ブッシュ**も、就任直後に議定書からの離脱を決めた。

　もっともゴアは、その後も温暖化防止のための啓蒙活動に奔走し、環境問題に真摯に取り組む企業を対象とする投資会社も設立。それらの活動は、ドキュメンタリー映画『不都合な真実』（2006年）のメインコンテンツにもなった。

　なお2007年は、中国の二酸化炭素排出量がアメリカを抜いた年でもあるが、人口1人あたりの排出量は、依然としてアメリカがもっとも多く、次いで韓国、ロシア、日本の順である（2014年末時点）。

オスロ市庁舎で受賞講演を行うアル・ゴア。
© Kjetil Bjørnsrud

物理学	アルベルト・フェールト（パリ第11大学・仏）、ペーター・グリューンベルク（ユーリヒ総合研究機構・現チェコ）	巨大磁気抵抗効果の発見
化学	ゲルハルト・エルトゥル（マックス プランク協会・独）	固体表面の化学反応過程の研究
生理学・医学	マリオ・カペッキ（ユタ大学・米）、マーティン・エヴァンズ（カーディフ大学・英）、オリヴァー・スミティーズ（ノースカロライナ大学・米）	マウスの胚性幹細胞を用いた特定の遺伝子を改変する原理の発見
文学	ドリス・レッシング（作家・英）	懐疑主義と情熱、洞察力で分断された文明を精査する女性の経験を描く叙事詩的な長編
平和	気候変動に関する政府間パネル（IPCC・1988年設立）、アル・ゴア（元米国副大統領・米）	人為的な気候変動（地球温暖化問題）に対する啓蒙
経済学	レオニード・ハーヴィッツ（ミネソタ大学・ロシア）、エリック・マスキン（プリンストン高等研究所・米）、ロジャー・マイヤーソン（シカゴ大学・米）	メカニズムデザインの設計理論の基礎を確立した

この年の出来事

【世界】米国で住宅バブル崩壊（サブプライムローン問題）。米国とイラン、27年ぶりに公式協議。【日本】郵政三事業民営化。防衛庁が省に昇格。豪州と安全保障共同宣言、米国以外で初。

2008年（平成20）

物理学賞

日本の大学で学んだ南部陽一郎ら4人の科学者が2部門で同時受賞

この年の物理学賞は、物理学における〝対称性〟に関する先進的理論を築いた人々に贈られた。**南部陽一郎、益川敏英、小林誠**である。なお南部は、1970年にアメリカ市民権を取得し、日本国籍を喪失していたため、海外ではアメリカ人として報道されている。

3人に共通するのは〝対称性の破れ〟という概念である。

たとえば人間は右利き、左利き、どちらでも良い。この性質が〝対称性〟だが、実際は右利きの人が多い。これが生物の進化の中で起こった〝対称性の破れ〟である。

これは宇宙の誕生についてもいえる。物質を形成する最小の粒とされる「素粒子」は、宇宙の誕生（ビッグバン）とともに生まれたとされているが、この時、電荷の正負は異なるが、同じ性質の（対称性がある）「反粒子」も同時に誕生した。ただし素粒子と反粒子は、互いに衝突すると消滅する性質を持っているため、2つの粒子が同じ量で存在したら、宇宙は存在しえない。ゆえに素粒子の方が多く存在していると考えられた。ただし、誕生直後の宇宙空間において質量がなかったとされる素粒子が、なぜ質量を得たかという点については謎のまま残っていた。

これを合理的に説明したのが南部である。彼は1960年（昭和35）に発表した論文「自発的対称性の破れ」の中で、これら素粒子と反粒子の〝対称性〟が、ある自発的な動きによって〝破れる〟ケースがあると指摘し、その過程で素粒子が質量を獲得すると論じた。

一方の益川と小林は、1973年（昭和48）に、素粒子と反粒子の崩壊メカニズムが厳密には対等ではない「CP対称性の破れ」という現象について、陽子や中性子を構成する「クォーク」が、〝3世代6種類〟あれば説明できることを発表した。当時は3種類のクォークしか発見されておらず、理論においても〝2世代4種類〟という時代だったが、1995年までに未発見の3種類のクォークが発見され、益川と小林の理論が実証された。

■化学賞

化学賞は「緑蛍光タンパク質（GFP）」の発見と開発に寄与した**下村脩、マーティン・チャルフィー**（アメリカ）、**ロジャー・Y・チエン**（アメリカ）に授与された。

生物学の世界では、細胞やタンパク質の挙動を観察する際、ターゲットに発光性の〝目印〟をつけて見えやすくする「標識（マーキ

物理学	南部陽一郎（シカゴ大学・日本）	素粒子物理学の基礎への多大な貢献、自発的対称性の破れの発見
	小林誠（高エネルギー加速器研究機構・日本）、益川敏英（京都産業大学・日本）	自然界にクォークが3世代以上存在することを予言する、対称性の破れの起源の発見
化学	下村脩（ボストン大学・日本）、マーティン・チャルフィー（コロンビア大学・米）、ロジャー・Y・チエン（カリフォルニア大学サンディエゴ校・米）	緑色蛍光タンパク質の発見とその応用
生理学・医学	ハラルド・ツア・ハウゼン（ドイツ癌研究センター・独）	ヒト免疫不全ウイルスの発見
	フランソワーズ・バレ＝シヌシ（パストゥール研究所・仏）、リュック・モンタニエ（世界エイズ研究予防財団・仏）	子宮頸癌の原因になるヒトパピローマウイルスの発見
文学	ジャン＝マリ・ギュスターヴ・ル・クレジオ（小説家・仏）	新しい旅立ち、詩的冒険と官能的悦楽を描き、文明の支配を超越する人間性の探究
平和	マルティ・アハティサーリ（元フィンランド大統領・現ロシア）	世界各地で30年以上にわたり国際紛争を解決
経済学	ポール・クルーグマン（プリンストン大学・米）	貿易のパターンと経済活動の立地の分析

この年の出来事

【世界】米の大手投資銀行リーマン・ブラザーズが破綻（リーマン・ショック）。コソヴォ独立宣言。豪州政府、アボリジニに公式謝罪。【日本】国内総生産（GDP）の実質成長率が戦後最悪を記録。

南部陽一郎　Yoichiro Nanbu
1921年（大正10）〜2015（平成27）

東京生まれ。2歳のとき関東大震災に遭い、父親の郷里の福井へ転居。1937年に旧制一高（現東大）に補欠合格。卒業後は東京大学助手に。1949年大阪市立大学助教授に就任。ここで朝永振一郎（1965年、ノーベル物理学賞）に推薦され、1950年大阪市立大学メンバーとK中間子の対発生を研究する。朝永の支援で米プリンストン研究所に赴任。1950年代シカゴ大学へ移籍、教授に。そして1960年、後のノーベル賞受賞対象となる「自発的対称性の破れ」を発見。1970年米国籍取得、1991年シカゴ大学エンリコ・フェルミ研究所名誉教授、1994年立命館大教授に。授賞式に出席しなかったため、シカゴ大学で贈呈式が行われ、駐米スウェーデン大使からメダルと賞状を受け取った。写真：シカゴ大学

小林誠　Makoto Kobayashi
1944年（昭和19）〜

愛知県名古屋市生まれ。終戦直後に医師の父を亡くし、母の実家で暮らす。元首相の海部俊樹、元国立天文台長の海部宣男は母方の従兄弟。高校時代にアインシュタインらの著書を読み、物理学に開눈。名古屋大学へ進学し、卒業後に素粒子物理学の大家である同大・坂田昌一の研究室に入り、そこで益川敏英と出会う。1972年博士号取得、4月京都大学へ移る。同時期に京大へ移った益川と共同で「CP対称性の破れ」の論文を書き上げ、翌1973年に発表、2008年のノーベル物理学賞受賞につながる。1979年にKEK（＝高エネルギー物理学研究所、現高エネルギー加速器研究機構）の助教授に。現在は同機構の特別栄誉教授、名古屋大の特別教授など。写真は2008年12月7日、スウェーデン王立科学アカデミーで記者会見に臨む小林誠。
© Prolineserver

益川敏英　Toshihide Masukawa
1940年（昭和15）〜

愛知県名古屋市生まれ、実家は砂糖の商家。1967年名古屋大学にて素粒子物理学で博士号取得、坂田昌一博士の研究室助手となり、ここでノーベル賞共同受賞者の小林誠と出会う。1970年京都大学助手、小林も遅れて同大助手に。2人は「CP対称性の破れ」が現象のみで理論付けがされていないことに着目、1972年共同研究開始。翌1973年、「小林・益川理論」を発表、当時3種類とされていたクォークを6種類と予言する。新しいクォークの存在は90年代までに暫時確認され、理論の整合性が証明されたとして2008年ノーベル物理学賞受賞。以降「小林・益川理論」は素粒子における標準理論となる。受賞後は名古屋大学と京都大学に所属。写真は2008年12月7日、スウェーデン王立科学アカデミーで記者会見に臨む益川敏英。
© Prolineserver

ング）」という手法が使われる。この目印として世界でもっとも使われているのが、下村が発見したGFPである。たとえば、iPS細胞を発見した**山中伸弥**（2012年生理学・医学賞）らの研究では、細胞内にGFP遺伝子を導入して挙動観察を行っている。

旧制長崎医科大学附属薬学専門部（現長崎大学薬学部）出身の下村は、名古屋大学の研究生時代、他の研究チームが20年以上も達成できなかった、ウミホタルから採取した発光物質「ルシフェリン」の結晶化に成功する。

その後、アメリカのプリンストン大学に招かれた下村は、1962年に緑色に光るクラゲ「オワンクラゲ」が持つ発光物質「イクオリン」の分離・精製に成功する。

もっとも、オワンクラゲは緑色に光る生物であり、青白い光を放つイクオリンが他の物質と〝共同作業〟をしないと緑色に発光しないが、下村はその〝パートナー〟であるGFPの存在にも気づき、紫外線を当てると緑色に光ることも発見した。

さらに共同受賞者の1人であるチャルフィーが、GFP遺伝子をバクテリアに組み込んで単体で発光させる方法を発見。そしてもう1人の共同受賞者チェンは、GFPの遺伝子を操作して、黄色や赤色を発する変異型のGFPを生成。細胞内のタンパク質への複数の色によるマーキングを可能にした。

なお、3人の成果の裏には、GFPの遺伝子配列を解明した**ダグラス・プラッシャー**（アメリカ）の存在がある。事実、彼から譲られたGFPの複製なしでは、3人の研究は遅れていただろうといわれているほどだ。

「受賞者は3人まで」という規定に阻まれた彼は、しかし授賞式の場にいた。彼を連れてきたのは、誰あろう受賞した3人である。

下村脩　Osamu Shimomura
1928年（昭和3）〜

京都府福知山市生まれ。子どもの頃は、職務で満州に暮らす陸軍将校の父と母とは別に、概ね長崎・佐世保の祖母のもとで生活。学徒動員で軍需工場へ、空襲で友人らを失ったり原爆投下後の長崎で黒い雨に当たった経験を持つ。終戦後は長崎医科大学へ進学、1955年に名古屋大学の有機化学研究室へ。翌年にウミホタルを研究し、世界で初めて発光化合物の精製に成功。1960年フルブライト留学生として米へ渡る。プリンストン大学研究員時代、オワンクラゲの緑色蛍光タンパク質の抽出に成功、発光メカニズムを解明して2008年の化学賞受賞へ。1965〜1982年プリンストン大学上席研究員、1981〜2000年ボストン大学客員教授。写真は2008年12月7日、スウェーデン王立科学アカデミーで記者会見に臨む下村脩。
© Prolineserver

2009年（平成21）

平和賞

国家、民族、宗教の境界を越えた相互理解を提唱

アメリカで公民権法が制定されて45年が経過したこの年の平和賞は、1月に同国の大統領に就任したばかりの**バラク・オバマ**（アメリカ）に授与された。

彼はこの年の4月、チェコの首都プラハで、世界の人々の心を揺るがす演説を行っていた。

彼はこの演説の中で、自分が生まれた当時、黒人（アフリカ系アメリカ人）が大統領になることを考えた人はほとんどいなかった、それが実現したのは「世界は変わらない」という声に抗った人々がいたからだと説き、こう続けた。「核兵器を使用したことのある唯一の国として、合衆国には行動する道徳的責任がある。われわれだけでは成し遂げられないが、それを主導して始めることはできる……、私は今日、信念を持って表明する。アメリカは核兵器のない世界の平和と安全を追求すると……」

アメリカの大統領としては異例の発言だったが、核兵器廃絶に時間を割いた背景には、ある動きがあった。実はこの2年ほど前から、与野党の政界の重鎮たちが、核兵器廃絶を求める意思を表明し始めていたのである。

その中にはフォード政権の国務長官**ヘンリー・キッシンジャー**や、ブッシュ政権で同職を務めた**コリン・パウエル**もおり、オバマの演説は、アメリカの安全保障に関わってきた人々のコンセンサスでもあったのだ。

もっとも、彼の受賞に対しては、当初は「まだ実績がない」、退任時には「何の実績もなかった」という批判もある。

確かに在任中（2009年～2017年）に、アメリカの核兵器保有総数は、約5200発から約4000発に減ったにすぎない（退役予定分除く）。また新たな開発や性能維持のために行う臨界前実験は、オバマ政権時代もやまなかった。

ロシアとの新戦略兵器削減条約（New START）の調印（2010年）や、2016年の広島訪問を〝実績〟とするか否か。それは歴史の判断に委ねられた。

ただし、オバマは賞を受けて、こうコメントしていた。

「核兵器廃絶は、私が生きている間には不可能かもしれない。しかし、みなさんが『一個人や一国家だけでは解決できない』と認識していれば、これらを解決できる……この賞は、世界中の人々の勇気ある挑戦に対してのものなのです」

物理学	チャールズ・K・カオ（元香港中文大学など・中国）	光通信を実現する光ファイバーに関する研究
	ウィラード・ボイル（ベル研究所・カナダ）、ジョージ・E・スミス（ベル研究所・米）	撮像半導体回路であるCCDセンサーの発明
化学	ヴェンカトラマン・ラマクリシュナン（MRC分子生物学研究所・インド）、トマス・A・スタイツ（イェール大学・米）、エイダ・E・ヨナス（ワイツマン科学研究所・現イスラエル）	リボソームの構造と機能の研究
生理学・医学	エリザベス・H・ブラックバーン（カリフォルニア大学サンフランシスコ校・オーストラリア）、キャロル・W・グライダー（ジョンズ ホプキンス大学・米）、ジャック・W・ショスタク（ハーバード大学医学大学院・米）	テロメアとテロメラーゼによる染色体保護の発見
文学	ヘルタ・ミュラー（作家・独）	濃密な詩的表現と率直な散文で故郷喪失の風景を描いた
平和	バラク・フセイン・オバマ・ジュニア（米大統領・米）	外交と民族間の協力を強化するための卓越した努力
経済学	エリノア・オストロム（インディアナ ユニバーシティ ブルーミントン・米）、オリバー・ウィリアムソン（カリフォルニア大学バークレー校・米）	経済的ガバナンスに関する分析

この年の出来事

【世界】仏、43年ぶりに北大西洋条約機構（NATO）の軍事機構に復帰。過激派組織「IS」がイラクで自爆テロ。米のGM、クライスラーが経営破綻。【日本】第45回総選挙で民主党が圧勝、1993年以来の政権交代。消費者庁発足。

2010年（平成22）

化学賞

工業製品の製造に革命を起こした根岸英一らによる化学反応の発見

この年の化学賞は、工業製品の開発・製造に必須な「クロスカップリング反応」を用いて新たな化学反応を発見した**根岸英一、鈴木章、リチャード・ヘック**（アメリカ）に贈られた。

「クロスカップリング反応」とは2種類の異なる構造を持つ有機化合物、つまり炭素原子を骨格として結合している物質（石油、木材、プラスチックなど）同士を結合させる化学反応で、高血圧症の治療薬や液晶材料など、工業製品の開発や製造に不可欠なものである。

もっとも、有機化合物の合成には、骨格を成す炭素の形式に〝制限〟があり、2重結合（sp炭素＝4つの結合電子が関与する結合、通常は2つ）を形成している炭素同士の合成をつなげること（カップリング）は、彼らが新たな発見をするまで不可能だったのである。

1972年、最初にその〝制限〟を打破したのは、「パラジウム」という金属を触媒に用いて、2重構造を持つ炭素同士のカップリングに成功したヘックであった。

この化学反応は「ヘック反応」、あるいは「溝呂木・ヘック反応」と呼ばれている。「溝呂木」とは、ヘックの発見の前年に、同じ内容の論文を発表していた東京工業大学の**溝呂木勉**のことで、彼の名はヘックの論文にも記載されている。ただし、溝呂木は1980年に48歳の若さで急逝し、受賞は叶わなかった。

1977年になると、根岸がパラジウムに加えて、亜鉛を用いた「根岸カップリング」を発表する。しかも広く活用を促すため、あえて特許の取得を見送っている。

また1979年には、鈴木が助手の**宮浦憲夫**とともに、ホウ素を用いた「鈴木・宮浦カップリング」を発表。この技術はクロスカップリングを容易かつ安全に行えるため、現在パラジウムを用いたものとしては、最も使われている手法で、医薬品、農薬、液晶材料などの分野への応用が広がっている。

一方の根岸は、受賞後に地球温暖化対策に有効な「人工光合成」の研究を提唱。この声は民間だけでなく政府をも動かし、数多くの研究プロジェクトが発足した。

■平和賞

この年の平和賞は、〝囚われの身〟にある人物に贈られた。長年にわたって中国における基本的人権の確立のために戦い、詩や評論などの著作でも名を馳せた文学者、**劉暁波**（リュウシャオボー）である。

劉は中国を大混乱に陥れた「文化大革命」（1966年〜1976年）の終焉とともに大学生となった世代で、卒業後は教師となった。そして1986年に、同時代の思想家を批判する著書を発表し、以来〝反逆する中国知識人〟として、若者の支持を得、1988年からはノルウェーやアメリカの名門大学が相次いで劉を客員研究員として招いた。

劉に転機が訪れたのは、中国の民主化を推進した胡耀邦元国家主

物理学	アンドレ・ガイム（マンチェスター大学・ロシア）、コンスタンチン・ノボセロフ（マンチェスター大学・ロシア）	二次元物質グラフェンに関する革新的実験
化学	根岸英一（パデュー大学・日本）、鈴木章（北海道大学・日本）、リチャード・ヘック（デラウェア大学・米）	有機合成におけるパラジウム触媒クロスカップリング
生理学・医学	ロバート・G・エドワーズ（ケンブリッジ大学・英）	体外受精技術の開発
文学	マリオ・バルガス・リョサ（作家・ペルー）	権力の構造と個人の抵抗と反抗、そしてその敗北を鮮烈なイメージで描いた
平和	劉暁波（文芸評論家、人権擁護者・中国）	中国における基本的人権獲得のための闘争
経済学	ピーター・ダイアモンド（マサチューセッツ工科大学・米）、デール・モーテンセン（ノースウェスタン大学・米）、クリストファー・ピサリデス（ロンドン スクール オブ エコノミクス・キプロス）	労働経済のサーチ理論による分析

この年の出来事

【世界】ギリシア財政危機、欧州連合に救済要請。ウィキリークスによる機密情報流出始まる。【日本】平成の大合併が終結。市町村が半減。尖閣諸島で中国漁船と巡視船が衝突。新テロ特措法失効、海上自衛隊がインド洋から撤収。

2010年に化学賞を受賞した3人。左から鈴木章、根岸英一、リチャード・ヘック。12月8日の撮影。© BloodIce

鈴木章 Akira Suzuki
1930年（昭和5）〜

北海道生まれ。北海道・鵡川（むかわ）の小学校、苫小牧の中学校を経て高校では数学に興味を持つ。北海道大学へ入学し『有機化学の教科書』を読み有機化学の道へ。1954年に北海道大学卒業。1960年に博士号を取得、1973年北大工学部教授に。1963〜1965年は米パデュー大学でハーバート・ブラウン（1979年、ノーベル化学賞）の下、有機ホウ素化合物の研究に従事。後のノーベル賞共同受賞者の根岸英一が直後に同職に就く。1979年化学合成を効率化する「鈴木・宮浦クロスカップリング」反応を開発。1994年に北大を定年退官、2010年に同技術で化学賞受賞。「技術普及のために」と特許は未取得。

根岸英一 Eiichi Negishi
1935年（昭和10）〜

旧満州国生まれ、終戦で日本・東京へ。育ち盛りの5人の食糧確保に神奈川へ移って父親は農業に奮闘。これが根岸にとって故郷となる。1958年に東京大学工学部を卒業、帝人へ入社。1960年にフルブライト奨学生としてペンシルヴェニア大学へ留学。1963年に帝人に復職も1966年退職。同年、米パデュー大学でハーバート・ブラウン（1979年、ノーベル化学賞）の下で有機ホウ素化合物の研究員に。後の共同受賞者となる鈴木章も直前まで同職。1972年に米シラキュース大学助教授となり、1977年パラジウム触媒による安定的な化合物合成方法「根岸カップリング」を発見。特許は未取得。

席の失脚を機に胎動していた、祖国での民主化運動の勃興である。

これを知った劉は、1989年に帰国して運動に参画。しかし帰国の2カ月後に起こった天安門事件で逮捕され、約1年半投獄された。

釈放後に待っていたのは著書の発禁処分を含む、言論活動の制限だった。以来、当局の監視下に置かれ、その間、6カ月の投獄と、3年間の労働矯正を強いられる。

そして2008年、劉に再び試練がやってくる。民主化を求める宣言文「08憲章」の起草に加わり、国内の学者ら303人の署名を添えて発表を試みたところを逮捕。翌年「国家政権転覆扇動罪」で、懲役11年の刑を宣告されたのである。

劉へのノーベル平和賞授与が発表されたのは、刑の宣告からわずか8カ月後のことだった。オスロ市庁舎内に設えた授賞式会場には、獄中にあった劉の姿はなく、受賞証書とメダルが置かれた一脚の椅子が彼の不在を象徴した。

受賞後の記念講演は、劉が裁判で読み上げた陳述書がこれに代わった。

「私には敵はいない、憎しみもない（中略）憎しみは知恵と良知を蝕むだけだ（中略）最大の善意で政権の敵意に向き合い、愛で憎しみを溶かしたいと思う」

2017年7月13日、劉は肝臓癌でこの世を去った。61歳だった。病院に移送されたのは、死のわずか1カ月ほど前。ノルウェーノーベル委員会は、劉の死を悼むとともに「彼の早すぎる死に対して、中国政府は重い責任を負っている」とする声明を発表した。

「私はいつの日か、自由な中国が生まれることへの楽観的な期待に満ちあふれている」

講演で読まれた劉の言葉である。

2011年（平成23）

生理学・医学賞

神経細胞の機能に関する幅広い研究で神経生理学を開拓

　免疫に関しては19世紀に**ルイ・パストゥール**（フランス）や**ロベルト・コッホ**（ドイツ）が細菌培養やワクチン開発の黎明期を担い「近代細菌学の祖」と呼ばれたが、ヒトに関係する免疫研究が進んできたのはここ20年ほどのことである。今では、マクロファージ、樹状細胞、T細胞、ナチュラルキラー細胞など免疫細胞の名称が世間一般にも馴染みのあるものとなっている。

　ブルース・ボイトラー（アメリカ）と**ジュール・ホフマン**（フランス）は1990年前後に「自然免疫システム」に関する研究を行い、20年ほどして受賞した。「自然免疫システム」は免疫系のTLR（Toll Like Receptor、Toll様受容体）というタンパク質が病原体から発せられる何らかの分子を認識すると指令を出し、免疫細胞を活性化させたり炎症を起こしたりすることで、病原体を囲い込んで感染域を拡げないようにするというものだ。

　ホフマンはショウジョウバエのカビへの感染防止に関与するToll遺伝子の役割を発見、ボイトラーは哺乳類にToll遺伝子とよく似た遺伝子があることを発見して2人の共同受賞となる。

　ラルフ・スタインマン（カナダ）は「自然免疫」で手に負えなかった場合の「獲得免疫」を解明し、やはり20～30年以上を経て受賞する。免疫細胞のひとつである樹状細胞を発見した彼は、これが身体中をパトロールして菌やウイルスを見つけてきては免疫システムに連絡していること、身体に初めてやってきた病原体に対して抗体を作る手助けをしていることを突き止めた。免疫システムで抗体を作る役のB細胞と攻撃などの役をするT細胞が存在することは1970年代頃に明らかになっていたが、その前段階の発見役が不明だった。彼は、外敵からの第一関門として四方八方に触手を伸ばした樹状細胞が存在し、抗体との連絡役までこなしていることを発見したのだ。

　スタインマンの研究成果は結核やHIVのワクチン、がん治療へと発展していく。晩年には自身の膵臓がんに対して樹状細胞を用いた治療を施したことでも知られる。

　現在、がん治療の最前線で、がん細胞や合成がん抗原を樹状細胞に覚えさせて身体に戻す「樹状細胞ワクチン療法」の実用化が進められている。発見から数十年を経てスポットが当てられた彼らの研究は、現在、日進月歩で進む免疫分野の重要なベースとなっている。

物理学	ソール・パールマッター（ローレンス バークレー国立研究所・米）、ブライアン・P・シュミット（オーストラリア国立大学・米）、アダム・リース（ジョンズ ホプキンス大学・米）	超新星の観測による宇宙の加速膨張の発見
化学	ダニエル・シェヒトマン（テクニオン - イスラエル工科大学・現イスラエル）	結晶ともアモルファス（非晶質）とも異なる準結晶の発見
生理学・医学	ブルース・ボイトラー（テキサス大学南西部医療センター・米）、ジュール・ホフマン（ストラスブール大学・仏）	自然免疫の活性化に関する発見
	ラルフ・スタインマン（ロックフェラー大学・カナダ）	樹状細胞と獲得免疫におけるその役割の発見
文学	トーマス・トランストロンメル（詩人・スウェーデン）	凝縮された半透明のイメージを通して現実の新たな捉え方を示した
平和	エレン・ジョンソン・サーリーフ（リベリア大統領・リベリア）、レイマ・ボウイ（平和運動家・リベリア）、タワックル・カルマン（ジャーナリスト・イエメン）	女性の安全と平和運動に不自由なく参加できる権利獲得のための非暴力的闘争
経済学	トーマス・サージェント（ニューヨーク大学・米）、クリストファー・シムズ（プリンストン大学・米）	マクロ経済の原因と結果に関する実証的な研究

この年の出来事

【世界】中国のGNPが世界2位に。【日本】3月11日、東日本大震災発生。津波で甚大な被害。東京電力福島原発の1～3号機が爆発。1～4号機の廃炉を決定。世界数十カ国で日本の食品を輸入規制。

2012年（平成24）

生理学・医学賞

再生医療の可能性を切り開くiPS細胞を開発した山中伸弥

　受賞者の一人ジョン・ガードン（イギリス）は、1960年代にオタマジャクシの腸から卵への細胞移植を行って新しい生命を誕生させた。いわゆるクローン技術の道を開いた人物である。それから40年以上が経った2006年（平成18）、採取した皮膚細胞から身体各部位の臓器をつくることができる「iPS細胞」を開発したのが山中伸弥である。

　時を隔てた2つの研究の根底には共通したテーマが流れている。長らく当然のこととして捉えられていた「一度成長した細胞は二度と元に戻らない」という常識を覆すテーマである。両者とも、成長し切った成熟細胞はプログラミングのやり直し（＝リプログラミング）を経てリセットされ、未成熟な状態に戻ること、そしてかつて若い未成熟な細胞だった頃と同じように身体中のあらゆる臓器へと再び成長していけることも証明した。見事なほどにテーマを共有している両者だ。異なる点といえば、個体そのものの誕生を目指したガードンに対し、山中はニーズに応じて何にでも成長していけるニュートラルで変幻自在な細胞の誕生を目指したことであろうか。

　ガードンは1962年（昭和37）にカエルの人工卵を作って孵化させ、細胞には可逆性があることを示した。彼はカエルの卵細胞から細胞核を取り除き、そこへオタマジャクシの腸から採取した細胞核を据えた。つまり若い細胞核を成長済みの細胞核に取り替えたのである。

　このカエルの人工卵からは無事にオタマジャクシが誕生、やがて成長してカエルになった。これにより、既に機能を持って活動している細胞であっても内なるDNAには未だ身体中のいかなる細胞をもつくり出せる情報を宿していること、すなわち細胞がリセット可能であることが証明された。このあと科学は哺乳類のクローン開発へと進んで1996年（平成8）の「羊のドリー」誕生などに結実していくが、宗教的倫理的観点から懐疑的な見方も多かった。

　山中が2006年に発表したiPS細胞は、社会と科学の接点でバランスを取った解決策とも言える。彼は細胞の指示書とも言えるプログラムをリセットして新たに上書きする「リプログラミング」の手法を用いて、身体のどんな組織にも成長し得るiPS細胞（＝induced pluripotent stem cells）を開発。彼は、成熟細胞を未成熟幹細胞すなわち何物にも成長していける多能性幹細胞にもどすのに関与するのは4つの遺伝子であることを突き止め、同時に多能性幹細胞が線維芽細胞や神経細胞、腸細胞へと成長していくことも示唆した。

　これは過去にガードンがカエルの人工卵で示した成熟細胞の可逆性を別の形で提示したともいえる。この研究功績により、た

物理学	セルジュ・アロシュ（コレージュ ド フランス・仏）、デービッド・ワインランド（米国立標準技術研究所・米）	個別の量子系の計測と制御を可能にした画期的な手法の開発
化学	ロバート・レフコウィッツ（デューク大学・米）、ブライアン・コビルカ（スタンフォード大学・米）	Gタンパク質共役受容体の研究
生理学・医学	ジョン・ガードン（ガードン研究所・英）、山中伸弥（京都大学・日本）	成熟した細胞の初期化で多能性を持たせられることの発見
文学	莫言（小説家・中国）	幻覚的なリアリズムで民話、歴史、現代を融合させた
平和	欧州連合（EU）	60年以上にわたり欧州の平和と和解、民主主義と人権の発展に寄与
経済学	アルヴィン・ロス（ハーバード大学・米）、ロイド・シャープレー（カリフォルニア大学ロサンゼルス校・米）	安定配分理論と市場設計の実践に関する功績

この年の出来事

【世界】世界人口が70億人を突破。北朝鮮が人工衛星弾道ミサイルを発射。**【日本】**高さ634mの東京スカイツリー開業。

山中伸弥　Shinya Yamanaka
1962年（昭和37）〜

大阪府東大阪生まれ。町工場群で有名な東大阪に育ち、ミシン製造工場を営む父親の仕事ぶりからものづくりの面白さを教わる。時計やラジオの分解と組み立てに興じ、将来の道は父親のようなエンジニアを夢みていた。父の進言で医師を目指し神戸大学医学部へ、卒業後は大阪病院で整形外科の研修医となるも辞職。1989年に大阪市立大学大学院へ、1993年に博士号を取得すると公募で米カリフォルニアの研究所へ、iPS細胞研究を開始する。古巣の大阪市立大学へ戻り薬学部助手になったが、研究環境に納得できず公募で奈良先端科学技術大学院大学へ。ここでの研究が奏功し、2006年ついに未成熟細胞へのリセットに関与する4つの遺伝子を確定、2012年のノーベル生理学・医学賞受賞へつながる。2004年からは京都大学に所属。写真はノーベル賞受賞前の2007年12月、米カリフォルニア州サンフランシスコでの撮影。
© Noah Berger/Bloomberg/Getty Images

とえば患者本人のiPS細胞から作った臓器に薬剤投与テストを施せば副作用のリスク軽減を図るなど、全く新しいアプローチが可能になる。医療分野におけるiPS細胞への期待は高まるばかりだ。

　偉業を成したガードンと山中だが、初めから世間の注目を浴びる研究者だった訳ではない。ガードンは子どもの頃は成績優秀でなく、科学を志しても期待する声はさしてなく、それでも一貫して科学への夢を追い続けたという。一方の山中は、当初の整形外科から基礎研究へ転向、その後もより良い研究環境を求めて幾度か転身した経歴を持つ。「細胞の時計の針を巻き戻す」という世の常識を覆す発見を成した2人は、人生においても常識を軽々と飛び越えて歩んできたようである。

■平和賞

　この年、ヨーロッパにおける平和と和解、そして民主主義と人権の向上に60年以上にわたって貢献してきたことを評価され、**欧州連合**（EU）が平和賞を受賞した。組織の改編を経ながらも少しずつ加盟国を増やして2016年には28カ国に至り、意思決定機関として加盟各国代表者から成る連合理事会を設置し、加盟国国民が議員を選出する連合議会や、独自の司法機関を有し、単一通貨ユーロを設定するなど組織の強化が進められてきたが、2016年6月にイギリスが脱退を決めたことで国際社会の注目を集めている。

■文学賞

　中国の小説家、**莫言**（モーイエン）の作品は「幻覚的リアリズムで民話や歴史や現代を融合させた」と評され文学賞を受賞した。作品のひとつ『赤い高粱』は中国チャン・イーモウ監督が「紅いコーリャン」として映画化し、1988年（昭和63）のベルリン国際映画祭では最優秀賞の金熊賞を受賞する。畑一面が紅く染まるコーリャン畑を舞台にした同作をはじめ、莫言が遺した作品群には農村の風景やそこに生きる人々の力強さが表現されている。農村に生まれ育った彼ならではの表現だったのであろう。

1961〜2017

2013年（平成25）

経済学賞

正反対の理論を発表した経済学者たちが同時に受賞

　この年の経済学賞は、資産価格の実証分析に功績のあった経済学者たちに授与された。いずれもアメリカ人の**ユージン・ファーマ、ラース・ハンセン、ロバート・シラー**である。

　3人のうち、1982年（昭和57）に資産価格に関する合理的理論の検証に最適な「一般化モーメント法（GMM）」を発表したハンセンの受賞は物議を醸すことはなかったが、ファーマとシラーの受賞には波紋が広がった。なぜなら2人の理論は、真っ向から対立していたからである。

　ファーマは、株価などの金融資産の価格は、常に多数の投資家によって安全性を分析・評価されているため、新たな情報が出現しても即座に価格が調整され、したがって資産は常にすべての情報を反映した公正な価格で取引されている、つまり「市場が理性を失うことはない」という立場である。

　一方、心理学などを応用した「行動経済学」の分野で著名なシラーは、市場に参加する人々の心理は一様ではなく、場合によっては偏りが大きくなり、市場が合理的でない動きをする、つまり「市場が理性を失うこともありうる」という立場である。

　こうした前提の違いは、いわゆる資産価格が高騰する〝バブル〟と、その崩壊についての解釈の違いにも表れる。事実、授賞式の半年後に行われた記念講演でも2人の見解は真っ向から対立した。

　シラーは、〝バブル〟は一種の流行のようなもので、市場が理性を失って価格が上昇し始めると、それをメディアが喧伝し、市場に人々が押し寄せ、価格はさらに上昇する。しかしその上昇は永遠には続かず、最終的には破裂する。それがバブルである、と説いた。

　一方のファーマは、〝バブル〟の存在自体を否定し、既存の研究成果からは、資産価格の高騰を事前に予見できる根拠は発見できない。したがってバブルへの対処法なるものも、統計学的に信頼できる証拠とはならないと断じた。

　いずれの理論も証明には至っていないが、確かなことは、どちらかが誤りだということである。

ラース・ハンセン。© Bengt Nyman

物理学	フランソワ・アングレール（ブリュッセル自由大学・ベルギー）、ピーター・ヒッグス（エジンバラ大学・英）	存在が証明されたヒッグス粒子に基づく、質量の起源を説明する機構の発見
化学	マーティン・カープラス（ストラスブール大学・米）、マイケル・レヴィット（スタンフォード大学・南ア）、アリー・ウォーシェル（南カリフォルニア大学・現イスラエル）	複雑な化学系のためのマルチスケールモデルの開発
生理学・医学	ジェームス・ロスマン（イェール大学・米）、ランディ・シェクマン（カリフォルニア大学バークレー校・米）、トーマス・スードフ（スタンフォード大学・米）	細胞内で生成されたタンパク質が目的の場所まで運ばれる仕組みを解明
文学	アリス・マンロー（小説家・カナダ）	現代における短編小説の巨匠
平和	化学兵器禁止機関（OPCW・1997年設立）	化学兵器を排除するための広範な努力
経済学	ユージン・ファーマ（シカゴ大学・米）、ラース・ハンセン（シカゴ大学・米）、ロバート・シラー（イェール大学・米）	資産価格の実証分析

この年の出来事

【世界】イラン核協議合意、経済制裁解除。シリア内戦で化学兵器使用。【日本】日銀が〝異次元金融緩和〟開始、株高円安進行。特定秘密保護法成立。TPP（環太平洋パートナーシップ協定）交渉開始。

もう一つのノーベル賞

ノーベル賞が誕生して90年後の1991年に、もう一つのノーベル賞がアメリカで誕生した。イグ・ノーベル賞である。ユーモアたっぷりの科学雑誌『Annals of Improbable Research（驚きの研究）』の編集長であるマーク・エイブラハムズが創設した賞で、「まず人々を笑わせて、次に考えさせられる」ことが受賞条件だ。もちろん「本家」ノーベル賞のパロディーだが、自薦、他薦を合わせ毎年数千件がノミネートされ、受賞するのは10件。倍率は本家より狭き門である。

例えばこれまで「知らないうちに死亡届を出されてしまった人々の社会復帰を促進した」インドの『死人協会』、「広島原爆投下の50周年を記念して太平洋で核実験を実施した」フランスのシラク大統領、「『辛くない』唐辛子」の開発者、「世界大恐慌をテーマにした本を世界的ベストセラーにして経済破綻を救った」経済学者、「グリズリーに襲われても大丈夫な合金製のスーツ」の開発者、「すぐに毒ガスマスクになるブラジャー」の開発者などにイグ・ノーベル賞が贈られている。イグ・ノーベルはノーベルに、英語で否定を表す接頭辞の ig を付けた造語だが、英語の形容詞 ignoble（浅ましい、卑しい、下品な、不名誉な、恥ずべきといった意味）にもかかった名称だ。

毎年10月初旬から本家の各部門の受賞者が発表され、世界中が関心を本家に寄せるそのタイミングで、9月末頃、イグ・ノーベル賞の授賞式は行われる。授賞式の会場はアメリカはマサチューセッツ州のハーバード大学の敷地内にあるメモリアルホール（サンダーズ・シアター）で、旅費や滞在費は受賞者の自己負担だ。ちなみに本家の方は、受賞者本人と配偶者の費用はノーベル財団が支払ってくれる。

受賞者には賞状とトロフィーが贈られる。トロフィーは手作りで見た目もいかにも安価。本家のメダルとの対比がおもしろい。

授賞者は式でスピーチをするが、その時間はわずか1分。しかも、聴衆から笑いを取ることが求められる。さらに、聴衆は講演者に向かって紙飛行機を飛ばすしきたりなので会場の騒々しさは想像に難くない。

制限時間を過ぎるとステージ袖から少女ミス・スウィティー・プーが現れ「やめて、飽きちゃった」と連呼する。プレゼントで彼女を懐柔する手もあるが成功するかどうかは彼女の気分次第らしい。

いかにもアメリカ的なパロディーだが、実は日本は本家以上にイグ・ノーベル賞の常連なのだ。

開催2年目には資生堂が「自分の足が臭いと思う人は足が臭く、そう思わない人は臭くない」と結論づけたことに対して受賞している。

その他、以下のような功績で受賞している（抜粋）。

■慶應義塾大学の研究陣がハトにピカソとモネの絵画を区別させることに成功（心理学賞、1995年）
■岡村正之助の1mmに満たないミニ人類や1000種以上の絶滅した「ミニ種」の化石発見（生物多様性賞、1996年）
■世界中の人々から何百万もの時間を奪った「たまごっち」の開発者（経済学賞、1997年）
■セーフティ探偵社の牧野武志社長による下着にスプレーするだけで不倫を検出できるS-Checkの開発（化学賞、1999年）
■日本音響研究所長らの人類の平和と調和を促進する犬の自動翻訳機「バウリンガル」の開発（平和賞、2002年）
■井上大佑による人々が互いに寛容になれる全く新しい装置「カラオケ」の開発（平和賞、2004年）
■北里大学名誉教授らによるパンダの糞便から抽出したバクテリアで台所用ごみを90％以上減らすことができることの証明（生物学賞、2009年）
■緊急時に眠っている人を起こすのに適切な空気中のワサビの濃度発見と、ワサビ警報装置の開発（開発者多数、化学賞、2011年）
■心臓移植をしたマウスはオペラの『椿姫』を聴いたほうがモーツァルトなどよりも拒絶反応が抑えられ、生存期間が延びたという研究（順天堂大学など、医学賞、2013年）
■北里大学のバナナの皮を人間が踏んだときの摩擦の大きさを計測した研究（物理学賞、2014年）

その後もキスでアレルギー患者のアレルギー反応が弱まることを実証、前屈で股の間から後ろを見ると実際よりもものが小さく見える「股のぞき効果」を実証したことで受賞しているし、2017年には雄と雌で生殖器の形状が逆転している昆虫（トリカヘチャタテ）の存在を明らかにして受賞した。日本はイグ・ノーベル賞の常連国ともいえるのだ。

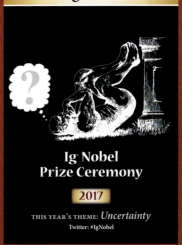

2017年のイグ・ノーベル賞の公式パンフレット。転げ落ちた「考える人」はイグ・ノーベル賞のロゴマーク。授賞式の入場料は30～75ドル。

2014年（平成26）

物理学賞

「21世紀を照らす明かり」青色発光ダイオードを発明した赤﨑勇ら

今やクリスマスの定番になりつつある街路樹を照らす青い光。「20世紀中の実現は不可能」とまで言われた「青色発光ダイオード」は、日本人科学者が生み出した。

その一人、**赤﨑勇**は1929年（昭和4）鹿児島県生まれ。京都大学理学部卒業後、1952年に神戸工業（現富士通）に入社した。1959年から名古屋大学で研究を始め、松下電器東京研究所を経て、1981年（昭和56）名古屋大学工学部教授に就任。名古屋大学を退官後、1992年に名城大学理工学部教授に就任した。

赤﨑のもとで学び、受賞の対象となった研究の実験を主導したのが**天野浩**である。天野は1960年（昭和35）静岡県生まれ。名古屋大学工学部で学び、2010年に名古屋大学教授に就任した。

世界で最初にLEDが開発されたのは1962年のことである。この「赤色LED」に続き、1968年には緑色LEDが開発され、光の三原色のうち残りの一色である「青色LED」の開発が待ち望まれた。しかし、青く光るLEDの開発は困難を極め、1980年代まではこれに挑む研究者は決して多くはなかったという。

LEDの中心となるのは半導体の「結晶」である。当初、電気的性質を考慮した結果、青色発光ダイオードの結晶候補は「セレン化亜鉛」、「炭化ケイ素」、そして「窒化ガリウム」の3つに絞られていた。赤﨑らはこの中から、他の素材よりも丈夫な「窒化ガリウム」を選んだが、窒化ガリウムの均一な結晶を作ることは想像以上に困難であった。LEDの結晶は「有機金属気相成長法」という方法によって作製する。基板には「サファイア」を用い、これにガス状にした結晶の材料を吹き付ける方法である。基板のあちこちにできた結晶の種となる「核」をもとに、結晶は成長していく。

当時、結晶の「核」が基板に不均一に並ぶことで、結晶の成長する方向にバラツキが出ることが問題であった。幾度となく失敗を繰り返し、試行錯誤の末に天野がたどりついたのが、「低温緩衝層」を基板と結晶の間に挟む方法であった。この方法では、まずサファイア基板に「窒化アルミニウム」を低温で結合させる。その層の上に窒化ガリウムを高温で吹き付けることで、結晶の向きが一様になり、均一で高品質な結晶を得ることに成功したのである。

高品質の窒化ガリウム結晶の実用化、製品化に功績を残したのが、**中村修二**である。中村は1954年

物理学	赤﨑勇（名城大学・日本）、天野浩（名古屋大学・日本）、中村修二（カリフォルニア大学サンタバーバラ校・日本）	高輝度で省電力の白色光源を実現する青色発光ダイオードの発明
化学	エリック・ベツィグ（ジャネリア リサーチキャンパス・米）、シュテファン・ヘル（マックスプランク研究所・ルーマニア）、ウィリアム・モーナー（スタンフォード大学・米）	超高解像度の蛍光顕微鏡の開発
生理学・医学	ジョン・オキーフ（ユニヴァーシティ カレッジ ロンドン・米）、マイブリット・モーセル（ノルウェー科学技術大学・ノルウェー）、エドバルド・モーセル（ノルウェー科学技術大学・ノルウェー）	脳の空間認知システムを構成する細胞の発見
文学	パトリック・モディアノ（小説家・仏）	人間の捉え難い運命を呼び起こし、占領下の出来事を明らかにした記憶の芸術
平和	カイラシュ・サティーアーティ（人権擁護者・インド）、マララ・ユスフザイ（人権擁護者・パキスタン）	子供と若者への抑圧とすべての子供が教育を受けられる権利に対する闘い
経済学	ジャン・ティロール（トゥールーズ経済学院・仏）	市場の力と規制の関する研究

この年の出来事

【世界】米を中心とした連合国がイラクに展開するIS（イスラム国）に空爆を開始。米とキューバの国交正常化交渉の開始を発表。【日本】STAP細胞をめぐり研究者の倫理が問われる。御嶽山の噴火で多数の犠牲者。

2014年に物理学賞を受賞した3人。授賞式のあったストックホルム・コンサートホールでメダルを披露。左から赤﨑勇、天野浩、中村修二。© The Asahi Shimbun/Getty Images

赤﨑勇　Isamu Akasaki
1929年（昭和4）～

鹿児島県生まれ。10代に学徒動員を経験、終戦後1949年京都大学理学部へ入学。1952年に神戸工業に就職、ブラウン管開発に関わる。1959年に名古屋大学の研究室へ移り、1964年に名大工学博士に。同年に松下電器東京研究所に招聘され研究室長、松下技研では半導体部長に。1981年に名大工学部教授、研究室を開設し多くの人材を育成。1986年、世界中で制御困難とされてきた窒素ガリウムの結晶化に成功、1989年に世界初の高輝度青色LEDを開発。1996年に名大キャンパス内に赤﨑記念研究センターが開館した。

天野浩　Hiroshi Amano
1960年（昭和35）～

静岡県生まれ。高校では数学の成績優秀だったが、勉強の楽しさは知らずにいたという。1979年名古屋大学の電気工学へ進み、授業で「工学の工の字は人と人の結びつきを表すもので、工学の究極の目的は人々の暮らしを豊かにすることである」との発言に触れ、研究の意義を見出す。大学で4年次以降はのちにノーベル物理学賞共同受賞となる赤﨑勇に指導を受ける。2010年から名古屋大学大学院教授に。窒素ガリウム半導体を用いて高精度の青色LEDを開発し、別々の機関で同様の研究に従事した赤﨑、中村らと共同受賞した。

中村修二　Shuji Nakamura
1954年（昭和29）～

愛媛県生まれ。徳島大学で電気工学を学び、同じく徳島の日亜化学工業へ就職。在籍中、名古屋大学の赤﨑勇の窒素ガリウム結晶化成功に関する論文を読んで刺激を受け、青色発光ダイオード開発に至ったという。1994年に博士号を取得、2000年から米カリフォルニア大学教授となる。2001年、日亜を相手に「青色LED訴訟」を起こす。2005年に日亜が約8億円の和解金を支払うことで決着するが、職務発明、特許を受ける権利の帰属はどこにあるかの問題提起になった。現在は米国籍。

（昭和29）愛媛県生まれ。徳島大学で学び、1979年に「日亜化学工業株式会社」に入社。1994年に徳島大学で博士号を取得した。

中村は日亜化学工業に在籍していた1988年（昭和63）に「ツーフロー方式」を考案。この方式によって、高品質の窒化ガリウム結晶を安定して大量に生産することに成功した。中村の発明によって日亜化学工業が高輝度青色LEDを製品化したのは、赤色LEDの登場から30年もの歳月が過ぎた1993年（平成5）のことであった。

中村はその後、大容量ブルーレイディスクに使われる「青紫色半導体レーザー」の開発にも成功している。ブルーレイディスクやDVDはレーザー光線によってデータを書き込む。光線の波長が小さいほど、レーザーが面に当たる点を小さくでき、より多くのデータを書き込むことができる。青紫色半導体レーザーの波長は405ナノメートルと短く、ブルーレイディスクのデータ容量は従来のCDやDVDと比べて飛躍的に向上した。その後、中村は日亜化学工業を退社。2000年にカリフォルニア大学サンタバーバラ校の教授に就任し、後に米国籍を取得している。

また2001年には、自身の発明に関する対価を求めて、日亜化学工業を提訴した。莫大な利益を産み出しうる企業研究の成果が誰に帰属するのかを問いかけたこの訴訟は、大きな社会的関心を集めた。

青色発光ダイオードの発明によって、私たちの生活は大きく様変わりした。光の三原色が揃ったことで「白色」LEDが実現され、従来の白熱電球は徐々に姿を消しつつある。パソコンなどの液晶パネルのバックライトに使われているのも白色LEDだ。青色ダイオードの放つ光の波長は450ナノメートルほどだが、将来的にはさらに波長の短いダイオードの開発が見込まれている。短波長のダイオードが実現されれば、紫外線のような殺菌効果をもつLEDを開発することができる。この「紫外線LED」によって、たとえば水道設備の整っていない地域などでも、容易に水の浄化が行えると期待できるのである。

2015年（平成27）

物理学賞

「ニュートリノ」が質量を持つことをきっちり証明した梶田隆章ら

日本は素粒子物理学が盛んな国である。特にニュートリノ研究は常に世界を牽引してきた。この年、物理学賞を受賞した**梶田隆章**は、2002年にノーベル物理学賞を受賞した**小柴昌俊**のもとで学んだ一人である。世界をリードする研究分野でも、バトンは次の世代へと確実に受け継がれている。

梶田隆章は1959年（昭和34）埼玉県生まれ。埼玉大学を経て、1981年から東京大学大学院で小柴昌俊に師事。1999年に東京大学教授に就任、2008年より東京大学宇宙線研究所の所長を務める。

梶田が小柴のもとで研究を始めた頃、岐阜県神岡鉱山跡のニュートリノ観測装置「カミオカンデ」は建設の真っ最中であった。小柴がニュートリノ観測にいたるまでの過程を、梶田は間近で経験していたわけである。

ニュートリノには「電子」「ミュー」「タウ」の3種類があるとされている。宇宙から降り注ぐ「宇宙線」はエネルギーの高い粒子で、大気にぶつかるときにニュートリノが生成する。このとき、理論上は電子ニュートリノとミューニュートリノが1対2の割合でできる。梶田は、カミオカンデで観測されるミューの数が、理論値の6割にしか満たないことに気づいた。この謎を解くには観測の頻度をあげるために、カミオカンデよりもさらに大きな装置が必要であった。カミオカンデの15倍もの性能をもつ後継機「スーパーカミオカンデ」の建設には、梶田自身が携わった。

スーパーカミオカンデによる観測の結果、地球の裏側からやってくるミューの数は、真上から降ってくるミューの半分しかないことが明らかになった。地球の裏側からやってくるミューは、真上から降ってくるミューに比べて、地球を通り抜ける分だけカミオカンデに到達するまでの時間が遅くなる。その間に、ミューからタウに姿を変えることが、ミューの数が少ない原因だと考えられた。この変化を「ニュートリノ振動」という。

従来用いられていた「素粒子の標準模型」は、ニュートリノには質量がないことが前提である。だがニュートリノ振動は、質量があるからこそ起こる反応だと考えられるのだ。梶田の功績によって初めて、ニュートリノに質量があることが実証され、標準模型そのものが書き換えられる可能性が出てきたのである。

もう一人の物理学賞受賞者**アーサー・B・マクドナルド**は、カナダのサドベリーニュートリノ観測所で太陽に由来するニュートリノの観測を行い、やはり「ニュートリノ振動」が起きることを見出した。

■生理学・医学賞

この年、生理学・医学賞を**大村智**が受賞した。山梨大学で学んだ後、夜間高校に勤務する傍ら、1960年より東京理科大学大学院で研究を始めた。1965年からは北里

分野	受賞者	受賞理由
物理学	梶田隆章（東京大学・日本）、アーサー・B・マクドナルド（クイーンズ大学・カナダ）	ニュートリノが質量を持つことを示すニュートリノ振動の発見
化学	トマス・リンダール（フランシス クリック研究所・スウェーデン）、ポール・モドリッチ（ハワード ヒューズ医学研究所・米）、アジズ・サンジャル（ノースカロライナ大学・トルコ）	DNA修復の仕組みの研究
生理学・医学	ウィリアム・C・キャンベル（ドルー大学・アイルランド）、大村智（北里大学・日本）	線虫の寄生で起こる感染症に対する新治療法の発見
	屠呦呦（中国中医科学院・中国）	マラリアに対する新治療法の発見
文学	スヴェトラーナ・アレクシエーヴィッチ（ジャーナリスト・ウクライナ）	現代における苦難と勇気の記念碑といえる多声的な著述に対して
平和	チュニジア国民対話カルテット（2013年設立）	2011年のジャスミン革命の後、チュニジアの多元的民主主義の構築に多大な貢献
経済学	アンガス・ディートン（プリンストン大学・英）	消費、貧困、福祉に関する分析

この年の出来事

【世界】世界の平均気温が過去最高を記録。米とキューバとの国交回復。中国のアジアインフラ投資銀行設立。【日本】マンション杭打ち工事のデータ改ざん発覚。東京五輪エンブレムの盗作が問題化。

梶田隆章　Takaaki Kajita
1959年（昭和34）～

埼玉県東松山市生まれ。田に囲まれた環境に育ち、自由な校風の川越高校で弓道と物理を好ぶ。埼玉大学物理学部を経て、1981年東京大学大学院の小柴昌俊研究室へ。カミオカンデの構築に参加。1986年から理学博士および東大理学部附属素粒子物理国際研究センター助手。同年、素粒子ニュートリノ観測数の理論とデータの大幅な乖離からニュートリノが質量を持つことを予測、1995年完成の次世代観測装置スーパーカミオカンデで観測開始、ニュートリノ振動を確認して1998年正式発表。2015年、ノーベル物理学賞をアーサー・B・マクドナルドと共同受賞する。2008年から東大宇宙線研究所所長。写真は2015年12月7日、スウェーデン王立科学アカデミーで記者会見に臨む梶田隆章。
© Holger Motzkau

大村智　Satoshi Omura
1935年（昭和10）～

山梨県の生まれで実家は農家。農業を手伝い1954年韮崎高校を卒業、1958年山梨大学を卒業。埼玉県浦和市（現さいたま市）で定時制高校勤務、生徒らの向学心に刺激され、東京教育大学と東京理科大学大学院の学生に。1965年からの北里研究所での抗生物質ロコマイシン構造解明が評価され、1968年東京大学から薬学博士の学位授与。その後は北里大学薬学部助教授、1970年東京理科大学理学博士、1971年米ウェズリアン大学客員教授に。1973年北里研究所へ抗生物質研究室室長として復帰、教授になり多くの後続研究者を育てた。長年、微生物が作る天然有機化合物を研究し480以上の新化合物を発見。感染症からがんまでを対象とする薬剤を開発。
© Nobel Media AB 2015/Alexander Mahmoud

屠呦呦。
© Nobel Media AB 2015/Alexander Mahmoud

スヴェトラーナ・アレクシエーヴィッチ。
© Nobel Media AB 2015/Alexander Mahmoud

研究所に入り、東京大学で薬学、東京理科大学で理学の博士号を取得。アメリカのウエスレーヤン大学客員教授の職を経て、1975年に北里大学薬学部教授に就任した。

大村はアメリカの大手製薬会社メルクに共同研究を持ちかけ、当時日本では珍しかった大学研究への民間資金援助の道筋を築いた。常にスプーンとビニール袋を持ち歩いて全国各地の土を採集し、その中から新薬に繋がるような微生物の探索に尽力した。1970年代半ばに静岡県伊東市のゴルフ場近くで採集した土から「ストレプトマイセス・アベルメクチニウス」という新種の放線菌の分離に成功。この菌が作る化学物質「エバーメクチン」には、寄生虫を麻痺させる効果があることを発見した。

大村の発見を受けて、メルク社でエバーメクチンの研究を進めたのが、**ウィリアム・C・キャンベル**である。キャンベルは1930年アイルランドの生まれ。1957年からメルク社で研究を開始した。キャンベルはエバーメクチンの化学構造を一部変えて、より効果の高い「イベルメクチン」の開発に成功。当初は家畜への投与が目的であったが、アフリカや中南米で多くの人を苦しめていた「オンコセルカ症」や「フィラリア症」にも、効果があることが明らかにされた。オンコセルカ症はブユが媒介する寄生虫によって感染し、発症すると失明の恐れがある。1988年以降、北里研究所とメルク社は世界保健機関（WHO）を通じてこれらの地域でイベルメクチンの無償配布を行い、現在までに10億人を超える人々に投与されている。

またこの年、中国の**屠呦呦（とゆうゆう）**も生理学・医学賞を受賞した。屠は1930年（昭和5）生まれ。北京医学院薬学科を卒業、1985年に中国中医研究院中薬研究所教授に就任。マラリアの新薬開発を行う国策プロジェクトに加わり、2000種以上の漢方薬の中から、青蒿（せいこう）（和名クソニンジン）に効き目があることを発見した。1600年前の医学書からヒントを得て水で抽出することにより、1972年には有効成分「アルテミシニン」を突き止めた。

■**文学賞**

同年、文学賞を受賞した**スヴェトラーナ・アレクシエーヴィッチ**（ウクライナ）はジャーナリストとして、またノンフィクションの作家としては初めての受賞者となった。

2016年（平成28）

生理学・医学賞

「オートファジー」のメカニズムを発見した大隅良典

　この年の生理学・医学賞を受賞したのは、細胞内物質の代謝に関わる「オートファジー」の研究で輝かしい業績をあげた**大隅良典**であった。

　「オートファジー」とは、細胞内の不要な物質の除去に関わる現象である。私たちの体には40兆個もの細胞があるといわれる。こんなに多くの細胞も、元をただせば1個の受精卵に由来している。細胞分裂によって細胞は増え続け、やがて神経細胞や免疫細胞など、様々な役割に特化するようになる。それぞれの細胞が与えられた役割を果たすために、細胞内ではエネルギーやタンパク質など、必要なものが絶えず作られている。人間社会でもそうだが「生産」を進める一方では、「廃棄」するシステムがたいへん重要である。つくり出してばかりでは、古くなったり不要になったりしたものが蓄積され続け、社会は大混乱に陥るだろう。もしこれが体内で起これば、たちまち病気になってしまう。

　体内の不要な物質を排除する仕組みの一つが、2004年にノーベル化学賞を受賞した**アーロン・チカノーバー**らが明らかにした「ユビキチン」によるタンパク質分解のシステムである。これは、ユビキチンとよばれる短いタンパク質で標識された物質のみが分解されるシステムである。これに対しオートファジーは、細胞の中の物をランダムに分解してしまう。このような仕組みがあることは以前から指摘されていたが、ブレイクスルーになったのは大隅の顕微鏡観察による発見だった。

　細胞の中には「小器官」とよばれるいくつかの構造があり、とくに植物細胞で目立つのが「液胞」とよばれる大きな液溜まりである。液胞には不要になった物が溜め込まれているため、当初は「ゴミ溜め」程度にしか考えられていなかった。大隅が液胞を研究テーマに選んだのは「誰も注目していなかったから」だという。1988年（昭和63）、東京大学助教授に就任したのを機にオートファジーの研究を始めた大隅は、その材料として「酵母菌」を選んだ。地道な観察を続けた結果、液胞が不要物を取り込む過程を顕微鏡でとらえることに成功した。これが世界で最初に観察されたオートファジーである。

　オートファジーでは、まず細胞の中に「隔離膜」が現れ、これが不要物を包み込む。完全に包み込まれたものを「オートファゴソーム」とよぶ。これにタンパク質分解酵素を含む「リソソーム」とよばれる小器官が融合して、この酵素により不要物が分解される。オートファジーは常に行われているものの、細胞が飢餓状態になると盛んになる。このことから、古い物質を分解して、新たな物質

分野	受賞者	授賞理由
物理学	デイヴィッド・J・サウレス（ワシントン大学・英）、ダンカン・ホールデン（プリンストン大学・英）、ジョン・M・コステリッツ（ブラウン大学・英）	トポロジカル相転移と物質のトポロジカル相の理論的発見
化学	ジャン＝ピエール・ソヴァージュ（ストラスブール大学・仏）、フレイザー・ストッダート（ノースウェスタン大学・英）、ベルナルト・L・フェリンハ（フローニンゲン大学・オランダ）	分子マシンの設計と合成に関する研究
生理学・医学	大隅良典（東京工業大学・日本）	オートファジーの仕組みの解明
文学	ボブ・ディラン（ミュージシャン・米）	米国音楽の伝統の中に新しい詩的な表現を創出した
平和	フアン・マヌエル・サントス（コロンビア大統領・コロンビア）	50年以上の内戦を終わらせるための断固たる努力
経済学	オリバー・ハート（ハーバード大学・英）、ベント・ホルムストローム（マサチューセッツ工科大学・フィンランド）	契約理論に関する功績

この年の出来事

【世界】 米大統領オバマが現職の合衆国大統領としては88年ぶりにキューバを訪問。韓国の朴槿恵大統領が職務停止。**【日本】** 熊本地震。相模原障害者施設殺傷事件で19人が死亡。

大隅良典 Yoshinori Osumi
1945年（昭和20）〜

福岡県生まれ。幼少時は兄弟の影響で自然科学の書に親しむ。福岡高校を経て1967年東京大学卒業、同大大学院でタンパク質生合成に興味。1974年博士号取得、恩師の紹介でロックフェラー大学研究員となり、試験管受精など発生生物学に関与。その後、東京大学理学部助手や講師に。1990年代初め、イースト使用研究で自食細胞オートファジーに言及、世に衝撃をもたらす。1996年から愛知の基礎生物学研究所の教授、神奈川の総合研究大学教授を兼務。退官後の2009年東京工業大学総合研究院（現フロンティア研究機構）特任教授に。写真は授賞式でメダルと賞状を受け取った直後の大隅良典。© Nobel Media AB 2016/Pi Frisk

の材料を手に入れるための「リサイクルシステム」であると考えられている。

その後、大隅は酵母を使った実験により、オートファジーに関わる14の遺伝子（ATG遺伝子）を見つけだした。酵母のATG遺伝子に相当する遺伝子は他の生物でも見つかり、ヒトをはじめとした高等動物でのオートファジーのメカニズムも徐々に明らかになっている。

また、オートファジーに異常が起こると、様々な病気を引き起こすことが指摘されている。たとえばパーキンソン病などの神経変性疾患は、不要なタンパク質が蓄積して、細胞の機能を阻害することが原因で発症すると考えられている。

将来的にはオートファジーを活性化させて、細胞に溜まった不要物の分解を積極的に促すような薬の開発も考えられるという。またこれとは反対に、オートファジーを抑えることで改善する疾患もあると考えられる。今後は、オートファジーが関連する疾患の特定や、そのメカニズムについての研究が加速すると期待される。

■**文学賞**

この年の文学賞はアメリカの歌手**ボブ・ディラン**に贈られた。ボブ・ディランは1960年代にデビュー。ときに政治的主張ともとれる斬新な歌詞をギターに乗せて歌うスタイルで、たちまち若者のカリスマ的存在となった。いわゆる「純文学」とは違う分野への文学賞授与は多くの議論を呼んだ。当初、辞退するのではないかと憶測されたが、授賞式は欠席したものの受賞は快諾。受賞の記念講演として公開されたコメントでは、「歌詞は歌われるべきもので、読むためのものではない」と言及した。代表曲に『風に吹かれて』『時代は変わる』『ライク・ア・ローリング・ストーン』などがある。

1961〜2017

159

2017年（平成29）

平和賞

世界に広がった連帯の力で「核兵器禁止条約」を実現

2017年7月7日。アメリカニューヨーク州の国連本部第4会議場で「核兵器禁止条約」が、賛成122、反対1、棄権1の賛成多数で採択された。核兵器の使用、開発、実験、製造、備蓄、移譲、威嚇の禁止、そして廃絶を定めた史上初の条約である。条約の前文には、今や国際用語ともなっている〝Hibakusha（被爆者）〟の文字とともに、その苦難と損害についての文言も盛り込まれた。

それからわずか3カ月後、ノルウェーのノーベル委員会は、この条約の採択に主導的な役割を果たした国際組織への平和賞授与を発表した。「核兵器廃絶国際キャンペーン（ICAN）」である。

2007年に設立された「ICAN」は、核兵器禁止条約の締結を目的に掲げ、被爆者の声を広く世界に伝えるとともに、軍縮団体や学術組織などと提携して、各国政府や国際機関への働きかけなどを行う連合体である。日本原水爆被害者団体協議会（日本被団協）とも協力関係にある。

2017年現在、ICANは世界101カ国、468の提携組織によって構成されているが、日本からは国際交流NGOの「ピースボート」、人権NPOの「ヒューマンライツ・ナウ」、「核戦争防止国際医師会議日本支部」、「核戦争に反対する医師の会」、「Project Now」が参画。このうち「ピースボート」の川崎哲はICANの国際運営グループ「ISG」の共同代表も務め、中心的役割を果たしている。

ちなみに活動の賛同者には、反アパルトヘイト運動家のデズモンド・ツツ（1984年平和賞受賞）、ダライ・ラマ14世（1989年平和賞受賞）や、前衛芸術家のオノ・ヨーコ、俳優のマーティン・シーンなどの著名人が名を連ねている。

核兵器禁止条約への取り組みはICAN設立前にすでに始まっていた。「核兵器は違法」とする考えに立つ国際反核法律家協会など3団体が1997年（平成9）に起草し、コスタリカ政府によって国連に提出された「モデル核兵器禁止条約」が、そのさきがけである。

そして2007年には、コスタリカとマレーシアが国連に「モデル核兵器禁止条約」の改訂案を提出。これに連動する形で発足したのがICANである。

その活動は〝核兵器禁止条約の採択〟という具体的目標を掲げ、かつその達成のために極めて戦略的に動いたという点で傑出していた。特に非核保有国の政府や要人を説得し、連携を図ることで国際世論を高めるという試みは、従来の核廃絶運動を大きく進化させた。

こうした地道な活動の結果、ICANのメンバーや被爆者たち

物理学	レイナー・ワイス（マサチューセッツ工科大学・独）、バリー・バリッシュ（カリフォルニア工科大学・米）、キップ・ソーン（カリフォルニア工科大学・米）	LIGO設立と重力波観測への貢献
化学	ジャック・ドゥボシェ（ローザンヌ大学・スイス）、ヨアヒム・フランク（コロンビア大学・独）、リチャード・ヘンダーソン（MRC分子生物学研究所・英）	溶液中で生体分子を高解像度で構造解析できるクライオ電子顕微鏡の開発
生理学・医学	ジェフリー・ホール（メイン大学・米）、マイケル・ロスバッシュ（ブランダイス大学・米）、マイケル・ヤング（ロックフェラー大学・米）	体内時計を制御する分子メカニズムの発見
文学	カズオ・イシグロ（小説家・日本）	壮大な力強さを持つ小説を通して、我々は世界と繋がっているという幻想に潜む深淵を暴いた
平和	核兵器廃絶国際キャンペーン（ICAN・2007年設立）	核兵器禁止条約の成立に貢献
経済	リチャード・セイラー（シカゴ大学・米）	行動経済学に関する功績

この年の出来事（10月末日まで）

【世界】ドナルド・トランプが第45代米大統領に就任。北朝鮮の最高指導者金正日の長男、正男がVXガスで殺害される。【日本】森友学園、加計学園問題が発覚。

ノーベル平和賞受賞の後、本部のあるジュネーヴで記者会見に出席したICANのベアトリス・フィン事務局長（左から2人目）ら。写真：共同通信社を通じてGetty Images

は、国連の作業部会などの会議に出席する機会を得るなど、国際社会での存在感と影響力を飛躍的に高め、これが核兵器禁止条約の採択を実現させた大きな要因ともなった。

もっとも、条約の実効性は必ずしも高くない。これは核保有国とその同盟国、いわゆる〝核の傘〟の下にある国々の大半が採択に参加していないからだ。唯一の被爆国である日本も例外でなく、アメリカへの配慮から協議にすら参加していない。当時の外務大臣・**岸田文雄**は「（条約は）保有国と非保有国の対立を一層深める（中略）むしろ両者の橋渡し役を務めるのが日本の役割」と述べ、被爆者たちを失望させた。協議が始まっても空席のままの日本代表団の席には、ツイッターのハッシュタグ〝#wishyouwerehere（wish you were here＝あなたがここにいれば）〟と記された折り鶴が置かれた。

確かに日本は1994年以来、毎年「核廃絶決議案」を国連に提出し続け、核保有国を含む多くの国々の賛同を得てきた。一方で、日本が不参加を決めた核兵器禁止条約の採択が実現した2017年の決議案は、核廃絶に関する表現の曖昧さが顕著になったことも事実である。

例えば、前年にはアメリカなど8カ国に対して核実験の禁止に関する条約の批准を求めていたものが、北朝鮮だけを名指しするものに後退。さらに核兵器禁止条約にも直接触れず、「熱意が感じられない」「むしろ分断を助長する内容」などと非難を受け、前年より23カ国も支持を減らした。

なお授賞式には、ICANの活動に多大な貢献をした3人の被爆者が出席する。**日本原水爆被害者団体協議会の田中熙巳**（長崎市で被爆）と**藤森俊希**（広島市で被爆）、そしてカナダ在住の**サーロー節子**（広島市で被爆）である。

このうちICANの活動の象徴的存在となったサーローは、核兵器禁止条約採択後のスピーチで、こう訴えかけた。

「世界の指導者のみなさん、私は懇願します。あなた方がこの惑星を愛しているのなら、ぜひこの条約に署名してください……」

日本政府はカズオ・イシグロの文学賞受賞には祝意を示したが、ICANの受賞に対して公式なコメントを出していない。

■物理学賞

物理学賞は「レーザー干渉計重力波観測所（LIGO）への大きな貢献と、重力波の初観測」により、**レイナー・ワイス**（ドイツ）、バ

1961〜2017

ワシントン州ハンフォードにあるLIGO研究所の観測所。1辺が4キロメートルのトンネルがL字型に組まれ、重力波による空間のゆがみを検知する。観測所はハンフォードのほか、約3000キロメートル離れたルイジアナ州リビングストンにあり、2カ所で1つのシステムとして設営されている。
©Courtesy Caltech / MIT / LIGO Lab

1961〜2017

リー・バリッシュ（アメリカ）、キップ・ソーン（アメリカ）が受賞した。

「重力波」とは、一言で言えば空間の歪みから生じる波のことである。「重力」の存在は古くから明らかにされていたものの、その力がどこから生じているのかは謎であった。**アインシュタイン**は1915年から1916年にかけて「一般相対性理論」を唱えた一連の論文の中で、重力が空間の歪みから生じることを示した。質量を持つ物質の周りでは空間が歪み、その歪みこそが重力であると考えたのである。ただし、空間の歪みはあまりにも僅かであることから、重力波を検知することは不可能だと、アインシュタインは考えていたようだ。「アインシュタイン最後の宿題」とも言われた重力波の観測に初めて成功したのは、彼の論文発表からちょうど100年後のことだった。

ワイスは1932年（昭和7）の生まれ。1962年マサチューセッツ工科大学で学位取得後、タフツ大学、プリンストン大学を経て、1973年にマサチューセッツ工科大学物理学教授に就任、現在は同大学名誉教授。宇宙マイクロ波背景放射観測のパイオニアであり、宇宙背景放射探査機（COBE）のプロジェクトでは、一層シリコンボロメーターの開発を行った。その後、重力波検出のためのレーザー干渉計の開発に携わり、LIGOプロジェクトに多大なる貢献をした。

ソーンは1940年の生まれ。1965年にプリンストン大学で学位を取得。1970年にカリフォルニア工科大学の理論物理学教授に就任、現在は同大学名誉教授である。重力物理学および天文物理学が専門で、LIGOプロジェクトの最初期に、ワイスとともに重力波の検出器の開発を行った。

バリッシュは1936年の生まれ。1962年にカリフォルニア大学バークレー校で学位を取得。1972年よりカリフォルニア工科大学教授、現在は同大学名誉教授。LIGOの主任研究員を経て、1997年よりディレクターとしてLIGOの建設に尽力した。彼のもとで設立された「LIGO科学コラボレーション」には、世界中から1000人を超える研究者が参加し、重力波天文学研究とデータ分析を担っている。

人類が検知できるほど大きな重力波が生じるようなイベントは「ブラックホール連星の衝突」「中性子星連星の衝突」、または「超新星爆発」くらいだと考えられている。アメリカの広大な平野と砂漠に建設された2基の巨大な重

2017年10月4日、スウェーデン王立科学アカデミーの事務局長らによって化学賞の受賞者が発表された。受賞者3人が巨大スクリーンに表示されている。クライオ電子顕微鏡の開発で生体分子が高解像度の3次元画像として可視化され、原子レベルでの構造決定が可能になった。医薬品の開発にも利用されている。写真：Abaca/アフロ

力波望遠鏡「LIGOリビングストン（ルイジアナ州）」と「LIGOハンフォード（ワシントン州）」が初めてとらえた重力波は、地球から13億光年先にある2つのブラックホールの衝突によるものであった。この初観測以降、重力波は次々と観測され、2017年には中性子連星の衝突によるものも観測された。今後は、重力波の透過性を生かして、恒星の内部の観測を行ったり、さらには「原始宇宙」からの重力波をとらえたりすることで、宇宙の起源にも迫ることができるのでは、と期待されている。

■化学賞

化学賞は「溶液中の生体分子の高解像度の構造決定を可能にした、クライオ電子顕微鏡（低温電子顕微鏡）の開発」により、ジャック・ドゥボシェ（スイス）、ヨアヒム・フランク（ドイツ）、リチャード・ヘンダーソン（イギリス）が受賞した。

病気の解明や新薬の開発には、生体内にある物質を分子レベルで研究することが不可欠である。しかし、私たちの体内は水で満ちており、タンパク質などの生体分子を取り出したとしても、豊富な水で囲まれた生体内での状態を保ったまま顕微鏡下で観察することは難しい。さらに、分子レベルの観察に威力を発揮する電子顕微鏡だが、たいていの生体分子は高エネルギーをもつ電子線に耐えることができない。これらの困難を克服したのが、近年、構造解析の有力なツールとなりつつある「クライオ電子顕微鏡」である。この方法では、水に囲まれた状態の生体分子を冷凍することにより、生体内での構造を保ったまま電子顕微鏡下で観測することが可能である。

ヘンダーソンは1945年生まれ。1969年イギリスのケンブリッジ大学で学位を取得した後、1973年より、ケンブリッジのMRC分子生物学研究所にて生体分子の構造解析の研究を行う。1990年代、生体分子の観察に不向きだと言われていた電子顕微鏡を使って、膜タンパク質の3次元構造の決定に成功。生体分子研究における電子顕微鏡の可能性を切り開いた。

ドゥボシェは1942年生まれ。1973年ジュネーヴ大学、バーゼル大学で学位を取得。1987年にローザンヌ大学教授に就任し、現在は同大学名誉教授である。冷凍された水は「結晶化」して電子線を散乱するため、電子顕微鏡による観察を妨げる。ドゥボシェは、薄い膜状にしたサンプルを急速に冷凍することにより、水を結晶化することなく「ガラス状」にする方法を開

発した。

フランクは1940年生まれ。電子顕微鏡のデジタル画像解析法の開発に携わり、1970年にミュンヘン工科大学で学位を取得。2008年にアメリカ、コロンビア大学教授に就任、生体分子の3次元構造の再構築法の開発に尽力した。

■生理学・医学賞

生理学・医学賞は「概日リズム（サーカディアンリズム）を制御する分子メカニズムの発見」により、ジェフリー・ホール（アメリカ）、マイケル・ロスバッシュ（アメリカ）、マイケル・ヤング（アメリカ）が受賞した。

体温や血圧、ホルモン分泌など、多くの生理活動は約24時間の周期で変化している。これを「概日リズム（サーカディアンリズム）」と呼ぶ。人だけでなく、地球上に住む生物の多くが、地球の自転周期に合わせた概日リズムを持っている。これは環境に影響されない「内因性」のリズムであり、たとえば数日間、外の世界から隔離された部屋で過ごしても、体温は約24時間の周期で変化する。2017年の生理学・医学賞は、この概日リズムをつくり出す要因を遺伝子レベルで解析した3人に贈られた。

ホールは1945年の生まれ。モデル生物の一つである「キイロショウジョウバエ」を使った研究を行い、1971年にワシントン大学で学位取得。その後、実験行動遺伝学の第一人者、カリフォルニア工科大学のシーモア・ベンザーの元で研究を行い、1974年にウォルサムのブランダイス大学に移った。現在、同大学および、メイン大学の名誉教授である。

ロスバッシュは1944年生まれ。1970年にマサチューセッツ工科大学で学位取得。エジンバラ大学を経て、1974年よりブランダイス大学に就任している。

ヤングは1949年生まれ。1975年テキサス大学で学位取得、スタンフォード大学を経て、1988年にロックフェラー大学の教授に就任した。

1970年代にベンザーとその学生であったロナルド・コノプカによって、概日リズムに異常があるショウジョウバエが発見され、「ピリオド変異（per）」と名付けられた。ホールとロスバッシュが、この変異の原因となるタンパク質「PER」をつくり出す遺伝子「$period$」の単離に成功したのは、1984年（昭和59）のことである。

PERタンパク質は夜間に蓄積し、昼には分解される。この発見により、約24時間で周期するPERタンパク質によって概日リズムが作られることが明らかになった。さながら時計のような役割を果たすことから、$period$は「時計遺伝子」と呼ばれる。

さらにホールとロスバッシュは、$period$遺伝子が機能しないような変異体を人為的に作り、PERタンパク質合成の調節を行っているのは、PERタンパク質そのものによる「フィードバック機構」であることを明らかにした。1994年には、ヤングが二つ目の時計遺伝子「$timeless$」の単離に成功。この遺伝子産物である「TIM」によって、PERタンパク質のフィードバック制御が可能になることが示された。

その後も次々と時計遺伝子に関連した遺伝子が発見され、体内時計の詳細な仕組みがわかりつつある。概日リズムを刻むメカニズムは、ハエでも人でも共通している。1997年には哺乳類で初めての時計遺伝子が同定され、人にも$period$に相当する遺伝子があることがわかった。

■文学賞

文学賞は『日の名残り』『わたしを離さないで』などの著作で知られる日系イギリス人作家カズオ・イシグロが受賞した。

イシグロが綴る物語は、ままならなかった人生の回想を通じて人間の弱さ、あるいは人間同士のすれ違いを浮かび上がらせるものが多いが、それがむしろ読者の人生と重なり合い、不思議に居心地の良い空間を作り出すのが特徴だ。

1954年（昭和29）に長崎県で生まれたイシグロは、5歳の時に両親とともにイギリスへと移住。1983年（昭和58）にはイギリス国籍を取得、同時に日本の国籍法の規定によって日本国籍を喪失した。

イシグロが小説を書き始めたのは、1980年に進学したイースト・アングリア大学大学院（創作学科）在学中のこと。長編処女作は1982年に出版した『遠い山なみの光』だった。イギリス在住の日本人女性が、原爆投下後の長崎市周辺ですごした夏の思い出を、独自調で回想する物語である。さらに1986年には、第二次世界大戦中にプロパガンダに携わった日本人画家が、戦争に加担した悔恨などを、前作と同じく一人称で回顧する『浮世の画家』を上梓した。

第1作、第2作ともに、主人公は日本人であるものの、作品中に描いた「日本」は、現実の日本とは限らないとイシグロは言う。それは彼の内面にある「日本」が、両親との会話や日本から届く本や映画などをもとに育んできた〝自分だけの日本〟だからである。そしてイシグロは、この〝自分だけの日本〟を〝保存〟するために、小説の執筆を始め、一方で、作品が完成するまで訪日を避け、〝自分だけの日本〟が、現実の日本の影響を受けないように努めた。

イシグロは自身のアイデンティティについて「イギリス人的なイギリス人でも、日本人的な日本人でもない」と表現しているが、作品は英語で執筆され、その技法もまた英文学のそれを踏襲してい

1961〜2017

カズオ・イシグロ。2015年5月の撮影。
© David Coope/Toronto Star via Getty Images

る。にもかかわらず、イギリスでは「日本的スタイル」と評されることがあったといい、これに対しイシグロは「そういう批評家たちは（中略）日本文学を知らない人たちだ」と心情を吐露している。

こうした固定観念を払拭するためか、1989年（平成元）に出版した長編第3作目『日の名残り』では、かつて貴族につかえたイギリス人の執事を主人公に据えた。イギリスの文学賞の最高権威であるブッカー賞を受賞し、1993年には映画化もされたイシグロの代表作である。前の2作同様、主人公が独白する形式で綴られるこの作品は、「さて、これからお話しする午後のことですが……」「ご想像の通り……」といった具合に、読者に語りかけるような筆致で描かれている。一方で穏やかさの裏側にある抑制された激情も垣間見える作風は、西洋の批評家たちが評する〝日本文学〟と共通する要素

があるともいえる。

なお、日本政府は日本生まれのイシグロの受賞に祝意を表したものの、外国籍を取得したノーベル賞受賞者も含めて慣例となっている文化勲章の授章を見送っている。

■経済学賞

経済学賞は、行動経済学の権威、**リチャード・セイラー（アメリカ）**が受賞した。

「行動経済学」とは、〝人間が常に合理的な行動をとるとは限らない〟という現実主義的な立場から、人間の経済行動を実証的に解明する経済学である。いわば1970年代以降の経済政策に影響を与えた〝新自由主義〟などが前提とする、「人間は常に合理的な経済行動をとる」「市場原理に委ねれば、市場が解決してくれる」といった〝市場性善説〟とは一線を画す立場だ。

セイラーの功績は、経済行動における意思決定の分析に、従来の経済学の主流であり、時に非現実的な仮定の採用を強いられる数学的手法だけでなく、心理学に基づく仮定を加え、より現実的な理論を導き出したことにある。

たとえば個人が家や車などを購入する際、一括で支払う能力があってもローンを組むといった無意識的な心理的操作を「メンタルアカウンティング（心の家計簿）」として理論化。さらに大規模な実験から、経営者が賃金水準を決定する際にみられるように、人は自己の利益だけでなく、公平性や他者の利益を考慮して経済行動を行う〈社会的選好〉傾向があること、そして「自制心の欠如」による不合理な経済行動が、市場に少なからぬ影響を与えることを説いた。

こうしたセイラーの研究は、数学的な手法に偏りがちだった経済学の世界に一石を投じただけでなく、実際の経済政策に大きな影響を与えるだろうといわれている。

■ **執筆者**（掲載順）

澤入政芝（さわいり・まさし）
1967年静岡県生まれ、法政大卒。メーカーで海外事業を担当後、1999年にフリーランスの編集者、ライターとして活動を開始。政治、経済分野を中心に執筆。また映像記者としてドキュメンタリー番組も制作する。落語にも造詣が深く『落語日和』『落語 修業時代』（ともに山川出版社）などに寄稿。
[執筆ページ：第1章、1949、1951〜1964、1966、1968〜1970、1972〜1980、1982〜1984、1987〜1994、1996〜1999、2005、2007〜2010、2013、2017（文学／平和／経済）]

横森慶信（よこもり・よしのぶ）
防衛大学校に38年在職、2016年に定年退職、名誉教授。専門は、物理化学分野だが、自然科学全般に関心がある。専門誌への投稿論文は約80編。引退後は、自然科学者の目で見た、農業、テニスプレーヤー分析、エネルギーと森と食糧の関係、放射性セシウムの最終貯蔵などに関心があり、各分野で執筆活動をしている。現在、自然農法を基礎とした「鷲野自然農園」園長。
[執筆ページ：1901、1902、1903、1904、1905、1908、1914、1915、1918、1919]

株式会社コミュニケーションカンパニー
2008年設立の書籍編集プロダクション。企画・取材・原稿執筆・撮影・デザイン・編集・DTPなど制作各行程をカバー。企画意図を実現する構成力と最適なチーム編成で制作に臨む。制作実績『落語』『2016 エピソードで読む世界の国246』（いずれも山川出版社）等。
[執筆ページ：1906、1907、1909〜1913、1916、1917、1920、1930〜1939、1943〜1948、1950、2011、2012、コラム（21、45、73、93、102、153）]

工樂真澄（くらく・ますみ）
神戸大学理学部、自然科学研究科博士課程（後期）修了。博士（理学）。国立研究機関での研究生活を経て、現在は主に小中高生対象の理科に関する業務と、サイエンスに関する記事の執筆に従事。専攻は分子生物学、発生生物学。基礎研究から最新の技術まで科学全般に関心がある。
[執筆ページ：1921〜1929、1965、1967、1971、1981、1985、1986、1995、2000〜2004、2006、2014〜2016、2017（物理学／化学／生理学・医学）]

■参考資料（順不同・抜粋）

『ノーベル賞受賞者業績事典　新訂第3版』ノーベル賞人名事典編集委員会編　日外アソシエーツ
『栄養学を拓いた巨人たち』ブルーバックス　杉晴夫　講談社
『ノーベル賞　おもしろ雑学事典』ノーベル賞研究会　ヤマハミュージックメディア
『病気がみえるvol.2』メディック・メディア
『病気がみえるvol.6』メディック・メディア
『病気がみえるvol.7』メディック・メディア
『ノーベル賞の光と陰＜増補版＞』朝日新聞社
『「量子論」を楽しむ本』佐藤勝彦　PHP文庫
『相対性理論を楽しむ本』佐藤勝彦　PHP文庫
『糖尿病は薬なしで治せる』渡邊昌　角川書店
『生命と無生物のあいだ』福岡伸一　講談社現代新書
『カンデル神経科学』エリック・カンデル　メディカルサイエンスインターナショナル
『アイザック・アシモフの科学と発見の年表』小山慶太、輪湖博 共訳　丸善
『量子力学と私』朝永振一郎　岩波文庫
『現代科学の大発明・大発見50』大宮信光　SBcreative
『物理学辞典』培風館
『理化学辞典』岩波書店
『現代科学の大発明・大発見50』大宮信光　SB Creative
『量子化学』中嶋隆人　裳華房
『栄養機能化学 第3版』栄養機能化学研究会 朝倉書店
『化学の歴史』アイザック・アシモフ　ちくま学芸文庫
『最新理科資料集』明治図書出版
『その＜脳科学＞にご用心』サテル、リリエンフェルド 紀伊國屋書店
『NMRによる生体イメージング』亀井裕孟
『宇宙』沼澤茂美　脇屋奈々代　成美堂出版
『Newton』2016 5月号、12月号
『天野先生の「青色LEDの世界」』天野 浩（著）、福田 大展（著）講談社ブルーバックス
『子供の科学』2014 12月号、2015 1月号　誠文堂新光社
『NOBEL-FOUNDATION Annual Report 2016』
『ノーベル賞　二十世紀の普遍言語』矢野暢　中公新書
『知っていそうで知らないノーベル賞の話』　北尾利夫 平凡社新書
『科学者は戦争で何をしたか』　益川敏英　集英社新書
『当った予言、外れた予言』　ジョン・マローン　文春文庫
『ノーベル賞の大研究　もっと知りたい！ノーベル賞』　若林文高監修　文研出版
『ノーベル賞はこうして決まる　選考者が語る自然科学三賞の真実』アーリング・ノルビ　創元社
『アルフレッド・ノーベル伝』　ケンネ・ファント　新評論
『ノーベル財団の資産運用』　吉田喜貴　BLOGOS
『原発とプルトニウム パンドラの箱を開けてしまった科学者たち』常石敬一　PHP研究所
『ノーベル賞の事典』　秋元格、鈴木一郎、川村亮　東京堂出版
『弁政連ニュース 第3号』日本弁護士連合会
『ノーベル平和賞 90年の軌跡と受賞者群像』　堤佳辰　河合出版
『シーシュポスの神話』　アルベール・カミュ　新潮社　文庫版60刷改版
『プルトニウムファイル いま明かされる放射能人体実験の全貌』アイリーン・ウェルサム　翔泳社
『蛋白質 核酸 酵素』　共立出版
『G-CLOUD Magazine 2011』　技術評論社
『原子爆弾の誕生 科学と国際政治の世界史』　リチャード・ローズ　啓学出版
『WIRED Vol.3』　コンデナスト・ジャパン
『原爆の落ちた日 決定版』　半藤一利、湯川豊　PHP研究所
『新潮日本文学アルバム43 横光利一』　井上謙編　新潮社
『作家の自伝15 川端康成』　羽鳥徹哉編　日本図書センター
『海の歌声 神風特別攻撃隊昭和隊への挽歌』　杉山幸照　行政通信社
『京都語文』21号（2014年）』佛教大学国語国文学会編
『国際労働基準 ILO条約・勧告の手引き』　ILO駐日事務所
『小笠原学ことはじめ』　ダニエル・ロング　南方新社
「日中戦争なら核報復を」朝日新聞（2008年12月22日）
『時代を読む経済学者の本棚』　根井雅弘　エヌティティ出版
『大江健三郎の西洋での受容』　ドナテッラ・アッタナズィオ　同志社大学国文学会
『時間生物学』　海老原史樹文、吉村崇　化学同人
ノーベル財団　http://www.nobelprize.org
日本食肉消費総合センター　http://www.jmi.or.jp
一般社団法人 日本考古学協会　http://archaeology.jp

ノーベル賞 117年の記録

2017年12月1日　第1版第1刷印刷
2017年12月5日　第1版第1刷発行

編　者　ノーベル賞の記録編集委員会
発行者　野澤伸平
発行所　株式会社 山川出版社
　　　　〒101-0047
　　　　東京都千代田区内神田1-13-13
　　　　電話　03-3293-8131(営業)
　　　　　　　03-3293-1802(編集)
　　　　https://www.yamakawa.co.jp/
　　　　振替　00120-9-43993

企画・編集　山川図書出版株式会社
編集協力　　澤入政芝　森木博人
印刷・製本　図書印刷株式会社

Ⓒ山川出版社2017　Printed in Japan
ISBN 978-4-634-15124-6

・造本には十分注意しておりますが、万一、落丁・乱丁などがございましたら、小社営業部宛にお送りください。送料小社負担にてお取り替えいたします。
・定価はカバーに表示しています。

2024年版 賃貸不動産経営管理士 当たる！直前予想模試

袋とじ

2024年度
賃貸不動産経営管理士試験

ここがこう出る！
大本命5選

合格

一問一答でチェック！ 付き！

2021年本格施行された賃貸住宅管理業法に関するテーマの中から、
2024年度本試験に出題される可能性が高い
重要テーマをセレクトしました。
直前期の試験対策に是非ご活用ください！

読者の皆さまへ
とっておきの秘策を
㊙公開します！

[管理受託] 管理受託契約締結前の重要事項説明

ポイント 賃貸住宅管理業法の制定以来、毎年出題されています。重要事項説明は、賃貸住宅管理業者の中心的な業務であり、これを管理・監督する役割を担うのが業務管理者（賃貸不動産経営管理士等）ですので、今後も出題が予想されます。

■ 重要事項説明書の交付とその説明

賃貸住宅管理業者は、管理受託契約を締結しようとするときは、管理業務を委託しようとする賃貸住宅の賃貸人に対し、**当該管理受託契約を締結するまでに**、管理受託契約の内容及びその履行に関する事項（**重要事項**）について、**書面を交付して説明しなければなりません**。

【重要事項】

❶管理受託契約を締結する賃貸住宅管理業者の商号、名称又は氏名並びに登録年月日及び登録番号
❷管理業務の対象となる賃貸住宅
❸管理業務の内容及び実施方法
　・管理業務の内容は、**回数や頻度を明示**して可能な限り具体的に記載し説明します。
　・**入居者からの苦情や問合せへの対応**を行う場合は、その内容について可能な限り具体的に記載し説明します。
❹報酬の額並びにその支払の時期及び方法
❺報酬に含まれていない管理業務に関する費用であって、賃貸住宅管理業者が通常必要とするもの
　・管理業務を実施するために必要な**水道光熱費**や、**空室管理費**等が考えられます。
❻管理業務の一部の再委託に関する事項
　・賃貸住宅管理業者は、管理業務の一部を第三者に再委託できることを事前に説明するとともに、**再委託することとなる業務の内容**、**再委託予定者**を事前に明らかにします。
❼責任及び免責に関する事項
　・**賃貸人**に**賠償責任保険等への加入**を求める場合や、当該保険によって補償される損害について**賃貸住宅管理業者が責任を負わない**こととする場合は、その旨を記載し説明します。
❽委託者への定期報告に関する事項
❾契約期間に関する事項
❿賃貸住宅の入居者に対する管理業務の内容及び実施方法の周知に関する事項
　・管理業務の内容及び実施方法について、どのような方法（**対面での説明**、**書類の郵送**、**メール送付**等）で入居者に対して周知するかについて記載し説明します。
⓫契約の更新及び解除に関する事項
　・契約の**更新の方法**について事前に説明します。
　・賃貸人又は賃貸住宅管理業者が、契約に定める義務に関してその本旨に従った履行をしない場合には、その相手方は、相当の期間を定めて**履行を催告**し、その期間内に履行がないときは、**解除**することができる旨を事前に説明します。

- 重要事項説明は、業務管理者によって行われることは**必ずしも必要ありません**が、業務管理者の管理及び監督の下に行われる必要があり、また、業務管理者又は一定の実務経験を有する者など専門的な知識及び経験を有する者によって行われることが望ましいとされています。
- 原則には、管理受託契約の相手方**本人に対して行う**必要があります。しかし、契約の相手方本人の意思により、**委任状等をもって代理権を付与された者**に対し、重要事項説明を行った場合は、当該説明をしたものと認められます。

重要事項説明が不要の場合

賃貸住宅管理業者である者その他の管理業務に係る専門的知識及び経験を有すると認められる者（以下の表①～⑧）が賃貸人である場合には、**重要事項説明は不要**です。

❶ 賃貸住宅管理業者
❷ 特定転貸事業者
❸ 宅地建物取引業者
❹ 特定目的会社
❺ 組合※
❻ 賃貸住宅に係る信託の受託者
❼ 独立行政法人都市再生機構
❽ 地方住宅供給公社

※組合員間で所定の不動産特定共同事業契約が締結されているものに限る。

電磁的方法による提供

賃貸住宅管理業者は、重要事項説明書の交付に代えて、政令で定めるところにより、管理業務を委託しようとする賃貸住宅の**賃貸人の承諾を得て**、当該書面に記載すべき事項を**電磁的方法により提供**することができます。

- 重要事項説明書を電磁的方法で提供する場合、**出力して書面を作成でき**、**改変が行われていないか確認できる**ことが必要です。
- 賃貸住宅管理業者は、電磁的方法による提供の承諾を得た場合であっても、当該承諾に係る賃貸住宅の賃貸人から書面等により**電磁的方法による提供を受けない旨の申出**があったときは、当該電磁的方法による提供をしてはなりません。しかし、当該申出の後に当該賃貸住宅の賃貸人から**再びその承諾**を得た場合は、電磁的方法による提供をすることができます。

一問一答でチェック！

- ☐ 業務管理者ではない管理業務の実務経験者が、業務管理者による管理、監督の下で説明することができる。（2023年度問1肢ア）→ ○
- ☐ 賃貸人に賠償責任保険への加入を求める場合や、当該保険によって補償される損害について賃貸住宅管理業者が責任を負わないこととする場合、その旨の説明は不要である。（2023年度問2肢4）→ ✕

大本命 2 ［管理受託］賃貸住宅管理業者の業務

ポイント 賃貸住宅管理業者の業務については、重要事項説明や契約締結時書面の交付以外にも、財産の分別管理や委託者への定期報告等が出題されています。

■ 賃貸住宅管理業者の業務

（1）名義貸しの禁止

賃貸住宅管理業者は、**自己の名義**をもって、**他人**に賃貸住宅管理業を営ませてはなりません。

（2）管理業務の再委託の禁止

賃貸住宅管理業者は、委託者から委託を受けた管理業務の**全部**を他の者に対し、再委託してはなりません。一部の再委託は可能ですが、自ら再委託先の指導監督を行う必要があります。

- 管理業務の全てについて他者に再委託（管理業務を**複数の者に分割**して再委託することを含みます）して自ら管理業務を一切行わないことは、再委託の禁止に違反します。
- 再委託先は賃貸住宅管理業者である必要はありませんが、賃貸住宅の賃貸人と管理受託契約を締結した賃貸住宅管理業者が**再委託先の業務**の実施について**責任を負います**。

（3）分別管理

賃貸住宅管理業者は、管理受託契約に基づく管理業務において受領する家賃、敷金、共益費その他の金銭（家賃等）を、整然と管理する方法により、自己の固有財産及び他の管理受託契約に基づく管理業務において受領する家賃等と**分別**して**管理**しなければなりません。

- 管理受託契約に基づく管理業務において受領する**家賃等を管理するための口座**を**自己の固有財産を管理するための口座**と明確に区分し、かつ、当該金銭が**いずれの管理受託契約に基づく管**理業務に係るものであるかが自己の**帳簿**により**直ちに判別できる**状態で管理する必要があります。
- 家賃等を管理する口座にその月分の家賃をいったん全額預入し、その口座から賃貸住宅管理業者の固有財産を管理する口座に管理報酬分の金額を移し替える等、家賃等を管理する口座と賃貸住宅管理業者の固有財産を管理する口座のいずれか一方に**家賃等及び賃貸住宅管理業者の固有財産が同時に預入されている状態**が生じることは差し支えありません。

（4）証明書の携帯等

賃貸住宅管理業者は、その業務に従事する使用人その他の従業者に、その従業者であることを証する証明書を携帯させなければ、その者をその業務に従事させてはなりません。

- 賃貸住宅管理業者と直接の雇用関係にある者であっても、**内部管理事務に限って従事する者**は、従業者証明書の携帯の**義務はありません**。
- **一時的**に業務に従事する者に携帯させる証明書の有効期間については、他の者と異なり、**業務に従事する期間に限って**発行します。
- 賃貸住宅管理業者の使用人その他の従業者は、その業務を行うに際し、委託者その他の関係者から**請求があったとき**は、**従業者証明書を提示**しなければなりません。

（5）帳簿の備付け等

賃貸住宅管理業者は、その営業所又は事務所ごとに、その業務に関する帳簿を備え付け、委託者ごとに管理受託契約について契約年月日等を記載し、これを保存しなければなりません。

- 帳簿は各事業年度の末日をもって閉鎖し、閉鎖後**5年間**その帳簿を保存しなければなりません。

（6）標識の掲示

賃貸住宅管理業者は、その営業所又は事務所ごとに、公衆の見やすい場所に、標識を掲げなければなりません。

（7）委託者への定期報告

賃貸住宅管理業者は、管理業務の実施状況等を、定期的に、委託者に報告しなければなりません。

頻度	契約締結日から**1年**を超えない期間ごと、及び、**契約期間の満了後**遅滞なく
報告方法	管理業務の状況について以下の記載事項を記載した**管理業務報告書**を作成し、これを委託者に交付して**説明**しなければなりません。 ※**委託者の承諾を得て**、管理業務報告書の交付に代えて、記載事項を**電磁的方法**により提供することができます。管理業務報告書に係る**説明方法は問いません**。
記載事項	① 報告の対象となる期間 ② 管理業務の実施状況 ③ 入居者からの苦情の発生状況及び対応状況

（8）秘密を守る義務

賃貸住宅管理業者は、**正当な理由**がある場合でなければ、その業務上取り扱ったことについて知り得た秘密を他に漏らしてはなりません。賃貸住宅管理業を**営まなくなった後**においても同様です。

賃貸住宅管理業者の**従業者**も、正当な理由がある場合でなければ、業務を補助したことについて知り得た秘密を他に漏らしてはなりません。従業者でなくなった後においても同様です。

- 賃貸住宅管理業者の従業者として秘密を守る義務を負う者には、**アルバイト**も含まれますし、再委託契約に基づき管理業務の一部の**再委託を受ける者**などの賃貸住宅管理業者と直接の雇用関係にない者も含まれます。
- 秘密を守る義務に違反する行為をした者は、30万円以下の**罰金**に処せられます。

一問一答でチェック！

☐ 賃貸住宅管理業者は、自己の名義をもって、他人に賃貸住宅管理業を営ませてはならず、それに違反した場合は、その他人が賃貸住宅管理業者の登録を受けているか否かにかかわらず罰則の対象となる。（2023年度問28肢2）→ ○

☐ 賃貸住宅管理業者は、管理業務の一部を再委託することができるが、管理業務の適正性を確保するため、再委託先は賃貸住宅管理業者としなければならない。（2023年度問28肢4）→ ✕

大本命 3 ［管理受託］賃貸住宅標準管理受託契約書

ポイント　賃貸住宅管理業法の制定以来、2021年度・2022年度と続けて出題されました。今後も出題が予想されますので、記載内容を確認しましょう。頭書から全体を通して、一度素読してみるのもオススメです。

■賃貸住宅標準管理受託契約書

賃貸住宅の管理を委託する場合の契約書のひな型です。実際の契約書作成にあたっては、**個々の状況や必要性に応じて内容の加除、修正を行い**活用されるべきものです。

主な記載内容

【金銭関連】
・委託者は、委託者の責めに帰することができない事由によって管理業者が管理業務を行うことができなくなったとき、又は、管理業者の管理業務が中途で終了したときには、**既にした履行の割合に応じて**報酬を支払わなければなりません。
・管理業者は、入居者から代理受領した敷金等を、定められた振込先に振り込むことにより、**速やかに**、委託者に引き渡さなければなりません。
【緊急時の業務】
管理業者は、災害又は事故等の事由により、**緊急に行う必要**がある業務で、委託者の承認を受ける時間的な余裕がないものについては、**委託者の承認を受けないで**実施することができます。この場合、管理業者は、速やかに**書面**をもって、その業務の内容及びその実施に要した費用の額を委託者に**通知**しなければなりません。
【鍵の管理・保管】
鍵の管理（保管・設置、交換及び費用負担含む）に関する事項は**委託者**が行います。管理業者は、入居者への鍵の引渡し時のほか、管理受託契約に基づく入居者との解約、明け渡し業務に付随して鍵を一時的に預かることができます。
【代理権の授与】
管理業者は、管理業務のうち次の業務について、委託者を代理するものとします。 ①　**敷金**、その他一時金、**家賃**、共益費（管理費）及び附属施設使用料の徴収 ②　未収金の**督促** ③　賃貸借契約に基づいて行われる入居者から委託者への**通知の受領** ④　賃貸借契約の**更新** ⑤　**修繕の費用負担**についての入居者との協議 ⑥　賃貸借契約の終了に伴う**原状回復**についての入居者との協議 ただし、④～⑥までの業務を実施する場合、その内容について事前に委託者と協議し、承諾を求めなければなりません。
【管理業務の情報提供等】
・委託者は、管理業者が管理業務を行うために必要な**情報**を**提供**しなければなりません。 ・委託者は、管理業者から要請があった場合には、管理業者に対して、**委任状**の交付その他**管理業務を委託したことを証明**するために必要な措置をとらなければなりません。

・委託者が必要な情報を提供せず、又は、必要な措置をとらず、そのために生じた管理業者の損害は、**委託者**が負担します。

【住戸への立入調査】

管理業者は、管理業務を行うため必要があるときは住戸に立ち入ることができます。この場合、管理業者は、あらかじめその旨を賃貸住宅の**入居者**に通知し、その**承諾**を得なければなりません。ただし、**防災等の緊急を要するとき**は、承諾を得る必要はありません。

【契約終了時の処理】

管理受託契約が終了したときは、管理業者は、**委託者**に対し、賃貸住宅に関する書類及び管理受託契約に関して管理業者が保管する金員を引き渡すとともに、家賃等の滞納状況を報告しなければなりません。

【入居者への対応】

管理受託契約締結時	管理業者は、入居者に対し、遅滞なく、**管理業務の内容・実施方法及び管理業者の連絡先**を記載した書面又は電磁的方法により**通知**するものとします。
管理受託契約終了時	委託者及び管理業者は、入居者に対し、遅滞なく、管理業者による賃貸住宅の管理業務が終了したことを**通知**しなければなりません。

【契約更新・解除等】

更　新	委託者又は管理業者は、**契約期間が満了する日**までに、相手方に対し、契約期間を合意に基づき更新する旨を**文書**で申し出るものとします。契約期間の更新に当たり、委託者と管理業者との間で契約の内容について別段の合意がなされなかったときは、従前の契約と同一内容の契約が成立したものとみなします。
契約の解除	委託者又は管理業者が、契約に定める義務の履行に関して、その本旨に従った履行をしない場合には、相手方は相当の期間を定めて履行を**催告**し、その期間内に履行がないときは管理受託契約を**解除**することができます。 　また、委託者又は管理業者の一方について、①反社会的勢力に該当しない等の確約に反する事実が判明した場合、②契約締結後に自ら又は役員が反社会的勢力に該当した場合、③信頼関係を破壊する特段の事情があった場合には、相手方は**何らの催告も要せずして**契約を解除することができます。
解約の申入れ	委託者又は管理業者は、相手方に対して、少なくとも〇か月前に**文書**による解約の申入れを行うことにより、管理受託契約を終了させることができます。 　また、委託者は、〇か月分の管理報酬相当額の金員を管理業者に支払うことにより、随時に管理受託契約を終了させることができます。

一問一答でチェック！

☐ 賃貸住宅管理業者は、あらかじめ入居者に通知し、承諾を得なければ住戸に立ち入ることができないものとされている。（2022年度問3肢3） → 〇

☐ 賃貸住宅管理業者は、賃貸人との間で管理受託契約を締結したときは、入居者に対し、遅滞なく連絡先等を通知しなければならず、同契約が終了したときにも、管理業務が終了したことを通知しなければならないものとされている。（2022年度問3肢4） → 〇

大本命 4 [サブリース] 勧誘者に対する規制

ポイント
「勧誘者」の定義や、誇大広告等の禁止及び不当な勧誘等の禁止については、賃貸住宅管理業法の制定以来、毎年のように問われています。正解率も高い分野ですので、点を取れるように準備しておきましょう。

勧誘者

賃貸住宅管理業法では、特定転貸事業者が特定賃貸借契約の締結についての勧誘を行わせる者を「**勧誘者**」と位置づけ、特定転貸事業者に加え、**勧誘者に対しても、誇大広告等及び不当な勧誘等を禁止**しています。また、勧誘者がこれらの規定に違反した場合には、**勧誘を行わせた特定転貸事業者自身**も指示や業務停止の対象となります。

ここで、勧誘者とは、以下①②に該当する者をいいます。

①	特定の特定転貸事業者と特定の関係性を有する者
	・ 特定転貸事業者から委託を受けて勧誘を行う者が該当するほか、明示的に勧誘を委託されてはいないが勧誘を行うよう依頼をされている者や、勧誘を任されている者は該当し、**依頼の形式は問わず、資本関係も問いません**。
	・ **親会社、子会社、関連会社**の特定賃貸借契約について勧誘を行う者、特定の特定転貸事業者から勧誘の謝礼として紹介料等の**利益を得ている**者などが該当します。
	・ 勧誘者が、自分は**自発的**に勧誘を行っており、特定転貸事業者が勧誘を行わせている者でないと主張しても、**規制の適用を免れません**。
	・ 勧誘者が勧誘行為を第三者に再委託した場合、**再委託を受けた第三者**も勧誘者に該当します。
②	当該特定転貸事業者の特定賃貸借契約の締結に向けた勧誘を行う者
	・ ここでいう勧誘とは、特定賃貸借契約の相手方となろうとする者の特定賃貸借契約を締結する意思の形成に影響を与える程度の勧め方をいいます。
	・ **不特定多数**の者に向けられたものであっても、特定の特定転貸事業者の特定賃貸借契約の内容や条件等を具体的に認識できるような内容であって、それが個別の特定賃貸借契約の相手方となろうとする者の意思形成に影響を与えるときは、該当する場合があります。
	・ 特定の事業者の契約内容や条件等に触れずに、**一般的なサブリースの仕組み**の説明に留まる場合や、単に**特定転貸事業者を紹介**する行為は、勧誘行為に該当しません。

誇大広告等の禁止

特定転貸事業者又は勧誘者が、特定賃貸借契約の条件について広告をするときは、特定賃貸借契約に基づき特定転貸事業者が支払うべき家賃、賃貸住宅の維持保全の実施方法、特定賃貸借契約の解除に関する事項等について、**著しく事実に相違する表示**をし、又は**実際のものよりも著しく優良であり、もしくは有利**であると**人を誤認させるような表示**をしてはなりません。

- 広告の記載と事実との相違が大きくなくても、その相違を知っていれば通常その特定賃貸借契約に誘引されないと判断される程度であれば、虚偽広告に該当します。

不当な勧誘等の禁止

特定転貸事業者又は勧誘者による以下の行為は禁止されています。

① 事実不告知・不実告知

特定賃貸借契約の締結の勧誘をするに際し、又はその解除を妨げるため、特定賃貸借契約の相手方又は相手方となろうとする者に対し、当該特定賃貸借契約に関する事項であって特定賃貸借契約の相手方又は相手方となろうとする者の判断に影響を及ぼすこととなる重要なものにつき、**故意に事実を告げず**、又は**不実のことを告げる行為**

〈具体例〉
- 将来の**家賃減額リスク**があること、契約期間中であっても特定転貸事業者から**契約解除の可能性**があることや借地借家法の規定により特定賃貸借契約の相手方からの解約には**正当事由が必要**であること、特定賃貸借契約の相手方の維持保全、原状回復、大規模修繕等の費用負担があること等について、あえて伝えず、サブリース事業の**メリットのみ伝える**ような勧誘行為
- 大規模な修繕費用は特定賃貸借契約の相手方負担であるにもかかわらず、「維持修繕費用は全て事業者負担である」といったことを伝える行為

② 禁止行為

特定賃貸借契約に関する行為であって、特定賃貸借契約の相手方又は相手方となろうとする者(以下「相手方等」という。)の保護に欠けるものとして国土交通省令で定めるもの(以下、ア〜エ)

ア 特定賃貸借契約を締結もしくは更新させ、又は特定賃貸借契約の申込みの撤回もしくは解除を妨げるため、相手方等を**威迫**する行為

イ 特定賃貸借契約の締結又は更新について相手方等に**迷惑を覚えさせるような時間**(一般的には、相手方等に承諾を得ている場合を除き、午後9時から午前8時まで)に電話又は訪問により勧誘する行為

ウ 特定賃貸借契約の締結又は更新について深夜又は長時間の勧誘その他の私生活又は業務の平穏を害するような**方法**により相手方等を困惑させる行為

エ 特定賃貸借契約の締結又は更新をしない旨の意思(当該契約の締結又は更新の勧誘を受けることを希望しない旨の意思を含む。)を表示した相手方等に対して**執よう**に勧誘する行為

一問一答でチェック！

- ☐ 勧誘者が不当な勧誘等の禁止に違反した場合、特定転貸事業者が監督処分を受けることがある。(2021年度問41肢2) → ○

- ☐ 「〇年間借上げ保証」との表示は、保証期間中であっても特定転貸事業者から解約をする可能性があることが表示されていなければ、禁止される誇大広告等に該当する。(2023年度問34肢3) → ○

[管理受託・サブリース]
変更契約・オーナーチェンジ

ポイント 近年の改正により、管理受託契約及び特定賃貸借契約における変更契約締結時とオーナーチェンジ時の取扱いが変わりました。2023年度に引き続き、本年度の試験でも問われる可能性がありますので、おさえておきましょう。

■ 変更契約時

（1）重要事項説明

変更契約（管理受託契約変更契約・特定賃貸借契約変更契約）とは、契約期間中又は契約更新時に重要事項説明書に記載する事項の変更を内容とする契約をいいます。

- 変更契約を締結しようとするときに、重要事項説明を行う場合にあっては、説明を受けようとする者が**承諾**した場合に限り、説明から契約締結まで期間をおかないこととして差し支えありません。
- 変更契約を締結しようとする場合には、**変更のあった事項**について、賃貸人に対して書面の交付等を行った上で説明すれば足ります。
- 〈例外〉法施行**前**に締結された契約で、法施行後に賃貸人に対して**重要事項説明を行っていない**場合→変更契約を締結しようとするときに、**全ての事項**について、重要事項説明を行う必要があります。
- ※ 契約の同一性を保ったままで契約期間のみを延長することや、組織運営に変更のない商号又は名称等の変更等、形式的な変更と認められる場合、重要事項説明は不要です。

（2）重要事項説明を電話で実施する場合

新規契約については、電話での重要事項説明は望ましくありませんが、変更契約の場合は、次に掲げる全ての事項を満たしている場合に限り、**電話**による説明をすることもできます。

- **事前に**変更契約の重要事項説明書等を**送付**し、その送付から一定期間後に説明を実施するなどして、賃貸人が変更契約締結の判断を行うまでに**十分な時間**をとること
- **賃貸人**から賃貸住宅管理業者・特定転貸事業者（以下、「管理業者等」）に対し、電話により変更契約の重要事項説明を行ってほしいとの**依頼**があること
- **賃貸人**が、変更契約の重要事項説明書等を**確認しながら説明を受ける**ことができる状態にあることについて、管理業者等が重要事項説明を開始する**前**に**確認**していること
- 賃貸人が、電話による説明をもって当該変更契約の重要事項説明の**内容を理解**したことについて、管理業者等が重要事項説明を行った**後**に**確認**していること

なお、賃貸人から管理業者等に対し、電話により変更契約の重要事項説明を行ってほしいとの依頼があった場合であっても、賃貸人から、**対面又はITの活用による説明を希望する旨の申出があったとき**は、対面又はITを活用する方法により説明しなければなりません。

【変更契約に際しての重要事項説明及び契約締結時書面の取扱い】　　　　○＝必要　×＝不要

	・法施行後に締結された契約 ・法施行前に締結され、法施行後に全ての事項につき重要事項説明又は契約締結時書面の交付を行ったことがあるもの	・法施行前に締結された契約で、法施行後に全ての事項につき重要事項説明又は契約締結時書面の交付を行ったことがないもの
内容変更がない 更新契約	×	×
内容変更がある 変更契約	○（変更部分のみ）	○（全部）

①法施行後に締結された管理受託契約・特定賃貸借契約、及び、法施行前に締結され、法施行後に全ての事項について重要事項説明を行った（※契約締結時書面についてはその交付を行った）ことがあるもの
　→変更契約締結時に、**変更のあった事項**について重要事項説明・契約締結時書面交付が必要。

②法施行前に締結された管理受託契約・特定賃貸借契約で、法施行後に全ての事項について重要事項説明を行った（※契約締結時書面についてはその交付を行った）ことがないもの
　→内容変更を伴う**最初の**変更契約締結時において、**全ての事項**について重要事項説明・契約締結時書面交付が必要。

オーナーチェンジ時

　管理受託契約・特定賃貸借契約が締結されている賃貸住宅が、契約期間中に現賃貸人から売却等されることにより、賃貸人たる地位が新たな賃貸人に移転し、従前と同一内容によって当該契約が承継される場合、管理業者等は、賃貸人たる地位が移転することを認識した後、遅滞なく、新たな賃貸人に**当該契約の内容が分かる書類を交付する**ことが望ましいとされています。

※　なお、管理受託契約において委託者の地位承継にかかる特約が定められておらず、管理受託契約が承継されない場合、新たな賃貸人との管理委託契約は新たな契約と考えられるため、賃貸住宅管理業者は、新たな賃貸人に管理受託契約重要事項説明及び管理受託契約締結時書面の交付を行わなければなりません。

一問一答でチェック！

- ☐ 管理受託契約変更契約の重要事項説明を電話で行う場合、賃貸人が、重要事項説明書を確認しながら説明を受けることができる状態にあることについて、重要事項説明を開始する前に賃貸住宅管理業者が確認することが必要である。（2023年度問3肢ウ）　→ ○

- ☐ 特定賃貸借契約を締結する建物所有者が当該建物を売却し、従前の建物所有者の賃貸人たる地位が同一内容によって新たな賃貸人に移転する場合、新たな賃貸人に特定賃貸借契約の内容が分かる書類を交付することが望ましい。（2023年度問36肢4）　→ ○

本書購入者特典❶

無料解説動画のご案内（全3回）

本書に掲載された全3回の予想模試の無料解説動画を視聴することができます。
　LEC専任講師が「合否を分ける重要問題」をピックアップして、解法の目線、注意点を中心に解説します。また、解説に加え横断的な知識の整理等も合わせて講義していきます。
　動画は各回約60分。じっくり答え合わせをしながらポイント学習ができます。

第1回　担当

友次　正浩
LEC専任講師

第2回　担当

小野　明彦
LEC専任講師

第3回　担当

有山　茜
LEC専任講師

※画面はイメージです。実際の解説画面とは異なります。　※講師は予告なく変更する場合がございます。

ご視聴方法

専用サイトにアクセスしてご視聴ください。

URL https://www.lec-jp.com/chintai/book/member/moshi/2024.html

※動画の視聴開始日・終了日については、専用サイトにてご案内いたします。　※視聴の際の通信料はお客様負担となります。

2024年版
出る順 賃貸管理士 不動産経営
当たる！直前予想模試
合格のLEC

はしがき

＜本書の目的＞

　本書は、賃貸不動産経営管理士試験のインプットをひと通り終えた方が、本番を意識した予行演習をするための模擬試験型問題集です。賃貸不動産経営管理士試験は、2020年に試験時間2時間・問題数50問の試験に変わりました。加えて、昨年度の本試験合格率は28.2％と低く、今後も同程度の合格率か、やや下がる可能性があります。国家資格化され、人気も高まってきており、これまで以上にライバルとの競争が激しく、合格するにはしっかりとした試験対策が必要になったと言えます。また、毎年、これまで出題されていない分野からの出題もあり、さらに、2021年から本格施行された賃貸住宅管理業法からの出題も多くなっています。

　そこで、ＬＥＣは賃貸不動産経営管理士試験と同じ時間・同じ問題数・同じレベルで、過去問ではない"今年出題が予想されるオリジナル模試3回分"を作成いたしました。

＜本書の特長＞

　本書は、2部構成となっております。第1部は、ＬＥＣ試験部が今年の試験を大胆に予想した「【袋とじ】2024年度 賃貸不動産経営管理士試験 ここがこう出る！大本命5選」と「【巻頭特集】2024年試験に出る！最重要テーマ厳選5」を特集しております。出題必至の重要論点からさらに絞り込んでいますので、直前期のヤマ当てや知識の確認に効果があります。第2部は、ＬＥＣの総力を結集した「直前予想模試」の合計3回分を、それぞれ問題・解説に分けて掲載しております。

　より多くの問題を解いてみたいという方は、ＬＥＣが全国で実施する「全国公開模擬試験」を受験してみてください。今後の試験対策に役立つ成績表や復習しやすい解説冊子が付くほか、解説講義の動画を閲覧できます。模擬試験は、全国のＬＥＣ各本校やオンラインショップでお買い求めいただけます。

　本書は2024年4月以降に制作しておりますので、試験の公式テキスト『令和6（2024）年度版 賃貸不動産管理の知識と実務』はもちろん、2024年4月1日現在施行されている法律に完全対応しています。

＜本書の利用法＞

　本書を下記のように有効活用をしていただき、効率の良い学習をしてください。

①第1部「【袋とじ】2024年度 賃貸不動産経営管理士試験 ここがこう出る！大本命5選」と「【巻頭特集】2024年試験に出る！最重要テーマ厳選5」を熟読し、知識の確認をする

　どのテーマも出題可能性が非常に高いものばかりですので、理解できていないもの、忘れていたものがあれば、最低3回は読み込んで、本番に備えましょう！

②第2部「直前予想模試」（合計3回分）を解く

　問題冊子・マークシート用紙を切り離し、試験時間2時間を計って、解答してください。

③購入者特典「①無料解説動画」「②Ｗｅｂ無料採点サービス」を利用する

　本書に掲載された全3回の予想模試の無料解説動画を視聴することができます。また、解答が終わった答案のマークをＷｅｂ上のマークシートに入力しましょう。採点後、Ｗｅｂ上で成績表を閲覧することができるようになります。本書の具体的な利用方法は次ページ以降をご確認ください。

　本書を最大限に活用し、ぜひとも2024年の合格を勝ち取ってください。

2024年8月吉日

株式会社　東京リーガルマインド
LEC総合研究所　賃貸不動産経営管理士試験部

本書の利用方法

1. 本書の特長

　本書は、賃貸不動産経営管理士本試験問題と同様の構成になっています。さらに、より本試験の雰囲気を体験できるよう、問題冊子を抜き取れる製本にし、マークシートの解答用紙も添付しました。

2. 利用方法

①賃貸不動産経営管理士本試験と同様の条件で解いて、出題パターンを知る

　2時間で50問（5問免除対象者も、試験時間は2時間）を解いてみてください。これにより、普段のテキストを読んで過去問を解く勉強方法ではトレーニングできない、「時間の使い方」を習得できます。どのような問題がどのように出題されるのかについても疑似体験することができます。

②マークシートに慣れる

　賃貸不動産経営管理士試験はマークシートを鉛筆やシャープペンシルで塗りつぶす方法で解答しますので、マークシートに慣れておく必要があります。本書にはマークシートが3回分ついています。必ずこのマークシートを使ってトレーニングしてください。事前にコピーをすれば、何度でも繰り返し使えますので試してみてください。また、解答用紙のダウンロードサービスがございます。あわせてご活用ください。

3. 復習の方法

①自分の客観的な実力を把握する

　本書の問題は、難易度を本試験と同レベルに設定していますので、本書の問題を解くことによって、現時点での客観的な実力を知ることができます。

　賃貸不動産経営管理士試験の合格点は、例年7割程度（2023年度は36点/50点満点）です。

　賃貸借関係で7割（9問中6点～7点）、管理受託・サブリースで7割（19問中14点～15点）、管理実務・金銭管理等で7割（10問中7点～8点）、維持保全で7割（12問中9点～10点）程度の得点が必要になります。なお、この得点目安は、毎年免除対象の問題が変わりますので、連動して変わります。

　これとの比較によって、自分の勉強がどの分野でどの程度進んでいるのかを把握してください。

②自分の弱点を知る

　各回の解説の前に出題項目の一覧表がついています。これにより、どの項目が自分の弱点なのかがわかります。

③重要度の高い問題から復習する

　本書には、LECが毎年実施している『全国公開模擬試験』の出題予想ノウハウを活かした工夫が満載です。なかでも、解説の「重要度ランク」はフルに活用してください。Aランク（出題率が高く、かつ合格者なら正解するであろう問題）は必ず復習してください。これに対して、Cランク（出題率が低いか、又は合格者でも正解率が低いであろう問題）は必ずしも復習する必要はありません。

　次に、上記の重要度ランクと合わせて予想正解率についても活用してください。予想正解率は重要度ランクとおおむね連動しているものの、よりメリハリをつけるための指標となっており、Cランクだからといって予想正解率が50％に達しているものもあるので、余裕がある場合は積極的にBランクやCランクでも予想正解率の高い問題を重点的に復習するようにしてください。

4. 法改正への対応について

　本書は、『令和6（2024）年度版 賃貸不動産管理の知識と実務』、ならびに2024年4月1日現在施行されている法令に基づいて作成していますので、本年度の賃貸不動産経営管理士試験に完全対応しています。

5. 無料解説動画（全3回、各回約60分）の利用について

　本書に掲載された全3回の予想模試の無料解説動画を視聴することができます。詳細は、本書の「**本書購入者特典① 無料解説動画のご案内**」ページをご覧ください。

6. Web無料採点サービスの利用について

　本書購入者特典として、3回の各問題について、Web上で、無料採点サービス、個人成績表・総合成績表の閲覧をすることができます。詳細は、本書の「**本書購入者特典② Web無料採点サービスのご案内**」ページをご覧ください。

CONTENTS

〈袋とじ〉2024年度 賃貸不動産経営管理士試験 ここがこう出る！大本命5選
本書購入者特典①　無料解説動画のご案内
はしがき
本書の利用方法
〈巻頭特集〉2024年試験に出る！最重要テーマ厳選5
賃貸不動産経営管理士試験の概要
本書購入者特典②　Web無料採点サービスのご案内

問題冊子

第1回 問題	1～28
第2回 問題	1～31
第3回 問題	1～33

正解・解説

第1回 正解・解説	1
第2回 正解・解説	45
第3回 正解・解説	91

巻頭特集

最重要テーマ厳選5

今年出るテーマを
LEC賃貸不動産経営管理士試験部が
総力をあげて、ズバリ渾身予想！

　賃貸不動産経営管理士試験は、2020年度から50問の出題となりました。出題範囲については、2021年6月に本格施行された賃貸住宅管理業法からの出題に加えて、これまで出題されていなかった新たなテーマが出題されることも考えられます。
　そこで、出題されたら必ず得点したいテーマ、これまで出題されたことがあるテーマで出題されそうなテーマを中心に、LEC試験部が5個選び、それらの基本事項の確認ができるよう特集を組みました。
　勉強が進んでいない方は基本に立ち返り復習をするための素材として、ある程度完成している方は最終確認用のチェックリストとして、ご利用ください。

テーマ❶	[　賃　貸　借　関　係　]	定期建物賃貸借
テーマ❷	[　賃　貸　借　関　係　]	相続
テーマ❸	[管理実務・金銭管理等]	賃貸業への支援業務（不動産の証券化／保険）
テーマ❹	[　維　持　保　全　]	原状回復ガイドライン（再改訂版）
テーマ❺	[　維　持　保　全　]	建築基準法（数字に関するまとめを中心にして）

テーマ1 [賃貸借関係] 定期建物賃貸借

ポイント 定期建物賃貸借に関する問題は毎年のように問われています。民法の定めと比較して、借地借家法で修正されている点に注意しながら学習していきましょう。

定期建物賃貸借

（1）借地借家法

借地借家法は建物の賃貸借にも適用されます。ただし、**一時使用目的**が明らかな場合は**適用がありません**。

（2）定期建物賃貸借

定期建物賃貸借とは、期間の定めのある建物の賃貸借であって、借地借家法の規定により契約の更新がない旨の定めをしたものをいいます。

特徴	・必ず存続期間を**定めていなければならず**、また、この期間は確定したものでなければなりません。「**貸主が死亡したとき**に契約が終了する」等の定めは、不確定期限付きの賃貸借契約であり、定期建物賃貸借契約とは**なりえない**ものと解されています。 ・通常の建物賃貸借は、期間を1年未満とした場合、期間の定めがないものとみなされます。しかし、定期建物賃貸借の場合、期間を**1年未満とすることもできます**。 ・賃貸借の存続期間は、民法上50年を超えることができませんが、この規定は借地借家法により建物の賃貸借については適用されないため、**50年を超える**定期建物賃貸借契約も**有効**となります。 ・契約の**更新はありません**。
契約の締結	公正証書等の**書面又は電磁的記録**で契約する必要があります。
あらかじめ書面を交付して説明	・建物の賃貸人は、あらかじめ、建物の賃借人に対し、契約の更新がなく、期間の満了により定期建物賃貸借は終了することについて、その旨を記載した**書面**を交付して又は**賃借人の承諾**を得て**電磁的方法**により提供して、**説明**しなければなりません。この説明を怠ると、契約の更新がないこととする旨の定めは無効となり、**通常の建物賃貸借**となります。 ・この書面等は**契約書とは別個独立**のものであることが必要です。
終了通知	期間が**1年以上**である場合、建物の賃貸人は、期間の満了の**1年前から6か月前まで**の間（通知期間）に建物の賃借人に対し期間の満了により建物の賃貸借が終了する旨の通知をしなければ、その終了を賃借人に対抗することができません。この通知をしなかった場合でも、通知期間の経過後、賃借人に対しその旨の通知をすれば、その通知の日から**6か月**経過後に、賃貸借の終了を賃借人に対抗することができます。

中途解約権	居住の用に供する建物の定期建物賃貸借（床面積が**200㎡未満**の建物に係るものに限る。）において、転勤、療養、親族の介護その他の**やむを得ない事情**により、建物の賃借人が建物を自己の生活の本拠として使用することが困難となったときは、賃借人は、建物の賃貸借の解約を申し入れることができます。この場合、解約の申入れの日から**1か月**を経過することによって、建物の賃貸借は終了します。
再契約	契約期間が終わったら契約は終了しますが、**再契約**をすることも可能です。契約終了後の再契約なので、保証人がいる場合には**保証も再契約が必要**です。
借賃増減請求権	建物の借賃が不相当となったときは、当事者は、将来に向かって建物の借賃の額の増減を請求することができます。 〈普通建物賃貸借〉 　一定の期間建物の借賃を**増額**しない旨の特約は**有効**です。他方、減額しない旨の特約があっても、**減額請求をすることができます**。 〈定期建物賃貸借〉 　借賃の増減を請求しない旨の特約があれば、借賃増減請求はできません。普通の建物賃貸借とは異なり、定期建物賃貸借契約の場合は**特約があれば減額請求もできません。**

■終身建物賃貸借契約

賃借人の死亡まで存続し、かつ**賃借人が死亡した時**に終了する建物賃貸借契約です。公正証書等の**書面又は電磁的記録**で契約する必要があります。原則として、賃借人は**60歳以上**である必要があり、同居できるのは**配偶者**（年齢不問）又は**60歳以上の親族**のみです。対象となる賃貸住宅は、高齢者の居住の安定確保に関する法律が定める**バリアフリー**化の基準を満たす必要があります。また、特約により借賃**増額**請求権及び借賃**減額**請求権のいずれも排除することができます。

■取壊し予定の建物賃貸借契約

法令又は契約により一定期間経過後に建物を取り壊すべきことが明らかな場合において、**建物を取り壊すことになる時**に賃貸借が終了する旨を定めた建物賃貸借契約です。この特約は、建物を取り壊すべき事由を記載した**書面又は電磁的記録**によってしなければなりません。

一問一答でチェック！

- ☐ 契約期間が3か月の定期建物賃貸借契約の場合、賃貸人は契約終了の事前通知をせずとも、同契約の終了を賃借人に対抗できる。（2023年度問24肢ウ）　→ ○
- ☐ 終身建物賃貸借契約の対象となる賃貸住宅は、高齢者の居住の安定確保に関する法律が定めるバリアフリー化の基準を満たす必要がある。（2022年度問26肢3）　→ ○

テーマ 2 [賃貸借関係] 相続

ポイント 賃貸借契約の当事者が死亡し相続が発生した場合について、度々出題されています。また、不動産登記法改正により相続登記が義務化されましたので、この点も含めて押さえておきましょう。

■ 当事者の死亡

(1) 賃貸人の死亡

① 賃貸人の地位

相続人が賃貸人の地位を承継します。

- 共同相続の場合、相続財産は**共有**となりますので、複数の相続人が共同して賃貸人の地位につきます。遺産分割後は、分割により物件を取得した者が新賃貸人となります。
- 相続人のあることが明らかでないときは、相続財産は法人とされ、清算の手続が行われ、残された財産は**国庫**に帰属します。

② 賃料の取扱い

被相続人死亡前に生じていた賃料	被相続人死亡前に支払期限が到来し、被相続人死亡の時点で未収となっていた賃料は、金銭債権として**相続財産**となります。 数人の相続人がいる場合の金銭債権は、相続財産中の金銭その他の可分債権として、法律上当然に分割され各共同相続人がその相続分に応じて権利を承継します。賃料債権も、金銭債権であり可分債権ですので、遺産分割を経ることなく、**各共同相続人**に、**その相続分に応じた賃料債権が分割されて帰属します。**
被相続人死亡後遺産分割前の賃料	相続開始から遺産分割までの間に遺産である賃貸住宅を使用管理して生じた賃料債権は、**遺産とは別個の財産**であって遺産分割の対象ではなく、**各共同相続人**がその相続分に応じて分割単独債権として確定的に取得します。後にされた遺産分割の影響を受けることもありません。
遺産分割後の賃料	遺産分割が完了すると、遺産の共有は解消されて、遺産を構成する個々の財産の帰属が確定します。相続財産に含まれる賃貸住宅を**取得した所有者**が、**賃貸人として賃料を取得します。**

(2) 賃借人の死亡

相続人が賃借権を承継します。複数の相続人がいる場合、賃借人の債務は、目的物を利用するという不可分な給付の対価ですので、各賃借人の債務は分割債務ではなく、賃貸人に対し**全部の履行義務**を負う不可分債務となります。賃貸人は、共同賃借人各々に対し、賃料の全額を請求できます。

- 居住の用に供する建物の賃借人が**相続人なし**に死亡した場合、**事実上夫婦又は養親子**と同様の関係にあった同居者は、相続人なしに死亡したことを知った後**1か月**以内に建物の賃貸人に反対の意思を表示しない限り、賃借人の権利義務を承継します。
- **公営住宅**の入居者が死亡した場合には、その相続人は、当該公営住宅を使用する権利を**当然に承継するものではありません。**

相続人と相続分

配偶者は、常に相続人となる。		
第一順位	子	・嫡出子　・非嫡出子 ・養子　・胎児
第二順位	直系尊属	・父母　・父母がいないときは祖父母
第三順位	兄弟姉妹	・全血兄弟姉妹　・半血兄弟姉妹（異母兄弟姉妹・異父兄弟姉妹）

相続人	相続分	注意点
配偶者と子	配偶者　1/2 子　　　1/2	・子が複数いる場合、子の相続分は**均等**となる。
配偶者と 直系尊属	配偶者　2/3 直系尊属　1/3	・直系尊属が複数いる場合、直系尊属の相続分は均等となる。
配偶者と 兄弟姉妹	配偶者　3/4 兄弟姉妹　1/4	・兄弟姉妹が複数いる場合、兄弟姉妹の相続分は均等となる。 ・半血兄弟姉妹の相続分は、全血兄弟姉妹の1/2である。

配偶者居住権

配偶者は、被相続人所有の建物に**相続開始時**に**居住**していた場合、遺産分割、遺贈・死因贈与、又は家庭裁判所の審判によって、その建物を**無償**で使用収益する権利を取得します。建物の所有権を他の相続人が相続しても、遺産分割等で定めなければ、配偶者の**終身の間**、無償で居住できます。ただし、被相続人が相続開始時に建物を配偶者以外の者と共有していた場合は除外されます。

相続登記の義務化

登記簿により所有者が直ちに判明しない土地が増えると、公共事業、復旧・復興事業、民間取引などの土地の利用が阻害されます。そこで、このような土地の発生の主要な原因である相続登記の未了に対応するため、不動産登記法が改正され、**相続登記**が**義務化**されました。新しい制度では、正当な理由がないのに、不動産の相続があり、その所有権を取得したことを知ってから**3年**以内に相続登記の申請をしないと、10万円以下の過料に処されます。

一問一答でチェック！

- ☐ 貸主が死亡し、その共同相続人が賃貸住宅を相続した場合、遺産分割までの賃料債権は、金銭債権として、相続財産となる。（2022年度問20肢3）　→ ✕

- ☐ Aを貸主、Bを借主とする建物賃貸借契約においてBが死亡した場合、Bの内縁の妻Cは、Bとともに賃貸住宅に居住してきたが、Bの死亡後（Bには相続人が存在しないものとする。）、Aから明渡しを求められた場合、明渡しを拒むことができない。（2021年度問24肢2）　→ ✕

[管理実務・金銭管理等]

テーマ3 賃貸業への支援業務（不動産の証券化／保険）

ポイント 賃貸業への支援業務に関する出題は幅広い範囲から問われますが、その中でも不動産の証券化と保険はよく出題されている分野です。過去問を中心に、知識を確認しておきましょう。

不動産の証券化

不動産証券化とは、不動産が生み出す収益を受け取る権利を、証券等の金融商品へと加工し、投資家が投資をしやすくするとともに、不動産事業の管理運営をマネジメントする仕組みです。

（1）不動産証券化の仕組み

不動産証券化においては**器（ビークル）** が利用されます。器は、活動の実態を有しない**ペーパーカンパニー**です。投資家との関係では、資金を集め、証券を発行し、運用によって得た利益を配分します。器からは、専門家に不動産の運用を委託し、専門家は、不動産市場において不動産を購入、賃貸、売却することによって収益を得て、賃料や売却代金などの運用益を器に還元します。この運用益が投資家への利益の配分の原資となります。

投資家から器（ビークル）への投資は、デットとエクイティに分かれます。

① デット

金融機関等からの借入れや社債のことをデットといいます。器（ビークル）内の資金の性格では、負債にあたります。利益が固定され、安全性は高いですが、リターンの割合は低くなります（**ローリスク・ローリターン**）。

② エクイティ

組合出資等を通じて払い込まれる資金のことをエクイティといいます。器（ビークル）内の資金の性格では、資本にあたります。利益が固定されず、安全性は高くないですが、リターンの割合は高くなります（**ハイリスク・ハイリターン**）。

（2）不動産証券化と管理業者の役割

① アセットマネジメント（Asset Management）

不動産投資について、**資金運用の計画、決定・実施、実施の管理**を行うことをいいます。投資家から委託を受け、①総合的な計画を策定、②投資を決定・実行、③借主管理、建物管理、会計処理などについて、プロパティマネジメント会社からの報告を受けて投資の状況を把握、④現実の管理運営を指示、⑤売却によって投下資金を回収、という一連の業務です。この一連の業務を行う専門家を、**アセットマネージャー**といいます。プロパティマネジメント会社は、アセットマネージャーから選定され、その委託を受けてプロパティマネジメント業務を担当します。

② プロパティマネジメント（Property Management）

実際の賃貸管理・運営を行うことをいいます。プロパティマネジメント会社又はプロパティマネジメント業務に携わる担当者を、**プロパティマネージャー**といいます。プロパティマネジメント会社は、アセットマネージャーの指示のもとに、プロパティマネジメント業務を行います。現実に不動産の管理運営を行い、キャッシュフローを安定させ、不動産投資の採算性を確保するための専門家です。プロパティマネジメントは、投資家のために行われる業務です。

保険

（1）保険商品の分類

分類	名称	内容
第一分野	生命保険	人の生存又は死亡について一定の約定のもとで保険金を支払うもの。
第二分野	損害保険	偶然な事故により生じた損害に対して保険金を支払うもの。
第三分野	傷害保険 医療保険 がん保険	人のケガや病気などに備える保険。

- 賃貸不動産の経営においては、このうち、第二分野である「損害保険」が有用です。
- 保険は、保険会社の商品によって、特性が異なり、いかなる危険に対して、どの範囲で補填がなされるのかは、必ずしも同一ではありません。保険について理解しておき、関係者にある程度のアドバイスをすることができるよう準備しておくことも、賃貸不動産経営に対する支援業務のひとつと考えることができます。

（2）火災保険・地震保険

火災保険	火災、落雷、破裂・爆発、風災、雹災、雪災などの自然災害などにより建物や家財に損害が生じた場合に補償するものです。
地震保険	地震、噴火又はこれらによる津波を原因とする建物や家財の損害を補償するものです。これは住宅の火災保険に附帯して加入する保険で、単独での加入はできません。

- 地震保険の保険金額は、主契約の火災保険の保険金額の 30～50％以内の範囲で、建物5,000万円、家財1,000万円までとされており、主契約の火災保険と同額の保険金額ではありません。

（3）借家人賠償責任保険

賃借人が火災・爆発・水ぬれ等の不測かつ突発的な事故によって、賃貸人（転貸人を含む。）に対する法律上の損害賠償責任を負った場合の賠償金等を補償するものです。

一問一答でチェック！

- [ ] 投資家からみて、デットによる投資は、利息の支払や元本の償還においてエクイティに優先して安全性が高いことから、リターンの割合は低くなる。（2023年度問50肢3）→ ○

- [ ] 建物の火災保険の保険金額が3,000万円の場合、地震保険金額の限度額は3,000万円×50％＝1,500万円であるが、火災保険の保険金額が1億1,000万円の場合の地震保険の限度額は1億1,000万円×50％＝5,500万円とはならず、5,000万円になる。（2022年度問48肢2）→ ○

[維持保全] 原状回復ガイドライン（再改訂版）

ポイント 原状回復ガイドラインに関する出題は、本試験での必出事項となっていますので、必ず整理しておきましょう。

原状回復ガイドラインの性質

　原状回復ガイドラインは、あくまでも一般的な基準であって、当事者に対し何ら**法的拘束力を及ぼすものではありません**。そのため、民間賃貸住宅の賃貸借契約については、契約自由の原則により、民法、借地借家法等の法令の強行法規に抵触しない限り、**原状回復ガイドラインの内容と異なる特約は有効**です。

　原状回復とは、賃借人の居住、使用により発生した建物価値の減少のうち、**賃借人の故意・過失、善管注意義務違反、その他通常の使用を超えるような使用による損耗・毀損**を復旧することです。

原状回復の負担義務者の区分

　原状回復ガイドラインでは、事例により、原状回復の負担義務者を次のように区分しています。

区分	
A	賃借人が通常の住まい方、使い方をしていても発生すると考えられるもの

「経年変化」か、「通常損耗」であり、これらは賃貸借契約の性質上、賃貸借契約期間中の賃料でカバーされてきたはずのものです。したがって、賃借人はこれらを修繕等する義務を負わず、この場合の費用は**賃貸人が負担**することとなります。

区分	
A（+G）	建物価値の減少の区分としてはAに該当するものの、建物価値を増大させる要素が含まれているもの

賃借人が通常の住まい方、使い方をしていても発生するものについては、上記のように、賃貸借契約期間中の賃料でカバーされてきたはずのものであり、賃借人は修繕等をする義務を負わないのですから、まして建物価値を増大させるような修繕等（例えば、古くなった設備等を最新のものに取り替えるとか、居室をあたかも新築のような状態にするためにクリーニングを実施する等、Aに区分されるような建物価値の減少を補ってなお余りあるような修繕等）をする義務を負うことはありません。したがって、この場合の費用についても**賃貸人が負担**することとなります。

区分	
B	賃借人の住まい方、使い方次第で発生したりしなかったりすると考えられるもの（明らかに通常の使用等による結果とはいえないもの）

「故意・過失、善管注意義務違反等による損耗等」を含むこともあり、もはや通常の使用により生ずる損耗とはいえません。したがって、**賃借人には原状回復義務が発生**し、賃借人が負担すべき費用の検討が必要になります。

区分	
A（+B）	基本的にはAであるが、その後の手入れ等賃借人の管理が悪く、損耗等が発生または拡大したと考えられるもの

賃借人が通常の住まい方、使い方をしていても発生するものであるが、その後の手入れ等賃借人の管理が悪く、損耗が発生・拡大したと考えられるものは、損耗の拡大について、賃借人に善管注意義務違反等があると考えられます。したがって、**賃借人には原状回復義務が発生**し、賃借人が負担すべき費用の検討が必要になります。

（国土交通省『原状回復をめぐるトラブルとガイドライン（再改訂版）』より）

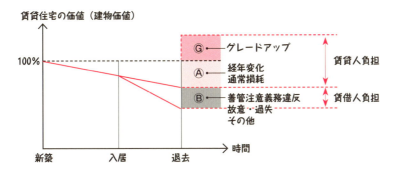

- ポスターやカレンダー等の掲示は、通常の生活において行われる範疇のものであり、そのために使用した**画鋲、ピン等の穴**は、**通常の損耗**と考えられます。
- 壁（クロス）の負担範囲は、㎡単位が望ましいが、賃借人が毀損させた箇所を含む**一面分**までは張替え費用を**賃借人負担**としてもやむをえないとされています。
- **ペット**により柱、クロス等にキズが付いたり臭いが付着している場合は、**賃借人負担**と判断される場合が多いと考えられます。
- **エアコンの内部洗浄**は、喫煙等による臭い等が付着していない限り、**賃貸人**負担とすることが妥当とされています。
- 家具の設置による床・カーペットの**へこみ**、**設置跡**は、**賃貸人負担**となります。
- 住宅の庭に生い茂った雑草は、**草取りが適切に行われていない場合**は、**賃借人が責任を負います**。
- **風呂、トイレ、洗面台の水垢・カビ等**は、**賃借人**が原状回復義務を負います。
- **鍵の取り換え**は、破損や鍵の紛失という事情がなければ、入居者の入れ替わりによる物件管理上の問題であるため、**賃貸人負担**とするのが妥当です。
- 喫煙等により当該居室全体においてクロス等が**ヤニで変色したり臭いが付着した場合のみ**、**当該居室全体のクリーニング又は張替費用を賃借人負担**とすることが妥当と考えられます。

一問一答でチェック！

- ☐ 原状回復ガイドラインによれば、飼育ペットによる臭いの原状回復費用は、無断飼育の場合を除き、賃借人の負担とはならない。（2023年度問9肢イ）→ ✕
- ☐ タバコのヤニがクロスの一部に付着して変色した場合、当該居室全体のクリーニング又は張替費用を借主の負担とする。（2022年度問11肢2）→ ✕

テーマ5 [維持保全] 建築基準法（数字に関するまとめを中心にして）

ポイント 建築基準法に定められた数字に関して出題されることがあります。こういった出題は知っていれば正解を導きやすくなりますので、基本事項は覚えておきましょう。

建築基準法における重要な数字①

項目	数値
居室の天井の高さ	・ **2.1m以上**（その高さは、室の床面から測り、一室で天井の高さの異なる部分がある場合においては、その**平均の高さ**による） ・ 天井の高さが1.4m以下で、かつ設置される階の床面積の2分の1未満であるなどの一定の基準を満たした小屋裏物置（ロフト）は、**床面積に算入されない**。一定の基準を満たしたロフトは居室として使用することはできない。
居室（住宅）の採光の有効開口面積	・ 床面積の**7分の1以上**（照明設備の設置、有効な採光方法の確保その他これらに準ずる措置が講じられているものは、床面積の1/10までの範囲で緩和することが認められる） ・ 襖など随時開放できるもので仕切られた2つの居室は、1室とみなすことができる。
居室の換気の有効開口面積	・ 床面積の**20分の1以上**（政令で定める技術的基準に従って換気設備を設けた場合は除外） ・ 襖など随時開放できるもので仕切られた2つの居室は、1室とみなすことができる。
界壁	共同住宅では、隣接する住戸から日常生活に伴い生ずる音を衛生上支障がないように低減するため、**小屋裏又は天井裏まで達する構造**とした界壁を設けなければならない。
防火区画	いわゆる高層区画の規制では、防火区画となる壁・床は、**耐火構造の壁・床**としなければならない。また、区画を構成する部分に開口部を設ける場合には、**防火扉**や**防火シャッター**などの防火設備としなければならない。
共用廊下の幅　両側に居室がある廊下における場合	1.6m以上　※
共用廊下の幅　その他の廊下における場合	1.2m以上　※
階段の幅	直上階の居室の床面積の合計が200㎡を超える階では、**120cm以上**の階段の幅が必要とされる。屋外階段（直通階段で屋外に設けるもの）では、**90cm以上**の階段の幅が必要とされる。
非常用照明	建築物の居室から地上へ通じる避難通路となる廊下や階段（採光上有効に直接外気に開放された部分は除く）には、**非常用の照明装置**を設置しなければならない。
共同住宅の直通階段	その階の居室の床面積の合計が**100㎡を超える**（準耐火構造又は不燃材料の場合は200㎡）場合、**2つ以上**設置しなければならない。
直通階段に至る歩行距離	共同住宅の場合、直通階段に至る歩行距離は、主要構造部が準耐火構造であるか又は不燃材料で造られている場合は**50m以下**、その他の場合は**30m以下**としなければならない。

※　廊下の用途：共同住宅の住戸若しくは住室の床面積の合計が100㎡を超える階における共用のもの又は3室以下の専用のものを除き居室の床面積の合計が200㎡（地階にあっては100㎡）を超える階におけるもの

建築基準法における重要な数字②

項　目	数　値
給水・貯水タンクの構造	圧力タンク等を除き、ほこりその他衛生上有害なものが入らない構造の通気のための装置を有効に設けること（ただし、有効容量が2㎥未満の給水タンク等については除く）。
給水・貯水タンクのマンホールの構造 ※ 排水槽も同様の規定	直径60cm以上の円が内接することができるものとする（ただし、外部から内部の保守点検を容易かつ安全に行うことができる小規模な給水タンク等は除く）。
排水槽の底の勾配	吸い込みピットに向かって15分の1以上10分の1以下とする等、内部の保守点検を容易かつ安全に行うことができる構造とする。
排水トラップの封水深	5cm以上10cm以下（阻集器を兼ねる排水トラップは5cm以上）

建築基準法における用語

居室	居住、執務、作業、集会、娯楽その他これらに類する目的のために継続的に使用する室をいう。
主要構造部	壁、柱、床、はり、屋根又は階段をいい、建築物の構造上重要でない間仕切壁、間柱、付け柱、揚げ床、最下階の床、回り舞台の床、小ばり、ひさし、局部的な小階段、屋外階段その他これらに類する建築物の部分を除くものとする。
構造耐力上主要な部分	基礎、基礎ぐい、壁、柱、小屋組、土台、斜材（筋かい、方づえ、火打材その他これらに類するものをいう。）、床版、屋根版又は横架材（はり、けたその他これらに類するものをいう。）で、建築物の自重若しくは積載荷重、積雪荷重、風圧、土圧若しくは水圧又は地震その他の震動若しくは衝撃を支えるものをいう。

シックハウス

- シックハウス症候群の原因は、建材や家具、日用品等から発散するホルムアルデヒドやVOC（揮発性の有機化合物）等と考えられています。
- 建築基準法のシックハウス対策の規定は、新築だけでなく、中古住宅においても増改築、大規模な修繕や模様替えを行う場合に適用となります。
- ホルムアルデヒドは建材以外からも発散されるため、ごく一部の例外を除いて、居室を有する新築建物に24時間稼働する機械換気設備の設置が義務付けられています。

一問一答でチェック！

- ☐ 一室の中で天井の高さが異なったり、傾斜天井がある場合は、平均天井高が2.1m必要である。（2020年度問48肢2）→ 〇
- ☐ 主要構造部には、間柱、小ばり、屋外階段、ひさしも含まれる。（2023年度問13肢4）→ ×

賃貸不動産経営管理士試験の概要

　賃貸不動産経営管理士試験は、毎年1回、11月（2024（R6）年は11月17日（日））に全国で実施されます。試験形式はマークシート50問、試験時間は120分です。

● 過去5年間のデータ

年　度	申込者数	受験者数	合格者数	合格率	合格点
2019（R1）	25,032人	23,605人	8,698人	36.8%	29点／40点
2020（R2）	29,591人	27,338人	8,146人	29.8%	34点／50点
2021（R3）	35,553人	32,459人	10,240人	31.5%	40点／50点
2022（R4）	35,026人	31,687人	8,774人	27.7%	34点／50点
2023（R5）	31,547人	28,299人	7,972人	28.2%	36点／50点

※　2020年度より50点満点に変更されています。

● 賃貸不動産経営管理士試験の概要

試験日時	令和6年11月17日（日）13:00～15:00（120分間）
試験会場	北海道、青森、岩手、宮城、福島、群馬、栃木、茨城、埼玉、千葉、東京、神奈川、新潟、石川、長野、静岡、岐阜、愛知、三重、滋賀、奈良、京都、大阪、兵庫、島根、岡山、広島、山口、香川、愛媛、高知、福岡、熊本、長崎、大分、宮崎、鹿児島、沖縄（全国38地域）
出題形式	四肢択一、50問 ただし、令和5年度及び令和6年度の賃貸不動産経営管理士講習（試験の一部免除）修了者は45問です。
受験資格	年齢、性別、学歴等に制約はありません。どなたでも受験できます。
受験料	12,000円
受験申込期間	令和6年8月1日（木）～令和6年9月26日（木） ※　資料請求期間は令和6年9月19日（木）PM12:00まで
合格発表	令和6年12月26日（木）（予定）

● 免除講習

学習内容	①事前学習（おおむね2週間、令和6（2024）年度版『賃貸不動産管理の知識と実務』を使用した自宅学習） ②スクーリングによる講習（1日、令和6（2024）年度版『賃貸不動産管理の知識と実務』使用、確認テスト含む）
日　程	例年7月下旬～9月中旬
時　間	9:00～17:30（8:50受付開始）

会　場	全国47都道府県123会場
受講料	実施団体ごとに異なります。
受講要件	どなたでも受講できます。ただし、受講申込方法については、実施団体の定めがあります。
テキスト	令和6（2024）年度版『賃貸不動産管理の知識と実務』
修了の証し	本講習の修了者は、賃貸不動産経営管理士試験を受験した場合、知識を習得した者の証しとして、出題50問のうち5問が免除（問46～問50）されます（修了年度より2年間有効）。

● 賃貸不動産経営管理士とは

　賃貸不動産経営管理士とは、主に賃貸アパートやマンションなど賃貸住宅の管理に関する知識・技能・倫理観を持った専門家です。賃貸住宅は、人々にとって重要な住居形態であり、その建物を適正に維持・管理することは人々の安心できる生活環境に直結します。そのため、継続的かつ安定的で良質な管理サービスに対する社会的な期待や要望は多く、賃貸不動産の管理業務にかかわる幅広い知識を有する賃貸不動産経営管理士の活躍が期待されています。また、賃貸住宅管理業法の下で国家資格化され、人気も高まってきています。

●「業務管理者」として賃貸不動産経営管理士が行う業務

①法第13条の規定による説明及び書面の交付に関する事項（重要事項説明及び書面の交付）
②法第14条の規定による書面の交付に関する事項（管理受託契約書の交付）
③賃貸住宅の維持保全の実施に関する事項及び賃貸住宅に係る家賃、敷金、共益費その他の金銭の管理に関する事項
④法第18条の規定による帳簿の備付け等に関する事項
⑤法第20条の規定による定期報告に関する事項（オーナーへの定期報告）
⑥法第21条の規定による秘密の保持に関する事項
⑦賃貸住宅の入居者からの苦情の処理に関する事項
　これらの業務等について、当該営業所又は事務所の業務を管理し、他の従業者を監督することです。

●特定転貸事業者が行うべき業務の管理・監督又は実施

①広告に関する事項（誇大広告等の禁止の遵守）
②勧誘に関する事項（不当な勧誘等の禁止の遵守）
③特定賃貸借契約の締結前の書面の交付（重要事項説明）
④特定賃貸借契約成立時の書面の交付
⑤書類の閲覧に関する事項

次ページへ続きます。

● 賃貸不動産経営管理士になるには

　賃貸不動産経営管理士試験に合格し、以下の登録のための要件を満たすことによって賃貸不動産経営管理士になることができます。

賃貸不動産経営管理士の登録の要件	賃貸不動産経営管理士試験の合格者で以下の①又は②を満たす者 ①管理業務に関し2年以上の実務の経験を有する者 ②その実務の経験を有する者と同等以上の能力を有する者 ※　②は実務経験2年とみなす講習の修了をもって代える者等を指す。
登録料	6,600円［税込］
登録の有効期間	5年間

● 賃貸不動産経営管理士の業務領域

　賃貸不動産管理業の業務は、家主との賃貸不動産の管理業務を受託する契約から入居者の募集、契約業務により希望者を入居させ、建物の維持管理や不具合の対応、原状回復工事など様々な業務があります（一部媒介業務などを含みます）。

● 2023年度出題状況

　試験実施団体が発表した賃貸不動産経営管理士試験において想定される賃貸不動産経営管理士試験の内容と、2023年度試験の出題は以下の通りでした。

イ	管理受託契約に関する事項	管理受託契約の締結前の書面の交付、管理受託契約の締結時の書面の交付、管理受託契約における受任者の権利・義務、賃貸住宅標準管理受託契約書　等	問1～4、問8、問18	**全6題**
ロ	管理業務として行う賃貸住宅の維持保全に関する事項	建築物の構造及び概要、建築設備の概要、賃貸住宅の維持保全に関する管理実務及び知識、原状回復　等	問6、問9～17、問46～47	全12題
ハ	家賃、敷金、共益費その他の金銭の管理に関する事項	家賃、敷金、共益費その他の金銭の意義、分別管理　等	問20	全1題
ニ	賃貸住宅の賃貸借に関する事項	賃貸借契約の成立、契約期間と更新、賃貸借契約の終了、保証、賃貸住宅標準契約書、サブリース住宅標準契約書　等	問5、問19、問21～26	全8題
ホ	法に関する事項	賃貸住宅の管理業務等の適正化に関する法律、サブリース事業に係る適正な業務のためのガイドライン、特定賃貸借標準契約書　等	問27～39	**全13題**
ヘ	イからホまでに掲げるもののほか、管理業務その他の賃貸住宅の管理の実務に関する事項	賃貸不動産の管理業務を行うに当たり関連する法令、賃貸不動産管理の意義と社会的情勢、賃貸不動産経営管理士のあり方、入居者の募集、賃貸業への支援業務　等	問7、問40～45、問48～50	全10題

　このうち、イ・ホの部分が、2021年に本格施行された賃貸住宅管理業法で大きく影響を受けた事項となります（他の事項でも若干の影響がある部分も存在します）。ということは、単純に考えて、50問中19問が賃貸住宅管理業法からの出題となります。このことからも、同法は今後も重要な位置を占めることとなるでしょう。

　賃貸住宅管理業法は、以下の構成となっています。

```
第一章　総則（第1条・第2条）
第二章　賃貸住宅管理業
　　第一節　登録（第3条～第9条）
　　第二節　業務（第10条～第21条）
　　第三節　監督（第22条～第27条）
第三章　特定賃貸借契約の適正化のための措置等
　　　　（第28条～第36条）
第四章　雑則（第37条～第40条）
第五章　罰則（第41条～第46条）
```

　2023年度試験においては、第一章の総則の部分から1問の出題、第二章の「管理受託方式」については10問の出題、第三章の「サブリース方式」については8問の出題となっています。

本書購入者特典❷

Web無料採点サービスのご案内

①合格可能性がわかる

全3回分の問題を各回ごとに採点を行い、成績診断をしますので、個人成績やサービスをご利用いただいた方々の中での順位・偏差値がわかります。また、LEC独自のレベル判定などから本試験での推定順位を算出します。

②問題ごとの重要度がわかる

各回、各肢ごとの正解率、各肢の選択率（何％の方が肢の何番を選んだか）等を成績表につけますので、問題の難度、重要度もデータ上から判明するため、復習の目安になります。

【個人成績表】

【得点分布】

【設問別正解率】

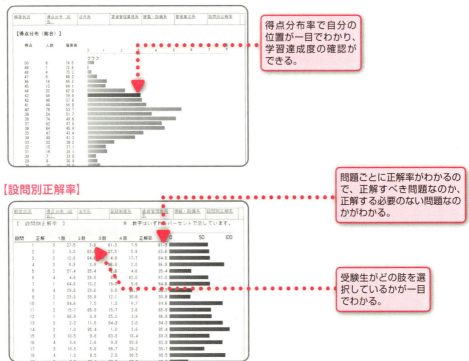

「Web無料採点サービス」のご利用方法

手順1
※採点サービスは2024年8月30日〜2024年11月13日となります。

「**LEC Myページ**」に入ります。

※Myページをお持ちでない方は、Myページを作るところからスタート！
Myページの作成はこちらから
⇒ https://online.lec-jp.com/mypage/

【「LEC My ページ」とは】
LECの各種サービスを利用するための機能・情報が1カ所に集まった、あなた専用のページです。
最新の情報や割引クーポンの入手など受験生にうれしい特典が満載！
登録料・利用料ともに無料です。

手順2
Myページができたら、Myページの「**ScoreOnline**」をクリック

「ScoreOnline」をクリック

手順3
「**無料成績診断・書籍模試**」を選択し、「**2024年度賃貸不動産経営管理士（書籍）**」→「**賃貸管理士予想模試**」→「**回数**」の順にクリック

「無料成績診断・書籍模試」を選択（※）

（※）LECの有料講座（模試）をお申込でない方は、「無料成績診断・書籍模試」だけが表示されます。

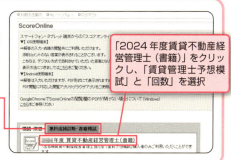

「2024年度賃貸不動産経営管理士（書籍）」をクリックし、「賃貸管理士予想模試」と「回数」を選択

手順4
成績診断を行う方は「**受験**」をクリック。そして、下記のパスワードを入力すると解答入力画面に進みます。後日成績表をご覧になるときは「**閲覧**」をクリックしてください。

パスワード **241920**

解 答 入 力 期 間：2024年8月30日〜2024年11月13日
成 績 表 公 開 日：2024年10月25日　※原則、金曜日更新
成績表最終更新日：2024年11月14日
成績表閲覧期限：2024年12月31日

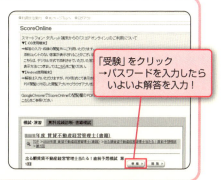

「受験」をクリック
→パスワードを入力したらいよいよ解答を入力！

LECからのご案内

本試験と同じ形式の予行練習に、**2024 賃貸不動産経営管理士　答練・模試**をご利用ください。

2024年版 出る順 賃貸不動産経営管理士
当たる！直前予想模試

第1回 問題

冊子の使い方

この色紙を残したまま、「問題冊子」を取り外し、ご利用ください。

※抜き取りの際の破損等による返品・交換には応じられませんのでご注意ください。

解答用紙の使い方

「問題冊子」を抜き取った後の色紙の裏表紙を破線に沿って切り取り、コピーしてご利用ください。
また、解答用紙のダウンロードサービスがございます。あわせてご活用ください。

令和 6 年度

賃貸不動産経営管理士 第 1 回 直前予想模試

次の注意事項をよく読んでから、始めてください。

―――― 注 意 事 項 ――――

（1）この冊子は試験問題です。問題は 1 ページから 28 ページまでの 50 問（四肢択一式）です。
（2）解答用紙（別紙）はマークシート形式です。B または HB の硬さの鉛筆（もしくはシャープペンシル）を使用して記入してください。
（3）正解は、各問題とも 1 つだけです。2 つ以上の解答をしたもの、機械で読み取れないもの等は、正解としません。解答の注意事項をよく読み、所定の要領で記入してください。
（4）問題における法令等については、令和 6 年 4 月 1 日現在で施行されている規定（関係機関による関連告示、通達等を含む）に基づき、出題されています。
（5）解答用紙の修了欄（「令和 5 年度・令和 6 年度賃貸不動産経営管理士講習の修了について」）に、既にマークが印刷されている方は、問 46 から 50 までの 5 問が免除されるため、解答する必要はありません。
（6）試験時間中は筆記用具、腕時計、置時計以外の物は一切、使用できません。携帯電話を時計の代わりに使用することもできません。
（7）全ての電子機器及び通信機器、音響機器等（携帯電話（スマートフォン）、あらゆるウェアラブル端末（スマートウォッチ、スマートグラス等）、パソコン、タブレット型端末、Bluetooth イヤホン及びスピーカー等）は、配布される封筒に電源を切って封入し、自身の座席の下に置いてください。封筒に封入されていない電子機器及び通信機器、音響機器等の存在が判明した場合は、理由の如何を問わず不正行為とみなし、直ちに試験会場から退出を命じて、受験を中止してもらいます。退出後は、試験終了時まで試験本部で待機してもらいます。
（8）上記（7）において、試験時間中に封筒へ封入した電子機器及び通信機器、音響機器等が音を発した場合は、試験監督員による立ち会いのもと、封筒を開封し、機器の電源を切ります。
（9）試験開始の合図と同時に始めてください。最初に、問題のページ数を確認し、落丁・乱丁があった場合は、ただちに係員へ申し出てください。
（10）試験問題に関する質問については、一切お答えできません。
（11）試験開始後は、試験終了時間まで途中退室はできません。
（12）試験監督員によって試験の終了が宣言された後、解答用紙に解答を記入した場合、理由の如何を問わず不正行為とみなし、合格の権利を失います。
（13）不正手段によって受験し、合格したことが判明した場合は、合格を取り消します。
（14）その他、試験会場では試験監督員及び係員等の指示に従ってください。

受験番号		氏　名	

この試験問題は試験終了後お持ち帰りください

【問 1】 賃貸住宅の管理業務等の適正化に関する法律（以下、各問において「賃貸住宅管理業法」という。）に定める賃貸住宅管理業者が管理受託契約締結前に行う重要事項の説明（以下、各問において「管理受託契約重要事項説明」という。）に関する次の記述のうち、誤っているものはどれか。

1　賃貸人が地方住宅供給公社である場合、管理受託契約重要事項説明をせずに管理受託契約を締結することができる。
2　賃貸住宅管理業法施行前に締結された管理受託契約を、同法施行後に更新する場合において、同法施行後に賃貸人に対して一度も管理受託契約重要事項説明を行っていないときであっても、契約の内容に変更がなければ、管理受託契約重要事項説明を行う必要はない。
3　業務管理者ではない管理業務の実務経験者が、業務管理者による管理、監督の下で説明する場合、説明の相手方に対して従業者証明書を提示しなければならない。
4　新規に管理受託契約を締結しようとする場合、賃貸人から賃貸住宅管理業者に対し、電話により管理受託契約重要事項説明を行ってほしいとの依頼があったとしても、電話により説明を行うことはできない。

【問 2】 管理受託契約重要事項説明に係る書面（以下、各問において「管理受託契約重要事項説明書」という。）に記載すべき事項（以下単に「管理受託契約重要事項説明書」という。）の電磁的方法による提供に関する次の記述のうち、正しいものはどれか。

1　管理受託契約重要事項説明書を電磁的方法で提供する場合、出力して書面を作成でき、改変が行われていないか確認できることが必要である。
2　管理受託契約重要事項説明書を電磁的方法で提供する場合、相手方がこれを確実に受け取ることができるよう、用いる方法について相手方の書面による承諾が必要である。
3　管理受託契約重要事項説明書を電磁的方法で提供する場合、電子メールで送信する方法によることはできない。
4　賃貸住宅管理業者は、賃貸人から電磁的方法による提供を受けない旨の申出があった場合、その後改めて承諾を得たときであっても、管理受託契約重要事項説明書を電磁的方法により提供をしてはならない。

【問 3】 管理受託契約の締結時に交付する書面(以下、各問において「管理受託契約締結時書面」という。)に関する次の記述のうち、誤っているものはどれか。

1 管理受託契約重要事項説明書と管理受託契約締結時書面を一体として交付することはできない。
2 管理受託契約締結時書面に記載すべき事項は、賃貸人から書面等により承諾を得て、電磁的方法により提供することができる。
3 管理受託契約締結時書面に記載すべき事項が記載された契約書であれば、当該契約書をもって管理受託契約締結時書面とすることができる。
4 賃貸住宅管理業法施行後に締結された管理受託契約について、契約期間中に契約内容の変更があった場合、変更のあった事項のみならず全ての事項について管理受託契約締結時書面の交付を行う必要がある。

【問 4】 賃貸住宅標準管理受託契約書(国土交通省不動産・建設経済局令和3年4月23日公表)に関する次の記述のうち、誤っているものはどれか。

1 賃貸住宅管理業者が管理受託契約に基づいて管理業務の一部を第三者へ委託した場合、賃貸住宅管理業者は、再委託した業務の処理について、委託者である賃貸人に対して、自らなしたと同等の責任を負うものとされている。
2 賃貸住宅管理業者は、自らの財産を管理するのと同程度の注意をもって、管理業務を行わなければならないものとされている。
3 未収金の督促について、賃貸人から賃貸住宅管理業者に代理権が授与されている場合であっても、入居者が賃貸住宅管理業者からの適法な請求等に応じず紛争となるときは、賃貸住宅管理業者は当該業務を実施することはできないものとされている。
4 賃貸住宅管理業者は、賃貸人との間で管理受託契約を締結したときは、入居者に対し、遅滞なく、管理業務の内容・実施方法及び賃貸住宅管理業者の連絡先について、書面又は電磁的方法により通知しなければならないものとされている。

【問 5】 賃貸住宅管理業者であるＡと賃貸人Ｂとの間の管理受託契約における賃料等の金銭管理を行う業務についての次の記述のうち、適切なものはいくつあるか。

ア　Ａは、Ｂに従属するわけではなく、独立した立場で金銭管理を行う。
イ　ＢがＡに対して報酬を支払う特約がある場合、Ａは、委任事務を履行する前であっても、報酬を請求することができる。
ウ　Ａは、Ｂの承諾があれば、Ｂに代わって賃借人から賃料を受領することを含む金銭管理を行う業務を第三者に再委託することができ、再委託を受けた第三者は、Ｂに対して、その権限の範囲内においてＡと同一の権利を有し、義務を負う。
エ　Ａは、Ｂに引き渡すべき金銭を自己のために消費したときは、その消費した日以降の利息を払うことを要し、なお損害があるときは損害も賠償しなければならない。

1　1つ
2　2つ
3　3つ
4　4つ

【問 6】 賃貸住宅管理業者の業務に関する次の記述のうち、誤っているものはどれか。

1　賃貸住宅管理業者は、その営業所又は事務所ごとに、賃貸住宅の入居者の見やすい場所に、国土交通省令で定める様式の標識を掲げなければならない。
2　賃貸住宅管理業者は、信義を旨とし、誠実にその業務を行わなければならない。
3　賃貸住宅管理業者は、自己の名義をもって、他の賃貸住宅管理業者に賃貸住宅管理業を営ませてはならない。
4　賃貸住宅管理業者は、管理業務の全部を複数の者に分割して再委託することができない。

【問 7】 賃借権の譲渡及び転貸に関する次の記述のうち、正しいものはどれか。

1 賃貸借契約書に賃借権の無断譲渡を制限する条項が記載されていない場合でも、賃借人は賃貸人に無断で第三者に賃借権を譲渡することはできない。
2 適法な転貸借がなされている場合において、原賃貸借契約が原賃借人（転貸人）の債務不履行を理由とする解除により終了したときは、転貸借契約も当然に終了する。
3 適法な転貸借がなされていたが、原賃貸人が原賃借人（転貸人）の賃料不払いを理由として有効に原賃貸借契約を解除した場合において、原賃貸人が当該契約の終了を転借人に対して事前に通知をしていなかったとき、原賃貸人は、当該契約の終了を転借人に対抗することができない。
4 適法な転貸借がなされている場合において、原賃貸人が原賃借人（転貸人）との間で原賃貸借契約を合意解除したときは、原賃貸人は、その解除の当時、原賃借人の債務不履行を理由とする解除権を有していたとしても、合意により解除したことをもって転借人に対抗することができない。

【問　8】　「原状回復をめぐるトラブルとガイドライン（再改定版）」（国土交通省住宅局平成23年8月。以下、各問において「原状回復ガイドライン」という。）に関する次の記述のうち、適切なものの組合せはどれか。

ア　原状回復ガイドラインによれば、エアコン（賃借人所有）設置による壁のビス穴、跡は、賃借人の負担とはならない。
イ　原状回復ガイドラインによれば、壁等のくぎ穴、ネジ穴（重量物をかけるためにあけたもので、下地ボードの張替えが必要な程度のもの）は、賃借人の負担とはならない。
ウ　原状回復ガイドラインによれば、引越作業で生じた引っかきキズは、賃借人の負担とはならない。
エ　原状回復ガイドラインによれば、フローリングワックスがけは、賃借人の負担とはならない。

1　ア、イ
2　イ、ウ
3　ウ、エ
4　ア、エ

【問　9】　原状回復ガイドラインに関する次の記述のうち、適切なものはどれか。

1　畳表は、6年で残存価値1円となるような直線又は曲線を想定し、賃借人の負担を決定する。
2　賃借人の過失によりカーペットの交換が必要になった場合、経年変化を考慮せず、賃借人の負担となる。
3　賃借人の過失により障子紙の張り替えが必要となった場合、6年で残存価値1円となるような直線を想定し、負担割合を算定する。
4　賃借人に原状回復義務がある場合であっても、賃借人が負担すべき範囲は、補修工事が最低限可能な施工単位を基本とし、いわゆる模様あわせ、色あわせについては、賃借人の負担とはしない。

【問 10】 漏水に関する次の記述のうち、最も不適切なものはどれか。

1 建物の最上階では、屋上や屋根、庇からの漏水が多い。
2 マンションなどでは、上の階が漏水の発生源であることが多いが、漏水が給水管からの場合、上階の部屋の給水を止めて発生箇所を特定することまでは必要ない。
3 給水管の保温不足による結露は、漏水の原因となる。
4 レンジフード、浴室、トイレの換気扇の排気口からの雨水の浸入による漏水がある。

【問 11】 建築基準法第12条第3項による建築設備等の定期検査・定期報告に関する次の記述のうち、正しいものはどれか。

1 建築設備の定期検査は、建築設備検査員資格者証の交付を受けている者のみが実施することができる。
2 建築設備の定期検査・報告が義務付けられている者は、原則として所有者であるが、所有者と管理者が異なる場合には管理者である。
3 建築設備の定期検査の対象となるのは、換気設備、排煙設備、非常用の照明装置の3項目である。
4 昇降機の所有者又は管理者は、原則として、特定行政庁が定める時期に、昇降機定期点検報告書を提出しなければならず、共同住宅の住戸内に設けられたホームエレベーター等は定期報告の対象となる。

【問 12】 消防・防火に関する次の記述のうち、誤っているものはどれか。

1 A火災（普通火災）とは、木材、紙、繊維などが燃える火災をいう。
2 共同住宅では、収容人員が50人以上の場合、賃貸人等の管理権原者は、防火管理者を定めて防火管理業務を行わせる必要がある。
3 共同住宅の住宅内には、自動火災報知設備やスプリンクラー設備が消防法の基準に基づき設置されている場合であっても、住宅用防災警報器（住宅用火災警報器）を設置しなければならない。
4 避難設備には、避難器具、誘導灯及び誘導標識がある。

【問 13】 建築基準法に規定する内装・構造に関する次の記述のうち、誤っているものはどれか。

1 建築基準法に規定する内装制限は、新築時に限り、適用される。
2 建築基準法では、居室の内装仕上げに所定の量のホルムアルデヒドを発散する建材を使用してはならず、規制対象となり得る建材としては、木質建材、壁紙、ホルムアルデヒドを含む断熱材、接着剤、塗装、仕上げ塗材などを挙げることができる。
3 防火区画には、面積区画、高層区画、竪穴区画、異種用途区画がある。
4 共同住宅の界壁は、原則として、小屋裏又は天井裏に達するものとしなければならない。

【問 14】 住宅の居室に関する次の記述のうち、適切なものはいくつあるか。

ア 住宅の居住のための居室では、開口部の面積のうち、採光に有効な部分の面積は、原則として、その居室の床面積の20分の1以上としなければならない。
イ 襖など随時開放できるもので間仕切られた2つの居室は、採光規定上、1室とみなすことはできない。
ウ 共同住宅では、住戸の床面積の合計が100㎡を超える階で、共用廊下の両側に居室のある場合には、その共用廊下の幅が1.6m以上であることが必要とされる。
エ 共同住宅では、避難階以外の階における居室の床面積の合計が100㎡（主要構造部が準耐火構造又は不燃材料で造られている場合は200㎡）を超える場合は、その階から避難するための直通階段を2つ以上設けなければならない。

1 なし
2 1つ
3 2つ
4 3つ

【問 15】 給水設備に関する次の記述のうち、最も適切なものはどれか。

1 水道直結方式のうち直結増圧方式は、水道本管から分岐された給水管から各住戸へ直接給水する方式で、水槽やポンプを介さない給水方式である。
2 クロスコネクションや逆サイホン作用により、一度吐水した水や飲料水以外の水が飲料水配管へ逆流することがある。
3 さや管ヘッダー方式は、洗面所等の水回り部に設置されたヘッダーから管をタコ足状に分配し、各水栓等の器具に単独接続する方式であり、台所と浴室等、同時に2か所以上で水を使用した場合、水量や水圧の変動が大きい。
4 飲料水用の受水槽に設ける保守点検を行うためのマンホールは、有効内径70cm以上としなければならない。

【問 16】 排水・通気設備及び浄化槽に関する次の記述のうち、最も不適切なものはどれか。

1 破封を防止するため、排水トラップを直列に二重に設けることが望ましい。
2 排水トラップの封水深は、浅いと破封しやすく、深いと自浄作用がなくなる。
3 通気立て管方式は、排水立て管に、最下層よりも低い位置で接続して通気管を立ち上げ、最上の伸頂通気管に接続するか、単独で直接大気に開口する方式であり、2管式ともいわれている。
4 平成13年4月1日以降に設置する浄化槽については、「合併処理方式」を採用することが義務づけられている。

【問 17】 契約と意思表示に関する次の記述のうち、正しいものはいくつあるか。

ア 建物賃貸借契約が成立するためには、契約の目的物である建物を賃借人に引き渡す必要がある。
イ 18歳の者が建物賃貸借契約をするには、その法定代理人の同意を得なければならない。
ウ 契約期間2年の建物賃貸借契約を締結し、「期間満了時に賃貸借を解約する」旨の特約を設けた場合であっても、更新拒絶の通知をしなければ、当該契約は法定更新される。

1 なし
2 1つ
3 2つ
4 3つ

【問 18】 賃借人が賃料債務を免れる場合に関する次の記述のうち、誤っているものはどれか。

1 賃貸人が支払期限を知っている場合において、その支払期限から5年が経過したときは、賃借人は、消滅時効を援用する旨の意思表示を行えば、確定的に賃料債務を免れる。
2 自身が賃貸人であると主張する者が複数名おり、賃借人が過失なく賃貸人を特定できない場合、賃借人は、賃料を供託することで、賃料債務を免れる。
3 建物賃貸借契約が終了し、賃借人が明渡しを完了した場合において、敷金が存在するときは、その限度において敷金の充当により賃借人は当然に賃料債務を免れる。
4 賃借人が賃貸人に対して賃料債務につき弁済の提供をしていれば、賃貸人が賃料の受領を拒んだ場合であっても、賃借人は賃料債務を免れる。

【問 19】 未収賃料の回収に関する次の記述のうち、不適切なものはいくつあるか。

ア 支払督促については、民事訴訟法上、年間の利用回数の上限が定められており、その回数の範囲内であれば、支払督促を債務名義として、賃料の支払の強制執行を求めることができる。
イ 60万円以下の賃料の支払については少額訴訟による審理及び裁判を求めることができるが、年間の利用回数の上限が定められている。
ウ 公正証書により賃貸借契約を締結したとしても、賃借人が直ちに強制執行に服する旨の陳述が当該公正証書に記載されていなければ、賃料の請求について公正証書を債務名義として強制執行の手続をすることはできない。

1 なし
2 1つ
3 2つ
4 3つ

【問 20】 居住用賃貸借契約に定める約定の有効性に関する次の記述のうち、最も不適切なものはどれか。

1 賃借人が賃貸人の同意を得て賃貸建物に設置した造作について、建物明渡し時に買取請求権を行使することができないものとするという約定は有効である。
2 法令により一定の期間を経過した後に建物を取り壊すべきことが明らかな場合、当該建物を目的物とする賃貸借契約を書面により締結するときにおいて、建物取壊し時に賃貸借契約が終了するものとするという約定は有効である。
3 賃借人が契約期間満了日に貸室を明け渡さなかった場合、賃借人は契約期間満了日の翌日から明渡しが完了するまでの間、賃料の2倍相当額の使用損害金を賃貸人に支払うものとするという約定は有効である。
4 1か月以内に滞納賃料全額を支払わなかった場合には、賃貸借契約は解除され、賃借人は直ちに退去するものとし、任意に退去しない場合には、賃貸人において室内にある賃借人の動産を処分しても構わないものとするという約定は有効である。

【問 21】 建物賃貸借契約の当事者が死亡した場合の相続に関する次の記述のうち、不適切なものはどれか。

1 賃借人が死亡し、相続人が複数いる場合において、賃貸人が賃借人の債務不履行を理由に賃貸借契約を解除するときは、相続人全員に対して未払賃料の支払を催告し、解除の意思表示をしなければならない。
2 賃借人が死亡し、相続人のいることが明らかでない場合、賃借権は当然には消滅しない。
3 賃貸人が死亡し、相続人が複数いる場合、その死亡前に生じていた敷金返還債務は法定相続分に従って分割されて各相続人に帰属する。
4 賃貸人が死亡し、相続人が複数いる場合、その死亡前に支払期限が到来し、被相続人死亡の時点で未収となっていた賃料債権は、遺産分割後は、遺産分割により賃貸物件を相続した者がすべて取得する。

【問 22】 普通建物賃貸借契約の契約期間、更新及び終了に関する次の記述のうち、誤っているものはどれか。

1 普通建物賃貸借契約は、契約期間が1年未満の場合は期間の定めのない賃貸借契約とみなす一方、契約期間に上限はなく、契約期間が50年を超える建物賃貸借契約も有効である。
2 賃貸人により正当事由をもって更新拒絶通知がなされた場合であっても、期間満了後に賃借人が建物を継続して使用し、賃貸人がそれに対して遅滞なく異議を述べなかったときは、契約は更新されたものとみなされる。
3 賃貸物件が共有の場合、賃貸人である各共有者が単独で賃貸借契約を解除することができる。
4 期間の定めのない建物賃貸借契約につき、賃貸人が正当事由なく解約の申入れをした後に当該建物の明渡請求訴訟が提起された場合において、その後に正当事由を具備するに至ったときは、正当事由が具備するに至った時から6か月の経過により契約が終了する。

【問 23】 定期建物賃貸借契約に関する次の記述のうち、正しいものはどれか。

1 契約期間を2年とする定期建物賃貸借契約において、賃貸人が、期間の満了の1年前から6か月前までの間に賃借人に対して期間満了により定期建物賃貸借契約が終了する旨の通知をしなかった場合、賃貸人が上記期間経過後に賃借人に対して終了通知をしたときは、通知日から6か月を経過した後であっても、契約の終了を賃借人に主張することはできない。
2 床面積200㎡未満の居住用建物については、賃借人が転勤、療養、親族の介護等やむを得ない事情により、建物を生活の本拠として使用することが困難となった場合には、中途解約特約がなくとも、賃借人は中途解約を申し入れることができ、解約の申入れの日から3か月を経過することによって終了する。
3 書面又は電磁的記録によらずに定期建物賃貸借契約を締結した場合、普通建物賃貸借契約としての効力を有する。
4 定期建物賃貸借契約において賃料減額請求権を行使しない旨の特約がある場合であっても、当該特約は無効であり、賃借人は賃料の減額を請求することができる。

【問 24】 Aを賃貸人、Bを賃借人として令和6年5月1日に締結された期間1年の建物賃貸借契約において、C（法人ではないものとする。）はBから委託を受けてAと連帯保証契約を同日締結した。この事案に関する次の記述のうち、誤っているものはどれか。

1 Cは、Aに対して、賃貸物件の明渡義務を直接負わないが、Bが賃貸借契約の解除後に明渡しを遅滞したことによって生じた賃料相当損害金については保証の対象となる。
2 Aは、Cとの保証契約を書面により締結したが、極度額を定めなかった場合、連帯保証契約は効力を生じない。
3 Cが死亡した場合、保証契約の元本は確定し、その後に発生するBの賃料債務については、Cの相続人は、保証の責任を負わない。
4 Aの賃貸人の地位が第三者Dに移転した場合、Cは、Dに対して、保証債務を負わない。

【問 25】 破産と賃貸借に関する次の記述のうち、正しいものの組合せはどれか。

ア 賃貸人につき破産手続の開始が決定され、破産管財人が選任されると、破産管財人が賃料の請求や収受、解除などの意思表示の主体となる。
イ 賃貸人につき破産手続の開始が決定され、破産管財人が選任された場合において、賃借人は、賃料を支払うときは、破産管財人に対して、当該賃料について敷金の額まで寄託することを請求することができる。
ウ 賃借人につき破産手続の開始が決定されたことは、民法上、賃貸人が賃貸借契約の解約申入れを行う正当な理由となる。
エ 賃借人につき破産手続の開始が決定され、破産管財人が選任された場合、破産手続開始決定後に履行期が到来する賃料債権については、賃貸人は、破産手続により弁済を受けることとなる。

1 ア、イ
2 イ、ウ
3 ウ、エ
4 ア、エ

【問 26】 特定賃貸借契約の勧誘者に対する規制に関する次の記述のうち、正しいものはどれか。

1 「勧誘者」とは、特定転貸事業者が特定賃貸借契約の締結についての勧誘を行わせる者をいうが、ここでいう「勧誘」とは、特定賃貸借契約の相手方となろうとする者の特定賃貸借契約を締結する意思の形成に影響を与える程度の勧め方をいう。
2 特定転貸事業者からの委託があっても、特定の特定転貸事業者との特定賃貸借契約のメリットを強調して締結の意欲を高めたに過ぎない者には、賃貸住宅管理業法における勧誘者の規制が適用されない。
3 特定転貸事業者から勧誘を委託された者が第三者に再委託した場合、当該第三者は、賃貸住宅管理業法における勧誘者の規制が適用されない。
4 特定転貸事業者から勧誘の委託を受けた者が、契約の内容や条件等に触れずに、単に特定転貸事業者を紹介した場合、当該受任者には賃貸住宅管理業法における勧誘者の規制が適用される。

【問 27】 賃貸住宅管理業法に定める不当な勧誘等の禁止に関する次の記述のうち、誤っているものはどれか。

1 特定転貸事業者が、特定賃貸借契約の締結の勧誘をするに際し、特定賃貸借契約の相手方となろうとする者に対し、契約における新築当初の数か月間の借り上げ家賃の支払免責期間があることをあえて説明しなかった場合、その者との間で実際に特定賃貸借契約が締結されなくとも、その行為は、不当勧誘行為に該当する。
2 建設業者が、特定転貸事業者による賃貸住宅の借上げを前提として当該賃貸住宅の建設を勧誘する際に特定賃貸借契約の勧誘を行う場合には、賃貸住宅の建設の勧誘時点で特定賃貸借契約のリスクを含めた事実を告知する必要がある。
3 午後9時から午前8時までの時間帯に、特定賃貸借契約の相手方となろうとする者が特定転貸事業者の事務所を訪問した場合において、特定転貸事業者が勧誘を行ったときは、不当勧誘行為に該当する。
4 特定転貸事業者は、特定賃貸借契約を締結若しくは更新させ、又は特定賃貸借契約の申込みの撤回若しくは解除を妨げるため、特定賃貸借契約の相手方又は相手方となろうとする者を威迫する行為をしてはならない。

【問 28】 賃貸住宅管理業の登録に関する次の記述のうち、誤っているものはいくつあるか。

ア 賃貸住宅管理業に係る賃貸住宅の管理戸数が200戸未満の者が賃貸住宅管理業の登録を受けた場合、他の登録業者と同様に賃貸住宅管理業に関する規制に服することになる。
イ 保証会社が、賃貸人から委託を受けて通常の月額家賃を賃借人から受領し、賃貸人や管理業者に送金するなど、金銭管理業務のみを行っている場合は、賃貸住宅管理業の登録を受ける必要はない。
ウ 賃貸住宅管理業の登録の有効期間は3年であり、3年ごとにその更新を受けなければ、その期間の経過によって、その効力を失う。
エ 賃貸住宅管理業者が法人の場合、支社・支店ごとに登録を受けることはできない。

1 1つ
2 2つ
3 3つ
4 4つ

【問 29】 賃貸住宅管理業法における業務管理者に関する次の記述のうち、正しいものはどれか。

1 賃貸住宅の入居者からの苦情の処理に関する事項は、賃貸住宅管理業者が業務管理者に管理及び監督に関する事務を行わせなければならない事項に該当しない。
2 ある営業所の業務管理者が一時的に他の営業所の業務管理者を兼務することはできない。
3 賃貸住宅管理業者は、その営業所又は事務所の業務管理者として選任した者の全てが賃貸住宅管理業法第6条（登録の拒否）第1項第1号から第7号までのいずれかに該当したときは、新たに業務管理者を選任するまでの間は、その営業所又は事務所において賃貸住宅管理業を行ってはならない。
4 宅地建物取引業を営む事務所における専任の宅地建物取引士は、業務管理者を兼務し、業務管理者として賃貸住宅管理業に係る業務に従事することができない。

【問 30】 賃貸住宅管理業法に規定する秘密を守る義務に関する次の記述のうち、誤っているものはどれか。

1 秘密の保持（賃貸住宅管理業法第21条）に関する事項は、賃貸住宅管理業者が業務管理者に管理及び監督に関する事務を行わせなければならない事項に該当しない。
2 秘密保持義務が課される「従業者」には、賃貸住宅管理業者の指揮命令に服しその業務に従事するアルバイトや、再委託契約に基づき管理業務の一部の再委託を受ける者も含まれる。
3 秘密保持義務が課される従業者は、自己の所属する賃貸住宅管理業者を退職して、賃貸不動産の管理に携わらなくなった後も、当該義務を引き続き負う。
4 法人たる賃貸住宅管理業者の従業者が秘密を漏らしたときは、従業者は30万円以下の罰金に処せられる。

【問 31】 特定賃貸借契約及び特定転貸事業者に関する次の記述のうち、誤っているものはどれか。

1 個人が賃借した賃貸住宅について、一時的に第三者に転貸する場合、当該個人が賃借人である賃貸借契約は、「特定賃貸借契約」に該当しない。
2 賃借人が賃貸住宅を転貸する事業を営むことを目的として締結される賃貸住宅の賃貸借契約であって、賃借人が賃貸人の親族であるものは、「特定賃貸借契約」に該当する。
3 社宅として使用する目的で賃貸住宅を借り上げた会社が、その従業員との間で転貸借契約を締結し、転貸料を徴収して従業員を入居させる場合において、転貸料が相場よりも相当低廉な金額であるときは、当該会社は「特定転貸事業者」に該当しない。
4 サービス付き高齢者向け住宅については、住宅の所有者から運営事業者が住宅を借り受け入居者へ賃貸する形態により運営されている場合、当該事業者は「特定転貸事業者」に該当する。

【問 32】 特定転貸事業者が特定賃貸借契約を締結しようとする際に行う相手方への説明（以下、各問において「特定賃貸借契約重要事項説明」という。）において、相手方になろうとする者に交付すべき書面（以下、各問において「特定賃貸借契約重要事項説明書」という。）に記載して説明すべき事項とされているものの組合せはどれか。

ア 特定賃貸借契約が終了した場合に賃貸人が特定転貸事業者の転貸人の地位を承継しない旨
イ 修繕等の際に特定転貸事業者が指定する業者が施工するといった条件を定める場合は、その旨
ウ 特定賃貸借契約の期間は家賃が固定される期間である旨
エ 特定転貸事業者が行う賃貸住宅の維持保全の内容を転借人へ周知する方法

1 ア、イ
2 ア、ウ
3 イ、エ
4 ウ、エ

【問 33】 特定賃貸借契約重要事項説明に関する次の記述のうち、誤っているものはどれか。

1 特定転貸事業者は、賃貸人本人の意思により委任状をもって代理権を付与された配偶者に対して、特定賃貸借契約重要事項説明をすることができる。
2 特定転貸事業者がどのような者に特定賃貸借契約重要事項説明をさせなければならないかについて法律上定めはない。
3 特定賃貸借契約の相手方となろうとする者が契約内容とリスク事項を十分に理解した上で契約を締結できるよう、特定賃貸借契約重要事項説明から特定賃貸借契約の締結までに1週間以上の期間を置かなければならない。
4 特定転貸事業者の使用人として特定賃貸借契約重要事項説明を出向元の指揮命令系統に服して行うこととしていることが確認できる「出向先及び出向労働者三者間の取決め」において、出向する者が出向元の重要事項説明業務を行い、出向元が指揮命令権を持つと明記されている場合、出向する者が出向元の重要事項説明を行うことができる。

【問 34】 特定賃貸借契約重要事項説明書の作成にあたっての留意点に関する次の記述のうち、正しいものはいくつあるか。

ア　書面の内容を十分に読むべき旨を太枠の中に太字波下線で、日本産業規格 Z8305 に規定する 12 ポイント以上の大きさで記載すること。
イ　書面には日本産業規格 Z8305 に規定する 8 ポイント以上の大きさの文字及び数字を用いること。
ウ　特定転貸事業者が賃貸人に支払う家賃の額の記載の次に、契約の条件にかかわらず借地借家法第 32 条第 1 項に基づき特定転貸事業者が減額請求を行うことができること、どのような場合に減額請求ができるのか、賃貸人は必ずその請求を受け入れなくてはならないわけではないことなどを記載すること。
エ　契約期間の記載の次に、借地借家法第 28 条に基づき、賃貸人からの更新拒絶には正当事由が必要であることなどを記載すること。

1　1つ
2　2つ
3　3つ
4　4つ

【問 35】 特定賃貸借契約期間中に変更が生じた場合に関する次の記述のうち、誤っているものはどれか。

1 契約期間中に特定転貸事業者が組織運営に変更なく商号を変更した場合は、特定賃貸借契約の締結時に交付する書面を再び交付する必要はない。
2 特定賃貸借契約を締結している建物所有者が死亡し、従前の建物所有者の賃貸人たる地位が相続人に移転する場合、当該相続人に特定賃貸借契約の内容がわかる書類を交付することが望ましい。
3 特定賃貸借契約の契約期間途中において、特定転貸事業者が借地借家法第32条第1項に基づく借賃減額請求権の行使により賃料の減額を請求する場合、賃貸人に対して、減額しようとする家賃の額等につき、当初の契約締結前の重要事項説明と同様の方法により説明を行う必要はない。
4 賃貸人と特定転貸事業者間の特定賃貸借契約において、賃貸住宅の維持保全の実施方法に変更があった場合、入居者（転借人）に対して通知する必要がある。

【問 36】 特定転貸事業者が特定賃貸借契約を締結したときに賃貸人に対して交付しなければならない書面（以下、本問において「特定賃貸借契約締結時書面」という。）に関する次の記述のうち、正しいものはどれか。

1 特定賃貸借契約締結時書面に記載すべき事項が記載された契約書であっても、当該契約書をもって特定賃貸借契約締結時書面とすることはできない。
2 特定賃貸借契約の相手方が賃貸住宅管理業者である場合であっても、特定賃貸借契約締結時書面の交付を省略することはできない。
3 特定賃貸借契約と管理受託契約を1つの契約として締結する場合、管理受託契約締結時書面と特定賃貸借契約締結時書面を1つの書面にまとめることはできない。
4 賃貸住宅管理業法の施行前に締結された特定賃貸借契約については、契約内容を変更しない場合であっても、同法の施行後に改めて特定賃貸借契約締結時書面の交付を行う必要がある。

【問 37】 賃貸住宅管理業法上の業務状況調書、貸借対照表及び損益計算書又はこれらに代わる書面（以下、本問において「業務状況調書等」と総称する。）の閲覧に関する次の記述のうち、正しいものはどれか。

1 特定賃貸借契約の勧誘者は、業務状況調書等の書類を事業年度ごとに当該事業年度経過後1か月以内に作成し、遅滞なく営業所又は事務所ごとに備え置かなければならない。
2 業務状況調書等の書類は、営業所又は事務所に備え置かれた日から起算して5年を経過する日までの間、当該営業所又は事務所に備え置かなければならない。
3 特定転貸事業者は、特定賃貸借契約の相手方又は入居者（転借人）からの求めがあれば、営業所又は事務所の営業時間中、業務状況調書等の書類を閲覧させなければならない。
4 業務状況調書等が、電子計算機に備えられたファイル又は電磁的記録媒体に記録され、必要に応じ営業所又は事務所ごとに電子計算機その他の機器を用いて明確に紙面に表示される状態であれば、必ずしも紙面にて公開しておく必要はない。

【問 38】 賃貸住宅管理業法に定める国土交通大臣の監督に関する次の記述のうち、誤っているものはどれか。

1 賃貸住宅管理業者がその営む賃貸住宅管理業に関し法令に違反したときは、登録の取消しの対象となる。
2 賃貸住宅管理業者が登録を受けてから1年以内に業務を開始せず、又は引き続き1年以上業務を行っていないときは、登録の取消しの対象となる。
3 国土交通大臣は、特定転貸事業者に対し指示又は業務停止の命令をしたときは、その旨を公表しなければならない。
4 賃貸住宅管理業法第35条に基づき、特定賃貸借契約の適正化を図るために国土交通大臣に対してなされる申出は、直接の利害関係者に限り行うことができる。

【問 39】 特定賃貸借標準契約書（国土交通省不動産・建設経済局令和3年4月23日更新）に関する次の記述のうち、誤っているものはいくつあるか。なお、特約はないものとする。

ア 借主は、修繕が必要な箇所を発見した場合には、その旨を速やかに貸主に報告し、修繕の必要性を協議する。
イ 特定賃貸借契約が終了したことにより、貸主が転貸借契約における借主の転貸人の地位を承継した場合、借主は、転借人から交付されている敷金等を、転借人に対して返還しなければならない。
ウ 貸主は、借主から賃貸住宅の維持保全の実施状況について報告を受ける場合、借主に対し、維持保全の実施状況に係る関係書類の提示を求めることができる。
エ 借主は、その従業員が、維持保全の実施に関し、第三者に損害を及ぼした場合、第三者に対し、賠償の責任を負う。

1　1つ
2　2つ
3　3つ
4　4つ

【問 40】 個人情報の保護に関する法律（以下、本問において「個人情報保護法」という。）に関する次の記述のうち、正しいものはどれか。

1 個人情報取扱事業者は、本人の人種、信条、社会的身分、病歴、犯罪の経歴、犯罪により害を被った事実などの要配慮個人情報については、本人の同意の有無を問わず、一切取得してはならない。
2 個人情報取扱事業者は、不正に利用されることにより財産的被害が生じるおそれがある個人データの漏えい等が発生し、又は発生したおそれがある場合、当該事態が生じた旨を個人情報保護委員会に報告しなければならない。
3 「保有個人データ」とは、個人情報取扱事業者が、開示、内容の訂正、追加又は削除、利用の停止、消去及び第三者への提供の停止を行うことのできる権限を有する個人データであって、6か月以内に消去することとなるもの以外のものをいう。
4 個人情報取扱事業者は、個人情報の利用目的を変更しようとする場合、当該変更が変更前の利用目的と関連性を有すると合理的に認められる範囲内であっても、あらかじめ本人の同意を得なければならない。

【問 41】 入居者の募集広告に関する次の記述のうち、最も不適切なものはどれか。

1 徒歩による所要時間は、直線距離80メートルにつき1分間を要するものとして算出した数値を表示し、1分未満の端数が生じたときは、端数を切り捨てて表示する。
2 自転車による所要時間は、走行に通常要する時間を表示するだけではなく、道路距離も明示する。
3 住宅の居室等の広さを畳数で表示する場合においては、畳1枚当たりの広さは1.62平方メートル（各室の壁心面積を畳数で除した数値）以上の広さがあるという意味で用いなければならない。
4 他の物件情報等をもとに、対象物件の賃料や価格、面積又は間取りを改ざんすること等、実在しない物件を広告することは「虚偽広告」に該当する。

【問 42】 入居者の募集に関する次の記述のうち、不適切なものの組合せはどれか。

ア 入居審査に際しては、実際に申込みを行っている人物が、入居申込書等の書類上の申込者と同一であるかどうかを確認することが重要である。
イ 入居審査に際して同居人との合算で年収を考慮する場合において、同居人の仕事継続の予定について確認することは、避けることが望ましい。
ウ 管理受託方式では、借受希望者が当該物件に入居するのがふさわしいかどうかを賃貸住宅管理業者が最終的に判断する。
エ サブリース方式では、借受希望者が当該物件に入居するのがふさわしいかどうかを特定転貸事業者が最終的に判断する。

1 ア、ウ
2 ア、エ
3 イ、ウ
4 イ、エ

【問 43】 計画修繕・長期修繕計画に関する次の記述のうち、最も適切なものはどれか。

1 賃貸住宅管理では、建物の劣化状態について外観調査を手掛かりに修繕の必要性を判断し、効果的な修繕計画を立案することが求められるが、見えない部分も含めて修繕の必要性を判断する必要はない。
2 計画修繕を実施することは、入居率や家賃水準の確保につながらない。
3 計画修繕を実施していくためには、長期修繕計画を策定し、修繕管理の費用を賃貸不動産経営の中に見込む必要があり、長期修繕計画の対象期間は一般に15年間程度とされている。
4 2、3年に1度は修繕計画内容を見直すことで適切な修繕時期等を確定し、修繕時期が近づいた場合には、専門家による劣化診断や精密な検査を行う。

【問 44】 耐震診断・補強に関する次の記述のうち、適切なものはどれか。

1 昭和56年5月31日以前に新築の工事に着手した賃貸住宅は、特定既存耐震不適格建築物となる。
2 所管行政庁は、特定既存耐震不適格建築物の耐震診断及び耐震改修の適確な実施を確保するため必要があると認めるときは、特定既存耐震不適格建築物の所有者に対し、特定既存耐震不適格建築物の耐震診断及び耐震改修について必要な指導及び助言をすることができる。
3 木造の建物において、吹き抜け部分が大きい場合に、補強方法の一つとして火打ちばりを減らすことがある。
4 鉄筋コンクリート造の建物において、筋かいを増設しても補強効果はない。

【問 45】 防犯に関する次の記述のうち、最も不適切なものはどれか。

1 「防犯に配慮した共同住宅に係る設計指針」（国土交通省住宅局平成13年3月23日策定）によれば、共用廊下・共用階段の照明設備の照度は、床面において概ね20ルクス以上とされている。
2 近隣で発生した犯罪情報をいち早く掲示板などで知らせ、深夜帰宅や部屋の施錠に注意を促すことが大切である。
3 出入口ホールや駐車場、ゴミ置き場などに、防犯カメラや夜間センサーライトを設置することは、防犯対策として有効である。
4 二重錠、窓ガラスの二重化、網入りガラスの設置は、防犯対策として有効である。

【問 46】 賃貸不動産経営を支援する業務に関する次の記述のうち、不適切なものはいくつあるか。

ア 賃貸不動産経営管理士は、賃貸住宅の経営者の予算と実績の差異を把握するだけでなく、目標とされる予算を達成することが厳しくなった場合には、その原因を分析し、収益の向上と必要経費の削減からの対応策を検討し、賃貸人に提言していく役割を担うことが期待される。

イ 賃貸不動産経営管理士は、賃貸不動産経営・管理の専門家として、所属する賃貸住宅管理業者又は特定転貸事業者が行う業務につき、管理・監督をし、又は自ら実施する役割を担うことが期待される。

ウ 賃貸不動産経営管理士は、住宅宿泊管理業者による適法かつ適正な民泊管理の実現等を通し、住宅宿泊事業の適切な実施及び普及に一定の役割を果たすことが期待される。

エ 所属する管理業者が「残置物の処理等に関するモデル契約条項について」（法務省・国土交通省令和3年6月公表）に基づく解除事務受任者・残置物事務受任者である場合において、賃貸不動産経営管理士は、自らが実際の実務にあたることで、賃貸借契約期間中に賃借人が死亡した場合の契約関係の処理を、賃借人の相続人の利益に配慮することなく、迅速に対応することが期待される。

1 なし
2 1つ
3 2つ
4 3つ

【問 47】 賃貸住宅管理業者の社会的責務と役割に関する次の記述のうち、最も不適切なものはどれか。

1 トラブル等が発生したときに早期解決が図れるような体制を含め、専ら賃貸人の立場から適宜適切な対応ができる専門家としての賃貸住宅管理業者の管理への要請が高まっている。
2 賃貸住宅管理業者は、不動産の適切な管理を通じてその価値を維持・保全することで良質な不動産ストックの形成に資する役割を担うことが求められている。
3 賃貸人の資産の適切な運用という観点から、賃貸人の有するあらゆる資産の組合せのなかで、いかに不動産から収益を上げるかという観点で賃貸住宅管理のあり方を構成することが求められる。
4 賃貸住宅管理業者は、賃貸人の賃貸住宅経営を総合的に代行する専門家としての役割が要請されるとともに、街並み景観、まちづくりにも貢献していく社会的責務を担っている。

【問 48】 不動産の税金に関する次の記述のうち、最も適切なものはどれか。

1 サラリーマン等給与所得者は会社の年末調整により税額が確定するので、不動産所得がある場合であっても、確定申告により計算・納付をする必要はない。
2 不動産取引では、建物・土地の購入代金や仲介手数料については消費税が課されるが、貸付期間が1か月以上の住宅の賃料については消費税が課されない。
3 事業税を支払った場合、不動産所得の計算上、必要経費に含めることができる。
4 12月分の賃料が12月31日現在、未収の場合には、未収賃料を不動産所得の収入金額に含める必要はない。

【問 49】 賃貸取引の対象となる物件等において人が死亡した場合の宅地建物取引業者の義務に関する次の記述のうち、「宅地建物取引業者による人の死の告知に関するガイドライン」（国土交通省不動産・建設経済局令和3年10月公表）に照らして不適切なものはいくつあるか。

ア 宅地建物取引業者が媒介を行う場合、売主・賃貸人に対し、告知書等に過去に生じた事案についての記載を求めることにより、媒介活動に伴う通常の情報収集としての調査義務を果たしたものといえる。
イ 入居者が食事中の誤嚥により死亡した場合において、当該死の発生日から3年以内に賃貸借契約を締結するときは、原則として、当該死について告知義務がある。
ウ 日常生活上使用しない共用部分において自然死等以外の死があった場合において、当該死の発生日から3年以内に賃貸借契約を締結するときは、原則として、当該死について告知義務がある。
エ 入居者の死に関する事案の発覚から経過した期間や死因にかかわらず、賃借人から事案の有無について問われたときは、調査を通じて判明した点を告知する必要がある。

1 なし
2 1つ
3 2つ
4 3つ

【問 50】 不動産の証券化に関する次の記述のうち、最も適切なものはどれか。

1 プロパティマネージャーには、収益拡大とコスト削減の両面から、具体的に、計画の基礎資料の収集や、計画策定など調査・提案を行うことは求められていない。
2 アセットマネジメントは、投資を決定・実行し、賃借人管理、建物管理、会計処理等について、プロパティマネジメント会社からの報告を受けて投資の状況を把握することを業務の内容としている。
3 可能な限り既存の賃借人が退出しないように引き留め、維持しておくことは、不動産証券化においてアセットマネジメント会社の責務である。
4 所有者の交代に際し、旧所有者から新所有者に賃貸人の地位が円滑に引き継がれるように尽力することは、重要なアセットマネジメント業務である。

第1回 解答用紙

得点 ／50

問題番号	解　答　番　号	問題番号	解　答　番　号
第1問	① ② ③ ④	第26問	① ② ③ ④
第2問	① ② ③ ④	第27問	① ② ③ ④
第3問	① ② ③ ④	第28問	① ② ③ ④
第4問	① ② ③ ④	第29問	① ② ③ ④
第5問	① ② ③ ④	第30問	① ② ③ ④
第6問	① ② ③ ④	第31問	① ② ③ ④
第7問	① ② ③ ④	第32問	① ② ③ ④
第8問	① ② ③ ④	第33問	① ② ③ ④
第9問	① ② ③ ④	第34問	① ② ③ ④
第10問	① ② ③ ④	第35問	① ② ③ ④
第11問	① ② ③ ④	第36問	① ② ③ ④
第12問	① ② ③ ④	第37問	① ② ③ ④
第13問	① ② ③ ④	第38問	① ② ③ ④
第14問	① ② ③ ④	第39問	① ② ③ ④
第15問	① ② ③ ④	第40問	① ② ③ ④
第16問	① ② ③ ④	第41問	① ② ③ ④
第17問	① ② ③ ④	第42問	① ② ③ ④
第18問	① ② ③ ④	第43問	① ② ③ ④
第19問	① ② ③ ④	第44問	① ② ③ ④
第20問	① ② ③ ④	第45問	① ② ③ ④
第21問	① ② ③ ④	第46問	① ② ③ ④
第22問	① ② ③ ④	第47問	① ② ③ ④
第23問	① ② ③ ④	第48問	① ② ③ ④
第24問	① ② ③ ④	第49問	① ② ③ ④
第25問	① ② ③ ④	第50問	① ② ③ ④

2024年版 出る順 賃貸不動産経営管理士

冊子の使い方

この色紙を残したまま、「問題冊子」を取り外し、ご利用ください。

※抜き取りの際の破損等による返品・交換には応じられませんのでご注意ください。

解答用紙の使い方

「問題冊子」を抜き取った後の色紙の裏表紙を破線に沿って切り取り、コピーしてご利用ください。また、解答用紙のダウンロードサービスがございます。あわせてご活用ください。

令和6年度

賃貸不動産経営管理士 第2回 直前予想模試

次の注意事項をよく読んでから、始めてください。

注 意 事 項

---

(1) この冊子は試験問題です。問題は1ページから31ページまでの50問（四肢択一式）です。
(2) 解答用紙（別紙）はマークシート形式です。BまたはHBの硬さの鉛筆（もしくはシャープペンシル）を使用して記入してください。
(3) 正解は、各問題とも1つだけです。2つ以上の解答をしたもの、機械で読み取れないもの等は、正解としません。解答の注意事項をよく読み、所定の要領で記入してください。
(4) 問題における法令等については、令和6年4月1日現在で施行されている規定（関係機関による関連告示、通達等を含む）に基づき、出題されています。
(5) 解答用紙の修了欄（「令和5年度・令和6年度賃貸不動産経営管理士講習の修了について」）に、既にマークが印刷されている方は、問46から50までの5問が免除されるため、解答する必要はありません。
(6) 試験時間中は筆記用具、腕時計、置時計以外の物は一切、使用できません。携帯電話を時計の代わりに使用することもできません。
(7) 全ての電子機器及び通信機器、音響機器等（携帯電話（スマートフォン）、あらゆるウェアラブル端末（スマートウォッチ、スマートグラス等）、パソコン、タブレット型端末、Bluetoothイヤホン及びスピーカー等）は、配布される封筒に電源を切って封入し、自身の座席の下に置いてください。封筒に封入されていない電子機器及び通信機器、音響機器等の存在が判明した場合は、理由の如何を問わず不正行為とみなし、直ちに試験会場から退出を命じて、受験を中止してもらいます。退出後は、試験終了時まで試験本部で待機してもらいます。
(8) 上記（7）において、試験時間中に封筒へ封入した電子機器及び通信機器、音響機器等が音を発した場合は、試験監督員による立ち会いのもと、封筒を開封し、機器の電源を切ります。
(9) 試験開始の合図と同時に始めてください。最初に、問題のページ数を確認し、落丁・乱丁があった場合は、ただちに係員へ申し出てください。
(10) 試験問題に関する質問については、一切お答えできません。
(11) 試験開始後は、試験終了時間まで途中退室はできません。
(12) 試験監督員によって試験の終了が宣言された後、解答用紙に解答を記入した場合、理由の如何を問わず不正行為とみなし、合格の権利を失います。
(13) 不正手段によって受験し、合格したことが判明した場合は、合格を取り消します。
(14) その他、試験会場では試験監督員及び係員等の指示に従ってください。

受験番号		氏　名	

この試験問題は試験終了後お持ち帰りください

【問 1】 賃貸住宅の管理業務等の適正化に関する法律(以下、各問において「賃貸住宅管理業法」という。)に定める賃貸住宅管理業者が管理受託契約締結前に行う重要事項の説明(以下、各問において「管理受託契約重要事項説明」という。)に関する次の記述のうち、正しいものはどれか。

1 相手方との間において、既に別の賃貸住宅について管理受託契約を締結していた場合、その契約と同じ内容については管理受託契約重要事項説明書への記載を省略することができる。
2 管理業務の実施状況等についての賃貸人への報告につき、どのような内容を報告するかを説明する必要はあるが、どの程度の頻度で報告を行うかについての説明は不要である。
3 管理業務の一部を第三者に再委託することができることとする場合、再委託することができることを事前に説明するとともに、再委託することとなる業務の内容を説明する必要はあるが、再委託予定者を事前に明らかにする必要はない。
4 管理業務の対象となる賃貸住宅の所在地、物件の名称、構造、面積、住戸部分その他の部分、建物設備、附属設備等について、説明することが必要である。

【問 2】 管理受託契約の締結時に交付する書面に関する次の記述のうち、正しいものの組合せはどれか。

ア 管理受託契約締結時の書面交付は、業務管理者が行う必要がある。
イ 管理受託契約締結時の書面には、管理受託契約を締結する賃貸住宅管理業者の商号、名称又は氏名だけではなく、登録年月日及び登録番号を記載しなければならない。
ウ 管理受託契約締結時の書面を電磁的方法で提供する場合、相手方がこれを確実に受け取ることができるよう、用いる方法やファイルへの記録方法について、相手方から書面や電子メール等により承諾を得ることが必要である。
エ 管理受託契約の相手方が特定転貸事業者である場合、管理受託契約締結時の書面を交付する必要はない。

1 ア、イ
2 イ、ウ
3 ウ、エ
4 ア、エ

【問　3】　管理受託契約重要事項説明にテレビ会議等のITを活用する場合に関する次の記述のうち、誤っているものはいくつあるか。

ア　説明者及び重要事項の説明を受けようとする者が、図面等の書類及び説明の内容について十分に理解できる程度に映像が視認でき、かつ、双方が発する音声を十分に聞き取ることができるとともに、双方向でやりとりできる環境において実施していることを要する。

イ　管理受託契約重要事項説明を受けようとする者が承諾した場合を除き、管理受託契約重要事項説明書及び添付書類をあらかじめ送付していることを要する。

ウ　重要事項の説明を受けようとする者が、管理受託契約重要事項説明書及び添付書類を確認しながら説明を受けることができる状態にあること並びに映像及び音声の状況について、賃貸住宅管理業者が重要事項の説明を終了した後に確認していることを要する。

エ　説明の相手方に事前に管理受託契約重要事項説明書等を読んでおくことを推奨するとともに、管理受託契約重要事項説明書等の送付から一定期間後に、ITを活用した管理受託契約重要事項説明を実施することが望ましい。

1　1つ
2　2つ
3　3つ
4　4つ

【問 4】 賃貸住宅標準管理受託契約書（国土交通省不動産・建設経済局令和3年4月23日公表。以下、各問において「標準管理受託契約書」という。）に関する次の記述のうち、最も不適切なものはどれか。

1 標準管理受託契約書では、賃貸人が契約期間中に中途解約できる旨の特約を定めているが、賃貸住宅管理業者が中途解約できる旨の特約は定めていない。
2 管理受託契約が終了したときは、賃貸住宅管理業者は、賃貸人に対し、管理物件に関する書類及び管理受託契約に関して賃貸住宅管理業者が保管する金員を引き渡すとともに、家賃等の滞納状況を報告しなければならないとされている。
3 賃貸人は、賃貸住宅管理業者の管理業務が中途で終了したときには、既にした履行の割合に応じて、報酬を支払わなければならないとされている。
4 賃貸人又は賃貸住宅管理業者の一方について、信頼関係を破壊する特段の事情があった場合には、その相手方は、何らの催告も要せずして、管理受託契約を解除することができるとされている。

【問 5】 管理受託契約の契約期間中に変更が生じた場合に関する次の記述のうち、適切なものはいくつあるか。

ア 契約期間中に再委託先が変更となった場合、改めて管理受託契約重要事項説明を実施する必要はないが、書面又は電磁的方法により賃貸人に知らせる必要がある。
イ 管理受託契約が締結されている賃貸住宅が売却されて賃貸人が変更されたが、当該管理受託契約には変更後の賃貸人に委託者の地位が承継される旨の特約がなかった場合において、変更後の賃貸人と管理委託契約を締結するときは、賃貸住宅管理業者は、変更後の賃貸人に管理受託契約重要事項説明及び管理受託契約締結時書面の交付を行わなければならない。
ウ 契約期間中に契約の同一性を保ったままで契約期間のみを延長する場合、改めて管理受託契約重要事項説明を実施する必要はない。
エ 管理受託契約が賃貸住宅管理業法施行前に締結されていた場合において、管理業務の報酬額を変更するにあたり、変更時まで重要事項説明を行っていなかったときは、同法施行規則第31条各号に掲げる全ての事項について管理受託契約重要事項説明を実施することが必要である。

1　1つ
2　2つ
3　3つ
4　4つ

【問 6】 賃貸住宅管理業者であるＡが、賃貸人であるＢとの管理受託契約に基づき、管理業務として建物の全体に及ぶ大規模な修繕をしたときに関する次の記述のうち、最も不適切なものはどれか。

1 Ａに対する修繕の報酬は、Ｂに対する建物の引渡しと同時に、支払わなければならない。
2 大規模修繕が終了し、その修繕が契約の内容に適合したものである場合であっても、Ｂは、Ａに対して損害を賠償することで、本件契約を解除することができる。
3 大規模修繕が終了し、その修繕が契約の内容に適合したものである場合、Ｂが破産手続開始の決定を受けたときであっても、Ａは本件契約を解除することができない。
4 Ａが行った修繕の品質が契約の内容に適合しないものである場合において、Ｂがその不適合を知った時から１年以内にその旨をＡに通知しないときは、Ｂは、その不適合を理由として、Ａに対し履行の追完の請求、報酬の減額の請求、損害賠償の請求及び契約の解除をすることができない。

【問 7】 建物賃貸借契約における賃貸人及び賃借人の義務に関する次の記述のうち、適切なものはどれか。

1 契約期間中に、賃借人の過失により賃貸住宅が毀損した場合、賃貸人は賃貸住宅の修繕義務を負う。
2 賃貸人が賃貸住宅の保存に必要な行為をしようとする場合、賃借人はこれを拒むことができないが、賃借人の意思に反する保存行為が行われた場合において、そのために賃借人が賃借をした目的を達することができなくなるときは、賃借人は、契約を解除することができる。
3 賃貸住宅が賃借人の同居人の過失により損傷した場合、賃借人は、賃貸人に対し、債務不履行に基づく損害賠償責任を負わない。
4 賃貸住宅について修繕を要する場合、賃貸人がその事実を知っていたときでも、賃借人は賃貸人に対して通知する義務を負う。

【問 8】 建物の構造に関する次の記述のうち、最も不適切なものはどれか。

1 ラーメン構造は、柱と梁を一体化した骨組構造である一方、壁式構造は、壁体や床板など平面的な構造体のみで構成する構造方式である。
2 壁式鉄筋コンクリート造は、柱が存在しない形式で、耐力壁が水平力と鉛直荷重を支える構造であり、特に低層集合住宅で使われている。
3 CLT工法は、各節点において部材が剛に接合されている骨組であり、鉄筋コンクリート造の建物に数多く用いられている。
4 CFT造は、角形および円形鋼管の内部にコンクリートを充填した構造であり、主に柱に使われる。

【問 9】 建築基準法等による規制に関する次の記述のうち、誤っているものはどれか。

1 高さ22mの建築物には、周囲の状況によって安全上支障がない場合を除き、有効に避雷設備を設けなければならない。
2 建築基準法第8条は、「建築物の敷地、構造及び建築設備を常時適法な状態に維持するように努めなければならない」と規定しているが、これは所有者だけではなく、管理者や占有者にも課せられた努力義務である。
3 居室には、政令で定める技術的基準に従った換気設備又は換気に有効な部分の面積が当該居室の床面積の20分の1以上である開口部が必要である。この場合、襖等随時解放できるもので仕切られた2つの居室は、換気に関し、1室とみなすことができる。
4 直上階の居室の床面積の合計が200㎡を超える階では、150cm以上の階段の幅が必要とされる。

【問 10】 シックハウス、アスベストに関する次の記述のうち、適切なものはいくつあるか。

ア　建築基準法では、シックハウス対策として、居室を有する建築物は、建築材料及び換気設備に関する政令で定める技術的基準に適合するものとしなければならないと規定されており、当該規定は、中古住宅において増改築や大規模な修繕等を行う場合にも適用される。
イ　シックハウス症候群は、建材や家具、日用品から発散するホルムアルデヒドやVOC（揮発性有機化合物等）が原因となって引き起こされる。
ウ　新築建物は、ごく一部の例外を除いて、シックハウスの原因物質の除去対策として自然換気設備の設置が義務づけられている。
エ　アスベストは、石綿ともいわれ、その粉じんは、肺がんや中皮腫、肺繊維症（じん肺）の原因になる。

1　1つ
2　2つ
3　3つ
4　4つ

【問 11】 「原状回復をめぐるトラブルとガイドライン（再改定版）」（国土交通省住宅局平成23年8月。以下、各問において「原状回復ガイドライン」という。）に関する次の記述のうち、最も適切なものはどれか。

1　エアコンの内部洗浄については、喫煙等による臭い等が付着していない限り、賃借人の負担とはならない。
2　ハウスクリーニング費用は、賃借人が通常の清掃を実施していないために必要となった場合であっても、賃借人の負担とはならない。
3　壁に貼ったポスターにより生じたクロスの変色は、賃借人の負担となる。
4　賃借人が設置したテレビ、冷蔵庫等の後部壁面の黒ずみ（いわゆる電気ヤケ）は、賃借人の負担となる。

【問 12】 原状回復ガイドラインにおける賃借人の負担に関する次の記述のうち、最も不適切なものはどれか。

1 経過年数を超えた設備等であっても、継続して賃貸住宅の設備等として使用可能なものを賃借人が故意又は過失により破損した場合、賃貸住宅の設備等として本来機能していた状態まで戻す費用は、賃借人の負担となることがある。
2 賃借人の過失によりフローリングの一部が毀損し、部分補修が必要となる場合、建物の耐用年数で残存価値1円となるような直線を想定し、賃借人の負担を決定する。
3 畳の補修は原則1枚単位とし、毀損等が複数枚にわたる場合、その枚数の補修費用を賃借人の負担とする。
4 新築から5年が経過した中古物件の賃貸借契約であって、入居直前にクロスの張替えを行った場合、入居時点のクロスの価値は100％と定めることが妥当である。

【問 13】 屋根と外壁の管理に関する次の記述のうち、不適切なものはいくつあるか。

ア 陸屋根では、風で運ばれた土砂や落ち葉、ゴミが、樋や排水口をふさいだりすると屋上の防水面を破損しかねず、漏水の原因にもなる。
イ 傾斜屋根（カラーベスト等）では、表面の塗膜の劣化より色あせ・錆が発生することがあるため、おおむね10年前後での表面塗装の補修が必要となるが、表面温度の上昇・低下により素地自体の変形やゆがみを起こすことはない。
ウ コンクリート打ち放しの外壁は、コンクリート自体の塩害や凍害を点検する必要があるが、中性化を点検する必要はない。
エ 外壁がタイル張りの場合は、タイルの剥がれやクラック、目地やコーキングの劣化に起因する雨水の漏水が多い。

1 なし
2 1つ
3 2つ
4 3つ

【問 14】 電気設備に関する次の記述のうち、最も不適切なものはどれか。

1 各住戸に供給される電力の供給方式のうち単相2線式は、電圧線と中性線の2本の線を利用する方式であり、100ボルトしか使用することができない。
2 自家用電気工作物の設置者は、保安規程を定め、使用の開始の前に都道府県知事に届け出なければならない。
3 住戸内にはELB（アース・リーク・ブレーカー）が設置されており、電気配線や電気製品のいたみや故障により電気が漏れている場合、ブレーカーが落ちて電気回路が遮断される。
4 感震ブレーカーは、地震発生時に設定値以上の揺れを検知したときに、ブレーカーやコンセントなどの電気を自動的に止める器具である。

【問 15】 昇降機設備、機械式駐車場設備に関する次の記述のうち、最も適切なものはどれか。

1 エレベーターは、その駆動方式によりロープ式と油圧式に分類され、油圧式エレベーター（直接式）は、主に中高層のビルやマンションで用いられる。
2 エレベーターの保守契約におけるフルメンテナンス契約は、部品の取替えや機器の修理を状況に合わせて行う内容で、天災や故意による損壊等の修理費は保守料金に含まれる。
3 エレベーターの保守契約におけるPOG契約（パーツ・オイル＆グリース契約）は、定期点検や契約範囲内の消耗品の交換は保守料金に含まれるため、経年劣化により費用が増加することはない。
4 機械式駐車設備（立体駐車場設備）は、その構造や規模により、不活性ガス消火設備、泡消火設備、ハロゲン化物消火設備等の設置が義務づけられている。

【問 16】 給水設備・給湯設備に関する次の記述のうち、最も不適切なものはどれか。

1 ガス給湯機は機器の構造から瞬間式と貯湯式があるが、貯湯式の給湯機は、貯湯部分をバーナーで加熱することにより、一定温度の湯を蓄えておき供給する構造となっている。
2 簡易専用水道の設置者は、毎年1回以上定期に、地方公共団体の機関又は国土交通大臣及び環境大臣の登録を受けた者の検査を受けなければならない。
3 局所給湯方式は、建物の屋上や地下の機械室に熱源機器と貯湯タンクを設け、建物各所へ配管で供給する方式である。
4 ヒートポンプ給湯機とは、ヒートポンプの原理を利用し、大気から集めた熱を利用して湯を沸かす機器である。

【問 17】 入居者の安心安全のための措置に関する次の記述のうち、不適切なものはいくつあるか。

ア 新規入居の場合は、鍵の交換に要する費用を賃貸人負担とし、鍵交換のタイミングは、前の賃借人の退出後に退去後リフォームが終了し、借受希望者に対する案内も終えて実際に入居する賃借人が決定した後とすることが望ましい。
イ 日常のマスターキーの管理・保管については、取扱い規則を定め、担当する責任者を明確にしておくとともに、ほかの鍵とは区別したうえ、施錠できる場所に保管しておかなければならない。
ウ 建物共用部分の廊下や階段に賃借人の私物が放置されている場合、賃貸住宅管理業者は発見後、直ちに自ら撤去するのではなく、即座に移動や撤去を求めなければならない。
エ ペット可の物件では、賃貸人側でペット飼育規則を定め、飼育規則に定めている基本的事項及び他の居住者等に配慮する事項を賃借人に遵守させることが重要である。

1 なし
2 1つ
3 2つ
4 3つ

【問 18】 普通建物賃貸借契約（定期建物賃貸借契約でない建物賃貸借契約をいう。以下、各問について同じ。）における賃料改定特約に関する次の記述のうち、適切なものの組合せはどれか。

ア 時間の経過や一定の基準に従って当然に賃料を改定する旨の特約（自動改定特約）がある場合、賃借人は、賃料の減額を請求することができない。
イ 一定期間、賃料を減額しない旨の特約がある場合であっても、賃借人は、当該期間中、賃料の減額を請求することができる。
ウ 一定期間、賃料を増額しない旨の特約がある場合、賃貸人は、当該期間中、賃料の増額を請求することができない。
エ 賃料の増減は協議による旨の特約がある場合、協議を経なければ、賃貸人は、賃料の増額を請求することができない。

1 ア、イ
2 イ、ウ
3 ウ、エ
4 ア、エ

【問 19】 Aを賃貸人、Bを賃借人とする賃貸住宅（以下、「甲建物」という。）の所有権がCに移転した場合に関する次の記述のうち、誤っているものはどれか。ただし、それぞれの選択肢に記載のない事実はないものとする。

1 Aが、甲建物をBに引き渡した後、Cに甲建物を売却し、所有権移転登記を完了した場合、特段の事情がない限り、賃貸人たる地位はCに移転し、敷金に関する権利義務も当然にCに承継される。
2 Aが、甲建物をBに引き渡した後、Cに甲建物を売却した場合、Bは、甲建物の所有権移転登記を経由していないCから賃料の支払を求められたときであっても、支払を拒むことができない。
3 Aが、甲建物をBに引き渡した後、Bが甲建物につき必要費を支出した後、AがCに甲建物を売却した場合、Bは、Cに必要費の償還を請求することができる。
4 Aが、Cに当該建物を売却した後、建物をBに引き渡した場合、Bの承諾がなくても、AとCとの合意により、賃貸人たる地位をCに移転させることができる。

【問 20】 賃貸借契約の成立に関する次の記述のうち、適切なものはどれか。

1 普通建物賃貸借では、書類の作成が契約の成立要件となる。
2 賃貸物件が共有である場合において、契約期間を 2 年とする普通建物賃貸借契約を締結するときは、共有者の持分の価格に従い、その過半数で決めることができる。
3 賃貸物件が共有である場合において、契約期間を 3 年とする定期建物賃貸借契約を締結するときは、共有者全員の同意が必要である。
4 建物所有者と借受希望者による賃貸借契約の締結に向けた交渉が進み、交渉の相手方に契約が成立するであろうという強い信頼が生まれる段階に達した場合であっても、合意に至らなければ賃貸借契約は成立しない。

【問 21】 企業会計原則及び会計処理の基礎に関する次の記述のうち、適切なものはどれか。

1 企業会計原則は、企業会計の実務の中に慣習として発達したもののなかから、一般に公正妥当と認められたところを要約したものであって、一部の特定の企業がその会計を処理するのにあたって従わなければならない基準である。
2 「単一性の原則」とは、企業会計は、その処理の原則及び手続を毎期継続して適用し、みだりにこれを変更してはならないことをいう。
3 「貸借対照表原則」は、ある会計期間の企業の経営成績を示す貸借対照表を作成するための具体的な処理基準であるのに対し、「損益計算書原則」は、決算（期末）時点での企業の財務状態を示す損益計算書を作成するための具体的な処理基準である。
4 企業会計では、一般的に、取引における 2 つの側面について同時に帳簿に記入する複式簿記が用いられており、仕訳は常に「借方」と「貸方」で構成される。

【問 22】 賃料回収のための制度に関する次の記述のうち、不適切なものはいくつあるか。

ア 同居中の賃借人の配偶者に対して、未収賃料を請求することができる。
イ 通常の催告でも状況が改善されない場合、配達証明付き内容証明郵便を用いて催告を行うと、催告を行ったことについて裁判上の証拠となる。
ウ 請求の金額が140万円を超える場合、支払督促の申立ては、地方裁判所の裁判所書記官に対して行う。
エ 少額訴訟の終局判決に対する不服申立てとしては、控訴は禁止されており、判決をした簡易裁判所に対する異議の申立てだけが認められている。

1 なし
2 1つ
3 2つ
4 3つ

【問 23】 Aを賃貸人、Bを賃借人として令和6年5月1日に締結された期間2年の建物賃貸借契約において、CはBから委託を受けてAと連帯保証契約を同日締結した。この事案に関する次の記述のうち、誤っているものはどれか。

1 Cは、法人である否かにかかわらず、賃料その他の債務に関して、不履行の有無、利息、違約金、損害賠償などの額についてAに情報提供を求めることができる。
2 Bの債務の目的又は態様が保証契約の締結後に加重されたときであっても、Cの債務は加重されない。
3 Cは、Aから保証債務の履行を求められた場合、まずはBに催告すべき旨を主張することができない。
4 賃貸借契約が更新された場合、Cは、改めて書面又は電磁的記録により保証契約を締結しなければ、更新後に生じたBの債務について保証債務を負わない。

【問 24】 定期建物賃貸借契約に関する次の記述のうち、正しいものはどれか。

1 定期建物賃貸借契約書に「更新がなく、期間の満了により契約が終了する」旨の定めがある場合であっても、当該契約書は、定期建物賃貸借契約を締結する際に義務づけられる事前説明の書面を兼ねることができない。
2 定期建物賃貸借契約であることの事前説明は、賃貸借の媒介業者が仲介者の立場で宅地建物取引業法第35条に定める重要事項説明を行った場合、する必要はない。
3 契約期間が1年未満の定期建物賃貸借契約は、期間の定めのない賃貸借契約となる。
4 定期建物賃貸借契約の保証人は、定期建物賃貸借契約が期間満了後に再契約された場合には、当然に再契約後の債務について保証債務を負う。

【問 25】 賃貸借契約に関する次の記述のうち、正しいものはどれか。

1 法令又は契約により一定の期間経過後に建物を取り壊すべきことが明らかな場合に、「建物を取り壊すこととなる時に賃貸借が終了する。」旨の特約を定めるときは、公正証書によってしなければならない。
2 終身建物賃貸借契約の賃借人が死亡した場合において、賃貸住宅に同居していた配偶者がいるときは、当該配偶者は当然に賃借人の地位を承継する。
3 終身建物賃貸借契約は、入居一時金を受領しない契約でなければならない。
4 終身建物賃貸借契約において、賃料増額請求権及び賃料減額請求権のいずれも排除する旨の特約は、無効である。

【問 26】 賃貸住宅管理業法の制定背景や概要に関する次の記述のうち、最も不適切なものはどれか。

1 民間主体が保有する賃貸住宅のストック数は増加傾向にあり、平成30年時点では住宅ストック総数の4分の1強を占める。
2 賃貸住宅経営は、民間賃貸住宅の約8割が個人経営である。
3 賃貸住宅管理業法は、賃貸住宅管理業について、賃貸住宅管理業者の登録制度を取り入れ、管理戸数200戸以上で賃貸住宅管理業を営むためには、国土交通大臣の登録を受けなければならないものとした。
4 賃貸住宅管理業法は、サブリース事業の適正化のための措置として、サブリース業者と居住者の間の契約（マスターリース）を特定賃貸借契約、サブリース業者を特定転貸事業者とそれぞれ定義したうえで、特定賃貸借契約の勧誘と契約締結行為について規律を定めた。

【問 27】 賃貸住宅管理業法の定義に関する次の記述のうち、最も不適切なものはどれか。

1 一棟の家屋について、一部が事務所として事業の用に供され、一部が住宅として居住の用に供されている等のように複数の用に供されている場合、当該家屋のうち、賃貸借契約が締結され居住の用に供されている住宅については、「賃貸住宅」に該当する。
2 ウィークリーマンションについては、旅館業法第3条第1項の規定による許可を受け、旅館業として宿泊料を受けて人を宿泊させている場合であっても「賃貸住宅」に該当する。
3 賃貸人から委託を受けて、賃貸住宅の居室及び共用部分の点検・清掃・修繕について業者の手配のみを行っている場合、当該業務は「賃貸住宅管理業」に該当する。
4 賃貸人から委託を受けて、共用部分の管理のみを行っている場合、当該業務は「賃貸住宅管理業」には該当しない。

【問　28】　賃貸住宅管理業者の業務に関する次の記述のうち、適切なものの組合せはどれか。

ア　各営業所等に備え付ける必要のある帳簿には、管理受託契約を締結した委託者の商号、名称又は氏名、管理受託契約を締結した年月日、契約の対象となる賃貸住宅、受託した管理業務の内容、報酬の額、管理受託契約における特約その他参考となる事項を記載しなければならない。

イ　賃貸住宅管理業者は、管理業務の一部を再委託することができるが、再委託は再委託先との間で契約を締結して行うことが必要である。

ウ　一時的に業務に従事する者に従業者証明書を携帯させる場合、その有効期間については業務に従事する期間に限ることはできない。

エ　管理受託契約に基づく管理業務において受領する家賃等を管理する場合、家賃等を管理する口座を同一口座として賃貸住宅管理業者の固有財産を管理する口座と分別すれば、勘定上、管理受託契約ごとに金銭を分別管理する必要はない。

1　ア、イ
2　ア、ウ
3　イ、エ
4　ウ、エ

【問 29】 賃貸住宅管理業法における業務管理者に関する次の記述のうち、誤っているものはいくつあるか。

ア 賃貸住宅管理業者は、電話の取次ぎのみを行う施設、維持保全業務に必要な物品等の置き場などの施設にも、業務管理者を選任する必要がある。
イ 賃貸住宅管理業法第23条（登録の取消し等）第1項又は第2項の規定により賃貸住宅管理業の登録を取り消された株式会社の取締役を当該取消しの日の30日前に退任した者であって、当該取消しの日から5年を経過しないものは、業務管理者となることができない。
ウ 暴力団員による不当な行為の防止等に関する法律第2条第6号に規定する暴力団員又は同号に規定する暴力団員でなくなった日から10年を経過しない者は、業務管理者となることができない。
エ 賃貸住宅管理業者は、賃貸住宅の入居者からの苦情の処理に関し、業務管理者に管理及び監督に関する事務を行わせなければならない。

1 1つ
2 2つ
3 3つ
4 4つ

【問 30】 賃貸住宅管理業の登録に関する次の記述のうち、誤っているものの組合せはどれか。

ア 賃貸住宅管理業者が、登録の更新の申請をしたにもかかわらず、登録の有効期間の満了の日までにその申請に対する処分がされないときは、従前の登録は、登録の有効期間の満了後もその処分がされるまでの間は、なおその効力を有する。
イ 賃貸住宅管理業者が営業所又は事務所の名称及び所在地を変更したときは、その日から2週間以内に、その旨を国土交通大臣に届け出なければならない。
ウ 賃貸住宅管理業の登録を受けている法人が破産手続開始の決定により解散したとき、法人を代表する役員であった者は、その日から30日以内に、廃業等届出書を国土交通大臣に届け出なければならない。
エ 賃貸住宅管理業の登録を受けている個人が死亡したときは、その個人の相続人が国土交通大臣に届け出なくても、賃貸住宅管理業の登録は効力を失う。

1 ア、ウ
2 ア、エ
3 イ、ウ
4 イ、エ

【問 31】 賃貸住宅管理業法における勧誘者に対する規制に関する次の記述のうち、誤っているものはどれか。

1 不動産会社が、その子会社である特定転貸事業者との間で特定賃貸借契約を結ぶよう勧める場合、当該不動産会社は勧誘者に該当しない。
2 建設業者が、賃貸住宅のオーナーとなろうとする者に対し、賃貸住宅の建設を行う企画提案をする際に、建設請負契約を結ぶ対象となる賃貸住宅に関して、顧客を勧誘する目的で特定転貸事業者が作成した特定賃貸借契約の内容や条件等を説明する資料等を使って、当該特定賃貸借契約を結ぶことを勧める場合、当該建設業者は勧誘者に該当する。
3 コンサルタントが、賃貸住宅のオーナーとなろうとする者に対し、特定転貸事業者から勧誘の委託を受けて、当該特定転貸事業者との特定賃貸借契約の内容や条件等を前提とした資産運用の企画提案を行った場合、当該コンサルタントは勧誘者に該当する。
4 勧誘者には、賃貸住宅管理業法第30条（特定賃貸借契約の締結前の書面の交付）、第31条（特定賃貸借契約の締結時の書面の交付）及び第32条（書類の閲覧）の規定は適用されない。

【問 32】 賃貸住宅管理業法の定める誇大広告等の禁止に関する次の記述のうち、正しいものはいくつあるか。

ア 「誇大広告等の禁止」の対象となる広告の媒体は、新聞の折込チラシ、配布用のチラシ、新聞、雑誌、テレビ、ラジオ又はインターネットのホームページなど、種類を問わない。

イ 「実際のものよりも著しく優良であり、若しくは有利であると人を誤認させる表示」であるかの判断に当たっては、広告に記載された一つ一つの文言等のみからではなく、表示内容全体からオーナーとなろうとする者が受ける印象・認識により総合的に判断される。

ウ 利回りを表示する際に、表面利回りか実質利回りかが明確にされていなかったり、表面利回りの場合に、その旨及び諸経費を考慮する必要がある旨を表示していない場合、誇大広告等に該当する。

エ 「いつでも自由に解約できます」との表示をし、オーナーからの解約は正当な事由があると認められる場合でなければすることができないことを表示していない場合、誇大広告等に該当する。

1 1つ
2 2つ
3 3つ
4 4つ

【問 33】 特定転貸事業者が、特定賃貸借契約を締結しようとする際に行う相手方への説明（以下、各問において「特定賃貸借契約重要事項説明」という。）に関する次の記述のうち、誤っているものはどれか。

1 相手方が特定賃貸借契約重要事項説明の対象となる場合は、その者が特定賃貸借契約について一定の知識や経験があったとしても、十分な説明をすることが必要である。
2 相手方の属性や賃貸住宅経営の目的等に照らして契約のリスクを十分に説明することが求められる。
3 説明の相手方が高齢の場合は、身体的な衰えに加え、短期的に判断能力が変化する場合もあることから、説明の相手方の状況を踏まえて、慎重な説明を行うことが求められる。
4 説明の相手方に対して賃貸住宅経営の目的・意向を確認することは求められていない。

【問 34】 次の事項のうち、特定転貸事業者が行う特定賃貸借契約重要事項説明において説明すべき事項ではないものはいくつあるか。

ア 特定賃貸借契約が終了した場合、賃貸人が特定転貸事業者の転貸人の地位を承継しないこととする定めを設ける場合は、その旨
イ 学生限定等の転貸の条件を定める場合は、その旨
ウ 借地借家法に基づき特定転貸事業者が減額請求をした場合、賃貸人がその請求を受け入れなければならない旨
エ 契約において、賃貸人と特定転貸事業者の協議の上、更新することができる等の更新の方法について定められている場合に、賃貸人が更新に同意しなければ、特定転貸事業者が更新の意思を示していても、契約を更新しないことができる旨

1 1つ
2 2つ
3 3つ
4 4つ

【問 35】 特定転貸事業者が特定賃貸借契約の相手方となろうとする者に交付すべき書面（以下、本問において「特定賃貸借契約重要事項説明書」という。）に関する次の記述のうち、誤っているものはどれか。

1 特定賃貸借契約重要事項説明書を交付する目的は、特定賃貸借契約締結後に契約内容や条件を確認し、当事者間の認識の相違による紛争の発生防止を図ることにある。
2 特定賃貸借契約の相手方となろうとする者の承諾を得て、特定賃貸借契約重要事項説明書に記載すべき事項を電磁的方法により提供する場合、出力して書面を作成でき、改変が行われていないか確認できることが必要である。
3 特定賃貸借契約重要事項説明から契約締結までの期間を短くせざるを得ない場合には、事前に特定賃貸借契約重要事項説明書等を送付し、重要事項説明書等の送付から一定期間後に、説明を実施するなどして、特定賃貸借契約の相手方となろうとする者が契約締結の判断を行うまでに十分な時間をとることが望ましい。
4 特定賃貸借契約重要事項説明書には、書面の内容を十分に読むべき旨を記載し、その次に、借地借家法第32条（借賃増減請求権）、同法第28条（建物賃貸借契約の更新拒絶等の要件）の適用を含めた特定賃貸借契約を締結する上でのリスク事項を記載することが必要である。

【問 36】 特定転貸事業者が特定賃貸借契約を締結したときに賃貸人に対して交付しなければならない書面（以下、本問において「特定賃貸借契約締結時書面」という。）に関する次の記述のうち、誤っているものはどれか。

1 特定賃貸借契約締結時書面は、特定賃貸借契約を締結したときに、当該特定賃貸借契約の相手方に対し、遅滞なく交付しなければならない。
2 国土交通省が定める特定賃貸借標準契約書には、特定賃貸借契約締結時書面に記載すべき事項が記載されている。
3 特定転貸事業者は、特定賃貸借契約の相手方の承諾を得て、特定賃貸借契約締結時書面の交付に代えて、当該書面に記載すべき事項を電磁的方法により提供することができる。
4 特定賃貸借契約締結時書面の記載事項には、「保証人の商号、名称又は氏名及び住所」が含まれる。

【問 37】 特定賃貸借契約における建物所有者の金銭負担等に関する次の記述のうち、正しいものはどれか。

1 賃貸住宅の修繕は特定転貸事業者が指定した業者に施工させなければならないという条件を契約に盛り込むことは、賃貸人が負担する費用が増加するおそれがあるため、禁止されている。
2 設備毎に費用負担者が変わる場合や、賃貸人負担となる経年劣化や通常損耗の修繕費用など、どのような費用が賃貸人負担になるかについて具体的に特定賃貸借契約重要事項説明書に記載し、説明する必要はない。
3 特定賃貸借契約で定める引渡日に物件を引き渡さないことで発生する損害の賠償額の予定を定める場合、その内容を特定賃貸借契約重要事項説明書に記載しなければならない。
4 賃貸人に賠償責任保険への加入を求めることとしても、その旨を特定賃貸借契約重要事項説明書に記載する必要はない。

【問 38】 賃貸住宅管理業法の監督・罰則に関する次の記述のうち、正しいものはどれか。

1 勧誘者が誇大広告等の禁止に違反した場合、違反の是正のための措置をとるべきことを勧誘者が国土交通大臣から指示されることがあるが、特定転貸事業者が国土交通大臣から指示されることはない。
2 国土交通大臣は、特定転貸事業者が国土交通大臣の指示に従わない場合、特定賃貸借契約に関する業務の一部の停止を命じることができるが、全部の停止を命じることはできない。
3 勧誘者が、自己の判断により、特定賃貸借契約の相手方となろうとする者に対し、故意に不実のことを告げて賃貸住宅管理業法第29条第1号に違反した場合、勧誘者のみならず、特定転貸事業者も懲役又は罰金に処せられる。
4 賃貸住宅管理業法第35条に規定する国土交通大臣に対する申出は、申出人の氏名又は名称及び住所、申出の趣旨、その他参考となる事項を記載した申出書を添付の上、原則として、電子メールを送付する方法による。

【問 39】 特定賃貸借標準契約書（国土交通省不動産・建設経済局令和3年4月23日更新）に関する次の記述のうち、正しいものはいくつあるか。なお、特約はないものとする。

ア 貸主又は借主の一方について、契約締結後に自ら又は役員が反社会的勢力に該当した場合であっても、その相手方は、催告をすることなく契約を解除することはできない。
イ 貸主は、賃貸住宅の住宅総合保険、施設所有者賠償責任保険等の損害保険の加入状況を借主に通知しなければならない。
ウ 借主は、建物の維持保全の実施状況について報告を行う場合、その報告の対象には、転貸条件の遵守状況は含まれない。
エ 借主は、事前の貸主の書面又は電磁的方法による承諾を得ることなく、賃貸住宅の増築、改築、移転、改造又は賃貸住宅の敷地内における工作物の設置をしてはならない。

1　1つ
2　2つ
3　3つ
4　4つ

【問 40】 サブリース住宅標準契約書（令和2年12月版。国土交通省住宅局公表）に関する次の記述のうち、誤っているものはどれか。

1　サブリース住宅標準契約書では、賃貸住宅の一部が滅失その他の事由により使用できなくなった場合において、残存する部分のみでは借主が賃借をした目的を達することができないときは、賃貸借契約は当然に終了する旨が定められている。
2　サブリース住宅標準契約書では、貸主は、賃貸住宅の管理上特に必要があるときは、あらかじめ借主の承諾を得て、物件内に立ち入ることができ、借主は、正当な理由がある場合を除き、貸主の立入りを拒否することはできない旨が定められている。
3　サブリース住宅標準契約書では、賃貸住宅の全部が滅失その他の事由により使用できなくなった場合、賃貸借契約は当然に終了する旨が定められている。
4　サブリース住宅標準契約書では、敷引及び保証金、更新料に関する条項は設けられていないが、共益費及び敷金に関する条項は設けられている。

【問 41】 特定転貸事業者の障害者に対する対応に関する次の記述のうち、「国土交通省所管事業における障害を理由とする差別の解消の促進に関する対応指針」（令和5年11月公表）に照らし、最も適切なものはどれか。

1 特定転貸事業者が、障害があることやその特性による事由を理由として、契約の締結等の際に、必要以上の立会者の同席を求めることは、不当な差別的取扱いに該当する。
2 障害者が介助者を伴って窓口に行った際に、特定転貸事業者が、障害者本人の意見を全く確認せず、介助者のみに対応を求めることは、不当な差別的取扱いに該当しない。
3 特定転貸事業者が、合理的配慮を提供等するために必要な範囲で、プライバシーに配慮しつつ、障害者に障害の状況等を確認することは、不当な差別的取扱いに該当する。
4 特定転貸事業者が、自ら入居者募集を行う場合、障害者に対して、「当社は障害者向け物件は取り扱っていない」として話も聞かずに門前払いすることは、不当な差別的取扱いに該当しない。

【問 42】 宅地建物取引業法に関する次の記述のうち、正しいものはいくつあるか。

ア 居住用建物の賃貸借の媒介報酬は、依頼者である賃借人と賃貸人のそれぞれから賃料の0.5か月分とこれに対する消費税を受け取ることができるのが原則だが、賃借人又は賃貸人の承諾がある場合には、承諾をした一方から報酬として賃料の1か月分と消費税を受け取ることができる。この場合、他のもう一方から媒介報酬を受け取ることはできない。
イ 賃貸人自らが募集行為を行う場合において、賃貸借契約を締結しようとするときは、賃貸借契約を締結するまでに、宅地建物取引士をして重要事項説明書を交付して説明をさせなければならない。
ウ 顧客を集めるために売る意思のない物件を広告し、実際は他の物件を販売しようとすることは、「おとり広告」に該当し、禁止されている。
エ 入居者の募集に際し、将来の環境又は交通その他の利便について、借受希望者が誤解するような断定的判断を提供することは、禁止されている。

1 1つ
2 2つ
3 3つ
4 4つ

【問 43】 不動産の税金に関する次の記述のうち、適切なものはどれか。

1 所得金額の計算上、購入代金が20万円未満の少額の減価償却資産については、全額をその業務の用に供した年分の必要経費とする。
2 固定資産税は、毎年1月1日時点の土地・建物などの所有者に対して課される地方税で、更地に居住用の家屋を建築した場合には、固定資産税の課税標準が6分の1又は3分の1に軽減される。
3 不動産の売買契約書や建物の賃貸借契約書、ローン借入れのための金銭消費貸借契約書等には、印紙税が課される。
4 不動産所得の計算において、個人の場合、減価償却の方法は定額法を原則とするが、平成10年4月1日以降に取得した建物については、減価償却資産の償却方法の届出書を提出することで定率法によることも認められる。

【問 44】 不動産の証券化に関する次の記述のうち、最も不適切なものはどれか。

1 Ｊリートは、不動産投資信託であり、2001年に東京証券取引所に上場されたのを皮切りとして大きな規模の市場へと成長した。
2 投資家からみて、エクイティによる投資は、利息の支払や元本の償還においてデットに劣後して安全性が比較的低いことから、リターンの割合は高くなる。
3 ファンド型の証券化は、投資対象が先に決まり、後にお金を集めるタイプであり、はじめに資産がある場合の不動産証券化の仕組みである。
4 アンバンドリングとは、従来一体として行われていた業務を分離し、各部分についてそれぞれ専門的な業務として別々に行うようになることをいう。

【問 45】 図面・修繕履歴の蓄積管理に関する次の記述のうち、不適切なものの組合せはどれか。

ア 設計図は、施工者が建物工事中に生じた設計変更等について図面中に追加ないし変更を加え作成した最終形の図面である。
イ 維持管理において発生する建物の履歴情報は、建物の維持管理を行う管理業者に帰属するものであり、新たに発生する履歴情報については、管理業者が責任をもって追加保管することが必要である。
ウ 新築時とその後の維持管理の履歴情報の蓄積と利用は、建物の維持保全にかかる費用の無駄を省くことにつながる。
エ 建物の正確な履歴情報を利用することにより、災害が発生した際の復旧に迅速かつ適切な対応をとることが可能となる。

1 ア、イ
2 ア、エ
3 イ、ウ
4 ウ、エ

【問 46】 賃貸住宅に係る国の政策に関する次の記述のうち、適切なものの組合せはどれか。

ア 大規模自然災害における被災者への住居の確保という観点からの空き家の活用は、国レベルではまだ検討されていない。

イ 住生活基本法に基づき令和3年3月19日に閣議決定された「住生活基本計画」では、「頻発・激甚化する災害新ステージにおける安全な住宅・住宅地の形成と被災者の住まいの確保」を目標の一つとしており、その達成のための基本的な施策として、災害時において今ある既存住宅ストックの活用を重視して応急的な住まいを速やかに確保することを基本とし、公営住宅等の一時提供や賃貸型応急住宅の円滑な提供が掲げられている。

ウ 不動産業の中長期ビジョンを示した「不動産業ビジョン2030～令和時代の『不動産最適活用』に向けて～」（国土交通省平成31年4月24日公表）は、官民共通の目標として「多様なライフスタイル、地方創生の実現」を設定し、技術革新により場所制約が緩やかになっているため、人間の様々な活動を、一時的であっても、地方を拠点として展開することを一つの選択肢とし、地方創生の実現を図る必要があるとしている。

エ 「賃貸住宅の計画的な維持管理及び性能向上の推進について～計画修繕を含む投資判断の重要性～」（国土交通省平成31年3月公表）では、高経年建物の大幅な増加や居住者側のニーズの多様化を背景に、賃貸住宅の賃貸人が短期的な視点のもとで計画修繕するなどの投資判断を行うことの重要性が述べられている。

1 ア、ウ
2 ア、エ
3 イ、ウ
4 イ、エ

【問 47】 賃貸不動産経営管理士に関する次の記述のうち、最も不適切なものはどれか。

1 賃貸不動産経営管理士は、賃借人の家財や什器・備品に対する補償、また一般物件については第三者（店舗の客や事務所の来訪者等）に損害賠償をするための賠償責任保険について、理解をしておくことが求められている。
2 賃貸不動産経営管理士は、転貸借契約について、宅地建物取引業者が仲介等をしない場合において、宅地建物取引業法に準じ、転借人に対し、転貸借契約上重要な事項について書面を交付して説明をすることや、契約成立時の書面を交付するか転貸借契約書を取り交わすよう手続を進めることが期待される。
3 賃貸不動産経営管理士は、賃貸借関係の適正化を図るために、家賃等の収納に係る事務、家賃等の改定への対応事務、家賃等の未収納の場合の対応事務などを行うことが求められている。
4 賃貸人に対する定期報告に関する事項、賃貸住宅の入居者からの苦情の処理に関する事項については、業務管理者に選任された賃貸不動産経営管理士が自ら行うことが賃貸住宅管理業法で義務付けられている。

【問 48】 保険に関する次の記述のうち、最も適切なものはどれか。

1 賃貸不動産の賃借人は、火災・爆発・水ぬれ等の不測かつ突発的な事故によって、賃貸人（転貸人を含む。）に対する法律上の損害賠償責任を負った場合の賠償金等を補償する借家人賠償責任保険に単独で加入することができる。
2 建物の火災保険の保険金額が5000万円の場合、地震保険金額の限度額は5000万円×60％＝3,000万円である。
3 地震保険は、地震、噴火又はこれらによる津波を原因とする建物や家財の損害を補償するものであり、特定の損害保険契約（火災保険）に付帯して加入する。
4 賃貸不動産経営においては、保険業法上の「第一分野」に分類される損害保険が活用される。

【問 49】 賃貸不動産経営の企画提案書の作成にあたっての物件調査や市場調査に関する次の記述のうち、最も不適切なものはどれか。

1 物件の権利関係の調査のために登記記録を閲覧する場合、乙区で、所有権の登記上の名義人と賃貸人が異ならないかを確認し、甲区で、抵当権設定の登記の有無を確認する必要がある。
2 相続によって不動産を取得した相続人は、自己のために相続の開始があったことを知り、かつ、その所有権の取得を知った日から3年以内に相続登記の申請をしなければならず、正当な理由なく相続登記の申請をしなかった場合には10万円以下の過料に処される。
3 公示価格（公示地価）は、一般の土地の取引価格に対する指標の提供、公共用地の取得価格の算定規準、収用委員会による補償金額の算定などのため、土地鑑定委員会が決定し、毎年1月1日時点の価格が公表される。
4 路線価（相続税路線価）は、相続税等の課税における宅地の評価を行うために設定される価格で、公示価格の水準の8割程度とされている。

【問 50】 賃貸不動産経営管理士の倫理憲章に関する次の記述のうち、不適切なものはどれか。

1 賃貸不動産経営管理士は、常に賃貸不動産の管理に係る最新の情報に接し、その内容を吸収しておく必要があり、不断の研鑽により常に能力、資質の向上を図ることが求められる。
2 賃貸不動産経営管理士が賃貸不動産の経営・管理に関与するに当たっては、例えば売買等のように、依頼者の一時点での利益の確定及びその最大化を求めなければならない。
3 賃貸不動産経営管理士は、賃貸不動産に係る特定の関係者の利益のためだけに業務を行うというものではなく、その公共的使命を自覚し、自らの業務は社会全体の利益に還元されるものであるということを自覚して、責任ある対応をすることが必要である。
4 賃貸不動産をめぐっては、関係者の利害にかかわる様々な事情が生じ得るが、賃貸不動産経営管理士は、それらの事情で当事者や関係者にとって重要な事項については、情報提供ないし説明すべき義務を負っている。

第2回 解答用紙

得点 ／50

問題番号	解 答 番 号	問題番号	解 答 番 号
第1問	① ② ③ ④	第26問	① ② ③ ④
第2問	① ② ③ ④	第27問	① ② ③ ④
第3問	① ② ③ ④	第28問	① ② ③ ④
第4問	① ② ③ ④	第29問	① ② ③ ④
第5問	① ② ③ ④	第30問	① ② ③ ④
第6問	① ② ③ ④	第31問	① ② ③ ④
第7問	① ② ③ ④	第32問	① ② ③ ④
第8問	① ② ③ ④	第33問	① ② ③ ④
第9問	① ② ③ ④	第34問	① ② ③ ④
第10問	① ② ③ ④	第35問	① ② ③ ④
第11問	① ② ③ ④	第36問	① ② ③ ④
第12問	① ② ③ ④	第37問	① ② ③ ④
第13問	① ② ③ ④	第38問	① ② ③ ④
第14問	① ② ③ ④	第39問	① ② ③ ④
第15問	① ② ③ ④	第40問	① ② ③ ④
第16問	① ② ③ ④	第41問	① ② ③ ④
第17問	① ② ③ ④	第42問	① ② ③ ④
第18問	① ② ③ ④	第43問	① ② ③ ④
第19問	① ② ③ ④	第44問	① ② ③ ④
第20問	① ② ③ ④	第45問	① ② ③ ④
第21問	① ② ③ ④	第46問	① ② ③ ④
第22問	① ② ③ ④	第47問	① ② ③ ④
第23問	① ② ③ ④	第48問	① ② ③ ④
第24問	① ② ③ ④	第49問	① ② ③ ④
第25問	① ② ③ ④	第50問	① ② ③ ④

2024年版 出る順 賃貸不動産経営管理士

当たる！直前予想模試

第 3 回 問題

冊子の使い方

この色紙を残したまま、「問題冊子」を取り外し、ご利用ください。

※抜き取りの際の破損等による返品・交換には応じられませんのでご注意ください。

解答用紙の使い方

「問題冊子」を抜き取った後の色紙の裏表紙を破線に沿って切り取り、コピーしてご利用ください。また、解答用紙のダウンロードサービスがございます。あわせてご活用ください。

令和6年度

賃貸不動産経営管理士 第3回 直前予想模試

次の注意事項をよく読んでから、始めてください。

---- 注 意 事 項 ----

（1）この冊子は試験問題です。問題は1ページから33ページまでの50問（四肢択一式）です。
（2）解答用紙（別紙）はマークシート形式です。BまたはHBの硬さの鉛筆（もしくはシャープペンシル）を使用して記入してください。
（3）正解は、各問題とも1つだけです。2つ以上の解答をしたもの、機械で読み取れないもの等は、正解としません。解答の注意事項をよく読み、所定の要領で記入してください。
（4）問題における法令等については、令和6年4月1日現在で施行されている規定（関係機関による関連告示、通達等を含む）に基づき、出題されています。
（5）解答用紙の修了欄（「令和5年度・令和6年度賃貸不動産経営管理士講習の修了について」）に、既にマークが印刷されている方は、問46から50までの5問が免除されるため、解答する必要はありません。
（6）試験時間中は筆記用具、腕時計、置時計以外の物は一切、使用できません。携帯電話を時計の代わりに使用することもできません。
（7）全ての電子機器及び通信機器、音響機器等（携帯電話（スマートフォン）、あらゆるウェアラブル端末（スマートウォッチ、スマートグラス等）、パソコン、タブレット型端末、Bluetoothイヤホン及びスピーカー等）は、配布される封筒に電源を切って封入し、自身の座席の下に置いてください。封筒に封入されていない電子機器及び通信機器、音響機器等の存在が判明した場合は、理由の如何を問わず不正行為とみなし、直ちに試験会場から退出を命じて、受験を中止してもらいます。退出後は、試験終了時まで試験本部で待機してもらいます。
（8）上記（7）において、試験時間中に封筒へ封入した電子機器及び通信機器、音響機器等が音を発した場合は、試験監督員による立ち会いのもと、封筒を開封し、機器の電源を切ります。
（9）試験開始の合図と同時に始めてください。最初に、問題のページ数を確認し、落丁・乱丁があった場合は、ただちに係員へ申し出てください。
（10）試験問題に関する質問については、一切お答えできません。
（11）試験開始後は、試験終了時間まで途中退室はできません。
（12）試験監督員によって試験の終了が宣言された後、解答用紙に解答を記入した場合、理由の如何を問わず不正行為とみなし、合格の権利を失います。
（13）不正手段によって受験し、合格したことが判明した場合は、合格を取り消します。
（14）その他、試験会場では試験監督員及び係員等の指示に従ってください。

受験番号		氏　名	

この試験問題は試験終了後お持ち帰りください

【問 1】 賃貸住宅の管理業務等の適正化に関する法律（以下、各問において「賃貸住宅管理業法」という。）に定める賃貸住宅管理業者が管理受託契約締結前に行う重要事項の説明（以下、各問において「管理受託契約重要事項説明」という。）に関する次の記述のうち、誤っているものはどれか。

1 　管理受託契約重要事項説明は、賃貸人から委託を受けようとする賃貸住宅管理業者自らが行う必要がある。
2 　管理受託契約重要事項説明は、業務管理者の管理及び監督の下に行われる必要がある。
3 　管理受託契約重要事項説明については、賃貸人が契約内容を十分に理解した上で契約を締結できるよう、説明から契約締結までに１週間程度の期間をおくことが望ましい。
4 　契約更新時に管理受託契約に定める報酬額を変更する場合、賃貸人の承諾を得た場合に限り、管理受託契約重要事項説明を省略することができる。

【問 2】 管理受託契約重要事項説明に係る書面（以下、本問において「管理受託契約重要事項説明書」という。）に記載すべき事項に関する次の記述のうち、誤っているものの組合せはどれか。

ア　管理受託契約の締結にあたり、賃貸人に賠償責任保険等への加入を求める場合や、当該保険によって保障される損害については賃貸住宅管理業者が責任を負わないこととする場合は、その旨を管理受託契約重要事項説明書に記載しなければならない。
イ　入居者からの苦情や問合せへの対応を行う場合、その内容については管理受託契約重要事項説明書に記載する必要はない。
ウ　管理業務を実施するのに必要な空室管理費が報酬に含まれていない場合、空室管理費について管理受託契約重要事項説明書に記載する必要はない。
エ　管理業務の内容について、回数や頻度を明示して可能な限り具体的に管理受託契約重要事項説明書に記載しなければならない。

1 　ア、イ
2 　イ、ウ
3 　ウ、エ
4 　ア、エ

【問 3】 管理受託契約変更契約の重要事項説明を電話で行う場合に関する次の記述のうち、正しいものはどれか。

1 賃貸人から賃貸住宅管理業者に対し、電話による方法で管理受託契約変更契約の重要事項説明を行ってほしいとの依頼がなければ、電話で説明を行うことはできない。
2 事前に管理受託契約変更契約の重要事項説明書等を送付し、その送付から1週間経過後に説明を実施しなければならない。
3 賃貸人から電話による方法で重要事項説明を行ってほしいとの依頼があった場合は、その後、賃貸人からテレビ会議等のITを活用した説明を希望する旨の申出があったときであっても、電話による方法で説明を行うことができる。
4 賃貸人が、管理受託契約変更契約の重要事項説明書等を確認しながら説明を受けることができる状態にあることについて、業務管理者が重要事項説明を開始する前に確認しなければならない。

【問 4】 賃貸住宅管理業者が管理受託契約を締結したときに交付しなければならない書面（以下、本問において「管理受託契約締結時書面」という。）に関する次の記述のうち、誤っているものはいくつあるか。

ア 管理受託契約の更新又は解除に関する定めがあるときは、その内容を管理受託契約締結時書面に記載しなければならない。
イ 報酬の支払の時期及び方法は、管理受託契約締結時書面に記載する必要はない。
ウ 管理受託契約を更新した場合、契約の内容に実質的な変更がないときであっても、賃貸人に対して管理受託契約締結時書面の交付を行わなければならない。
エ 賃貸住宅管理業者が管理受託契約締結時書面の交付を怠った場合、30万円以下の罰金に処せられる。

1 1つ
2 2つ
3 3つ
4 4つ

【問 5】 管理受託契約における委託者への賃貸住宅管理業法に基づく定期報告に関する次の記述のうち、正しいものはいくつあるか。

ア 賃貸人への報告は、管理受託契約を締結した日から1年を超えない期間ごとに、及び管理受託契約の期間の満了後遅滞なく、行わなければならない。
イ 管理業務報告書に記載すべき事項は、「報告の対象となる期間」、「管理業務の実施状況」、「管理業務の対象となる賃貸住宅の入居者からの苦情の発生状況及び対応状況」の3つである。
ウ 管理業務報告書に記載すべき事項を電磁的方法により提供する場合、当該提供を行う賃貸住宅管理業者において、管理業務報告書のデータを適切に保存するよう努めなければならない。
エ 管理業務報告書に係る説明方法は問われないが、賃貸人と説明方法について協議の上、双方向でやりとりできる環境を整え、賃貸人が管理業務報告書の内容を理解したことを賃貸住宅管理業者が確認しなければならない。

1 1つ
2 2つ
3 3つ
4 4つ

【問 6】 Aが自己所有の建物をBに賃貸し、Bが引渡しを受けた後に、当該建物の設置又は保存の瑕疵によりCに損害が生じた場合に関する記述のうち、最も不適切なものはどれか。

1 Aは、当該建物の設置又は保存の瑕疵による損害の発生を防止するため必要な注意をしていたときは、土地工作物責任を免れる。
2 Bは、当該建物の設置又は保存の瑕疵による損害の発生を防止するため必要な注意をしていたときは、土地工作物責任を免れる。
3 Dが、当該建物の管理業務を受託した場合において、当該建物の安全確保について事実上の支配をなしうるときは、土地工作物責任を負うことがある。
4 Aが工作物責任を負う場合において、Cに損害が生じた原因が、当該建物の建築を請け負った業者Eの過失によるものであるときは、Aは、Eに対して求償権を行使することができる。

【問 7】 賃貸住宅管理業者の業務に関する次の記述のうち、適切なものはいくつあるか。

ア 賃貸住宅管理業者は、賃貸住宅管理業法第18条の帳簿を各事業年度の末日をもって閉鎖するものとし、閉鎖後5年間当該帳簿を保存しなければならない。
イ 派遣事業者より賃貸住宅管理業者へ派遣され、賃貸住宅管理業の業務に携わる派遣社員であって、賃貸住宅管理業者による直接の指揮命令権に服するものに対して、当該賃貸住宅管理業者の従業者であることを証する証明書を携帯させなければならない。
ウ 管理受託契約に管理業務の一部の再委託に関する定めがあるときは、自らで再委託先の指導監督を行うことにより、一部の再委託を行うことができるが、再委託先は賃貸住宅管理業者でなければならない。
エ 秘密保持義務が課される「従業者」とは、賃貸住宅管理業者の指揮命令に服しその業務に従事する者をいい、再委託契約に基づき管理業務の一部の再委託を受ける者等賃貸住宅管理業者と直接の雇用関係にない者も含まれる。

1 　1つ
2 　2つ
3 　3つ
4 　4つ

【問 8】 賃貸住宅標準管理受託契約書（国土交通省不動産・建設経済局令和3年4月23日公表。以下、本問において「標準管理受託契約書」という。）に関する次の記述のうち、最も不適切なものはどれか。

1 賃貸住宅管理業者は、災害又は事故等の事由により、緊急に行う必要がある業務で、賃貸人の承認を受ける時間的な余裕がないものについては、賃貸人の承認を受けないで実施することができるとされている。
2 賃貸住宅管理業者は、管理業務を行うため必要があるときは、防災等緊急を要するときでなくても、入居者の承諾を受けないで住戸に立ち入ることができるとされている。
3 賃貸借契約に基づいて行われる入居者から賃貸人への通知の受領、賃貸借契約の更新、修繕の費用負担についての入居者との協議、賃貸借契約の終了に伴う原状回復についての入居者との協議などについては、賃貸住宅管理業者に代理権が付与されている。
4 鍵の管理（保管・設置、交換及びその費用負担を含む。）に関する事項は賃貸人が行うが、賃貸住宅管理業者は、入居者への鍵の引渡し時のほか、入居者との解約、明け渡し業務に付随して鍵を一時的に預かることができるとされている。

【問 9】 建物の維持管理と点検に関する記述のうち、最も適切なものはどれか。

1 賃貸住宅の維持・保全管理においては、事後保全が重要である。
2 予防保全においては、法定耐用年数どおりに機器を交換することが重要である。
3 管理業務に携わる賃貸住宅管理業者は、入居者からの情報を積極的に活用すべきである。
4 日常点検業務では、建物だけが点検の対象となる。

【問 10】 屋根・外壁の劣化と点検に関する次の記述のうち、不適切なものはいくつあるか。

ア チョーキングは、外壁面の塗膜及びシーリング材の劣化により表面が粉末状になる現象であり、手で外壁などの塗装表面を擦ると白く粉が付着する。
イ ポップアウトは、コンクリート内部の部分的な膨張圧によって、コンクリート表面の小部分が円錐形のくぼみ状に破壊された現象である。
ウ タイル張り外壁の定期調査は、原則竣工後10年ごとに全面打診又は赤外線調査による方法により行わなければならないが、有機系接着剤張り工法による外壁タイルについては、一定の条件を満たすことで引張接着試験により確認する方法によることができる。

1 なし
2 1つ
3 2つ
4 3つ

【問 11】 「原状回復をめぐるトラブルとガイドライン（再改訂版）」（国土交通省住宅局平成23年8月。以下、各問において「原状回復ガイドライン」という。）に関する次の記述のうち、最も不適切なものはどれか。

1 家具を設置したことだけによる床、カーペットのへこみ、設置跡については、賃貸人の負担とすることが妥当とされている。
2 破損等はしていないが次の入居者確保のために行う網戸の交換は、賃貸人の負担とすることが妥当とされている。
3 ポスターやカレンダー等の掲示のための壁等の画鋲の穴は、賃貸人の負担とすることが妥当とされている。
4 設備機器の寿命による故障については、賃借人の負担とすることが妥当とされている。

【問 12】 原状回復ガイドラインにおける賃借人の負担に関する次の記述のうち、適切なものの組合せはどれか。

ア 賃借人の過失により洗面台を破損し、新品交換が必要となった場合、6年で残存価値1円となるような直線を想定し、負担割合を算定する。
イ 喫煙により居室全体においてクロスがヤニで変色したり臭いが付着した場合、居室全体のクリーニング又は張替費用を賃借人の負担とする。
ウ 賃借人が鍵を紛失した場合、経過年数は考慮せず、シリンダーの交換費用を賃借人の負担とする。
エ 賃借人の過失により壁等のクロスを毀損させた場合、賃借人の負担は毀損部分の張替え費用に限定され、毀損箇所を含む一面分を賃借人に負担させることはできない。

1 ア、イ
2 イ、ウ
3 ウ、エ
4 ア、エ

【問 13】 賃貸管理における緊急時の対応として最も適切なものはどれか。なお、当該賃貸物件について賃貸住宅管理業者以外に管理を委託されている者は存在しないものとする。

1 管理員が置かれている建物で、自動火災報知器の発報や賃借人からの通報で火災の発生を感知した場合、管理員は、現場へ駆けつけて状況を確認したら、まずは管理業者へ報告を行い、その後、消防署へ通報する。
2 上階がある居室の天井からの漏水の発生を入居者から電話で知らされた場合、まずは修理業者と共に現場へ急行し、上階の室内を見た後に、漏水の被害を受けている居室に行き、漏水状況の写真撮影などを行う。
3 地震発生時、管理員が置かれている建物では、揺れが収まった後、管理員が建物内外の点検を行い、危険性が生じている場合には建物内に残っている人を建物外へ避難させ、避難場所へ誘導する。
4 近くで空き巣被害が発生した場合、侵入経路の遮断や非常警報装置の設置などを検討することが必要であるが、空き巣被害の情報を掲示板などに掲載することはプライバシー保護の観点から避けるべきである。

【問 14】 地震対策、り災証明、被災直後の判定などに関する次の記述のうち、不適切なものの組合せはどれか。

ア 免震構造は、基礎と建物本体との間にクッションを設け、地震による揺れを低減させる構造である。
イ り災証明は、保険の請求や税の減免など、被災者が各種支援を受ける際などに必要な「家屋の財産的被害程度」を市町村長が証明するものである。
ウ 応急危険度判定は、建築物の被害状況を調査し、被害状況に応じて全壊、半壊などに区分するものである。
エ 被災度区分判定では、外観調査に重点をおいて応急的な危険度の判定を行う。

1 ア、イ
2 イ、ウ
3 ウ、エ
4 ア、エ

【問 15】 建築基準法等による規制に関する次の記述のうち、正しいものはいくつあるか。

ア 事務所や店舗用の建築物の居室に対しても、採光規定が適用される。

イ 住宅の居住のための居室では、開口部の面積のうち、採光に有効な部分の面積は、その居室の床面積の7分の1以上としなければならないが、床面において50ルクス以上の照度を確保することができるような照明設備を設置すれば、床面積の10分の1までの範囲で緩和することができる。

ウ 共同住宅の6階以上の階でその階に居室を有するものであっても、居室の床面積の合計が100㎡以下で、かつ、その階に避難上有効なバルコニー、屋外通路その他これらに類するものを設ける場合は、避難階又は地上に通ずる直通階段（屋外避難階段又は特別避難階段に限る。）を1つ設置すればよい。

エ 建築物の解体等の作業を行う場合、令和5年10月1日以降に着工する工事については、工事の規模にかかわらず、建築物石綿含有建材調査者、又は令和5年9月30日までに日本アスベスト調査診断協会に登録された者による事前調査を行う必要がある。

1 1つ
2 2つ
3 3つ
4 4つ

【問 16】 換気設備に関する次の記述のうち、誤っているものはどれか

1 自然換気方式は、室内と室外の温度差による対流や風圧等の自然条件を利用した方式であるため、換気扇の騒音もなく経済的であるが、自然条件が相手なので安定した換気量や換気圧力は期待できない。
2 機械換気の第1種換気は、給気及び排気にファンを用いる方式であり、居室に設けられる熱交換型換気設備や機械室、電気室等に採用される。
3 機械換気の第2種換気は、給気側にファンを用いて排気口と組み合わせる方式であり、製造工場など限られた建物で使用される。
4 機械換気の第3種換気は、排気側にファンを用いて給気口と組み合わせる方式であり、室内が正圧になるため、外からの汚染された空気の侵入を防ぐことができる。

【問 17】 ガス設備に関する次の記述のうち、最も不適切なものはどれか。

1 ガスメーターには、計量法施行令第18条により有効期限が定められており、家庭用のガスメーターは5年以内に1回、取替えが必要である。
2 ガスメーター（マイコンメーター）には、ガスの使用量を計量する機能や、ガスの異常放出や地震等の異常を感知して、自動的にガスの供給を遮断する機能が備えられている。
3 ガス警報器は、都市ガスで空気より軽い場合は、天井面の下方30cm以内の壁などに設置することで、ガス漏れを検知して確実に鳴動する必要がある。
4 ガス管の配管材料として、近年は、屋外埋設管にはポリエチレン管やポリエチレン被覆鋼管が、屋内配管には塩化ビニル被覆鋼管が多く使われている。

【問 18】 法令に基づき行う設備の検査等に関する次の記述のうち、正しいものはいくつあるか。

ア 浄化槽の法定点検には、使用開始後3か月以内に行う「設置後等の水質検査」と、毎年1回行う「定期検査」があるが、その検査は、都道府県知事の指定する指定検査機関が行わなければならない。
イ 消防用設備等の点検には、毎年1回行う「機器点検」と、3年に1回行う「総合点検」がある。
ウ 自家用電気工作物の設置者は、工事、維持及び運用に関する保安の監督をさせるため、原則として電気主任技術者を選任しなければならない。

1 なし
2 1つ
3 2つ
4 3つ

【問 19】 消防・防火に関する次の記述のうち、最も不適切なものはどれか。

1 自動火災報知設備におけるイオン化式スポット型煙感知器は、機器の中のイオン電流が煙によって遮断されると作動する。
2 延べ面積1,000 ㎡未満の共同住宅の関係者は、設置された消防用設備等を定期的に点検し、その結果を消防長又は消防署長に報告しなければならない。
3 放火対策としては、ゴミ置き場を含め、共同住宅の周囲を放火しにくい環境に整備する管理が求められる。
4 賃貸住宅の所有者が管理業者を防火管理者に選任した場合、当該管理業者は、遅滞なくその旨を所轄消防長又は消防署長に届け出なければならない。

【問 20】 昇降機設備、機械式駐車場設備に関する次の記述のうち、適切なものの組合せはどれか。

ア ロープ式エレベーターには、エレベーター機械室があるタイプと機械室がないタイプがあり、エレベーター機械室のないタイプは、マシンルームレスと呼ばれている。
イ エレベーターの保守契約におけるフルメンテナンス契約では、消耗部品の部品代と交換・調整費用は保守料金に含まれない。
ウ 建築物の定期調査報告における調査を行う場合、非常用エレベーターの作動の状況については、非常用エレベーターの作動を確認する必要があるが、5年以内に実施した定期点検の記録がある場合にあっては、当該記録により確認することで足りる。
エ 機械式駐車場設備(立体駐車場設備)には、タワー式・ピット式・横行昇降式などのタイプがある。

1 ア、イ
2 ア、エ
3 イ、ウ
4 ウ、エ

【問 21】 賃貸住宅管理業法における管理受託契約に基づく管理業務で受領する家賃、敷金、共益費その他の金銭（以下、本問において「家賃等」という。）に関する次の記述のうち、最も適切なものはどれか。

1 賃貸住宅管理業者は、管理受託契約に基づく管理業務において受領する家賃等を、自己の固有財産及び他の管理受託契約に基づく管理業務において受領する家賃等と分別して管理しなければならず、これに違反した場合、罰則の対象とはならないが、業務停止等の監督処分の対象となる。
2 家賃等を管理する口座は、締結した管理受託契約ごと、又は管理受託契約を委託した賃貸人ごとに分別しなければならない。
3 入居者から受領した家賃等が賃貸住宅管理業者の固有財産を管理する口座に入金されている状態は一時的であっても許されない。
4 家賃等を賃貸人に確実に引き渡す目的であっても、賃貸住宅管理業者の固有財産のうちの一定額を、家賃等を管理する口座に残しておくことはできない。

【問 22】 賃料回収のために利用できる制度に関する次の記述のうち、適切なものはいくつあるか。

ア 未払賃料を支払うことを内容とする調停が成立した場合、調停調書に基づいて強制執行を行うことができる。
イ 未払賃料を支払うことを内容とする起訴前の和解が成立した場合、和解調書に基づき強制執行を行うことができる。
ウ 強制執行は原則として執行文の付された債務名義の正本に基づいて実施しなければならないが、未払賃料を支払うことを内容とする確定判決（少額訴訟における確定判決を除く。）がある場合において、その判決書を債務名義とするときは、執行文が付与されていることを要しない。

1 なし
2 1つ
3 2つ
4 3つ

【問 23】 企業会計原則及び会計処理の基礎に関する次の記述のうち、最も不適切なものはどれか。

1　損益計算書原則は、企業会計において、ある会計期間における企業の経営成績を示す損益計算書を作成するための具体的な処理基準であり、総額主義、費用収益対応の原則などがある。
2　貸借対照表は、左側に記載される資産と、右側に記載される負債・純資産が最終的に一致するため、バランスシートと呼ばれている。
3　収益又は費用をどの時点で認識するかについて、発生主義と現金主義の2つの考え方があり、複式簿記により適正に会計処理をするためには、現金主義が好ましいとされている。
4　取引が発生した場合、一般的に、補助記入帳がある取引ではまずはその内容を補助記入帳に記帳し、次に補助記入帳に記帳した取引の仕訳を仕訳帳に記帳し、最後に仕訳帳から総勘定元帳と補助元帳に転記するという流れになる。

【問 24】 敷金に関する次の記述のうち、最も不適切なものはどれか。

1　賃貸借契約の継続中、賃貸人は敷金を未払賃料に充当することができるが、賃借人が未払賃料額の弁済に敷金を充当するよう請求することはできない。
2　賃貸借契約の継続中に賃借人の債権者が敷金返還請求権を差し押さえた場合、賃貸人は、敷金相当額を差押債権者に支払わなければならない。
3　敷金は、滞納賃料、原状回復義務の対象となる賃借人の毀損・汚損に対する損害賠償、賃借人が無権限で施工した工事の復旧費のほか、賃貸借契約終了後から明渡しまでの賃料相当額の使用損害金も担保の対象となる。
4　賃貸借契約が終了した場合、賃貸人が敷金を返還しないときであっても、賃借人は賃貸物件の明渡しを拒むことができない。

【問 25】 意思表示に関する次の記述のうち、誤っているものはどれか。

1 意思表示は、表意者がその真意ではないことを知ってした場合であって、相手方がその意思表示が表意者の真意ではないことを知っていたときは、無効である。
2 相手方と通じてした虚偽の意思表示は無効であるが、この意思表示の無効は、通謀の事実を知らない第三者に対抗することができない。
3 詐欺による意思表示は取り消すことができるが、その意思表示の取消しは、詐欺の事情を知らず、かつ、知らないことに過失のない第三者に対抗することができない。
4 強迫による意思表示をした者の承継人は、当該強迫による意思表示を取り消すことができない。

【問 26】 委任、請負、雇用に関する次の記述のうち、最も不適切なものはどれか。

1 委任契約は書面で契約を締結することは義務づけられていないが、請負契約は書面で契約を締結することが義務づけられている。
2 契約当事者の一方が死亡した場合、委任契約は終了するが、請負契約は終了しない。
3 請負は仕事の完成を目的としているのに対し、委任は法律行為又は事実行為をすることを目的としている。
4 雇用契約における労働者は使用者の具体的指示ないし指揮命令のもとで労務の供給を行うと解されているのに対し、委任契約における受任者は事務の処理について広い裁量を有し、委任者は命令ないし具体的指示までは行わないと解されている。

【問　27】　建物賃貸借契約における必要費償還請求権、有益費償還請求権及び造作買取請求権に関する次の記述のうち、適切なものはどれか。

1　賃借人が賃貸物件の雨漏りを修繕する費用を負担し、賃貸人に対し必要費償還請求権を行使した場合、賃貸人がその費用を支払わないときであっても、賃貸借契約終了後は賃貸物件の明渡しを拒むことはできない。
2　賃借人が賃貸物件の改良のために費用を支出した場合、契約終了時に賃貸物件の価格の増加が現存する場合に限り、賃借人は、賃貸人の選択に従い、支出した費用又は増価額の償還を賃貸人に対して請求することができる。
3　賃借人が賃貸人の同意を得て賃貸物件に空調設備を設置した場合において、賃借人の債務不履行によって賃貸借契約が解除されたときは、賃借人は造作買取請求権を行使することができる。
4　賃借人が賃貸人の同意を得て賃貸物件に空調設備を設置し、期間の満了により賃貸借契約が終了した場合において、造作買取請求権を行使するときは、賃貸人が承諾した時点で売買契約が成立したのと同一の効果が生じる。

【問 28】 賃貸住宅標準契約書(国土交通省住宅局平成30年3月公表)に関する次の記述のうち、誤っているものはいくつあるか。

ア 借主は、階段、廊下等の共用部分の維持管理に必要な光熱費、上下水道使用料、清掃費等に充てるため、共益費を貸主に支払うものとされている。
イ 賃貸住宅の一部が滅失その他の事由により使用できなくなった場合には、その滅失について借主に帰責事由がない限り、その使用できなくなった部分の割合に応じて、賃料が減額されるものとされている。
ウ 借主は、解約申入れの日から30日分の賃料(賃貸借契約の解約後の賃料相当額を含む。)を貸主に支払うことにより、解約申入れの日から起算して30日を経過する日までの間、随時に賃貸借契約を解約することができるとされている。
エ 貸主は、賃貸住宅の明渡しがあった場合において、賃貸住宅の明渡し時に、賃料の滞納、原状回復に要する費用の未払いその他の賃貸借契約から生じる借主の債務の不履行が存在し、これらの額を差し引いて敷金を返還するときは、敷金から差し引く債務の額の内訳を借主に明示しなければならないとされている。

1 なし
2 1つ
3 2つ
4 3つ

【問　29】　Aは賃貸住宅（以下、「甲住宅」という。）を所有し、各部屋を賃貸に供しているところ、令和3年、X銀行から融資を受けて甲住宅を全面的にリフォームした。甲住宅には融資の担保のためX銀行を抵当権者とする抵当権が設定され、その旨の登記がされた。BとCは当該抵当権の設定登記前から甲住宅の一室をそれぞれ賃借して居住しており、DとEは抵当権の設定登記後にそれぞれ賃借して居住している。この事案に関する次の記述のうち、誤っているものはどれか。なお、各記述は独立しており、相互に関係しないものとする。

1　AがX銀行に弁済することができず、同銀行が甲住宅の競売を申し立て、Fが甲住宅を買い受けた場合、Bは、賃借権の登記がなくとも、Fに対し、賃借権を対抗することができる。
2　AがX銀行に弁済することができず、同銀行が甲住宅の競売を申し立て、Gが甲住宅を買い受けた場合、Cとの賃貸借契約に関し、賃貸人の地位及び敷金に関する権利義務はGに移転する。
3　AがX銀行に弁済することができず、同銀行が甲住宅の競売を申し立て、Hが甲住宅を買い受けた場合、Dは、Hの買受けの時から6か月を経過するまでは、甲住宅の明渡しを猶予される。
4　AがX銀行に弁済することができず、同銀行が甲住宅の競売を申し立て、Iが甲住宅を買い受けた場合、Iは、競売開始決定前に甲住宅の部屋を賃借し使用収益を開始したEに対して、敷金返還義務を負う。

【問 30】 定期建物賃貸借契約に関する次の記述のうち、正しいものの組合せはどれか。

ア 定期建物賃貸借契約は、書面又は電磁的記録により締結しなければならないが、必ずしも公正証書によって締結する必要はない。
イ 平成12年3月1日より前に締結された普通建物賃貸借契約については、居住用及び事業用の区別にかかわらず、賃借人の同意を得られれば、同契約を合意解除し、改めて定期建物賃貸借契約を締結することができる。
ウ 床面積200㎡未満の居住用建物の定期建物賃貸借契約において、賃借人からの中途解約を一切認めないとする特約は有効である。
エ 定期建物賃貸借契約における事前説明（建物の賃貸借に契約の更新がなく、期間の満了により当該建物の賃貸借が終了する旨の説明）をする際に交付する書面に記載すべき事項は、賃借人の承諾があれば、電磁的方法により提供することができる。

1 ア、イ
2 イ、ウ
3 ウ、エ
4 ア、エ

【問 31】 令和6年5月1日に締結された建物の賃貸借契約と建物の使用貸借契約に関する次の記述のうち、誤っているものの組合せはどれか。

ア 賃貸借契約の賃借人が死亡した場合も、使用貸借契約の使用借主が死亡した場合も、それらの相続人が、契約上の権利義務を承継する。
イ 賃貸借契約も使用貸借契約も、建物の引渡しが契約の成立要件とされておらず、合意のみで契約が成立する。
ウ 契約の対象となっている建物が売却された場合、その売却前に当該建物の引渡しを受けていた賃貸借契約の賃借人や使用貸借契約の使用借主は、当該建物の買主に対して賃借権又は使用借権を対抗することができる。
エ 賃貸借契約の賃借人は賃貸人に対して賃料を支払う必要があるが、使用貸借契約の使用借主は使用貸主に対して建物使用の対価を支払う必要はない。

1 ア、イ
2 ア、ウ
3 イ、エ
4 ウ、エ

【問 32】 管理受託方式とサブリース方式に関する次の記述のうち、最も不適切なものはどれか。

1 賃貸住宅管理業法では、管理受託方式の賃貸住宅経営とサブリース方式の賃貸住宅経営の両方が、制度の対象となっている。
2 管理受託方式において、賃借人の募集は宅地建物取引業者が代理又は媒介として関与することがある。
3 管理受託方式において、賃貸住宅管理業者は、賃料の収受や契約条件の交渉を賃貸人の代理として、また、共用部分の維持保全は賃貸人からの委託によって行う。
4 サブリース方式において、サブリース業者が賃借人の募集を行う場合、宅地建物取引業の免許が必要となる。

【問 33】 特定賃貸借契約の勧誘者に対する規制に関する次の記述のうち、正しいものの組合せはどれか。

ア 特定転貸事業者から特定賃貸借契約の勧誘の際に渡すことができるよう当該特定転貸事業者の社名の入った名刺の利用を認められている者であって、当該特定転貸事業者の特定賃貸借契約の締結に向けた勧誘を行う者は、勧誘者に該当することはない。

イ 不動産業者が賃貸住宅の賃貸人となろうとする者に対し、賃貸住宅やその土地等の購入を勧誘する際に、売買契約を結ぶ対象となる賃貸住宅に関して、顧客を勧誘する目的で特定転貸事業者が作成した特定賃貸借契約の内容や条件等を説明する資料等を使って、賃貸事業計画を説明したり、当該特定賃貸借契約を結ぶことを勧めたりする場合、当該不動産業者は勧誘者に該当する。

ウ 賃貸住宅の賃貸人が自己の物件について特定賃貸借契約を結んでいる特定転貸事業者から勧誘の対価として紹介料等の金銭を受け取り、賃貸住宅の賃貸人となろうとする者に対し、当該特定転貸事業者と特定賃貸借契約を結ぶことを勧めたり、当該特定賃貸借契約の内容や条件等を説明する場合、当該賃貸人は勧誘者に該当する。

エ 特定転貸事業者からの委託により、不特定多数に向けた広告の中で、特定の特定転貸事業者の特定賃貸借契約の内容や条件等を具体的に伝えたに過ぎない者は、それが個別のオーナーとなろうとする者の意思形成に影響を与える場合であっても、勧誘者に該当することはない。

1 ア、イ
2 イ、ウ
3 ウ、エ
4 ア、エ

【問 34】 賃貸住宅管理業法に定める誇大広告等の禁止及び不当な勧誘等の禁止に関する次の記述のうち、適切なものはどれか。

1 「〇年家賃保証」との表示は、契約期間中は定期的な家賃の見直しがあることを表示していれば、見直しに関する表示が離れた場所になされていても、誇大広告等に該当しない。
2 体験談を用いた広告は、「個人の感想です。経営実績を保証するものではありません」といった打消し表示が明瞭に記載されていたときは、誇大広告等に該当しない。
3 勧誘をするに際し、特定賃貸借契約における新築当初の数か月間の借り上げ家賃の支払免責期間があることについて、賃貸人となろうとする者に説明しないときは、不当な勧誘等に該当する。
4 特定賃貸借契約の相手方となろうとする者が「契約を締結しない旨の意思」を表示した場合、1年間に限り再勧誘が禁止される。

【問 35】 賃貸住宅管理業者及び業務管理者に関する次の記述のうち、誤っているものはいくつあるか。

ア アセットマネジメント事業者が、オーナーや信託の受益者から受託した資産運用業務の一環として賃貸住宅管理業者に管理業務を行わせている場合、当該アセットマネジメント事業者は、賃貸住宅管理業の登録を受けなければならない。
イ 反復継続的に賃貸住宅管理業を行う者は、営利の意思の有無にかかわらず、賃貸住宅管理業を営む者に該当する。
ウ 賃貸住宅管理業者は、従業者証明書の携帯に関し、業務管理者に管理及び監督に関する事務を行わせなければならない。
エ 賃貸住宅管理業者は、帳簿の備付け等に関し、業務管理者に管理及び監督に関する事務を行わせなければならない。

1 1つ
2 2つ
3 3つ
4 4つ

【問 36】 賃貸住宅管理業の登録に関する次の記述のうち、正しいものはいくつあるか。

ア 賃貸住宅管理業者である法人は、役員の住所に変更があったときは、その日から30日以内に、その旨を国土交通大臣に届け出なければならない。

イ 賃貸住宅管理業者は、賃貸住宅管理業の登録の更新を受けようとするときは、その者が現に受けている登録の有効期間満了の日の2か月前までに当該登録の更新を申請しなければならない。

ウ 法人であって、その役員の中に、禁錮以上の刑に処せられ、又は賃貸住宅管理業法の規定により罰金の刑に処せられ、その執行を終わり、又は執行を受けることがなくなった日から起算して5年を経過しない者がいる場合、当該法人は、賃貸住宅管理業の登録を受けることができない。

エ 破産手続開始の決定を受けて復権を得た者であって復権を得た日から5年を経過しないものは、賃貸住宅管理業の登録を受けることはできない。

1 1つ
2 2つ
3 3つ
4 4つ

【問 37】 特定転貸事業者が、特定賃貸借契約を締結しようとする際に行う相手方への説明（以下、各問において「特定賃貸借契約重要事項説明」という。）に関する次の記述のうち、正しいものはどれか。

1 特定賃貸借契約変更契約を締結しようとする際に、特定賃貸借契約重要事項説明を行う場合、説明を受けようとする者の承諾があるときであっても、説明から契約締結まで期間をおかなければならない。
2 特定賃貸借契約の相手方が特定転貸事業者である場合であっても、特定賃貸借契約重要事項説明を省略することはできない。
3 特定賃貸借契約重要事項説明は、管理業務に関し2年以上の実務経験を有する者又はその実務経験を有する者と同等以上の能力を有する者によって行わなければならない。
4 特定賃貸借契約が締結されている建物が売却されることによって、従前の建物所有者の賃貸人たる地位が同一内容によって新たな賃貸人に移転し、従前と同一内容によって当該特定賃貸借契約が承継される場合、新たな賃貸人に特定賃貸借契約の内容が分かる書類を交付することが望ましい。

【問 38】 特定転貸事業者が行う特定賃貸借契約重要事項説明において、特定賃貸借契約の相手方になろうとする者に交付すべき書面（以下、各問において「特定賃貸借契約重要事項説明書」という。）に記載して説明すべき事項に関する次の記述のうち、正しいものはいくつあるか。

ア 家賃改定日が定められている場合、その日以外は家賃の減額請求ができない旨を説明しなければならない。
イ 特定転貸事業者が賃貸人に支払う家賃の額、家賃の設定根拠、支払期限、支払方法等について説明しなければならない。
ウ 天災等による損害等については特定転貸事業者が責任を負わないこととする場合は、その旨を説明しなければならない。
エ 契約の始期、終期、期間及び契約の類型（普通借家契約、定期借家契約）について説明しなければならない。

1 １つ
2 ２つ
3 ３つ
4 ４つ

【問 39】 特定賃貸借契約に変更が生じた場合に関する次の記述のうち、最も不適切なものはどれか。

1 賃貸住宅管理業法施行前に締結された特定賃貸借契約で、同法施行後に特定賃貸借契約変更契約が締結されたものについても、同法第30条（特定賃貸借契約の締結前の書面の交付）の規定は適用される。
2 特定賃貸借契約の契約期間中に契約の同一性を保ったままで契約期間のみを延長する場合、改めて特定賃貸借契約重要事項説明及び特定賃貸借契約締結時書面の交付をする必要はない。
3 特定賃貸借契約の締結後、契約期間前の段階で引き渡し日が数か月遅れることが発覚したため、引き渡し日及び賃料の支払開始日を変更した場合、後のトラブルを未然に防止する観点からも再度の特定賃貸借契約重要事項説明及び特定賃貸借契約締結時書面の再交付が必要となる。
4 転借人の入居途中で、特定賃貸借契約において賃貸住宅の維持保全の実施方法を変更した場合であっても、改めて転借人に対して通知する必要はない。

【問 40】 特定転貸事業者が特定賃貸借契約を締結したときに賃貸人に対して交付しなければならない書面（以下、本問において「特定賃貸借契約締結時書面」という。）に関する次の記述のうち、正しいものはどれか。

1 特定賃貸借契約締結時書面の交付に代えて当該書面に記載すべき事項を電磁的方法により提供する場合、あらかじめ、特定賃貸借契約の相手方に対し電磁的方法による提供に用いる電磁的方法の種類及び内容を示した上で、当該特定賃貸借契約の相手方から書面等により承諾を得ることが必要である。
2 特定賃貸借契約重要事項説明書と特定賃貸借契約締結時書面を一体として交付することができる。
3 特定賃貸借契約の相手方に対する維持保全の実施状況の報告に関する事項は、特定賃貸借契約締結時書面に記載すべき事項ではない。
4 特定賃貸借契約締結時書面を交付する場合、業務管理者をして、当該書面に記名押印させなければならない。

【問 41】 賃貸住宅管理業法の監督に関する次の記述のうち、正しいものはいくつあるか。

ア 国土交通大臣は、賃貸住宅管理業者が国土交通大臣の業務改善命令に違反した場合でも、その登録を取り消すことはできない。
イ 国土交通大臣は、賃貸住宅管理業の登録がその効力を失ったとき、又は登録を取り消したときは、当該登録を抹消しなければならない。
ウ 国土交通大臣は、賃貸住宅管理業の適正な運営を確保するため必要があると認めるときは、賃貸住宅管理業者に対し、その業務に関し報告を求め、又はその職員に、賃貸住宅管理業者の営業所、事務所その他の施設に立ち入り、その業務の状況若しくは設備、帳簿書類その他の物件を検査させ、若しくは関係者に質問させることができる。
エ 賃貸住宅管理業の登録の更新をしなかったとき、登録が効力を失ったとき、又は登録が取り消されたときは、当該登録に係る賃貸住宅管理業者であった者又はその一般承継人は、当該賃貸住宅管理業者が締結した管理受託契約に基づく業務を結了する目的の範囲内においては、なお賃貸住宅管理業者とみなされる。

1 1つ
2 2つ
3 3つ
4 4つ

【問 42】 特定賃貸借標準契約書（国土交通省不動産・建設経済局令和3年4月23日更新）に準拠して特定賃貸借契約を締結した場合における次の記述のうち、誤っているものはいくつあるか。なお、特約はないものとする。

ア 借主は、転貸の条件に従い、賃貸住宅を転貸することができるが、賃貸住宅を反社会的勢力に転貸することはできない。
イ 貸主が修繕を行う場合は、貸主は、あらかじめ借主を通じて、その旨を転借人に通知しなければならない。
ウ 借主が契約書に定められている修繕を行う場合、その内容及び方法についてあらかじめ貸主と協議して行わなければならない。
エ 借主は、特定賃貸借契約が終了する日までに、住戸部分のうちの空室及びその他の部分について、転貸借に関する通常の使用に伴い生じた当該部分の損耗及び当該部分の経年変化を除き、借主の責めに帰すべき事由（転借人の責めに帰すべき事由を除く。）によって必要となった修繕を行わなければならない。

1 1つ
2 2つ
3 3つ
4 4つ

【問 43】 入居者の安心安全のための措置に関する次の記述のうち、最も不適切なものはどれか。

1 隣地の竹木の枝が境界線を越える場合、土地の所有者は、竹木の所有者に枝を切除するよう催告し、その枝を切除させることができるが、その催告から相当の期間が経過しても、自らその枝を切り取ることはできない。

2 土地の所有者は、他の土地に設備を設置し、又は他人が所有する設備を使用しなければ電気、ガス又は水道水の供給その他これらに類する継続的給付を受けることができないときは、継続的給付を受けるため必要な範囲内で、他の土地に設備を設置し、又は他人が所有する設備を使用することができる。

3 水防法施行規則第11条第1号に基づいて市町村の長が取引の対象となる宅地又は建物の位置を含む水害ハザードマップを作成している場合、宅地建物取引業者は、賃貸の媒介のときであっても、宅地建物取引業法第35条に規定する重要事項説明の際に、水害ハザードマップを提示してマップ内における宅地又は建物の所在地を示す必要がある。

4 「防犯に配慮した共同住宅に係る設計指針」（国土交通省住宅局平成13年3月23日策定）によれば、新築される共同住宅におけるエレベーターのかご内には防犯カメラを設置するものとされている。

【問 44】 管理業務に関わる法令等に関する次の記述のうち、適切なものはどれか。

1 住宅確保要配慮者に対する賃貸住宅の供給の促進に関する法律によれば、住宅確保要配慮者の入居を拒まない賃貸住宅の登録を行う際に「高齢者、障害者の入居は拒まない」とするなど、入居を拒まない住宅確保要配慮者の範囲を限定することはできない。
2 特定家庭用機器再商品化法（家電リサイクル法）では、家庭用のエアコン、テレビ、冷蔵庫・冷凍庫、洗濯機・衣類乾燥機が使用済みとなったものを対象としており、賃貸住宅管理業者は小売業者に該当しない場合であっても、これらを引き取り、メーカーへ引き渡す義務がある。
3 家賃債務保証業者登録規程（平成29年10月2日国土交通省告示第898号）によれば、家賃債務保証業を営む者は、国土交通大臣の登録を受けることができ、当該登録の有効期間は5年である。
4 消費者契約法においては、消費者団体訴訟制度が導入されており、内閣総理大臣が認定した適格消費者団体は、消費者に代わって取消権及び損害賠償請求権を行使することができる。

【問 45】 相続と相続税及び贈与税に関する次の記述のうち、適切なものはどれか。

1 法定相続人が配偶者と兄弟姉妹の場合の法定相続分は、配偶者3分の2、兄弟姉妹3分の1（複数の場合は人数按分）となる。
2 賃貸建物の敷地に小規模宅地等の特例を適用する場合には、評価額から330㎡までの部分について80％減額することができる。
3 贈与税は、暦年課税の場合、1年間（1月1日から12月31日まで）に贈与を受けた財産の価格から基礎控除額の60万円を控除した額に税率を乗じて計算する。
4 贈与に関し相続時精算課税制度を選択すると、その贈与を受けた財産は贈与時の評価額で相続財産に加算されることになるが、令和6年1月1日以後の贈与からは、贈与時の評価額から基礎控除額を控除した残額を相続財産に加算して相続税を計算する。

【問 46】 賃貸不動産経営管理士に期待される役割に関する次の記述のうち、不適切なものの組合せはどれか。

ア 賃貸不動産経営管理士は、賃貸不動産経営管理士としてのコンプライアンス等に基づけばとるべきではない管理業務の手法を所属する賃貸住宅管理業者から要請された場合には、所属する賃貸住宅管理業者の要請に従った行動をとることが望ましい。

イ 賃貸不動産経営管理士は、日ごろから人権問題に関心を持ち、人権意識を醸成して自らの専門性を発揮するとともに、賃貸人に対しては差別が許されないことを十分に理解してもらい、自社の他の従業者に対して積極的に指導等を行うなどして、賃貸住宅管理業界全体の社会的役割の実現と人権意識の向上に努めなければならない。

ウ 賃貸不動産経営管理士は、賃貸不動産経営の収支報告書を作成することができないが、賃貸不動産経営を支援するため、物件状況報告書や長期修繕計画書を作成することができる。

エ 賃貸不動産経営管理士には、賃借人が有する不満不安に対し、事実を包み隠さず説明する意識と、高度な知識経験に裏打ちされた合理的かつバランス感覚にそった説明、そして、その前提となる日々の業務の透明性が強く求められる。

1 ア、イ
2 ア、ウ
3 イ、エ
4 ウ、エ

【問 47】 賃貸住宅に関する国の政策に関する次の記述のうち、最も不適切なものはどれか。

1 国内外からの観光旅客の宿泊に対する需要に的確に対応するため、平成29年6月に住宅宿泊事業法が制定され、住宅宿泊管理業を営む者及び住宅宿泊仲介業を営む者に係る届出制度が設けられた。
2 住生活基本法に基づき令和3年3月19日に閣議決定された「住生活基本計画」では、「子どもを産み育てやすい住まいの実現」を目標の一つとしており、その達成のための基本的な施策として、民間賃貸住宅の計画的な維持修繕等により、良質で長期に使用できる民間賃貸住宅ストックの形成と賃貸住宅市場の整備が掲げられている。
3 適切な管理が行われていない空家が放置されることへの対応策として、空家等対策の推進に関する特別措置法の規定により市区町村長から勧告を受けた管理不全空家等の敷地や特定空家等の敷地については、固定資産税の住宅用地に対する課税標準の特例の適用対象から除外される。
4 所有者による建物の管理が不適当であることによって他人の権利又は法律上保護される利益が侵害され、又は侵害されるおそれがある場合、利害関係人は、裁判所に対して、管理不全建物管理人による管理を命ずる処分をすることを申し立てることができる。

【問 48】 「残置物の処理等に関するモデル契約条項」（法務省・国土交通省令和3年6月公表）に関する次の記述のうち、最も適切なものはどれか。

1 解除関係事務委任契約は、賃借人と賃貸人との間で締結されることが望ましい。
2 解除関係事務委任契約では、賃借人が死亡したことを停止条件として、賃貸借契約を解除する旨の意思表示を受領する代理権のみが受任者に授与される。
3 残置物関係事務委託契約では、賃借人が死亡し、かつ、賃貸借契約が終了した場合、非指定残置物は3か月以内に廃棄するものとされている。
4 残置物関係事務委託契約では、賃借人が死亡した場合における賃貸物件内の残置物の廃棄や指定された送付先への送付等の事務を、賃貸物件を管理する賃貸住宅管理業者に委託することができる。

【問 49】 建築物の省エネに関する次の記述のうち、最も不適切なものはどれか。

1 建築物の販売又は賃貸（以下、本問において「販売等」という。）を行う事業者（以下、本問において「販売事業者等」という。）は、その販売等を行う建築物について、エネルギー消費性能を表示するよう努めなければならない。
2 建築物のエネルギー消費性能の表示は、建築物の省エネ性能ラベルを用いて行うことが必要であり、当該ラベルでは、エネルギー消費性能や断熱性能が★マークや数字で表示される。
3 建築物のエネルギー消費性能の表示を行う場合、省エネ性能評価は、第三者の評価機関によるものでなければならない。
4 国土交通大臣は、販売事業者等が、その販売等を行う建築物についてエネルギー消費性能の表示をしていないと認めるときは、当該販売事業者等に対し、その販売等を行う建築物について、エネルギー消費性能に関する表示をすべき旨の勧告をすることができる。

【問 50】 賃貸不動産をとりまく社会的情勢に関する次の記述のうち、最も不適切なものはどれか。

1 近年では、管理業務を自ら全て実施する者が減少し、管理会社に業務を委託する賃貸住宅の所有者が増加している。
2 建築着工統計調査報告（令和5年計）（令和6年1月公表）によれば、令和5年の貸家の新設住宅着工戸数は約34.4万戸となり、3年連続の増加となっている。
3 平成30年住宅・土地統計調査によれば、民間主体が保有する賃貸住宅のストック数は近年、増加傾向にあり、平成30年時点では住宅ストック総数の4分の1強を占める。
4 平成30年住宅・土地統計調査によれば、平成30年時点の全国の空き家率は13.6%であり、空き家の内訳では賃貸用の住戸が全体の約51.0%となっている。

第3回　解答用紙

得点 ／50

問題番号	解　答　番　号
第1問	① ② ③ ④
第2問	① ② ③ ④
第3問	① ② ③ ④
第4問	① ② ③ ④
第5問	① ② ③ ④
第6問	① ② ③ ④
第7問	① ② ③ ④
第8問	① ② ③ ④
第9問	① ② ③ ④
第10問	① ② ③ ④
第11問	① ② ③ ④
第12問	① ② ③ ④
第13問	① ② ③ ④
第14問	① ② ③ ④
第15問	① ② ③ ④
第16問	① ② ③ ④
第17問	① ② ③ ④
第18問	① ② ③ ④
第19問	① ② ③ ④
第20問	① ② ③ ④
第21問	① ② ③ ④
第22問	① ② ③ ④
第23問	① ② ③ ④
第24問	① ② ③ ④
第25問	① ② ③ ④

問題番号	解　答　番　号
第26問	① ② ③ ④
第27問	① ② ③ ④
第28問	① ② ③ ④
第29問	① ② ③ ④
第30問	① ② ③ ④
第31問	① ② ③ ④
第32問	① ② ③ ④
第33問	① ② ③ ④
第34問	① ② ③ ④
第35問	① ② ③ ④
第36問	① ② ③ ④
第37問	① ② ③ ④
第38問	① ② ③ ④
第39問	① ② ③ ④
第40問	① ② ③ ④
第41問	① ② ③ ④
第42問	① ② ③ ④
第43問	① ② ③ ④
第44問	① ② ③ ④
第45問	① ② ③ ④
第46問	① ② ③ ④
第47問	① ② ③ ④
第48問	① ② ③ ④
第49問	① ② ③ ④
第50問	① ② ③ ④

賃貸不動産経営管理士

直前予想問題

第 1 回

正解・解説

「Web無料採点サービス」
成績診断を活用して、本試験までに不得意分野を克服していきましょう。
アクセスはこちら▶

※詳細は本書冒頭の「本書購入者特典②」のご案内ページをご覧ください。

「無料解説動画」(全3回　各回約60分)
LEC専任講師が「合否を分ける重要問題」をピックアップして、解法の目線、注意点を中心に解説します。
アクセスはこちら▶

2024年版 賃貸不動産経営管理士
直前予想模試① 正解一覧

番号	正解	自己採点	出題項目		番号	正解	自己採点	出題項目	
問1	3		管理受託	管理業法（管理受託部分）	問26	1		サブリース	管理業法（サブリース部分）
問2	1		管理受託	管理業法（管理受託部分）	問27	3		サブリース	管理業法（サブリース部分）
問3	4		管理受託	管理業法（管理受託部分）	問28	1		管理受託	管理業法（管理受託部分）
問4	2		管理受託	賃貸住宅標準管理受託契約書	問29	2		管理受託	管理業法（管理受託部分）
問5	3		賃貸借関係	委任	問30	1		管理受託	管理業法（管理受託部分）
問6	1		管理受託	管理業法（管理受託部分）	問31	2		サブリース	管理業法（サブリース部分）
問7	1		賃貸借関係	譲渡・転貸	問32	3		サブリース	管理業法（サブリース部分）
問8	4		維持保全	原状回復	問33	3		サブリース	管理業法（サブリース部分）
問9	4		維持保全	原状回復	問34	4		サブリース	管理業法（サブリース部分）
問10	2		維持保全	維持・点検	問35	3		サブリース	管理業法（サブリース部分）
問11	2		維持保全	維持・点検	問36	2		サブリース	管理業法（サブリース部分）
問12	3		維持保全	消防用設備	問37	4		サブリース	管理業法（サブリース部分）
問13	1		維持保全	建築系法令	問38	4		サブリース	総合
問14	3		維持保全	建築系法令	問39	1		サブリース	特定賃貸借標準契約書
問15	2		維持保全	給水設備・給湯設備	問40	2		管理実務・金銭管理等	業務関連法令
問16	1		維持保全	排水・通気・浄化槽設備	問41	1		管理実務・金銭管理等	入居者の募集
問17	2		賃貸借関係	賃貸借契約の成立と有効性	問42	3		管理実務・金銭管理等	入居者の募集
問18	4		賃貸借関係	賃貸借の内容	問43	4		維持保全	維持・点検
問19	2		管理実務・金銭管理等	金銭管理	問44	2		維持保全	維持・点検
問20	4		管理実務・金銭管理等	総合	問45	4		管理実務・金銭管理等	建物管理
問21	4		賃貸借関係	相続	問46	2		管理実務・金銭管理等	賃貸不動産経営管理士のあり方
問22	3		賃貸借関係	賃貸借の終了と更新	問47	1		管理実務・金銭管理等	賃貸不動産管理の意義と社会的情勢
問23	3		賃貸借関係	定期建物賃貸借	問48	3		管理実務・金銭管理等	賃貸業への支援業務
問24	4		賃貸借関係	保証	問49	3		管理実務・金銭管理等	入居者の募集
問25	1		賃貸借関係	破産との関係	問50	2		管理実務・金銭管理等	賃貸業への支援業務

想定合格基準点　37点

問	項目	正解	重要度	予想正解率
1	管理受託 / 管理業法（管理受託部分）	3	A	50〜69%

1 正　管理受託契約の相手方が「賃貸住宅管理業者である者その他の管理業務に係る専門的知識及び経験を有すると認められる者として国土交通省令で定めるもの」である場合、管理受託契約重要事項説明に係る書面交付及び説明は不要となる（賃貸住宅管理業法13条1項かっこ書）。「賃貸住宅管理業者である者その他の管理業務に係る専門的知識及び経験を有すると認められる者として国土交通省令で定めるもの」とは、①**賃貸住宅管理業者**、②**特定転貸事業者**、③**宅地建物取引業者**、④特定目的会社、⑤組合（当該組合の組合員の間で不動産特定共同事業法2条3項1号に規定する不動産特定共同事業契約が締結されているものに限る。）、⑥賃貸住宅に係る信託の受託者（委託者等が①〜④までのいずれかに該当する場合に限る。）、⑦独立行政法人都市再生機構、⑧**地方住宅供給公社**である（同法施行規則30条各号）。

2 正　賃貸住宅管理業法施行前に締結された管理受託契約で、同法施行後に賃貸人に対して管理受託契約重要事項説明を行っていない場合は、**管理受託契約変更契約を締結しようとするときに、全ての事項について、管理受託契約重要事項説明を行う必要がある**（賃貸住宅管理業法の解釈・運用の考え方13条関係1）。したがって、同法の施行前に締結された管理受託契約について、契約内容を変更しない限りは、同法の施行後に改めて重要事項説明等を行う必要はない（同法FAQ集3(2)14）。

3 誤　重要事項説明時における従業員証の提示は**義務付けられていない**（賃貸住宅管理業法FAQ集3(2)6）。

4 正　**新規契約**の重要事項説明については、電話やメールによる手段での重要事項説明は**認められていない**（賃貸住宅管理業法FAQ集3(2)10）。

問	項目	正解	重要度	予想正解率
2	管理受託／管理業法(管理受託部分)	1	A	70%以上

1　正　　管理受託契約重要事項説明書を電磁的方法で提供する場合、**出力して書面を作成でき、改変が行われていないか確認できることが必要**である（賃貸住宅管理業法の解釈・運用の考え方13条関係4(1)）。

2　誤　　電磁的方法により管理受託契約重要事項説明書を提供しようとする場合は、相手方がこれを確実に受け取れるように、用いる方法（電子メール、WEBでのダウンロード、CD-ROM等）やファイルへの記録方法（使用ソフトウェアの形式やバージョン等）を示した上で、**電子メール、WEBによる方法、CD-ROM等相手方が承諾したことが記録に残る方法で承諾を得ることが必要**である（賃貸住宅管理業法の解釈・運用の考え方13条関係4(1)）。したがって、必ずしも書面で承諾を得る必要はない。

3　誤　　管理受託契約重要事項説明書を電磁的方法で提供する方法として、①**電子メールで送信する方法**、②ウェブサイト上からダウンロードする方法、③賃貸住宅管理業者が設置する専用のインターネット上のページで賃貸人が重要事項説明書を閲覧できるようにする方法、④CD-ROM等の記録メディアを送付する方法が認められている（賃貸住宅管理業法施行規則32条1項）。

4　誤　　賃貸住宅管理業者は、電磁的方法により提供することについて、賃貸人から承諾を得た場合であっても、当該承諾に係る賃貸住宅の賃貸人から書面等により電磁的方法による提供を受けない旨の申出があったときは、当該電磁的方法による提供をしてはならない（賃貸住宅管理業法施行令2条2項本文）。ただし、**当該申出の後に当該賃貸住宅の賃貸人から再び承諾を得た場合は、電磁的方法により提供することができる**（同条項ただし書）。

問	項目	正解	重要度	予想正解率
3	管理受託 / 管理業法(管理受託部分)	4	A	70%以上

1　正　管理受託契約重要事項説明書は、契約締結に先立って交付する書面であり、管理受託契約締結時書面とは交付するタイミングが異なる書面であることから、**両書面を一体で交付することはできない**（賃貸住宅管理業法FAQ集3(2)3）。

2　正　賃貸住宅管理業者は、管理受託契約締結時書面の交付に代えて、**賃貸人の承諾を得て**、当該書面に記載すべき事項を**電磁的方法により提供することができる**（賃貸住宅管理業法14条2項、13条2項）。

3　正　管理受託契約締結時書面に記載すべき事項が記載された契約書であれば、**当該契約書をもって管理受託契約締結時書面とすることができる**（賃貸住宅管理業法の解釈・運用の考え方14条1項関係1）。

4　誤　管理受託契約変更契約を締結する場合には、**変更のあった事項について**、賃貸人に対して管理受託契約締結時書面を交付すれば足りる。なお、賃貸住宅管理業法施行前に締結された管理受託契約で、管理受託契約締結時書面に記載すべき全ての事項について、管理受託契約締結時書面の交付を行っていない場合は、管理受託契約変更契約を締結したときに、管理受託契約締結時書面に記載すべき全ての事項について、管理受託契約締結時書面の交付を行う必要がある（賃貸住宅管理業法の解釈・運用の考え方14条1項関係2）。

問	項目	正解	重要度	予想正解率
4	管理受託 / 賃貸住宅標準管理受託契約書	2	A	70%以上

1　正　賃貸住宅管理業者は、再委託した業務の処理について、委託者（賃貸人）に対して、**自らなしたと同等の責任を負う**（標準管理受託契約書13条3項）。

2　誤　賃貸住宅管理業者は、**善良なる管理者の注意をもって**、管理業務を行わなければならない（標準管理受託契約書18条1項）。

3 正　委託者から賃貸住宅管理業者に代理権が授与されている事項は、①敷金、その他一時金、家賃、共益費（管理費）及び附属施設使用料の徴収、②**未収金の督促**、③賃貸借契約に基づいて行われる入居者から委託者（賃貸人）への通知の受領、④賃貸借契約の更新、⑤修繕の費用負担についての入居者との協議、⑥賃貸借契約の終了に伴う原状回復についての入居者との協議である（標準管理受託契約書14条）。これらのうち、①～②及び④～⑥について、入居者が賃貸住宅管理業者からの適法な請求等に応じず**紛争となる場合**には、弁護士法72条にて規定するいわゆる「非弁行為」に該当することから、賃貸住宅管理業者は当該業務を実施することはできなくなる（同コメント14条（代理権の授与）関係）。

4 正　賃貸住宅管理業者は、委託者（賃貸人）との間で管理受託契約を締結したときは、入居者に対し、遅滞なく、管理業務の内容・実施方法及び賃貸住宅管理業者の連絡先を記載した**書面又は電磁的方法**により通知しなければならない（標準管理受託契約書23条1項）。

問	項目	正解	重要度	予想正解率
5	賃貸借関係／委任	3	B	49％以下

ア　適切　賃貸住宅管理業者は、賃貸人から資産を預かりその**資産の管理を代行する立場にあるが、その基本的法律関係は委任ないし準委任契約関係である**。そのため、金銭管理を行う業務については、委任（準委任）に関する規定が適用される（民法643条、656条）。委任における受任者（賃貸住宅管理業者）は委任者（賃貸人）に従属するわけではなく、委任者から独立の立場にある。

イ　不適切　受任者は、報酬を受けるべき場合には、**委任事務を履行した後でなければ、これを請求することができない**（民法648条2項本文）。期間によって報酬を定めたときは、その期間を経過した後に、請求することができる（同条項ただし書、624条2項）。

ウ　適切　受任者は、委任者の許諾を得たとき、又はやむを得ない事由があるとき

でなければ、復受任者を選任することができない（民法644条の2第1項）。代理権を付与する委任において、受任者が代理権を有する復受任者を選任したときは、**復受任者は、委任者に対して、その権限の範囲内において、受任者と同一の権利を有し、義務を負う**（同2項）。

エ　適切　　受任者は、委任者に引き渡すべき金額又はその利益のために用いるべき金額を自己のために消費したときは、**その消費した日以後の利息を支払わなければならない**（民法647条前段）。この場合において、**なお損害があるときは、その賠償の責任を負う**（同条後段）。

以上より、適切なものはア、ウ、エの3つであり、本問の正解肢は3となる。

問	項目	正解	重要度	予想正解率
6	管理受託 / 管理業法(管理受託部分)	1	A	50～69%

1　誤　　賃貸住宅管理業者は、その営業所又は事務所ごとに、**公衆の見やすい場所**に、標識を掲げなければならない（賃貸住宅管理業法19条）。

2　正　　賃貸住宅管理業者は、**信義**を旨とし、**誠実**にその業務を行わなければならない（賃貸住宅管理業法10条）。

3　正　　賃貸住宅管理業者は、**自己の名義**をもって、**他人**に賃貸住宅管理業を営ませてはならない（賃貸住宅管理業法11条）。当該他人が賃貸住宅管理業者であっても同じである。

4　正　　賃貸住宅管理業者は、委託者から委託を受けた管理業務の全部を他の者に対し、再委託してはならない（賃貸住宅管理業法15条）。管理受託契約に管理業務の一部の再委託に関する定めがあるときは、自らで再委託先の指導監督を行うことにより、一部の再委託を行うことができるが、**管理業務の全てについて他者に再委託（管理業務を複数の者に分割して再委託することを含む。）して自ら管理業務を一切行わないことは、本条に違反する**（同法の解釈・運用の考え方15条関係1）。

問	項目	正解	重要度	予想正解率
7	賃貸借関係／譲渡・転貸	1	B	70%以上

1 正　　賃借権の無断譲渡、無断転貸の禁止は民法上の原則であり、仮に賃貸借契約に譲渡・転貸を制限する条項がなかったとしても、賃借人は、**賃借権を賃貸人の承諾を得ずに譲渡し、あるいは、賃貸人の承諾を得ずに転貸をしてはならない**（民法612条1項）。

2 誤　　適法な転貸借がなされている場合において、原賃貸借が原賃借人（転貸人）の債務不履行を理由とする解除により終了したとき、原賃貸人は、転借人に対し、原賃貸借の終了を対抗することができる（大判昭10.11.18）。この場合、転貸借は、原賃貸借とは別の契約だから、原賃貸借が終了しても当然には終了しない。転貸借は、原賃貸人が転借人に対して**建物の返還を請求した時**に、原賃借人（転貸人）の転借人に対する債務の履行不能により終了する（最判平9.2.25）。

3 誤　　建物の転貸借がされている場合において、**建物の賃貸借が期間の満了又は解約の申入れによって終了するとき**は、建物の賃貸人は、建物の転借人にその旨の通知をしなければ、その終了を建物の転借人に対抗することができない（借地借家法34条1項）。**原賃貸借が、債務不履行で終了する場合には、事前の通知は求められない**（最判昭39.3.31）。

4 誤　　賃借人が適法に賃借物を転貸した場合には、賃貸人は、賃借人との間の賃貸借を合意により解除したことをもって転借人に対抗することができない（民法613条3項本文）。ただし、**その解除の当時、賃貸人が賃借人の債務不履行による解除権を有していたときは、転借人に対抗することができる**（同条項ただし書）。

問	項目	正解	重要度	予想正解率
8	維持保全／原状回復	4	A	70％以上

ア 適切　エアコンについても、テレビ等と同様一般的な生活をしていくうえで必需品になってきており、その設置によって生じたビス穴等は通常の損耗と考えられる（原状回復ガイドライン別表1「壁、天井（クロスなど）」）。よって、**エアコン（賃借人所有）設置による壁のビス穴、跡は、賃貸人の負担となる**（同別表3Ⅰ1）。

イ 不適切　重量物の掲示等のためのくぎ、ネジ穴は、画鋲等のものに比べて深く、範囲も広いため、通常の使用による損耗を超えると判断されることが多いと考えられる（原状回復ガイドライン別表1「壁、天井（クロスなど）」）。よって、**壁等のくぎ穴、ネジ穴（重量物をかけるためにあけたもので、下地ボードの張替えが必要な程度のもの）は、賃借人の負担となる**（同別表3Ⅰ1）。

ウ 不適切　引越作業で生じたひっかきキズは、賃借人の善管注意義務違反又は過失に該当する場合が多いと考えられる（原状回復ガイドライン別表1「床（畳、フローリング、カーペットなど）」）。よって、**引越作業で生じたひっかきキズは、賃借人の負担となる**（同別表3Ⅰ1）。

エ 適切　**ワックスがけは通常の生活において必ず行うとまでは言い切れず、物件の維持管理の意味合いが強いことから、賃貸人負担とすることが妥当と考えられる**（原状回復ガイドライン別表1「床（畳、フローリング、カーペットなど）」）。

以上より、適切なものの組合せはア、エであり、本問の正解肢は4となる。

問	項目	正解	重要度	予想正解率
9	維持保全 / 原状回復	4	A	70%以上

1 **不適切** 畳表は、消耗品に近いものであり、減価償却資産になじまないので、**経過年数は考慮しない**。なお、畳床は、6年で残存価値1円となるような直線（又は曲線）を想定し、負担割合を算定する（原状回復ガイドライン別表2「床（畳、フローリング、カーペットなど）」）。

2 **不適切** **カーペット**は、6年で残存価値1円となるような直線（又は曲線）を想定し、**負担割合を算定する**（原状回復ガイドライン別表2「床（畳、フローリング、カーペットなど）」）。

3 **不適切** **障子紙**は、消耗品であり、減価償却資産とならないので、**経過年数は考慮しない**（原状回復ガイドライン別表2「建具（襖、柱など）」）。

4 **適切** 賃借人に原状回復義務がある場合であっても、原状回復は、毀損部分の復旧であることから、可能な限り毀損部分の補修費用相当分となるよう限定的なものとする。この場合、**補修工事が最低限可能な施工単位を基本とする。いわゆる模様あわせ、色あわせについては、賃借人の負担とはしない**（原状回復ガイドライン別表2「基本的な考え方」）。

問	項目	正解	重要度	予想正解率
10	維持保全 / 維持・点検	2	B	70%以上

1 **適切** 雨水による漏水は、**最上階の場合、屋上や屋根・庇からの漏水であることが多く、中間階では、外壁や出窓やベランダからの浸水であることが多い**。

2 **不適切** マンション等の場合、漏水の発生源は、被害の生じた部屋の上階が多いことから、**上階部屋や横系統バルブ（仕切弁）を閉めて給水を遮断して、発生源を特定する**。

3 適切　給水管の保温不足による結露を原因とする水漏れがある。

4 適切　レンジフード、浴室、トイレの換気扇の排気口からの雨水の浸入による漏水がある。

問	項目	正解	重要度	予想正解率
11	維持保全／維持・点検	2	A	70％以上

1 誤　特定建築設備等（昇降機及び特定建築物の昇降機以外の建築設備等をいう。）で特定行政庁が指定するものの所有者（所有者と管理者が異なる場合においては、管理者）は、特定建築設備等について、定期に、一級建築士若しくは二級建築士又は建築設備等検査員資格者証の交付を受けている者に検査をさせて、その結果を特定行政庁に報告しなければならない（建築基準法12条3項）。**建築設備の定期検査は、建築設備検査員資格者証の交付を受けている者のほか、一級建築士又は二級建築士に実施させることができる。**

2 正　肢1の解説の通り、建築設備の定期検査・報告が義務付けられている者は、原則として**所有者**であるが、**所有者と管理者が異なる場合には管理者である**（建築基準法12条3項）。

3 誤　建築設備の定期検査の対象となる設備は、「**換気設備**」「**排煙設備**」「**非常用の照明設備**」「**給水設備及び排水設備**」の4項目である（平成20年国土交通省告示285号）。

4 誤　昇降機の所有者（所有者と管理者が異なる場合においては、管理者）は、原則として、昇降機について、定期に、一級建築士若しくは二級建築士又は昇降機検査員資格者証の交付を受けている者に検査をさせて、その結果を特定行政庁に報告しなければならない（建築基準法12条3項、同法施行令16条3項1号）。もっとも、**昇降機等のうち、一戸建て、長屋又は共同住宅の住戸内に設けられたホームエレベーター等は報告対象から除かれる**（平成28年国土

交通省告示240号)。

問	項目	正解	重要度	予想正解率
12	維持保全 / 消防用設備	3	A	50～69%

1 正　A火災(普通火災)とは、木材、紙、繊維などが燃える火災をいう。なお、B火災(油火災)とは、石油類その他の可燃性液体、油脂類などが燃える火災をいう。また、C火災(電気火災)とは、電気設備・電気機器などの火災をいう。

2 正　共同住宅では、収容人員が**50人以上**の場合、管理権原者は、**防火管理者を定めて防火管理業務を行わせる必要がある**(消防法8条1項、同法施行令1条の2第3項1号ハ、別表第一(五)ロ)。そして、「管理権原者」とは、建物の管理について権原を有する者をいい(同法8条1項)、賃貸住宅の場合は、**賃貸人(所有者)**等が「管理権原者」に該当する。

3 誤　住宅の用途に供される防火対象物はすべて住宅用防災警報器(住宅用火災警報器)の設置対象であり、複合用途建物では住宅部分に設置しなければならない(消防法9条の2)。ただし、共同住宅などで**住宅内に自動火災報知設備やスプリンクラー設備が消防法の基準に基づき設置されている場合**などは、**住宅用防災警報器を設置しなくてもよい**(消防法施行令5条の7第1項3号)。

4 正　避難設備には、**避難器具**(すべり台、避難はしご、救助袋等)、**誘導灯及び誘導標識**がある(消防法施行令7条4項)。

問	項目	正解	重要度	予想正解率
13	維持保全 / 建築系法令	1	A	70%以上

1 誤　建築基準法では、火災の発生により建物内部の延焼を防ぐため、その用途

規模に応じて内装材料などに様々な制限を加えている（建築基準法35条の2、同法施行令128条の3の2～128条の5）。**新築時だけでなく、内部造作工事も内装制限の対象となる。**

2　正　　建築基準法では、**居室の内装仕上げに使用するホルムアルデヒドを発散する建材を規制対象としている**（建築基準法28条の2第3号、同法施行令20条の7）。その規制対象となり得る建材は、**木質建材**（合板、フローリング等）、**壁紙、ホルムアルデヒドを含む断熱材、接着剤、塗装、仕上げ塗材**などである。

3　正　　防火区画には、**面積区画、高層区画、竪穴区画、異種用途区画**がある。

4　正　　隣接する住戸から日常生活に伴い生ずる音を衛生上支障がないように低減するため、共同住宅の各戸の界壁は、天井の構造が界壁と同等の遮音性を有する場合を除き、**小屋裏又は天井裏に達せしめなければならない**（建築基準法30条1項、2項）。また、共同住宅の各戸の界壁（自動スプリンクラー設備等設置部分その他防火上支障がないものとして国土交通大臣が定める部分の界壁を除く。）は、準耐火構造とし、強化天井の場合などを除き、**小屋裏又は天井裏に達せしめなければならない**（同法施行令114条1項）。

問	項目	正解	重要度	予想正解率
14	維持保全／建築系法令	3	A	50～69%

ア　不適切　　**住宅の居住のための居室**では、開口部の面積のうち、採光に有効な部分の面積は、その居室の床面積の**7分の1以上**としなければならない（建築基準法28条1項、同法施行令19条3項本文）。ただし、有効な照明器具の設置などの措置を講じれば、床面積の10分の1までの範囲で緩和することが認められる（同条項ただし書）。

イ　不適切　　襖など随時開放できるもので間仕切りされた2つの居室は、**採光規定上、1室とみなすことができる**（建築基準法28条4項）。

ウ　適切　　共同住宅の住戸の床面積の合計が100㎡を超える階の共用の廊下は、両

側に居室のある場合は 1.6m 以上、それ以外の場合は 1.2m 以上の幅が必要とされる（建築基準法施行令 119 条）。

エ　**適切**　　共同住宅では、避難階以外の階における居室の床面積の合計が **100 ㎡**（主要構造部が**準耐火構造又は不燃材料**で造られている場合は **200 ㎡**）を超える場合は、その階から避難するための**直通階段を 2 つ以上**設けなければならない（建築基準法施行令 121 条 1 項 5 号、2 項）。

以上より、適切なものはウ、エの 2 つであり、本問の正解肢は 3 となる。

問	項目	正解	重要度	予想正解率
15	維持保全 ／ 給水設備・給湯設備	2	A	50～69%

1　**不適切**　　水道直結方式のうち「直結増圧方式」は、水道本管から分岐して引き込んだ上水を**増圧給水ポンプ**で各住戸へ直接給水する方式で、中規模までのマンションやビルが対象である。なお、水道本管から分岐された給水管から各住戸へ直接給水する方式で、水槽やポンプを介さない給水方式を、「直結直圧方式」という。

2　**適切**　　クロスコネクションや逆サイホン作用により、一度吐水した水や飲料水以外の水が飲料水配管へ逆流することがある。「クロスコネクション」とは、飲料水の給水・給湯系統の配管とその他の系統の配管が配管・装置により直接接続されることをいう。また、「逆サイホン作用」とは、飲料水配管内が断水その他の原因で負圧になった場合、一度吐水した容器内の水が飲料水配管に吸い込まれる現象をいう。

3　**不適切**　　さや管ヘッダー方式は、洗面所等の水回り部に設置されたヘッダーから管をタコ足状に分配し、**各水栓等の器具に単独接続するもの**である。さや管ヘッダー方式では、台所とお風呂など、**同時に 2 箇所以上で水を使用しても、水量や水圧の変動が少ない。**

4　**不適切**　　建物内に受水槽を設置する場合、内部の保守点検を容易かつ安全に行

うことができる位置に、**直径60cm以上の円が内接することができるマンホール**を設けることが必要である（昭和50年建設省告示1597号）。

問	項目	正解	重要度	予想正解率
16	維持保全 ／ 排水・通気・浄化槽設備	1	A	70%以上

1　不適切　　1系統の排水管に対し、2つ以上の排水トラップを直列に設置することを「二重トラップ」という。**二重トラップとすることは、排水の流れが悪くなるため禁止されている**。

2　適切　　排水トラップの封水の深さを「封水深」という。この封水深は通常50mm以上100mm以下が必要であり、**封水深が浅いと破水（破封）しやすく、深いと自浄作用がなくなる**。

3　適切　　「通気立て管方式」は、**排水立て管に、最下層よりも低い位置で接続して通気管を立ち上げ、最上の伸頂通気管に接続するか、単独で直接大気に開口する方式である**。排水立て管と通気立て管の2本を設置するので、2管式ともいわれる。

4　適切　　下水道のない地域では、「し尿浄化槽」を設けて汚水を浄化し、河川等に放流しなければならない（建築基準法31条2項）。浄化槽法が改正され、平成13年4月1日以降、新たに設置する浄化槽は、「合併処理方式」（し尿と併せて雑排水を処理する浄化槽）を採用することが義務づけられている（浄化槽法2条1号）。

問	項目	正解	重要度	予想正解率
17	賃貸借関係 ／ 賃貸借契約の成立と有効性	2	B	50～69%

ア　誤　　賃貸借は、当事者の一方がある物の使用及び収益を相手方にさせることを約し、相手方がこれに対してその賃料を支払うこと及び引渡しを受けた物を

契約が終了したときに返還することを**約する**ことによって、その効力を生ずる（民法 601 条）。賃貸借契約は意思表示の合致によって成立する**諾成契約**であって、**目的物を引き渡すことは賃貸借契約の成立要件ではない**。

イ　誤　　未成年者が法律行為をするには、原則として、その法定代理人の同意を得なければならない（民法 5 条 1 項本文）。そして、**未成年者とは、18 歳未満の者をいう**（同法 4 条）。18 歳に達した者は未成年者ではないため、法律行為（契約など）をするのに、その法定代理人の同意は不要である。

ウ　正　　建物の賃貸借について期間の定めがある場合において、当事者が期間の満了の 1 年前から 6 か月前までの間に相手方に対して更新をしない旨の通知又は条件を変更しなければ更新をしない旨の通知をしなかったときは、**従前の契約と同一の条件で契約を更新したものとみなされる**（法定更新　借地借家法 26 条 1 項本文）。この規定に反する特約で建物の賃借人に不利なものは、無効となる（同法 30 条）。契約締結と同時に設定される場合の、「期間満了時に賃貸借を解約する」旨の特約は、建物の賃借人に不利な特約であり、無効となる（長野地判昭 38.5.8）。したがって、更新拒絶の通知をしなければ法定更新となる。

以上より、正しいものはウの 1 つであり、本問の正解肢は 2 となる。

問	項目	正解	重要度	予想正解率
18	賃貸借関係 / 賃貸借の内容	4	A	50〜69%

1　正　　賃料債権は、賃貸人が権利を行使することができることを**知った時から 5 年間**行使しないとき、又は、**権利を行使することができる時から 10 年間**行使しないときは、時効によって消滅する（民法 166 条 1 項）。そして、時効による債権消滅の効果は、時効期間の経過とともに確定的に生ずるものではなく、**時効が援用されたときに初めて確定的に生ずる**（同法 145 条、最判昭 61.3.17）。

2　正　　①弁済者が適法な弁済の提供をしたにもかかわらず、債権者が受領を拒む場合、②債権者が受領することができない場合、③**弁済者が過失なく債権者**

を確知することができない場合のいずれかに該当するときは、弁済者は供託をすることができる（民法494条1項前段、2項）。自身が賃貸人であると主張する者が複数名おり、賃借人が過失なく賃貸人を特定できない場合は、③に該当するため、供託をすることができる。そして、**弁済者が供託をした時に、その債権は、消滅する**（同条1項後段）。

3 **正** 賃貸借契約が終了し、目的物が明け渡された場合、目的物の返還時に残存する**賃料債権等は、敷金が存在する限度において敷金の充当により当然に消滅する**（民法622条の2、最判平14.3.28）。

4 **誤** 債務者は、弁済の提供の時から、債務を履行しないことによって生ずべき責任を免れる（民法492条）。したがって、賃借人が賃料債務につき弁済の提供をしていれば、賃貸人が賃料の受領を拒んでも**債務不履行責任を免れるが、賃料の支払義務をも免れるわけではない。**

問	項目	正解	重要度	予想正解率
19	管理実務・金銭管理等 ／ 金銭管理	2	B	70％以上

ア **不適切** 支払督促については、民事訴訟法上、**年間の利用回数の上限は定められていない**。「仮執行の宣言を付した支払督促」を債務名義として、金銭等の支払の強制執行を求めることはできる（民事執行法22条4号）。

イ **適切** 簡易裁判所においては、訴訟の目的の価額が**60万円以下の金銭の支払の請求**を目的とする訴えについて、少額訴訟による審理及び裁判を求めることができる（民事訴訟法368条1項本文）。ただし、**同一の簡易裁判所において同一の年に10回を超えてこれを求めることができない**（同条項ただし書、民事訴訟規則223条）。

ウ **適切** 公正証書が、一定金額の金銭支払などを目的とする請求に関する文書であり、**債務者が直ちに強制執行に服する旨の陳述が記載されている場合には**、その公正証書により強制執行をすることができる（民事執行法22条5号）。

以上より、不適切なものはアの1つであり、本問の正解肢は2となる。

問	項目	正解	重要度	予想正解率
20	管理実務・金銭管理等 / 総合	4	A	70％以上

1 **適切** 建物の賃貸人の同意を得て建物に付加した畳、建具その他の造作がある場合には、建物の賃借人は、建物の賃貸借が期間の満了又は解約の申入れによって終了するときに、建物の賃貸人に対し、その造作を時価で買い取るべきことを請求することができる（造作買取請求　借地借家法33条1項）。**造作買取請求権を排除・制限する特約は有効である**（同法37条参照）。

2 **適切** 法令又は契約により一定の期間を経過した後に建物を取り壊すべきことが明らかな場合において、**建物を取り壊すこととなる時に賃貸借が終了する旨の特約は有効である**（取壊し予定の建物の賃貸借　借地借家法39条1項）。この特約は、建物を取り壊すべき事由を記載した書面又は電磁的記録によってしなければならない（同条2項、3項）。

3 **適切** 賃料相当額の倍額の使用損害金を定める特約は、有効である。仮にこのような特約がない場合には、賃借人は契約が終了しても、毎月賃料と同額を支払っていれば、強制執行によって明渡しを強いられるまでは、目的物を使用できることになってしまうから、契約終了後にも占有を続ける賃借人に対して明渡しを促す意味からも、使用損害金を賃料の倍額とすることには、合理性がある。使用損害金倍額特約は消費者契約法に反するものでもない（東京高判平25.3.28）。

4 **不適切** 賃料不払があった後の話合いの結果「〇月〇日までに、滞納賃料全額を支払わなかった場合には、賃貸借契約は解除され、賃借人は直ちに退去する。任意に退去しない場合には、**賃貸人において室内にある賃借人の動産を処分しても構わない**」などの書面が作成される場合もあるが、**これらの条項や書面は無効**である（民法90条公序良俗に違反する。）。

問	項目	正解	重要度	予想正解率
21	賃貸借関係 / 相続	4	A	70%以上

1 適切　複数の相続人が貸借権を相続により承継した場合において、その後、賃貸人が賃貸借契約を債務不履行により解除するとき、**相続人全員に対して未払賃料の支払を催告し、解除の意思表示をしなければならない**（解除権の不可分性　民法544条1項）。

2 適切　相続人のあることが明らかでないときは、相続財産は、法人とされ（民法951条）、相続財産の清算人が選任されて財産の処分や債務の弁済などの定められた業務を行い（同法952条～958条の2）、それでも残された財産は国庫に帰属する（同法959条前段）。したがって、**相続人のあることが明らかでない場合でも、賃借権は当然には消滅しない**。

3 適切　債務者が死亡し、相続人が数人ある場合に、被相続人の金銭債務その他の可分債務は、法律上当然分割され、各共同相続人がその相続分に応じてこれを承継する（最判昭34.6.19、民法902条の2）。**被相続人の敷金返還債務は法定相続分に従って分割されて各相続人に帰属する**。

4 不適切　被相続人死亡前に支払期限が到来し、**被相続人死亡の時点で未収となっていた賃料債権**は、相続財産となる。そして、数人の相続人がいる場合、相続財産中に金銭その他の可分債権があるときは、その債権は法律上当然分割され**各共同相続人がその相続分に応じて権利を承継する**（最判昭29.4.8）。したがって、遺産分割により賃貸物件を相続した者がすべての賃料債権を取得するわけではない。

問	項目	正解	重要度	予想正解率
22	賃貸借関係 / 賃貸借の終了と更新	3	A	70%以上

1 正　**期間を1年未満とする建物の賃貸借は、期間の定めがない建物の賃貸借とみなされる**（借地借家法29条1項）。一方、建物賃貸借に、契約期間の上限

規定はない（同条2項）。

2　正　　更新しない旨の通知をした場合でも、**期間満了後に賃借人が建物をそのまま継続して使用し、それに対して賃貸人が遅滞なく異議を述べなかった場合**には、契約は更新されたものとみなされる（借地借家法26条2項）。

3　誤　　建物が共有物で、賃貸人が共有者である場合、賃貸借契約の解除に関する事項は共有物の管理に関する事項にあたるとされ、**過半数の共有持分を有する共有者が解除権を行使することができる**（民法252条1項前段、最判昭39.2.25）。したがって、各共有者が単独で賃貸借契約を解除することはできない。

4　正　　正当事由は、更新拒絶等の通知及び解約申入れのときに存在し、かつ、その後6か月間持続させなければならない。もっとも、建物の賃貸借契約の解約申入れに基づく建物の明渡請求訴訟において、賃貸人が解約申入れをした当時には正当事由が存在しなくても、その後に事情が変更して正当事由が具備した場合には、**正当事由が具備するに至った時から6か月の期間の経過により賃貸借契約は終了する**（最判昭41.11.10）。

問	項目	正解	重要度	予想正解率
23	賃貸借関係 / 定期建物賃貸借	3	A	70％以上

1　誤　　定期建物賃貸借において、期間が1年以上である場合には、建物の賃貸人は、期間の満了の1年前から6か月前までの間（以下、「通知期間」という。）に建物の賃借人に対し期間の満了により建物の賃貸借が終了する旨の通知をしなければ、その終了を建物の賃借人に対抗することができない（借地借家法38条6項本文）。ただし、建物の賃貸人が通知期間の経過後建物の賃借人に対しその旨の通知をした場合においては、**その通知の日から6か月を経過した後は、その終了を建物の賃借人に対抗することができる**（同条項ただし書）。

2　誤　　居住の用に供する建物の定期建物賃貸借（床面積が200㎡未満の建物に係

るものに限る。）において、転勤、療養、親族の介護その他のやむを得ない事情により、建物の賃借人が建物を自己の生活の本拠として使用することが困難となったときは、建物の賃借人は、建物の賃貸借の解約の申入れをすることができる（借地借家法38条7項前段）。この場合においては、建物の賃貸借は、解約の申入れの日から1か月を経過することによって終了する（同条項後段）。

3 正　賃貸借契約は、意思表示の合致によって成立する諾成契約であり、書面によることを要しない（民法601条、522条1項、2項）。一方、書面又は電磁的記録によらなければ定期建物賃貸借としての効力は認められず（借地借家法38条1項、2項）、**書面又は電磁的記録によらずに定期建物賃貸借契約を締結した場合、普通建物賃貸借契約としての効力を有する。**

4 誤　定期建物賃貸借契約において、賃料改定の特約がある場合、賃料増減額請求（借地借家法32条）の規定は適用されない（同法38条9項）。したがって、**定期建物賃貸借契約において賃料減額請求権を行使しない旨の特約は、有効**であって、賃借人は賃料の減額を請求することができない。

問	項目	正解	重要度	予想正解率
24	賃貸借関係／保証	4	A	70％以上

1 正　保証債務は、主たる債務に関する利息、違約金、損害賠償その他その債務に従たるすべてのものを包含する（民法447条1項）。そのため、賃貸借契約解除による原状回復義務及び**明渡遅延期間の賃料相当額の遅延賠償を支払う義務**等は保証の対象である。ただし、**明渡債務**のように賃借人本人でなければ履行できない債務は、保証人が賃借人に代わり実行することができないため、**保証債務の範囲に入らない**（大阪地判昭51.3.12）。

2 正　保証契約は、書面（又は電磁的記録）でしなければ、その効力を生じない（民法446条2項、3項）。さらに、**個人根保証契約では、書面（又は電磁的記録）で極度額を定めなければ、その効力を生じない**（民法465条の2第2項、3項）。賃貸借契約の保証において保証人が個人である場合、個人根保証

契約に該当するため、書面（又は電磁的記録）で極度額を定めなければ、保証契約は効力を生じない。

3　正　　主たる債務者又は保証人が死亡したとき、個人根保証契約における主たる債務の元本は、確定する（民法465条の4第1項3号）。したがって、保証人が死亡した場合、保証契約の元本は確定し、その相続人は、保証人死亡前に発生していた賃借人の賃料債務については保証の責任を負うが、保証人死亡後に発生する賃借人の賃料債務については保証の責任を負わない。

4　誤　　主たる債務の債権者に変更が生じた場合、保証債務の債権者も変更される（随伴性）。したがって、賃貸人の地位が第三者に移転した場合には、保証債務の債権者も当該第三者になり、保証人は当該第三者に対して保証債務を負う。

問	項目	正解	重要度	予想正解率
25	賃貸借関係 / 破産との関係	1	B	50～69%

ア　正　　賃貸人が破産した場合、破産財団の管理処分権は破産管財人に属する（破産法78条1項）ため、**破産管財人が賃料の請求や収受、解除などの意思表示の主体となる**。

イ　正　　賃貸人につき破産手続開始決定があった場合の賃料の支払に関しては、**敷金の額まで**賃貸人の**破産管財人に対して寄託を請求することができる**（破産法70条後段）。

ウ　誤　　民法上、賃借人の破産手続開始決定は、**解除事由や解約申入れの理由とはならない**。

エ　誤　　破産手続開始決定後に履行期が到来する賃料債権は、目的物が破産財団のために利用されているから、「財団債権」となる（破産法148条1項7号の適用又は類推適用、最判昭48.10.30）。そして、「財団債権」とは、破産手続によらないで破産財団から随時弁済を受けることができる債権をいう（同法2

条7項)。

以上より、正しいものの組合せはア、イであり、本問の正解肢は1となる。

問	項目	正解	重要度	予想正解率
26	サブリース / 管理業法(サブリース部分)	1	A	70%以上

1　正　　「勧誘者」とは、特定転貸事業者が特定賃貸借契約の締結についての勧誘を行わせる者をいい（賃貸住宅管理業法28条）、①特定の特定転貸事業者と特定の関係性を有する者であって、②当該特定転貸事業者の特定賃貸借契約の締結に向けた勧誘を行う者をいう。ここでいう「勧誘」とは、**特定賃貸借契約の相手方となろうとする者の特定賃貸借契約を締結する意思の形成に影響を与える程度の勧め方をいう**（同法の解釈・運用の考え方28条関係1）。

2　誤　　特定の特定転貸事業者との特定賃貸借契約を締結することを直接勧める場合のほか、**特定の特定転貸事業者との特定賃貸借契約のメリットを強調して締結の意欲を高める**など、客観的に見て特定賃貸借契約の相手方となろうとする者の意思の形成に影響を与えていると考えられる場合も「**勧誘**」に含まれる（賃貸住宅管理業法の解釈・運用の考え方28条関係1）。したがって、特定の特定転貸事業者との特定賃貸借契約のメリットを強調して締結の意欲を高めた者にも、勧誘者の規制が適用される。

3　誤　　勧誘者が勧誘行為を**第三者に再委託**した場合は、当該第三者も「勧誘者」に**該当する**（賃貸住宅管理業法の解釈・運用の考え方28条関係1）。

4　誤　　特定の事業者の契約内容や条件等に触れずに、**一般的なサブリースの仕組みの説明に留まる場合や単に特定転貸事業者（サブリース業者）を紹介する行為は「勧誘行為」に該当しない**（賃貸住宅管理業法FAQ集4(1)6）。したがって、特定の事業者の契約内容や条件等に触れずに、単に特定転貸事業者を紹介した者には、勧誘者の規制が適用されない。

問	項目	正解	重要度	予想正解率
27	サブリース / 管理業法(サブリース部分)	3	A	50～69%

1 正　特定転貸事業者は、特定賃貸借契約の締結の勧誘をするに際し、又はその解除を妨げるため、特定賃貸借契約の相手方又は相手方となろうとする者に対し、当該特定賃貸借契約に関する事項であって特定賃貸借契約の相手方又は相手方となろうとする者の判断に影響を及ぼすこととなる重要なものにつき、**故意に事実を告げず、又は不実のことを告げる行為をしてはならない**（賃貸住宅管理業法29条1号）。当該者の判断に影響を及ぼすこととなる重要なものについて事実の不告知・不実告知があれば足り、**実際に契約が締結されたか否かは問わない**（同法の解釈・運用の考え方29条関係1）。

2 正　サブリース業者による借り上げを前提に、賃貸住宅の建設、ワンルームマンションやアパート等の賃貸住宅やその土地等の購入をして賃貸住宅のオーナーとなろうとする場合において、建設業者や不動産業者が、賃貸住宅の建設や土地等の購入等を勧誘する際にマスターリース契約（特定賃貸借契約）の勧誘を行うときは、マスターリース契約のリスクを含めた事実を告知し、**勧誘時点でオーナーとなろうとする者がマスターリース契約のリスクを十分に認識できるようにすることが必要である**（サブリース事業に係る適正な業務のためのガイドライン5(8)）。

3 誤　特定転貸事業者は、特定賃貸借契約の締結又は更新について相手方等に迷惑を覚えさせるような時間に電話又は訪問により勧誘する行為をしてはならない（賃貸住宅管理業法29条2号、同法施行規則44条2号）。これは、**電話勧誘又は訪問勧誘を禁止している**ものであることから、例えば、**オーナー等が事務所に訪問した場合**など、電話勧誘又は訪問勧誘以外の勧誘を「迷惑を覚えさせるような時間」に行ったとしても本規定の**禁止行為の対象とはならない**（サブリース事業に係る適正な業務のためのガイドライン5(7)②）。

4 正　特定転貸事業者は、特定賃貸借契約を締結若しくは更新させ、又は特定賃貸借契約の申込みの撤回若しくは解除を妨げるため、特定賃貸借契約の相手方又は相手方となろうとする者を**威迫する行為をしてはならない**（賃貸住宅管理業法29条2号、同法施行規則44条1号）。

問	項目	正解	重要度	予想正解率
28	管理受託 / 管理業法（管理受託部分）	1	A	70％以上

ア 正　賃貸住宅管理業を営もうとする者は、賃貸住宅管理業に係る賃貸住宅の戸数が200戸未満であるときは、賃貸住宅管理業の登録を受けることを義務づけられない（賃貸住宅管理業法3条1項ただし書、同法施行規則3条）。もっとも、賃貸住宅管理業の登録を受けることを禁止されたわけではないので、賃貸住宅管理業の登録を受けることは可能である。**賃貸住宅管理業の登録を受けた場合は、管理戸数が200戸を超えない場合であっても、他の登録業者と同様に、賃貸住宅管理業法2章の賃貸住宅管理業に関する規制に服する**こととなり、これに違反した場合、業務停止等の監督処分や罰則の対象になる（賃貸住宅管理業法の解釈・運用の考え方3条1項関係1）。

イ 正　賃貸住宅管理業を営もうとする者は、賃貸住宅管理業の登録を受けなければならない（賃貸住宅管理業法3条1項本文）。「賃貸住宅管理業」とは、賃貸住宅の賃貸人から委託を受けて、管理業務を行う事業をいう（同法2条2項）。**当該賃貸住宅に係る家賃、敷金、共益費その他の金銭の管理を行う業務は、当該委託に係る賃貸住宅の維持保全を行う業務と併せて行うものに限り、管理業務にあたる**（同条項2号）。したがって、保証会社が、賃貸人から委託を受けて通常の月額家賃を賃借人から受領し、賃貸人や管理業者に送金するなど、本法で規定する「家賃、敷金、共益費その他の金銭の管理を行う業務」などの**金銭管理業務のみを行っている場合は、登録の対象外**となる（同法FAQ集2(3)No.9）。

ウ 誤　**賃貸住宅管理業の登録の有効期間は5年**である。5年ごとにその更新を受けなければ、その期間の経過によって、その効力を失う（賃貸住宅管理業法3条2項）。

エ 正　賃貸住宅管理業は、法人の場合は**法人単位で登録**を行うため、支社・支店ごとに登録を受けることはできない（賃貸住宅管理業法FAQ集2(3)No.3）。

以上より、誤っているものはウの1つであり、本問の正解肢は1となる。

問	項目	正解	重要度	予想正解率
29	管理受託 / 管理業法(管理受託部分)	2	A	70%以上

1 誤　賃貸住宅の**入居者からの苦情の処理**に関する事項は、賃貸住宅管理業者が業務管理者に管理及び監督に関する事務を行わせなければならない事項に**該当する**（賃貸住宅管理業法12条1項、同法施行規則13条7号）。

2 正　業務管理者は、他の営業所又は事務所の業務管理者となる**ことができない**（賃貸住宅管理業法12条3項）。

3 誤　賃貸住宅管理業者は、その営業所若しくは事務所の業務管理者として選任した者の全てが**登録拒否事由**（賃貸住宅管理業法6条1項1号から7号までのいずれか）に該当し、又は選任した者の全てが欠けるに至ったときは、新たに業務管理者を選任するまでの間は、その営業所又は事務所において**管理受託契約を締結してはならない**（同法12条2項）。もっとも、この場合であっても、管理受託契約の締結以外の業務を行うことは可能である。

4 誤　業務管理者が宅地建物取引士も兼務する等他の業務を兼務することが法違反となるものではないが、入居者の居住の安定の確保等の観点から賃貸住宅管理業者の従業員が行う管理業務等について必要な指導、管理、及び監督の業務に従事できる必要がある（賃貸住宅管理業法の解釈・運用の考え方12条関係2）。また、**宅地建物取引業を営む事務所における専任の宅地建物取引士が、賃貸住宅管理業法12条1項の規定により選任される業務管理者を兼務している場合については、当該業務管理者としての賃貸住宅管理業に係る業務に従事することは差し支えない**（宅地建物取引業法の解釈・運用の考え方31条の3第1項関係3）。

問	項目	正解	重要度	予想正解率
30	管理受託 / 管理業法(管理受託部分)	1	A	70%以上

1 誤　賃貸住宅管理業者は、賃貸住宅管理業法21条の規定による**秘密の保持**に関する事項について、**業務管理者に管理及び監督に関する事務を行わせなければならない**（賃貸住宅管理業法12条1項、同法施行規則13条6号）。

2 正　賃貸住宅管理業者の代理人、使用人その他の従業者は、正当な理由がある場合でなければ、賃貸住宅管理業の業務を補助したことについて知り得た秘密を他に漏らしてはならない（賃貸住宅管理業法21条2項前段）。秘密保持義務が課される「従業者」とは**賃貸住宅管理業者の指揮命令に服しその業務に従事する者**をいい、**再委託契約に基づき管理業務の一部の再委託を受ける者等賃貸住宅管理業者と直接の雇用関係にない者であっても含まれる**（同法の解釈・運用の考え方21条2項関係）。

3 正　賃貸住宅管理業者の代理人、使用人その他の従業者でなくなった**後**においても、**秘密保持義務を負う**（賃貸住宅管理業法21条2項後段）。

4 正　賃貸住宅管理業法21条1項又は2項の規定に違反して、秘密を漏らしたときは、その**違反行為をした者は、30万円以下の罰金に処する**（賃貸住宅管理業法44条7号）。

問	項目	正解	重要度	予想正解率
31	サブリース / 管理業法(サブリース部分)	2	A	70%以上

1 正　「特定賃貸借契約」とは、賃貸住宅の賃貸借契約（賃借人が人的関係、資本関係その他の関係において賃貸人と密接な関係を有する者として国土交通省令で定める者であるものを除く。）であって、賃借人が当該賃貸住宅を第三者に転貸する**事業を営む**ことを目的として締結されるものをいう（賃貸住宅管理業法2条4項）。事業を営むとは、**営利の意思を持って反復継続的に転貸することをいうものとする**（同法の解釈・運用の考え方2条4項関係1）。

2 誤　賃借人が、①賃貸人の親族、②賃貸人又はその親族が役員である法人、③賃貸人の親会社、④賃貸人の子会社、⑤賃貸人の関連会社などである場合には、**「特定賃貸借契約」に該当しない**（賃貸住宅管理業法2条4項かっこ書、同法施行規則2条1号イ）。

3 正　「特定転貸事業者」とは、特定賃貸借契約に基づき賃借した賃貸住宅を第三者に**転貸する事業を営む者**をいう（賃貸住宅管理業法2条5項）。社宅代行業者が企業との間で賃貸借契約を締結し、当該企業が、賃借した賃貸住宅にその従業員等を入居させる場合、**当該企業と従業員等との間で賃貸借契約が締結されているときであっても、相場よりも低廉な金額を利用料として徴収する場合**には、従業員等への転貸により利益を上げることを目的とするものではないことから、この場合における当該企業は「転貸する事業を営む者」には該当せず、**「特定転貸事業者」には該当しない**（同法の解釈・運用の考え方2条5項関係(2)）。

4 正　サービス付き高齢者向け住宅については、**住宅の所有者から運営事業者が住宅を借り受け入居者へ賃貸する形態**により運営されている。このような形態は、営利目的で賃貸住宅を賃借し、第三者へ転貸する事業を営むものであることから、**「特定転貸事業者（サブリース業者）」に該当する**（賃貸住宅管理業法FAQ集1(4)6）。

問	項目	正解	重要度	予想正解率
32	サブリース / 管理業法(サブリース部分)	3	A	70%以上

ア　**されていない**　「特定賃貸借契約が終了した場合における特定転貸事業者の権利義務の承継に関する事項」は、特定賃貸借契約重要事項説明において説明すべき事項である（賃貸住宅管理業法30条1項、同法施行規則46条13号）。具体的には、**特定賃貸借契約が終了した場合、賃貸人が特定転貸事業者の転貸人の地位を承継する**こととする定めを設け、その旨を記載し、説明しなければならない（同法の解釈・運用の考え方30条関係2(13)）。

イ　されている　「特定転貸事業者が行う賃貸住宅の維持保全に要する費用の分担に関する事項」は、特定賃貸借契約重要事項説明において説明すべき事項である（賃貸住宅管理業法30条1項、同法施行規則46条5号）。具体的には、**修繕等の際に、特定転貸事業者が指定する業者が施工するといった条件を定める場合は、必ずその旨を記載し、説明しなければならない**（同法の解釈・運用の考え方30条関係2(5)）。

ウ　されていない　「契約期間に関する事項」は、特定賃貸借契約重要事項説明において説明すべき事項である（賃貸住宅管理業法30条1項、同法施行規則46条9号）。具体的には、**契約期間は、家賃が固定される期間ではないことを記載し、説明しなければならない**（同法の解釈・運用の考え方30条関係2(9)）。

エ　されている　「転借人に対する賃貸住宅の維持保全の実施方法の周知に関する事項」は、特定賃貸借契約重要事項説明において説明すべき事項である（賃貸住宅管理業法30条1項、同法施行規則46条11号）。具体的には、**特定転貸事業者が行う賃貸住宅の維持保全の内容についてどのような方法（対面での説明、書類の郵送、メール送付等）で周知するかについて記載し、説明しなければならない**（賃貸住宅管理業法の解釈・運用の考え方30条関係2(11)）。

以上より、記載して説明すべき事項とされているものの組合せはイ、エであり、本問の正解肢は3となる。

問	項目	正解	重要度	予想正解率
33	サブリース / 管理業法(サブリース部分)	3	A	70%以上

1　正　原則的には、特定賃貸借契約の相手方本人に対して説明を行う必要があるが、**契約の相手方本人の意思により、委任状等をもって代理権を付与された者に対し、重要事項説明を行った場合は当該説明をしたと認められる**（賃貸住宅管理業法FAQ集4(4)10）。

2　正　サブリース業者（特定転貸事業者）が**どのような者に説明をさせなければならないかについて法律上定めはない**。なお、重要事項について、正確な情報

を適切に説明することで、オーナーとなろうとする者が十分に理解をした上で契約締結の意思決定ができるよう、賃貸不動産経営管理士など専門的な知識及び経験を有する者によって説明が行われることが**望ましい**（サブリース事業に係る適正な業務のためのガイドライン6(2)）。

3　誤　　特定賃貸借契約重要事項説明については、特定賃貸借契約の相手方となろうとする者が契約内容とリスク事項を十分に理解した上で契約を締結できるよう、説明から契約締結までに**1週間程度の期間をおくことが望ましい**（賃貸住宅管理業法の解釈・運用の考え方30条関係1）。説明から契約締結までに1週間以上の期間を置くことが義務づけられているわけではない。

4　正　　重要事項説明は、特定賃貸借契約（マスターリース契約）を締結する特定転貸事業者（サブリース業者）の従業員が行う必要があるため、原則として出向先の社員、又は、特定の関係性のある勧誘者等へ重要事項の説明を委託することはできない。一方、特定転貸事業者の使用人としての業務（重要事項説明）を出向元の指揮命令系統に服して行うこととしていることが確認できる「出向先及び出向労働者三者間の取決め」において、**出向する者が出向元の重説業務を行い、出向元が指揮命令権を持つと明記されているのであれば可能**である（賃貸住宅管理業法FAQ集4(4)9）。

問	項目	正解	重要度	予想正解率
34	サブリース ／ 管理業法(サブリース部分)	4	B	49%以下

ア　正　　特定賃貸借契約重要事項説明書の作成にあたっての留意点として、「書面の内容を十分に読むべき旨を**太枠の中に太字波下線で、日本産業規格Z8305に規定する12ポイント以上の大きさで記載すること**」が挙げられている（サブリース事業に係る適正な業務のためのガイドライン6(5)）。

イ　正　　特定賃貸借契約重要事項説明書の作成にあたっての留意点として、「書面には日本産業規格Z8305に規定する**8ポイント以上の大きさの文字及び数字を用いること**」が挙げられている（サブリース事業に係る適正な業務のためのガイドライン6(5)）。

ウ　正　　特定賃貸借契約重要事項説明書の作成にあたっての留意点として、「サブリース業者（特定転貸事業者）がオーナー（賃貸人）に支払う**家賃の額の記載の次に**、当該額が減額される場合があること及び借地借家法32条の概要（契約の条件にかかわらず**借地借家法32条1項に基づきサブリース業者が減額請求を行うことができること**、どのような場合に減額請求ができるのか、オーナーは必ずその請求を受け入れなくてはならないわけではないこと等）を記載すること」が挙げられている（サブリース事業に係る適正な業務のためのガイドライン6(5)）。

エ　正　　特定賃貸借契約重要事項説明書の作成にあたっての留意点として、「**契約期間の記載の次に**、借地借家法28条の概要（**借地借家法28条に基づき、オーナーからの更新拒絶には正当事由が必要であること**等）を記載すること」が挙げられている（サブリース事業に係る適正な業務のためのガイドライン6(5)）。

以上より、正しいものはア、イ、ウ、エの4つであり、本問の正解肢は4となる。

問	項目	正解	重要度	予想正解率
35	サブリース / 管理業法(サブリース部分)	3	A	50～69%

1　正　　契約の同一性を保ったままで契約期間のみを延長することや、**組織運営に変更のない商号又は名称等の変更等**、形式的な変更と認められる場合は、**特定賃貸借契約締結時書面の交付は行わないこととして差し支えない**（賃貸住宅管理業法の解釈・運用の考え方31条1項関係2）。

2　正　　特定賃貸借契約（マスターリース契約）が締結されている賃貸住宅について、その契約期間中に相続やオーナーチェンジ等によって特定賃貸借契約の相手方である賃貸人が変更された場合には、従前と同一の内容で当該特定賃貸借契約が承継される場合であっても、特定転貸事業者（サブリース業者）は賃貸人の地位の移転を認識した後、遅滞なく、**新たな賃貸人に当該特定賃貸借契約の内容が分かる書類を交付することが望ましい**（賃貸住宅管理業法FAQ

集 4(4)18)。

3 誤　特定転貸事業者（サブリース業者）が借地借家法32条1項に基づく借賃減額請求権を行使しようとするときは、当該請求権の行使の前に、変更（減額）しようとする家賃の額及び当該家賃の設定根拠その他変更事項について、当初契約の締結前の重要事項説明と同様の方法により、賃貸人に対して書面の交付等を行った上で説明する必要がある（賃貸住宅管理業法FAQ集4(4)20)。

4 正　オーナーと特定転貸事業者（サブリース業者）間の特定賃貸借契約（マスターリース契約）において、維持保全の実施方法などに変更があった場合には、変更後の内容について転借人（入居者）へ通知する必要がある（賃貸住宅管理業法FAQ集4(4)19)。

問	項目	正解	重要度	予想正解率
36	サブリース ／ 管理業法（サブリース部分）	2	A	70％以上

1 誤　特定賃貸借契約締結時書面に記載すべき事項が記載された契約書であれば、当該契約書をもって特定賃貸借契約締結時書面とすることができる（賃貸住宅管理業法の解釈・運用の考え方31条1項関係1）。

2 正　特定転貸事業者は、特定賃貸借契約を締結したときは、当該特定賃貸借契約の相手方に対し、遅滞なく、特定賃貸借契約締結時書面を交付しなければならない（賃貸住宅管理業法31条）。特定賃貸借契約の相手方が賃貸住宅管理業者等である場合に特定賃貸借契約締結時書面の交付を省略できる旨の定めはないため、特定賃貸借契約の相手方が賃貸住宅管理業者等である場合であっても特定賃貸借契約締結時書面の交付をしなければならない。

3 誤　特定賃貸借契約と管理受託契約を1つの契約として締結する場合、管理受託契約の重要事項説明書と特定賃貸借契約の重要事項説明書を1つの書面にまとめること、及び、管理受託契約締結時書面と特定賃貸借契約締結時書面を1つの書面にまとめることは可能である（賃貸住宅管理業法FAQ集4(4)4)。

4 誤　賃貸住宅管理業法の施行前に締結された特定賃貸借契約について、**契約内容を変更しない限りは、同法の施行後に改めて重要事項説明及び書面交付、特定賃貸借契約締結時書面の交付を行う必要はない**（賃貸住宅管理業法FAQ集4(4)16）。

問	項目	正解	重要度	予想正解率
37	サブリース / 管理業法(サブリース部分)	4	A	50～69%

1 誤　特定転貸事業者は、業務状況調書等（業務状況調書等の記録が行われた電子計算機に備えられたファイル又は電磁的記録媒体を含む。）を**事業年度ごとに当該事業年度経過後3か月以内**に作成し、遅滞なく営業所又は事務所ごとに備え置かなければならない（賃貸住宅管理業法施行規則49条3項）。業務状況調書等の作成・備付け等の義務を負うのは、特定転貸事業者であって、勧誘者は業務状況調書等の作成・備付け等の義務を負わない。

2 誤　業務状況調書等は、**営業所又は事務所に備え置かれた日から起算して3年を経過する日までの間**、当該営業所又は事務所に備え置くものとし、当該営業所又は事務所の営業時間中、特定賃貸借契約の相手方又は相手方となろうとする者の求めに応じて閲覧させなければならない（賃貸住宅管理業法施行規則49条4項）。

3 誤　特定転貸事業者は、当該特定転貸事業者の業務及び財産の状況を記載した書類（業務状況調書等）を、特定賃貸借契約に関する業務を行う営業所又は事務所に備え置き、当該営業所又は事務所の営業時間中、**特定賃貸借契約の相手方又は相手方となろうとする者の求めに応じ、閲覧させなければならない**（賃貸住宅管理業法32条、同法施行規則49条4項）。転貸借契約の相手方である入居者（転借人）に閲覧させる必要はない。

4 正　業務状況調書等が、電子計算機に備えられたファイル又は電磁的記録媒体に記録され、**必要に応じ営業所又は事務所ごとに電子計算機その他の機器を用いて明確に紙面に表示されるときは**、当該記録をもって賃貸住宅管理業法32条に規定する書類（業務状況調書等）への記載に代えることができる（賃

貸住宅管理業法施行規則49条2項）。業務状況調書等が、電子計算機に備えられたファイル又は電磁的記録媒体に記録され、**必要に応じ営業所又は事務所ごとに電子計算機その他の機器を用いて明確に紙面に表示される状態であれば、必ずしも紙面にて公開しておく必要はない**（同法FAQ集4(6)4）。

問	項目	正解	重要度	予想正解率
38	サブリース / 総合	4	A	70%以上

1　正　　国土交通大臣は、賃貸住宅管理業者が、①賃貸住宅管理業法6条（登録の拒否）1項各号（3号を除く。）のいずれかに該当することとなったとき、②不正の手段により賃貸住宅管理業の登録を受けたとき、③**その営む賃貸住宅管理業に関し法令又は業務改善命令若しくは業務停止命令に違反したときは、その登録を取り消し、又は1年以内の期間を定めてその業務の全部若しくは一部の停止を命ずることができる**（賃貸住宅管理業法23条1項）。

2　正　　国土交通大臣は、賃貸住宅管理業者が**登録を受けてから1年以内に業務を開始せず、又は引き続き1年以上業務を行っていない**と認めるときは、その登録を取り消すことができる（賃貸住宅管理業法23条2項）。

3　正　　国土交通大臣は、特定転貸事業者又は勧誘者に対して、**指示をしたときは、その旨を公表しなければならない**（賃貸住宅管理業法33条3項）。また、国土交通大臣は、特定転貸事業者又は勧誘者に対して、**勧誘停止命令又は業務停止命令をしたときは、その旨を公表しなければならない**（同法34条3項）。

4　誤　　何人も、特定賃貸借契約の適正化を図るため必要があると認めるときは、国土交通大臣に対し、その旨を申し出て、適当な措置をとるべきことを求めることができる（賃貸住宅管理業法35条1項）。この申出は、**直接の利害関係者に限らず、また、個人、法人、団体を問わず、誰でもできる**（同法の解釈・運用の考え方35条関係）。

問	項目	正解	重要度	予想正解率
39	サブリース / 特定賃貸借標準契約書	1	A	50～69%

ア 正　借主は、**修繕が必要な箇所**を発見した場合には、その旨を速やかに貸主に**通知**し、修繕の必要性を**協議する**（特定賃貸借標準契約書11条5項）。

イ 誤　特定賃貸借契約が終了した場合（賃貸住宅の全部が滅失その他の事由により使用できなくなったことにより契約が終了した場合を除く。）には、貸主は、転貸借契約における借主の転貸人の地位を当然に承継する（特定賃貸借標準契約書21条1項）。この場合、**借主は、転借人から交付されている敷金、賃貸借契約書、その他地位の承継に際し必要な書類を貸主に引き渡さなければならない**（同条3項）。

ウ 正　貸主は、維持保全の実施状況の報告を受ける場合、借主に対し、**維持保全の実施状況に係る関係書類の提示**を求めることができる（特定賃貸借標準契約書13条3項）。

エ 正　借主は、借主又はその従業員が、維持保全の実施に関し、貸主又は第三者に損害を及ぼしたときは、**貸主又は第三者に対し、賠償の責任を負う**（特定賃貸借標準契約書14条2項）。

以上より、誤っているものはイの1つであり、本問の正解肢は1となる。

問	項目	正解	重要度	予想正解率
40	管理実務・金銭管理等 / 業務関連法令	2	B	50～69%

1 誤　個人情報取扱事業者は、原則として、**あらかじめ本人の同意を得ないで**、要配慮個人情報を取得してはならない（個人情報保護法20条2項）。本人の同意があれば、要配慮個人情報を取得することは可能である。

2 正　個人情報取扱事業者は、その取り扱う個人データの漏えい、滅失、毀損その

他の個人データの安全の確保に係る事態のうち、所定の事態が生じたときは、原則として、**その事態が生じた旨を個人情報保護委員会に報告しなければならない**（個人情報保護法26条1項本文）。報告の対象となる事態は、①要配慮個人情報が含まれる個人データ（高度な暗号化その他の個人の権利利益を保護するために必要な措置を講じたものを除く。）の漏えい等が発生し、又は発生したおそれがある事態、②**不正に利用されることにより財産的被害が生じるおそれがある個人データの漏えい等が発生し、又は発生したおそれがある事態**、③不正の目的をもって行われたおそれがある当該個人情報取扱事業者に対する行為による個人データの漏えい等が発生し、又は発生したおそれがある事態、④個人データに係る本人の数が1,000人を超える漏えい等が発生し、又は発生したおそれがある事態である（同法施行規則7条）。

3　誤　「保有個人データ」とは、個人情報取扱事業者が、開示、内容の訂正、追加又は削除、利用の停止、消去及び第三者への提供の停止を行うことのできる権限を有する個人データであって、その存否が明らかになることにより公益その他の利益が害されるものとして政令で定めるもの以外のものをいう（個人情報保護法16条4項）。**6か月以内に消去する短期保存データについても、保有個人データから除かれない。**

4　誤　個人情報取扱事業者は、利用目的を変更する場合には、**変更前の利用目的と関連性を有すると合理的に認められる範囲を超えて行ってはならない**（個人情報保護法17条2項）。変更前の利用目的と関連性を有すると合理的に認められる範囲内であれば、利用目的の変更は可能であり、本人の同意は不要である。

問	項目	正解	重要度	予想正解率
41	管理実務・金銭管理等 ／ 入居者の募集	1	A	70%以上

1　**不適切**　徒歩による所要時間は、**道路距離80メートルにつき1分間を要する**ものとして算出した数値を表示する。この場合において、1分未満の端数が生じたときは、**1分として算出する**（不動産の表示に関する公正競争規約施行規則9条(9)）。

2 適切 自転車による所要時間は、**道路距離を明示して、走行に通常要する時間を表示する**（不動産の表示に関する公正競争規約施行規則9条（11））。

3 適切 住宅の居室等の広さを畳数で表示する場合においては、**畳1枚当たりの広さは1.62平方メートル（各室の壁心面積を畳数で除した数値）以上の広さがあるという意味で用いる**（不動産の表示に関する公正競争規約施行規則9条（16））。

4 適切 他の物件情報等をもとに、対象物件の賃料や価格、面積又は間取りを改ざんすること等、**実在しない物件を広告することは「虚偽広告」に該当する**（令和5年国不動指80号）。

問	項目	正解	重要度	予想正解率
42	管理実務・金銭管理等 / 入居者の募集	3	A	70%以上

ア 適切 入居審査に際しては、**実際に申込みを行っている人物が、書類上の申込者と同一であるかどうかを確認する**ことが重要である。

イ 不適切 入居審査に際して同居人との合算で年収を考慮する場合、**同居人の仕事継続の予定について確認することが必要である**。

ウ 不適切 管理受託方式では、通常、管理業者にまかされているのは、借受希望者の調査を行い、借受希望者と交渉する行為であり、借受希望者が当該物件に入居するのにふさわしいかどうか、あるいは交渉の結果出てきた入居条件の妥当性などを**最終的に判断するのは賃貸人**である。

エ 適切 サブリース方式の場合は、**賃貸人（転貸人）であるサブリース業者（特定転貸事業者）が、入居者（転借人）を最終的に決定する権限がある**。

以上より、不適切なものの組合せはイ、ウであり、本問の正解肢は3となる。

問	項目	正解	重要度	予想正解率
43	維持保全 / 維持・点検	4	B	70%以上

1 **不適切** 賃貸住宅管理では、建物の劣化状態について外観調査を手掛かりに、見えない部分も含めて修繕の必要性を判断し、効果的な修繕計画を立案することが求められる。

2 **不適切** 適切な計画修繕を実践することで、住環境の性能が維持でき、高い入居率や家賃水準の確保につながることで、次の修繕のための資金も確保でき、賃貸住宅の安定的経営を実現し、入居者にも安心・満足して暮らせる住まいを将来にわたって提供できる。

3 **不適切** 計画修繕を着実に実施していくためには、資金的な裏づけを得ることが必要であり、長期修繕計画を策定して維持管理コストを試算し、維持管理費用を賃貸経営のなかに見込まなければならない。長期修繕計画の対象とする期間は、もっとも修繕周期の長いものを念頭におき、一般的に30年間程度とされている。

4 **適切** 2、3年に1度は修繕計画内容を見直すことで適切な修繕時期等を確定する。修繕時期が近づいた場合には、専門家による劣化診断や精密な検査を行い、その結果に基づいて修繕内容を具体的にして、工事費用の見積りを徴収して大規模修繕工事等を実施する。

問	項目	正解	重要度	予想正解率
44	維持保全 / 維持・点検	2	B	70%以上

1 **不適切** 賃貸住宅（共同住宅に限る。）は、3階以上かつ床面積1,000㎡以上である場合で、かつ建築基準法の耐震規定に適合しない場合（不明な場合は昭和56年5月31日以前に新築の工事に着手している場合）、「特定既存耐震不適格建築物」となる。

2 　適切　　所管行政庁は、特定既存耐震不適格建築物の耐震診断及び耐震改修の適確な実施を確保するため必要があると認めるときは、特定既存耐震不適格建築物の所有者に対し、技術指針事項を勘案して、**特定既存耐震不適格建築物の耐震診断及び耐震改修について必要な指導及び助言をすることができる**（建築物の耐震改修の促進に関する法律15条1項）。

3 　不適切　　木造の建物の補強方法として、吹き抜け部分が大きい場合は、**既存床材の補強や火打ちばりを増設することがある**。

4 　不適切　　鉄筋コンクリート造の建物の補強方法として、**鉄筋コンクリートの耐震壁、筋かい（鉄骨ブレース）を増設することがある**。

問	項目	正解	重要度	予想正解率
45	管理実務・金銭管理等 / 建物管理	4	C	50～69%

1 　適切　　共用廊下・共用階段の照明設備は、極端な明暗が生じないよう配慮しつつ、**床面において概ね20ルクス以上の平均水平面照度を確保することができる**ものとされている（防犯に配慮した共同住宅に係る設計指針第3.2(6)イ）。

2 　適切　　**近隣で発生した犯罪情報をいち早く掲示板などで知らせ**、深夜帰宅や部屋の施錠に注意を促すことが大切である。

3 　適切　　出入口ホールや駐車場、ゴミ置き場などに**防犯カメラを設置**したうえで**夜間センサーライトを点灯**すれば、相当の抑止効果がある。

4 　不適切　　防犯に有効な対策として、二重錠、窓ガラスの二重化、あるいは防犯フィルム貼り、屋上への立入りを防ぐ扉やフェンスの設置などがある。ただし、**網入りガラスは、ガラスが割れた場合に割れたガラスの飛散防止を目的とするものであって、防犯を目的とするものではない**。

問	項目	正解	重要度	予想正解率
46	管理実務・金銭管理等 / 賃貸不動産経営管理士のあり方	2	A	70%以上

ア **適切** 賃貸不動産経営管理士は、賃貸住宅の経営者の予算と実績の差異を把握するだけでなく、**目標とされる予算を達成することが厳しくなった場合には、その原因を分析し、賃貸住宅の管理運営の専門家としての能力を活用して、収益の向上と必要経費の削減からの対応策を検討し、賃貸人に提言していく**役割を担うことが期待される。

イ **適切** 賃貸不動産経営管理士は、賃貸不動産経営・管理の専門家として、所属する賃貸住宅管理業者又は特定転貸事業者が行う業務につき、**管理・監督をし、又は自ら実施する**役割を担うことが期待される。

ウ **適切** 賃貸不動産経営管理士は、住宅宿泊管理業者による適法かつ適正な民泊管理の実現等を通し、**住宅宿泊事業の適切な実施及び普及に一定の役割を果たす**ことが期待される。

エ **不適切** 賃貸不動産経営管理士は、「残置物の処理等に関するモデル契約条項について」の内容を理解し、所属する管理業者が解除事務受任者・残置物事務受任者となった場合には、自らが実際の実務にあたることによって、万が一賃貸借契約期間中に賃借人が死亡した場合の契約関係の処理を、**賃借人の相続人の利益にも配慮しながら**、適切に対応することが期待される。

以上より、不適切なものはエの1つであり、本問の正解肢は2となる。

問	項目	正解	重要度	予想正解率
47	管理実務・金銭管理等 / 賃貸不動産管理の意義と社会的情勢	1	A	70%以上

1 **不適切** トラブル等が発生したときに早期解決が図れるような体制を含め、**賃借人の立場からも適宜適切な対応ができる**専門家としての管理業者の管理への要請が高まっている。

2　適切　　管理業者は、不動産の適切な管理を通じてその価値を維持・保全することで**良質な不動産ストックの形成に資する**役割を担うことが求められている。

3　適切　　賃貸人の資産の適切な運用という観点から、**賃貸人の有するあらゆる資産（金融資産、不動産等）の組合せ（ポートフォリオ）**のなかで、不動産資産の運用として賃貸住宅経営及び管理を提案し、その実働としていかに当該**不動産から収益を上げるか**という観点で賃貸住宅管理のあり方を構成することが求められる。

4　適切　　管理業者は、賃貸人の**賃貸住宅経営を総合的に代行する専門家**としての役割が要請されるとともに、**街並み景観、まちづくりにも貢献していく**社会的責務を担っている。

問	項目	正解	重要度	予想正解率
48	管理実務・金銭管理等 ／ 賃貸業への支援業務	3	A	70%以上

1　不適切　　サラリーマン等給与所得者は会社の年末調整により税額が確定するので、通常は確定申告をする必要はないが、**不動産所得がある場合には、確定申告による計算・納付をしなければならない**。

2　不適切　　不動産取引では、事務所・店舗などの賃料、建物の購入代金、仲介手数料については、消費税が課される。一方、**住宅の賃料（貸付期間が1か月未満のものを除く。）、土地の購入代金については、消費税が課されない**。

3　適切　　所得税や住民税、自宅に係る固定資産税・都市計画税は、不動産所得の計算上、必要経費に含めることができない。一方、**事業税や消費税、印紙税、事業に係る固定資産税・都市計画税は、必要経費とすることができる**。

4　不適切　　収益はその獲得が確実になった時点で計上する。賃貸借契約でその月に収入とすべき金額として確定した収益の金額である。したがって、**12月分の賃料が12月31日現在、未収でも収入金額としなければならない**。

問	項目	正解	重要度	予想正解率
49	管理実務・金銭管理等 / 入居者の募集	3	B	50〜69%

ア　適切　　媒介を行う宅地建物取引業者においては、売主・賃貸人に対して、告知書（物件状況等報告書）その他の書面に過去に生じた事案についての記載を求めることにより、媒介活動に伴う通常の情報収集としての調査義務を果たしたものとされている（宅地建物取引業者による人の死の告知に関するガイドライン3(1)）。

イ　不適切　　事故死に相当するものであっても、自宅の階段からの転落や、入浴中の溺死や転倒事故、食事中の誤嚥など、日常生活の中で生じた不慮の事故による死については、そのような死が生ずることは当然に予想されるものであり、これが買主・賃借人の判断に重要な影響を及ぼす可能性は低いと考えられることから、自然死と同様に、原則として、これを告げなくてもよい（宅地建物取引業者による人の死の告知に関するガイドライン4(1)①）。

ウ　不適切　　隣接住戸又は賃借人若しくは買主が日常生活において通常使用しない集合住宅の共用部分において自然死等以外の死が発生した場合又は自然死等が発生して特殊清掃等が行われた場合は、裁判例等も踏まえ、賃貸借取引及び売買取引いずれの場合も、原則として、これを告げなくてもよい（宅地建物取引業者による人の死の告知に関するガイドライン4(1)③）。

エ　適切　　人の死に関する事案の発覚から経過した期間や死因にかかわらず、買主・賃借人から事案の有無について問われた場合や、その社会的影響の大きさから買主・賃借人において把握しておくべき特段の事情があると認識した場合等には、当該事案は取引の相手方等の判断に重要な影響を及ぼすと考えられるため、宅地建物取引業者は、調査を通じて判明した点を告げる必要がある。この場合においても、調査先の売主・賃貸人・管理業者から不明であると回答されたとき、あるいは無回答のときには、その旨を告げれば足りる（宅地建物取引業者による人の死の告知に関するガイドライン4(3)）。

以上より、不適切なものはイ、ウの2つであり、本問の正解肢は3となる。

問	項目	正解	重要度	予想正解率
50	管理実務・金銭管理等 / 賃貸業への支援業務	2	A	70%以上

1 　不適切　　プロパティマネージャーには、収益拡大とコスト削減の両面から、具体的に、計画の基礎資料の収集、計画策定など調査・提案が求められる。

2 　適切　　アセットマネジメントは、投資家から委託を受け、①総合的な計画を策定して、②投資を決定・実行し、③賃借人管理、建物管理、会計処理などについて、プロパティマネジメント会社からの報告を受けて投資の状況を把握し、④現実の管理運営を指示しながら、⑤売却によって投下資金を回収する、という一連の業務である。

3 　不適切　　可能な限り既存の賃借人が退出しないように引き留め、維持しておくことは、プロパティマネジメント会社の責務である。

4 　不適切　　所有者の交代に際し、旧所有者から新所有者に賃貸人の地位が円滑に引き継がれるように尽力することは、重要なプロパティマネジメント業務である。

- M E M O -

賃貸不動産経営管理士

直前予想問題

第 2 回

正解・解説

「Web無料採点サービス」
成績診断を活用して、本試験までに不得意分野を克服していきましょう。
アクセスはこちら▶

※詳細は本書冒頭の「本書購入者特典②」のご案内ページをご覧ください。

「無料解説動画」（全3回　各回約60分）
LEC専任講師が「合否を分ける重要問題」をピックアップして、解法の目線、注意点を中心に解説します。
アクセスはこちら▶

2024年版 賃貸不動産経営管理士 直前予想模試② 正解一覧

番号	正解	自己採点	出題項目		番号	正解	自己採点	出題項目	
問1	4		管理受託	管理業法（管理受託部分）	問26	4		管理受託	意義
問2	2		管理受託	管理業法（管理受託部分）	問27	2		管理受託	意義
問3	1		管理受託	管理業法（管理受託部分）	問28	1		管理受託	管理業法（管理受託部分）
問4	1		管理受託	賃貸住宅標準管理受託契約書	問29	2		管理受託	管理業法（管理受託部分）
問5	4		管理受託	管理業法（管理受託部分）	問30	3		管理受託	管理業法（管理受託部分）
問6	2		賃貸借関係	請負	問31	1		サブリース	管理業法（サブリース部分）
問7	2		賃貸借関係	賃貸借の内容	問32	4		サブリース	管理業法（サブリース部分）
問8	3		維持保全	建物	問33	4		サブリース	管理業法（サブリース部分）
問9	4		維持保全	建築系法令	問34	3		サブリース	管理業法（サブリース部分）
問10	3		維持保全	建築系法令	問35	1		サブリース	管理業法（サブリース部分）
問11	1		維持保全	原状回復	問36	4		サブリース	管理業法（サブリース部分）
問12	2		維持保全	原状回復	問37	3		サブリース	管理業法（サブリース部分）
問13	3		維持保全	維持・点検	問38	4		サブリース	管理業法（サブリース部分）
問14	2		維持保全	電気設備	問39	2		サブリース	特定賃貸借標準契約書
問15	4		維持保全	昇降機設備等	問40	1		賃貸借関係	サブリース住宅標準契約書
問16	3		維持保全	給水設備・給湯設備	問41	1		管理実務・金銭管理等	業務関連法令
問17	1		管理実務・金銭管理等	建物管理	問42	3		管理実務・金銭管理等	業務関連法令
問18	2		賃貸借関係	賃料の改定	問43	2		管理実務・金銭管理等	賃貸業への支援業務
問19	2		賃貸借関係	賃貸人の地位の移転	問44	3		管理実務・金銭管理等	賃貸業への支援業務
問20	4		賃貸借関係	賃貸借契約の成立と有効性	問45	1		維持保全	維持・点検
問21	4		管理実務・金銭管理等	金銭管理	問46	3		管理実務・金銭管理等	賃貸不動産管理の意義と社会的情勢
問22	2		管理実務・金銭管理等	金銭管理	問47	4		管理実務・金銭管理等	賃貸不動産経営管理士のあり方
問23	4		賃貸借関係	保証	問48	3		管理実務・金銭管理等	賃貸業への支援業務
問24	1		賃貸借関係	定期建物賃貸借	問49	1		管理実務・金銭管理等	賃貸業への支援業務
問25	3		賃貸借関係	定期建物賃貸借	問50	2		管理実務・金銭管理等	賃貸不動産経営管理士のあり方

想定合格基準点　35点

問	項目	正解	重要度	予想正解率
1	管理受託 / 管理業法(管理受託部分)	4	A	50~69%

1 誤　既に別の賃貸住宅について管理受託契約を締結していた場合に、その契約と同じ内容について**管理受託契約重要事項説明書への記載を省略できる旨の定めはない**。

2 誤　賃貸住宅管理業者が行う管理業務の実施状況等について、**賃貸人へ報告する内容やその頻度**について記載し、説明しなければならない（賃貸住宅管理業法施行規則31条8号、同法の解釈・運用の考え方13条関係2(8)）。

3 誤　賃貸住宅管理業者は、**管理業務の一部を第三者に再委託することができる**ことを事前に説明するとともに、**再委託することとなる業務の内容、再委託予定者**を事前に明らかにしなければならない（賃貸住宅管理業法施行規則31条6号、同法の解釈・運用の考え方13条関係2(6)）。

4 正　管理業務の対象となる賃貸住宅の**所在地、物件の名称、構造、面積、住戸部分**（部屋番号）**その他の部分**（廊下、階段、エントランス等）、**建物設備**（ガス、上水道、下水道、エレベーター等）、**附属設備等**（駐車場、自転車置き場等）等について管理受託契約重要事項説明書に記載し、説明しなければならない（賃貸住宅管理業法施行規則31条2号、同法の解釈・運用の考え方13条関係2(2)）。

問	項目	正解	重要度	予想正解率
2	管理受託 / 管理業法(管理受託部分)	2	A	70%以上

ア 誤　賃貸住宅管理業者は、管理受託契約を締結したときは、管理業務を委託する賃貸住宅の賃貸人（委託者）に対し、遅滞なく、所定の事項を記載した書面を交付しなければならない（賃貸住宅管理業法14条1項）。この**書面の交付は、業務管理者により行われなければならないものではない**。

イ 正　管理受託契約締結時書面に記載すべき事項は、①管理業務の対象となる賃貸住宅、②管理業務の実施方法、③契約期間に関する事項、④報酬に関する事項（報酬の額並びにその支払の時期及び方法を含む。）、⑤契約の更新又は解除に関する定めがあるときは、その内容、⑥**管理受託契約を締結する賃貸住宅管理業者の商号、名称又は氏名並びに登録年月日及び登録番号**、⑦管理業務の内容、⑧管理業務の一部の再委託に関する定めがあるときは、その内容、⑨責任及び免責に関する定めがあるときは、その内容、⑩委託者への報告に関する事項、⑪賃貸住宅の入居者に対する管理業務の内容及び実施方法の周知に関する事項である（賃貸住宅管理業法14条1項、同法施行規則35条1項、2項）。

ウ 正　電磁的方法により管理受託契約締結時書面を提供しようとする場合は、相手方がこれを確実に受け取れるように、**用いる方法**（電子メール、WEBでのダウンロード、CD-ROM等）や**ファイルへの記録方法**（使用ソフトウェアの形式やバージョン等）を示した上で、電子メール、WEBによる方法、CD-ROM等**相手方が承諾したことが記録に残る方法で承諾を得ることが必要**である（賃貸住宅管理業法の解釈・運用の考え方14条1項関係1、13条関係4(1)）。

エ 誤　管理受託契約の相手方が賃貸住宅管理業者や特定転貸事業者などの場合、管理受託契約重要事項説明に係る書面交付及び説明は不要となる（賃貸住宅管理業法13条1項、同法施行規則30条）が、**管理受託契約締結時の書面の交付は必要**である（同法14条1項）。

以上より、正しいものの組合せはイ、ウであり、本問の正解肢は2となる。

問	項目	正解	重要度	予想正解率
3	管理受託 / 管理業法（管理受託部分）	1	A	49%以下

ア 正　管理受託契約重要事項説明にテレビ会議等のITを活用する場合、説明者及び重要事項の説明を受けようとする者が、図面等の書類及び説明の内容について十分に理解できる程度に**映像が視認でき、かつ、双方が発する音声を十分に聞き取ることができるとともに、双方向でやりとりできる環境において**

実施していることが必要である（賃貸住宅管理業法の解釈・運用の考え方13条関係4(2)）。

イ　正　　管理受託契約重要事項説明にテレビ会議等のITを活用する場合、管理受託契約重要事項説明を受けようとする者が**承諾した場合を除き**、管理受託契約重要事項説明書及び添付書類を**あらかじめ送付していること**が必要である（賃貸住宅管理業法の解釈・運用の考え方13条関係4(2)）。

ウ　誤　　管理受託契約重要事項説明にテレビ会議等のITを活用する場合、重要事項の説明を受けようとする者が、管理受託契約重要事項説明書及び添付書類を確認しながら説明を受けることができる状態にあること並びに映像及び音声の状況について、賃貸住宅管理業者が**重要事項の説明を開始する前に**確認していることが必要である（賃貸住宅管理業法の解釈・運用の考え方13条関係4(2)）。

エ　正　　管理受託契約重要事項説明にテレビ会議等のITを活用する場合、説明の相手方に**事前に**管理受託契約重要事項説明書等を読んでおくことを推奨するとともに、管理受託契約重要事項説明書等の送付から**一定期間後に**、ITを活用した管理受託契約重要事項説明を実施することが望ましい（賃貸住宅管理業法の解釈・運用の考え方13条関係4(2)）。

以上より、誤っているものはウの1つであり、本問の正解肢は1となる。

問	項目	正解	重要度	予想正解率
4	管理受託／賃貸住宅標準管理受託契約書	1	A	70%以上

1　不適切　　**賃貸人又は賃貸住宅管理業者は**、その相手方に対して、少なくとも〇か月前に文書により解約の申入れを行うことにより、管理受託契約を終了させることができる（標準管理受託契約書21条1項）。したがって、賃貸人からだけではなく、賃貸住宅管理業者からも中途解約できる旨の特約が定められている。

2　適切　　管理受託契約が終了したときは、賃貸住宅管理業者は、賃貸人に対し、**管理物件に関する書類及び管理受託契約に関して賃貸住宅管理業者が保管する金員を引き渡す**とともに、**家賃等の滞納状況を報告**しなければならない（標準管理受託契約書22条）。

3　適切　　賃貸人は、賃貸人の責めに帰することができない事由によって賃貸住宅管理業者が管理業務を行うことができなくなったとき、又は、**賃貸住宅管理業者の管理業務が中途で終了したときには、既にした履行の割合に応じて、報酬を支払わなければならない**（標準管理受託契約書4条2項）。

4　適切　　賃貸人又は賃貸住宅管理業者の一方について、**信頼関係を破壊する特段の事情があった場合**には、その相手方は、何らの催告も要せずして、管理受託契約を解除することができる（標準管理受託契約書20条2項3号）。

問	項目	正解	重要度	予想正解率
5	管理受託 / 管理業法（管理受託部分）	4	A	50～69%

ア　適切　　再委託先の変更は形式的な変更と考えられるため、当該変更が生じた場合に改めて重要事項説明を実施する必要はない。もっとも、**再委託先が変更する度ごとに書面又は電磁的方法により賃貸人に知らせる必要がある**（賃貸住宅管理業法FAQ集3(2)15）。

イ　適切　　管理受託契約が締結されている賃貸住宅が、契約期間中に現賃貸人から売却等されることにより、賃貸人たる地位が新たな賃貸人に移転した場合において、**管理受託契約において委託者の地位承継にかかる特約が定められておらず、管理受託契約が承継されないときは**、新たな賃貸人との管理委託契約は新たな契約と考えられるため、賃貸住宅管理業者は、**新たな賃貸人に管理受託契約重要事項説明及び管理受託契約締結時書面の交付を行わなければならない**（賃貸住宅管理業法の解釈・運用の考え方13条関係3）。

ウ　適切　　契約の同一性を保ったままで契約期間のみを延長することや、組織運営に変更のない商号又は名称等の変更等、形式的な変更と認められる場合は、

　　　　管理受託契約重要事項説明は行わないこととして差し支えない（賃貸住宅管理業法の解釈・運用の考え方13条関係1）。

エ **適切**　契約期間中や契約更新時に賃貸住宅管理業法施行規則31条各号に掲げる事項を変更しようとするときは、**変更のあった事項について、賃貸人に対して書面の交付を行った上で重要事項説明をする必要がある**。ただし、**同法施行前に締結された管理受託契約で、同法施行後に同法施行規則31条各号に掲げる全ての事項について重要事項説明を行っていない場合は、変更のあった事項のみならず同条各号に掲げる全ての事項について**重要事項説明を行う必要がある（賃貸住宅管理業法FAQ集3(2)12）。

以上より、適切なものはア、イ、ウ、エの4つであり、本問の正解肢は4となる。

問	項目	正解	重要度	予想正解率
6	賃貸借関係 ／ 請負	2	B	50～69%

　本問において、ＡＢ間には建物を修繕するという請負契約が締結されたものといえる（民法632条）。

1 **適切**　請負契約の報酬は、**仕事の目的物の引渡しと同時に、支払わなければならない**（民法633条本文）。

2 **不適切**　**請負人が仕事を完成しない間は、注文者は、いつでも損害を賠償して契約の解除をすることができる**（民法641条）。本肢では、契約の内容に従った大規模修繕が終了しており、仕事が完成しているため、契約を解除することはできない。

3 **適切**　注文者が破産手続開始の決定を受けたときは、請負人又は破産管財人は、契約の解除をすることができる（民法642条1項本文）。ただし、請負人による契約の解除については、**仕事を完成した後は、契約の解除をすることができない**（同条項ただし書）。本肢では、契約の内容に従った大規模修繕が終了しており、仕事が完成しているため、契約を解除することはできない。

4 適切　請負人が種類又は品質に関して契約の内容に適合しない仕事の目的物を注文者に引き渡した場合（その引渡しを要しない場合にあっては、仕事が終了した時に仕事の目的物が種類又は品質に関して契約の内容に適合しない場合）において、**注文者がその不適合を知った時から1年以内にその旨を請負人に通知しないときは、注文者は、その不適合を理由として、履行の追完の請求、報酬の減額の請求、損害賠償の請求及び契約の解除をすることができない**（民法637条1項、636条）。

問	項目	正解	重要度	予想正解率
7	賃貸借関係 / 賃貸借の内容	2	A	50～69%

1 不適切　賃貸人は、賃貸物の使用及び収益に必要な修繕をする義務を負う（民法606条1項本文）。ただし、**賃借人の責めに帰すべき事由**によってその修繕が必要となったときは、**賃貸人は修繕義務を負わない**（同条項ただし書）。

2 適切　賃貸人が賃貸物の保存に必要な行為をしようとするときは、賃借人は、これを拒むことができない（民法606条2項）。もっとも、賃貸人が**賃借人の意思に反して保存行為をしようとする場合において、そのために賃借人が賃借をした目的を達することができなくなるときは、賃借人は、契約の解除をすることができる**（民法607条）。

3 不適切　賃借人の履行補助者による保管義務違反も賃借人の債務不履行となる。同居人や転借人は履行補助者とされているため（最判昭30.4.19、大判昭4.6.19）、同居人や転借人の故意・過失による賃貸住宅の毀損については、**賃借人や転貸人が賃貸人に対して債務不履行責任を負う**。

4 不適切　賃借物が修繕を要し、又は賃借物について権利を主張する者があるときは、賃借人は、遅滞なくその旨を賃貸人に通知しなければならない（民法615条本文）。ただし、**賃貸人が既にこれを知っているときは、当該通知をする必要はない**（同条ただし書）。

問	項目	正解	重要度	予想正解率
8	維持保全 ／ 建物	3	B	70%以上

1 適切　「ラーメン構造」は、**柱と梁を一体化した骨組構造**である。ラーメン構造は、各節点において部材が剛に接合されている骨組であり、鉄筋コンクリート造の建物に数多く用いられている。一方、「壁式構造」は、**柱・梁を設けず、壁体や床板など平面的な構造体のみで構成する構造方式**である。

2 適切　「壁式鉄筋コンクリート造」は、耐力壁、床スラブ、壁ばりからなる構造で、ラーメン構造と異なり**柱が存在しない**。耐力壁が水平力とともに鉛直荷重も支える。特に低層集合住宅で広く使われている構造形式である。

3 不適切　「CLT工法」は、**木質系工法**で、繊維方向が直交するように板を交互に張り合わせたパネルを用いて、床、壁、天井（屋根）を構成する工法である。

4 適切　「CFT造」は、**角形及び円形鋼管の内部にコンクリートを充填した構造**であり、主に柱に使われる。

問	項目	正解	重要度	予想正解率
9	維持保全 ／ 建築系法令	4	A	70%以上

1 正　高さ20mを超える建築物には、有効に**避雷設備を設けなければならない**（建築基準法33条本文）。ただし、高さ20mを超える場合でも、**周囲の状況によって安全上支障がないときは、避雷設備を設置しなくてもよい**（同条ただし書）。

2 正　**建築物の所有者、管理者又は占有者**は、その建築物の敷地、構造及び建築設備を常時適法な状態に維持するように努めなければならない（建築基準法8条1項）。

3 正　居室には換気のための窓その他の開口部を設け、その換気に有効な部分の

面積は、その居室の床面積に対して、20分の1以上としなければならない(建築基準法28条2項本文)。ただし、政令で定める技術的基準に従って換気設備を設けた場合においては、上記開口部を設ける必要はない(同条項ただし書)。この場合、襖など随時開放できるもので仕切られた2つの居室は、換気規定上、1室とみなすことができる(同法28条4項)。

4 誤　　階段の幅は、**直上階の居室の床面積の合計が200㎡を超える地上階又は居室の床面積の合計が200㎡を超える地階若しくは地下工作物内におけるものについては120cm以上必要とされる**(建築基準法施行令23条1項本文)。

問	項目	正解	重要度	予想正解率
10	維持保全 / 建築系法令	3	A	50～69%

ア　適切　　建築基準法では、シックハウス対策として、居室を有する建築物は、その居室内において政令で定める化学物質の発散による衛生上の支障がないよう、**建築材料及び換気設備について政令で定める技術的基準に適合するものとしなければならないとされている**(建築基準法28条の2第3号)。この規定は、**建築物を新築する場合だけでなく、中古住宅においても増改築・大規模な修繕・大規模な模様替えを行う場合にも適用となる**(同法3条3項1号)。

イ　適切　　シックハウス症候群の原因として、**建材や家具、日用品等から発散するホルムアルデヒドやVOC(トルエン、キシレン等の揮発性の有機化合物)**等が考えられている。

ウ　不適切　　新築建物は、ごく一部の例外を除いて、シックハウスの原因となる揮発性有機化合物の除去対策として、24時間稼働する機械換気設備の設置が建築基準法により義務づけられている。

エ　適切　　アスベストとは、天然の鉱石に含まれる繊維のことで、**石綿**ともいわれる。アスベスト粉じんは、肺がんや中皮腫、肺が線維化してしまう肺線維症(じん肺)の原因となるため、建築材料としてアスベストを使用したり、アスベストが含まれる建築材料を使用することは、原則として禁止されている(建

築基準法 28 条の 2 第 1 号、2 号、同法施行令 20 条の 4）。

以上より、適切なものはア、イ、エの 3 つであり、本問の正解肢は 3 となる。

問	項目	正解	重要度	予想正解率
11	維持保全 / 原状回復	1	A	70%以上

1 適切　エアコンの内部洗浄は、喫煙等による臭い等が付着していない限り、通常の生活において必ず行うとまでは言い切れず、賃借人の管理の範囲を超えているので、**賃貸人負担**とすることが妥当と考えられる（原状回復ガイドライン別表 1「設備、その他（鍵など）」）。

2 不適切　全体のハウスクリーニング（専門業者による）は、**賃借人が通常の清掃**（具体的には、ゴミの撤去、掃き掃除、拭き掃除、水回り、換気扇、レンジ回りの油汚れの除去等）**を実施している場合**は、次の入居者確保のためのものであり、**賃貸人負担**とすることが妥当と考えられる（原状回復ガイドライン別表 1「設備、その他（鍵など）」）。一方で、**賃借人が通常の清掃を実施していない場合**、部位若しくは住戸全体の清掃費用相当分を全額**賃借人負担**とする。（同別表 3 Ⅰ 2「設備・その他」中の「通常の清掃」）

3 不適切　壁にポスター等を貼ることによって生じるクロス等の変色は、主に日照などの自然現象によるもので、通常の生活による損耗の範囲であると考えられる（原状回復ガイドライン別表 1「壁、天井（クロスなど）」）。よって、**壁に貼ったポスターや絵画の跡は、賃貸人の負担となる**（同別表 3 Ⅰ 1）。

4 不適切　テレビ、冷蔵庫は通常一般的な生活をしていくうえで必需品であり、その使用による電気ヤケは通常の使用ととらえるのが妥当と考えられる（原状回復ガイドライン別表 1「壁、天井（クロスなど）」）。よって、**テレビ、冷蔵庫等の後部壁面の黒ずみ（いわゆる電気ヤケ）は、賃貸人の負担となる**（同別表 3 Ⅰ 1）。

問	項目	正解	重要度	予想正解率
12	維持保全／原状回復	2	A	70％以上

1 **適切** 経過年数を超えた設備等であっても、継続して賃貸住宅の設備等として使用可能な場合があり、このような場合に**賃借人が故意・過失により設備等を破損し、使用不能としてしまったときには、賃貸住宅の設備等として本来機能していた状態まで戻す**、例えば、賃借人がクロスに故意に行った落書きを消すための費用（工事費や人件費等）などについては、**賃借人の負担となる**ことがある（原状回復ガイドライン1章Ⅱ3(2)①）。

2 **不適切** フローリングの毀損部分の補修は原則㎡単位とし、**経過年数を考慮しない**。なお、フローリング全体にわたっての毀損によりフローリング床全体を張り替えた場合は、当該建物の耐用年数で残存価値1円となるような直線を想定し、負担割合を算定する（原状回復ガイドライン別表2「床（畳、フローリング、カーペットなど）」）。

3 **適切** **畳の補修は原則1枚単位とし**、毀損等が複数枚にわたる場合、**その枚数**（裏返しか表替えかは毀損の程度による）の補修費用を賃借人の負担とする（原状回復ガイドライン別表2「床（畳、フローリング、カーペットなど）」）。

4 **適切** 原状回復ガイドラインでは、経過年数のグラフを、入居年数で代替する方式を採用する。入居時点の状態でグラフの出発点をどこにするかは、**契約当事者が確認のうえ、予め協議して決定する**ことが適当である。例えば、**入居直前に設備等の交換を行った場合には、グラフは価値100％が出発点となる**が、そうでない場合には、当該賃貸住宅の建築後経過年数や個々の損耗等を勘案して1円を下限に適宜グラフを決定する（原状回復ガイドライン1章Ⅱ3(2)②）。

問	項目	正解	重要度	予想正解率
13	維持保全 / 維持・点検	3	B	70％以上

ア 適切　陸屋根（りくやね・ろくやね）では、風で運ばれた土砂が堆積したり、落ち葉やゴミが樋や排水口（ルーフドレイン）をふさいだりすると**屋上の防水面を破損**しかねず、漏水の原因にもなる。

イ 不適切　斜傾屋根（カラーベスト等）では、屋根表面にコケ・カビ等が発生したり、塗膜の劣化による色あせ・錆など美観の低下、さらに夏場日差しによる表面温度の**上昇**、冬場の気温低下による表面温度の**低下**などを繰り返すことにより、**素地自体が変形、ゆがみ**などを起こし、割れや雨漏りなどが発生する場合がある。おおむね**10年前後**にて表面塗装を実施する。

ウ 不適切　コンクリート自体の**塩害・中性化・凍害・鉄筋発錆に伴う爆裂**なども点検する。

エ 適切　外壁がタイル張りの場合は、**タイルの剥がれやクラック、目地やコーキングの劣化**に起因する雨水の漏水が多い。

以上より、不適切なものはイ、ウの2つであり、本問の正解肢は3となる。

問	項目	正解	重要度	予想正解率
14	維持保全 / 電気設備	2	A	50～69％

1 適切　「単相2線式」は、**電圧線と中性線の2本の線を利用する方式**であるため、「単相3線式」の方式とは異なり、**100ボルトしか使用することができない**。なお、「単相3線式」は、3本の電線のうち真ん中の中性線と上又は下の電圧線を利用すれば100ボルト、中性線以外の上と下の電圧線を利用すれば200ボルトが利用できるという方式である。

2 不適切　事業用電気工作物のうち、自家用電気工作物の設置者は、事業用電気

工作物を技術基準に適合するよう維持しなければならない（電気事業法39条1項）。また、**自家用電気工作物の設置者は保安規程を定め、使用の開始の前に経済産業大臣に届け出なければならない**（同法42条1項）。

3　適切　　「ELB」は、漏電遮断器（漏電ブレーカー）のことで、電気配線や電気製品のいたみや故障により、**電気が漏れているのを素早く察知して回路を遮断し、感電や火災を防ぐ**。

4　適切　　「感震ブレーカー」は、**地震発生時に設定値以上の揺れを検知したときに、ブレーカーやコンセントなどの電気を自動的に止める器具**である。感震ブレーカーを設置することで、不在時やブレーカーを切って避難する余裕のない場合に電気火災を防止することができる。

問	項目	正解	重要度	予想正解率
15	維持保全／昇降機設備等	4	C	50～69%

1　不適切　　エレベーターは、その駆動方式により、ロープ式と油圧式に分類される。これらのうち、**油圧式エレベーター（直接式）は、主に低層用のエレベーターとして用いられる**。

2　不適切　　フルメンテナンス契約は、部品取替えや機器の修理を状況にあわせて行う内容で、大規模な修繕まで含めるため、月々の契約は割高となる。もっとも、**天災や故意による損壊等の修理費は保守料金には含まれない**。

3　不適切　　POG契約（パーツ・オイル&グリース契約）は、消耗部品付契約のことで、定期点検や契約範囲内の消耗品の交換は含まれるが、それ以外の部品の取替え、修理は別料金になる。**経年劣化により費用が増加する**。

4　適切　　機械式駐車設備（立体駐車場設備）は、その構造や規模により、**不活性ガス消火設備、泡消火設備、ハロゲン化物消火設備**等の設置が**義務**づけられている。

問	項目	正解	重要度	予想正解率
16	維持保全 / 給水設備・給湯設備	3	A	50～69%

1　適切　　ガス給湯機は、機器の構造から瞬間式と貯湯式がある。「瞬間式給湯機」は、給湯器内の熱交換器に通水し、ガスバーナーで加熱することにより機器に取り込んだ水を直ちに湯として供給する構造となっている。一方、「貯湯式給湯機」は、**貯湯部分をバーナーで加熱することにより、一定温度の湯を蓄えておき供給する構造**となっている。

2　適切　　簡易専用水道の設置者は、当該簡易専用水道の管理について、国土交通省令（簡易専用水道により供給される水の水質の検査に関する事項については、環境省令）の定めるところにより、定期に、**地方公共団体の機関又は国土交通大臣及び環境大臣の登録を受けた者の検査を受けなければならない**（水道法34条の2第2項）。この検査は、毎年1回以上定期に行う（同法施行規則56条1項）。

3　不適切　　「局所給湯方式」は、**給湯系統ごとに加熱装置を設けて給湯する方式**で、近接した給湯器具に返湯管（返り湯管）を設けない一管式配管で給湯する方式である。

4　適切　　ヒートポンプ給湯機（エコキュート）とは、**ヒートポンプの原理を利用し、大気から集めた熱を利用して湯を沸かす機器**である。

問	項目	正解	重要度	予想正解率
17	管理実務・金銭管理等 / 建物管理	1	A	70%以上

ア　適切　　鍵交換の費用は、原則として、賃借人が安全に居住できる物件を賃貸する責を負う**賃貸人が負担するべき**である。また、鍵交換のタイミングは、前の賃借人の退出後に退去後リフォームが終了し、**借受希望者に対する案内も終えて実際に入居する賃借人が決定した後とすることが望ましい**。

- 59 -

イ　**適切**　　日常のマスターキーの管理・保管については、取扱い規則を定め、担当する**責任者を明確にしておく**とともに、**ほかの鍵とは区別**したうえ、**施錠できる場所に保管**しておかなければならない。

ウ　**適切**　　階段や廊下に私物を放置することは、火災などの万一の場合に避難を妨げることにもなるので、即座に**撤去を求めなければならない**。管理業者がこれを所有者に無断で処分することは違法行為なので、行ってはならない。

エ　**適切**　　ペット可の物件であっても、賃借人同士や近隣との間でトラブルが発生しやすい。さらに、ペットを飼育していた場合には、退去時の原状回復のあり方、傷の補修、消臭の程度・範囲などの費用負担が紛争になりやすい。これらを防止するには、**賃貸人側でペット飼育規則を定め**、賃貸借契約において飼育規則の遵守を規定したうえで、**飼育規則に定めている基本的事項及び他の居住者等に配慮する事項を賃借人に遵守させる**ことが重要である。

以上より、不適切なものはなく、本問の正解肢は1となる。

問	項目	正解	重要度	予想正解率
18	賃貸借関係／賃料の改定	2	A	70％以上

建物の借賃が、土地若しくは建物に対する租税その他の負担の増減により、土地若しくは建物の価格の上昇若しくは低下その他の経済事情の変動により、又は近傍同種の建物の借賃に比較して不相当となったときは、契約の条件にかかわらず、当事者は、将来に向かって建物の借賃の額の増減を請求することができる（借地借家法32条1項本文）。ただし、一定の期間建物の借賃を増額しない旨の特約がある場合には、その定めに従う（同条項ただし書）。

ア　**不適切**　　自動改定特約が定められ、賃料増減請求をしないものと取り決められている場合でも、**普通建物賃貸借では、賃借人が賃料減額請求をすることは可能**である（借地借家法32条1項）。

イ　**適切**　　一定の期間賃料を減額しない旨の特約については、その効力は認められ

ない。賃料を減額しない旨の特約が定められていても、賃借人は**賃料減額請求をすることができる**（借地借家法32条1項）。

ウ 適切　普通建物賃貸借では、一定の期間**賃料を増額しない旨**の特約は**有効**である（借地借家法32条1項ただし書）。賃料を増額しない旨の特約が定められている場合、賃貸人は**賃料増額請求をすることができない**。

エ 不適切　賃料改定は協議により行うとする条項が定められていても、**賃料増減請求は可能**である（最判昭56.4.20）。

以上より、適切なものの組合せはイ、ウであり、本問の正解肢は2となる。

問	項目	正解	重要度	予想正解率
19	賃貸借関係／賃貸人の地位の移転	2	A	70%以上

1　正　賃借人に建物が引き渡されて賃貸借の対抗要件を備えた後に、その建物が譲渡されたときは、賃貸人たる地位は、その譲受人に移転する（民法605条の2第1項、借地借家法31条）。賃貸物である不動産の譲渡により、賃貸人たる地位が不動産の譲受人又はその承継人に移転したときは、費用（必要費・有益費）の償還に係る債務及び**敷金の返還に係る債務は、譲受人又はその承継人が承継する**（民法605条の2第4項）。

2　誤　賃貸物である不動産の譲渡による賃貸人たる地位の移転は、賃貸物である不動産について**所有権の移転の登記をしなければ、賃借人に対抗することができない**（民法605条の2第3項）。所有権移転登記を経由していない譲受人から建物の賃料の支払を求められても、賃借人は支払を拒むことができる。

3　正　肢1の解説の通り、賃貸物である不動産の譲渡により、賃貸人たる地位が不動産の譲受人又はその承継人に移転したときは、**費用（必要費・有益費）の償還に係る債務**及び敷金の返還に係る債務は、**譲受人又はその承継人が承継する**（民法605条の2第4項）。

4　正　　不動産の譲渡人が賃貸人であるときは、その賃貸人たる地位は、**賃借人の承諾を要しないで**、譲渡人と譲受人との合意により、譲受人に移転させることができる（民法605条の3）。

問	項目	正解	重要度	予想正解率
20	賃貸借関係 ／ 賃貸借契約の成立と有効性	4	A	70％以上

1　**不適切**　　賃貸借は、当事者の一方がある物の使用及び収益を相手方にさせることを約し、相手方がこれに対してその賃料を支払うこと及び引渡しを受けた物を契約が終了したときに返還することを約することによって、その効力を生ずる（民法601条）。**書類の作成は賃貸借契約の成立要件とされていない**（同法522条2項）。

2　**不適切**　　共有物の管理に関する事項は各共有者の持分の価格に従いその過半数で決する（民法252条1項前段）。**期間3年を超えない建物賃貸借**の設定については、「共有物の管理に関する事項」とされており、**持分の価格に従いその過半数**で決めることができる（同条4項3号）。もっとも、普通建物賃貸借は、法定更新などにより、約定された期間内での終了が確保されないため、**普通建物賃貸借契約の締結には共有者全員の同意がなければならない**（同法251条1項）。

3　**不適切**　　肢2の解説の通り、期間3年を超えない建物賃貸借の設定については、「共有物の管理に関する事項」とされており、持分の価格に従いその過半数で決めることができる（民法252条4項3号）。**定期建物賃貸借**は、契約の更新がされず、約定期間の経過による建物の賃貸借の終了が確保されるため、**その存続期間を3年以内とする限りにおいて、共有者の持分の価格の過半数の決定により締結することができる**。

4　**適切**　　契約の締結に向けた交渉が進み、交渉の相手方に契約が成立するであろうという強い信頼が生まれる段階に達した場合、その信頼は法的に保護することが公平であるが、**申込みと承諾の合致がなければ契約は成立しない**（民法522条1項）。なお、契約成立に対する信頼を裏切って交渉を破棄した当事

者は、信義則上、契約成立を信じて支出した費用を損害として賠償しなければならない。

問	項目	正解	重要度	予想正解率
21	管理実務・金銭管理等 / 金銭管理	4	C	50～69%

1 不適切　企業会計原則は、企業会計の実務の中に慣習として発達したもののなかから、一般に公正妥当と認められたところを要約したものであって、必ずしも法令によって強制されないまでも、**すべての企業がその会計を処理するのにあたって従わなければならない基準**である。

2 不適切　企業会計原則の一般原則において「単一性の原則」とは、株主総会提出のため、信用目的のため、租税目的のため等種々の目的のために異なる形式の財務諸表を作成する必要がある場合、それらの内容は、信頼しうる会計記録に基づいて作成されたものであって、**政策の考慮のために事実の真実な表示をゆがめてはならない**ことをいう。なお、企業会計は、その処理の原則及び手続を毎期継続して適用し、みだりにこれを変更してはならないとする原則を、「継続性の原則」という。

3 不適切　「貸借対照表原則」は、企業会計において、期末における**企業の財政状態を示す**貸借対照表を作成するための具体的な処理基準である。一方、「損益計算書原則」とは、企業会計において、ある会計期間における**企業の経営成績を示す**損益計算書を作成するための具体的な処理基準である。

4 適切　簿記の種類には、「単式簿記」と「複式簿記」の2種類があり、**一般的に、企業会計では複式簿記を用いる**。複式簿記では、取引における2つの側面について同時に帳簿に記入するため、**仕訳は常に「借方」と「貸方」で構成される**。

問	項目	正解	重要度	予想正解率
22	管理実務・金銭管理等 / 金銭管理	2	A	49％以下

ア 適切　賃料支払を請求する相手方は、まず賃借人である。しかし、保証人はもちろん、**賃借人の同居配偶者にも日常家事連帯債務として請求が可能である**（札幌地判昭32.9.18）。

イ 適切　催告は、法律上は口頭でもすることができる。しかし、実務的には、その事実を証拠として残す意味からも、書面により催告をするべきである。そして、**配達証明付きの内容証明郵便は、後日裁判等になったときに意思表示の到達の証拠となる**ことから、催告をする際に用いられている。

ウ 不適切　支払督促の申立ては、**請求の目的の価額にかかわらず、債務者の普通裁判籍の所在地を管轄する簡易裁判所の裁判所書記官に対してする**（民事訴訟法383条1項）。ただし、事務所又は営業所を有する者に対する請求でその事務所又は営業所における業務に関するものについては、当該事務所又は営業所の所在地を管轄する**簡易裁判所の裁判所書記官**に対してもすることができる（同条2項1号）。いずれにせよ地方裁判所の裁判所書記官に対して支払督促の申立てをすることはできない。

エ 適切　少額訴訟の終局判決に対しては、**控訴をすることができない**（民事訴訟法377条）が、その判決をした裁判所に**異議を申し立てることができる**（同法378条1項）。

以上より、不適切なものはウの1つであり、本問の正解肢は2となる。

問	項目	正解	重要度	予想正解率
23	賃貸借関係 / 保証	4	A	70％以上

1　正　保証人が**主たる債務者の委託を受けて保証をした場合**において、保証人の請求があったときは、債権者は、保証人に対し、遅滞なく、主たる債務の元本

及び主たる債務に関する**利息、違約金、損害賠償**その他その債務に従たる全てのものについての**不履行**の有無並びにこれらの残額及びそのうち弁済期が到来しているものの額に関する**情報を提供しなければならない**（民法458の2）。保証人が法人であるか否かにかかわらず、債権者はこの主たる債務の履行状況に関する情報の提供義務を負う。

2 　正　　主たる債務の目的又は態様が保証契約の締結**後**に加重されたときであっても、**保証人の負担は加重されない**（民法448条2項）。

3 　正　　通常、保証人には、催告の抗弁権（保証債務の履行を求められたときは、賃貸人はまず賃借人に履行せよと主張し、賃貸人がそれをしない間は保証債務の履行を拒否できる権利）がある（民法452条）。しかし、**連帯保証契約は、保証契約のうち、保証人が催告の抗弁権と検索の抗弁権を有しない契約である**（同法454条）。したがって、連帯保証人は、保証債務の履行を求められた場合に、まず賃借人に履行せよと主張することはできない。

4 　誤　　契約更新後に賃借人が負担する債務が保証の対象になるかどうかについて、最判平9.11.13では、継続に反対の趣旨をうかがわせるような特段の事情がない限り、賃貸借の保証人は合意による**更新後の賃貸借から生ずる賃借人の債務についても責めを負う**とした。したがって、本肢の場合、改めて保証契約を締結する必要はない。

問	項目	正解	重要度	予想正解率
24	賃貸借関係 / 定期建物賃貸借	1	A	70%以上

1 　正　　定期建物賃貸借をしようとするときは、建物の賃貸人は、あらかじめ、建物の賃借人に対し、建物の賃貸借は契約の更新がなく、期間の満了により当該建物の賃貸借は終了することについて、その旨を記載した書面を交付して説明しなければならない（借地借家法38条3項）。**この事前説明をする場合、契約書とは別個独立の書面を交付することが必要とされている**（最判平24.9.13）。なお、建物の賃貸人は、事前説明のための書面の交付に代えて、当該書面に記載すべき事項を、建物の賃借人の承諾を得て、電磁的方法により

提供することもできる（同条4項）。

2　誤　更新がないことの説明について、宅地建物取引業者が賃貸人の代理人ないし使者として行うことは禁じられていない。しかし、**定期建物賃貸借のための事前説明は、建物の賃貸人に課せられた義務であり、宅地建物取引業者がなすべき重要事項説明をもって代替されるものではない**（東京地判令2.3.18）。

3　誤　普通建物賃貸借契約の場合、期間を1年未満とする建物の賃貸借は、期間の定めがない建物の賃貸借とみなされる（借地借家法29条1項）。しかし、**定期建物賃貸借契約の場合は、契約期間を1年未満とする定めも有効であり、期間の定めのない賃貸借契約となるわけではない**（借地借家法38条1項後段）。

4　誤　再契約後の賃貸借は、従前の賃貸借とは、別のものとなる。敷金や保証金は当然には引き継がれず、**従前の保証人に再契約後の責任を負担させることはできない**。再契約後の賃貸借について保証人を付けるときは、改めて保証契約を締結する必要がある。

問	項目	正解	重要度	予想正解率
25	賃貸借関係 / 定期建物賃貸借	3	A	50～69%

1　誤　法令又は契約により一定の期間を経過した後に建物を取り壊すべきことが明らかな場合において、建物の賃貸借をするときは、建物を取り壊すこととなる時に賃貸借が終了する旨を定めることができる（借地借家法39条1項）。この特約は、**建物を取り壊すべき事由を記載した書面又は電磁的記録によってしなければならない**（同条2項、3項）。書面は、公正証書でなくてもよい。

2　誤　終身建物賃貸借は、**賃借人の死亡に至るまで存続し、かつ、賃借人が死亡した時に終了する**ものである（高齢者の居住の安定確保に関する法律54条2号）。**賃借人が死亡した場合に同居の配偶者に当然に承継される旨の定めはない。**なお、終身建物賃貸借の賃借人の死亡があった場合において、当該認可住宅に当該賃借人（一戸の認可住宅に賃借人が2人以上いたときは、当該賃借人

のいずれか）と同居していたその配偶者又は60歳以上の親族（当該建物の賃貸借の賃借人である者を除く。以下、「同居配偶者等」という。）が、当該賃借人の死亡があったことを知った日から1月を経過する日までの間に認可事業者に対し認可住宅に引き続き居住する旨の申出を行ったときは、認可事業者は、当該同居配偶者等と終身建物賃貸借の契約をしなければならない（同法62条1項本文）。

3　正　　終身建物賃貸借契約は、老人ホームのような**入居一時金**については、これを**受領しない契約でなければならない**（高齢者の居住の安定確保に関する法律54条4号、5号）。

4　誤　　終身建物賃貸借契約では、賃料の改定に係る特約を定めることで、借地借家法の賃料増減額請求の規定（借地借家法32条）の適用を排除することができる（高齢者の居住の安定確保に関する法律63条）。したがって、**終身建物賃貸借契約では、賃料増額請求権及び賃料減額請求権のいずれも排除する旨の特約は有効である**。

問	項目	正解	重要度	予想正解率
26	管理受託 / 意義	4	A	70%以上

1　適切　　**民間主体が保有する賃貸住宅のストック数は増加傾向**にあり、平成30年では住宅ストック総数（居住世帯のある住宅5,361万6,000戸）のうち、民間賃貸住宅（借家）数は1,529万5,000戸（28.5%）であり、**住宅ストック総数の4分の1強を占める**（平成30年住宅・土地統計調査）。

2　適切　　賃貸住宅経営は、**民間賃貸住宅の約8割が個人経営である**（社会資本整備審議会民間賃貸住宅部会「最終とりまとめ」（2010年1月）資料）。

3　適切　　賃貸住宅管理業法は、賃貸住宅管理業について、賃貸住宅管理業者の登録制度を取り入れ、一定の事業規模以上（**管理戸数200戸以上**）で賃貸住宅管理業を営むためには、**国土交通大臣の登録を受けなければならない**ものとした（賃貸住宅管理業法3条1項、同法施行規則3条）。

4　不適切　　賃貸住宅管理業法は、サブリース事業の適正化のための措置として、**賃貸人とサブリース業者の間の契約（マスターリース）を「特定賃貸借契約」**、サブリース業者を「特定転貸事業者」とそれぞれ定義した（賃貸住宅管理業法2条4項、5項）うえで、誇大広告等の禁止や不当な勧誘等の禁止、重要事項説明や契約締結時書面交付の義務づけなど、特定賃貸借契約の勧誘と契約締結行為について規律を定めた。

問	項目	正解	重要度	予想正解率
27	管理受託／意義	2	A	50〜69%

1　適切　　「賃貸住宅」とは、賃貸の用に供する住宅（**人の居住の用に供する**家屋又は家屋の部分をいう。）をいう（賃貸住宅管理業法2条1項本文）。一棟の家屋について、一部が事務所として事業の用に供され、一部が住宅として居住の用に供されている等のように複数の用に供されている場合、当該家屋のうち、**賃貸借契約が締結され居住の用に供されている住宅については、「賃貸住宅」に該当する**（同法の解釈・運用の考え方2条1項関係1(3)）。

2　不適切　　「賃貸住宅」とは、賃貸の用に供する住宅（人の居住の用に供する家屋又は家屋の部分をいう。）をいう（賃貸住宅管理業法2条1項本文）。もっとも、旅館業法3条1項の規定による許可に係る施設である住宅は、賃貸住宅に当たらない（同条項ただし書、同法施行規則1条1号）。ウィークリーマンションについては、旅館業法3条1項の規定による許可を受け、**旅館業として宿泊料を受けて人を宿泊させている場合**、賃貸住宅管理業法施行規則1条の規定のとおり、**「賃貸住宅」には該当しない**（同法の解釈・運用の考え方2条1項関係2(2)）。

3　適切　　「賃貸住宅管理業」とは、賃貸住宅の賃貸人から委託を受けて、①当該委託に係る賃貸住宅の維持保全（住宅の居室及びその他の部分について、点検、清掃その他の維持を行い、及び必要な修繕を行うことをいう。）を行う業務、②当該賃貸住宅に係る家賃、敷金、共益費その他の金銭の管理を行う業務（①の業務と併せて行うものに限る。）を行う事業をいう（賃貸住宅管理業法2条

2項)。上記①には、賃貸住宅の賃貸人のために当該維持保全に係る契約の締結の媒介、取次ぎ又は代理を行う業務を含む(同条項1号)。したがって、賃貸人から委託を受けて、賃貸住宅の居室及び共用部分の点検・清掃・修繕について業者の手配を行っている場合、「賃貸住宅管理業」に該当する。

4 適切　「賃貸住宅の維持保全」とは、**居室及び居室の使用と密接な関係にある住宅のその他の部分**(共用部分、設備等)について、点検・清掃等の維持を行い、これら点検等の結果を踏まえた必要な修繕を一貫して行うことをいう(賃貸住宅管理業法の解釈・運用の考え方2条2項関係2)。共用部分のみの点検・清掃・修繕を行っている場合、「賃貸住宅管理業」には該当しない。

問	項目	正解	重要度	予想正解率
28	管理受託 / 管理業法(管理受託部分)	1	A	70%以上

ア 適切　賃貸住宅管理業者は、国土交通省令で定めるところにより、その営業所又は事務所ごとに、その業務に関する帳簿を備え付け、委託者ごとに管理受託契約について契約年月日その他の国土交通省令で定める事項を記載し、これを保存しなければならない(賃貸住宅管理業法18条)。帳簿の記載事項は、**①管理受託契約を締結した委託者の商号、名称又は氏名、②管理受託契約を締結した年月日、③契約の対象となる賃貸住宅**(管理受託契約の対象となる賃貸住宅の所在地及び物件の名称、部屋番号、委託の対象となる部分及び附属設備などを指す。)、**④受託した管理業務の内容、⑤報酬の額**(賃貸住宅管理業者に対する報酬だけでなく、管理業務に要する費用等、賃貸住宅管理業者が費用を支払い、その費用を賃貸人から支払いを受ける場合は、その費用も含む。)、**⑥管理受託契約における特約その他参考となる事項**である(同法施行規則38条1項各号、賃貸住宅管理業法FAQ集3(3)9)。

イ 適切　管理受託契約に管理業務の一部の再委託に関する定めがあるときは、自らで再委託先の指導監督を行うことにより、一部の再委託を行うことができる。契約によらずに管理業務を自らの名義で他者に行わせる場合には、名義貸しに該当する場合があるため、**再委託は契約を締結して行うことが必要である**(賃貸住宅管理業法の解釈・運用の考え方15条関係1、2)。

ウ　不適切　単に一時的に業務に従事する者に携帯させる従業者証明書の有効期間については、他の者と異なり、**業務に従事する期間に限って従業者証明書を発行する**（賃貸住宅管理業法の解釈・運用の考え方17条関係）。

エ　不適切　賃貸住宅管理業者は、管理受託契約に基づく管理業務において受領する家賃、敷金、共益費その他の金銭を、整然と管理する方法として国土交通省令で定める方法により、自己の固有財産及び他の管理受託契約に基づく管理業務において受領する家賃、敷金、共益費その他の金銭と分別して管理しなければならない（賃貸住宅管理業法16条）。「国土交通省令で定める方法」は、管理受託契約に基づく管理業務において受領する家賃、敷金、共益費その他の金銭を管理するための口座を自己の固有財産を管理するための口座と明確に区分し、かつ、**当該金銭がいずれの管理受託契約に基づく管理業務に係るものであるかが自己の帳簿により直ちに判別できる状態で管理する方法**である（同法施行規則36条）。したがって、勘定上、管理受託契約ごとに金銭を分別管理する必要がある。

以上より、適切なものの組合せはア、イであり、本問の正解肢は1となる。

問	項目	正解	重要度	予想正解率
29	管理受託 / 管理業法(管理受託部分)	2	A	49%以下

ア　誤　賃貸住宅管理業者は、**その営業所又は事務所ごとに**、1人以上の業務管理者を選任しなければならない（賃貸住宅管理業法12条1項）。「営業所又は事務所」とは、管理受託契約の締結、維持保全の手配、又は家賃、敷金、共益費その他の金銭の管理の業務が行われ、継続的に賃貸住宅管理業の営業の拠点となる施設として実態を有するものが該当する。**電話の取次ぎのみを行う施設、維持保全業務に必要な物品等の置き場などの施設は、営業所又は事務所には該当しない**（賃貸住宅管理業法の解釈・運用の考え方4条1項関係2）。したがって、電話の取次ぎのみを行う施設、維持保全業務に必要な物品等の置き場などの施設には、業務管理者を選任する必要はない。

イ 正　　賃貸住宅管理業法23条1項又は2項の規定により賃貸住宅管理業の登録を取り消され、その取消しの日から5年を経過しない者（当該登録を取り消された者が法人である場合にあっては、**当該取消しの日前30日以内に当該法人の役員であった者で当該取消しの日から5年を経過しないものを含む。**）は、**業務管理者になることができない**（賃貸住宅管理業法12条4項、6条1項3号）。

ウ 誤　　暴力団員又は暴力団員でなくなった日から**5年**を経過しない者は、業務管理者になることができない（同法12条4項、6条1項5号）。

エ 正　　**業務管理者に管理及び監督に関する事務を行わせなければならない事項**は、①管理受託契約重要事項説明書の交付及び説明に関する事項、②管理受託契約締結時書面の交付に関する事項、③管理業務として行う賃貸住宅の維持保全の実施に関する事項及び賃貸住宅に係る家賃、敷金、共益費その他の金銭の管理に関する事項、④帳簿の備付け等に関する事項、⑤委託者への定期報告に関する事項、⑥秘密の保持に関する事項、⑦**賃貸住宅の入居者からの苦情の処理に関する事項**である（賃貸住宅管理業法12条1項、同法施行規則13条各号）。

以上より、誤っているものはア、ウの2つであり、本問の正解肢は2となる。

問	項目	正解	重要度	予想正解率
30	管理受託 / 管理業法(管理受託部分)	3	A	70%以上

ア 正　　賃貸住宅管理業の登録について更新の申請があった場合において、登録の有効期間の満了の日までにその申請に対する処分がされないときは、**従前の登録は、登録の有効期間の満了後もその処分がされるまでの間は、なおその効力を有する**（賃貸住宅管理業法3条3項）。

イ 誤　　賃貸住宅管理業者は、**営業所又は事務所の名称及び所在地に変更があったときは、その日から30日以内に**、その旨を国土交通大臣に届け出なければならない。（賃貸住宅管理業法7条1項、4条1項4号）。

ウ 誤　賃貸住宅管理業者である法人が破産手続開始の決定により解散した場合、その**破産管財人**は、その日から30日以内に、その旨を国土交通大臣に届け出なければならない（賃貸住宅管理業法9条1項3号）。

エ 正　賃貸住宅管理業者が**廃業等の届出事由に該当することとなったときは、賃貸住宅管理業の登録は、その効力を失う**（賃貸住宅管理業法9条2項）。賃貸住宅管理業者の死亡は廃業等の届出事由に該当するため、**届出がなくても**、賃貸住宅管理業者の死亡によりその登録は当然に効力を失う。

以上より、誤っているものの組合せはイ、ウであり、本問の正解肢は3となる。

問	項目	正解	重要度	予想正解率
31	サブリース / 管理業法(サブリース部分)	1	A	70%以上

1 誤　建設業者や不動産業者が、**自社の親会社、子会社、関連会社**のサブリース業者（特定転貸事業者）のマスターリース契約（特定賃貸借契約）の内容や条件等を説明したり、**当該マスターリース契約を結ぶことを勧めたりする場合**、当該建設業者や不動産会社は「勧誘者」に該当する（サブリース事業に係る適正な業務のためのガイドライン3(3)）。

2 正　建設業者が、賃貸住宅のオーナーとなろうとする者に対し、当該者が保有する土地や購入しようとしている土地にアパート等の賃貸住宅の建設を行う企画提案をする際に、建設請負契約を結ぶ対象となる賃貸住宅に関して、顧客を勧誘する目的で**サブリース業者が作成したマスターリース契約の内容や条件等を説明する資料等を使って**、賃貸事業計画を説明したり、当該マスターリース契約を結ぶことを勧めたりする場合、当該建設業者は「勧誘者」に該当する（サブリース事業に係る適正な業務のためのガイドライン3(3)）。

3 正　建設会社、不動産業者、金融機関等の法人やファイナンシャルプランナー、コンサルタント等の個人が、サブリース業者から勧誘の委託を受けて、**当該事業者とのマスターリース契約の内容や条件等を前提とした資産運用の企画**

提案を行ったり、当該マスターリース契約を締結することを勧めたりする場合、当該法人や個人は「勧誘者」に該当する（サブリース事業に係る適正な業務のためのガイドライン3(3)）。

4 正　勧誘者に適用されるのは、「誇大広告等の禁止」及び「不当な勧誘等の禁止」に関する規定である（賃貸住宅管理業法28条、29条）。一方、「特定賃貸借契約の締結前の書面の交付」や「特定賃貸借契約の締結時の書面の交付」に関する規定、「書類の閲覧（業務状況調書等の閲覧）」に関する規定は、勧誘者には適用されない（同法30条、31条、32条）。

問	項目	正解	重要度	予想正解率
32	サブリース / 管理業法(サブリース部分)	4	A	50～69%

ア 正　広告の媒体は、新聞の折込チラシ、配布用のチラシ、新聞、雑誌、テレビ、ラジオ又はインターネットのホームページ等**種類を問わない**（サブリース事業に係る適正な業務のためのガイドライン4(2)）。

イ 正　「実際のものよりも著しく優良であり、若しくは有利であると人を誤認させる表示」であるか否かの判断に当たっては、**広告に記載された一つ一つの文言等のみからではなく、表示内容全体**からオーナーとなろうとする者が受ける印象・認識により総合的に判断される（サブリース事業に係る適正な業務のためのガイドライン4(6)）。

ウ 正　利回りを表示する際に、**表面利回りか実質利回りかが明確にされていなかったり、表面利回りの場合に、その旨及び諸経費を考慮する必要がある旨を表示していない場合**、「著しく事実に相違する表示をし、又は実際のものよりも著しく優良であり、若しくは有利であると人を誤認させるような表示を」することに該当し、誇大広告等に該当する（サブリース事業に係る適正な業務のためのガイドライン4(7)①）。

エ 正　実際には借地借家法が適用され、**オーナーからは正当事由がなければ解約できない**にもかかわらず、「いつでも自由に解約できます」と表示している場

合、「著しく事実に相違する表示をし、又は実際のものよりも著しく優良であり、若しくは有利であると人を誤認させるような表示を」することに該当し、誇大広告等に該当する（サブリース事業に係る適正な業務のためのガイドライン4(7)④）。

以上より、正しいものはア、イ、ウ、エの4つであり、本問の正解肢は4となる。

問	項目	正解	重要度	予想正解率
33	サブリース / 管理業法(サブリース部分)	4	A	70%以上

1 正　特定転貸事業者は、相手方が特定賃貸借契約重要事項説明の対象となる場合は、その者が特定賃貸借契約について**一定の知識や経験があったとしても**、所定の事項を特定賃貸借契約重要事項説明書に記載し、**十分な説明をすることが必要**である（サブリース事業に係る適正な業務のためのガイドライン6(4)）。

2 正　特定賃貸借契約重要事項説明を行う場合、**説明の相手方の属性や賃貸住宅経営の目的等に照らしてマスターリース契約（特定賃貸借契約）のリスクを十分に説明する**ことが求められる（サブリース事業に係る適正な業務のためのガイドライン6(4)②）。

3 正　**説明の相手方が高齢**の場合は、過去に賃貸住宅経営の経験が十分にあったとしても、身体的な衰えに加え、短期的に判断能力が変化する場合もあることから、**説明の相手方の状況を踏まえて、慎重な説明を行う**ことが求められる（サブリース事業に係る適正な業務のためのガイドライン6(4)③）。

4 誤　説明の相手方の賃貸住宅経営の目的・意向を十分確認することが求められる（サブリース事業に係る適正な業務のためのガイドライン6(4)①）。

問	項目	正解	重要度	予想正解率
34	サブリース / 管理業法(サブリース部分)	3	A	49%以下

ア **説明すべき事項ではない**　特定賃貸借契約が終了した場合、**賃貸人が特定転貸事業者の転貸人の地位を承継すること**とする定めを設け、その旨を特定賃貸借契約重要事項説明書に記載し、説明しなければならない（賃貸住宅管理業法の解釈・運用の考え方30条関係2(13)）。

イ **説明すべき事項である**　反社会的勢力への転貸の禁止や、**学生限定等の転貸の条件を定める場合は、その内容**について特定賃貸借契約重要事項説明書に記載し、説明しなければならない（賃貸住宅管理業法の解釈・運用の考え方30条関係2(10)）。

ウ **説明すべき事項ではない**　借地借家法に基づき、特定転貸事業者は減額請求をすることができるが、**賃貸人は必ずその請求を受け入れなければならないわけでなく**、賃貸人と特定転貸事業者との間で、変更前の家賃決定の要素とした事情を総合的に考慮した上で、協議により相当家賃額が決定されることを特定賃貸借契約重要事項説明書に記載し、説明しなければならない（賃貸住宅管理業法の解釈・運用の考え方30条関係2(14)①）。

エ **説明すべき事項ではない**　契約において、賃貸人と特定転貸事業者の協議の上、更新することができる等の更新の方法について定められている場合に、賃貸人が、自分が更新に同意しなければ、特定転貸事業者が更新の意思を示していても、契約を更新しないことができると**誤認しないようにすること**が必要である（賃貸住宅管理業法の解釈・運用の考え方30条関係2(14)②）。

以上より、説明すべき事項ではないものはア、ウ、エの3つであり、本問の正解肢は3となる。

問	項目	正解	重要度	予想正解率
35	サブリース / 管理業法(サブリース部分)	1	A	70%以上

1 誤　オーナー（特定賃貸借契約の相手方）となろうとする者が契約内容を正しく理解した上で、**適切なリスク判断のもと、マスターリース契約（特定賃貸借契約）を締結することができる環境を整えるため**、賃貸住宅管理業法では、サブリース業者（特定転貸事業者）に対し、**契約締結前に、オーナーとなろうとする者に書面を交付し、説明することを義務づけている**（サブリース事業に係る適正な業務のためのガイドライン6(1)）。

2 正　特定賃貸借契約の相手方となろうとする者の承諾を得て、特定賃貸借契約重要事項説明書に記載すべき事項を電磁的方法により提供する場合、**出力して書面を作成でき、改変が行われていないか確認できることが必要である**（サブリース事業に係る適正な業務のためのガイドライン6(7)②）。

3 正　マスターリース契約を締結するための重要な判断材料となる重要事項の説明から契約締結までに1週間程度の十分な期間をおくことが望ましい。**重要事項の説明から契約締結までの期間を短くせざるを得ない場合には、事前に重要事項説明書等を送付し、重要事項説明書等の送付から一定期間後に、説明を実施する**などして、オーナーとなろうとする者が契約締結の判断を行うまでに十分な時間をとることが望ましい（サブリース事業に係る適正な業務のためのガイドライン6(3)）。

4 正　特定賃貸借契約重要事項説明書には、書面の内容を十分に読むべき旨の次に、**借地借家法32条（借賃増減請求権）、同法28条（建物賃貸借契約の更新拒絶等の要件）の適用を含めたマスターリース契約を締結する上でのリスク事項を記載する**ことが必要である（サブリース事業に係る適正な業務のためのガイドライン6(5)）。

問	項目	正解	重要度	予想正解率
36	サブリース / 管理業法(サブリース部分)	4	A	70%以上

1 正　特定転貸事業者は、特定賃貸借契約を締結したときは、当該特定賃貸借契約の相手方に対し、**遅滞なく、特定賃貸借契約締結時書面を交付しなければならない**（賃貸住宅管理業法31条1項）。

2 正　国土交通省が定める特定賃貸借標準契約書には、**特定賃貸借契約締結時書面に記載すべき事項が記載されている**（サブリース事業に係る適正な業務のためのガイドライン7(2)）。

3 正　特定転貸事業者は、特定賃貸借契約締結時書面の交付に代えて、当該**特定賃貸借契約の相手方の承諾を得て**、当該書面に記載すべき事項を電磁的方法により提供することができる（賃貸住宅管理業法31条2項、30条2項）。

4 誤　特定賃貸借契約締結時書面に記載すべき事項は、①特定賃貸借契約を締結する特定転貸事業者の商号、名称又は氏名及び住所、②特定賃貸借契約の対象となる賃貸住宅、③契約期間に関する事項、④特定賃貸借契約の相手方に支払う家賃その他賃貸の条件に関する事項、⑤特定転貸事業者が行う賃貸住宅の維持保全の実施方法、⑥特定転貸事業者が行う賃貸住宅の維持保全に要する費用の分担に関する事項、⑦特定賃貸借契約の相手方に対する維持保全の実施状況の報告に関する事項、⑧損害賠償額の予定又は違約金に関する定めがあるときは、その内容、⑨責任及び免責に関する定めがあるときは、その内容、⑩転借人の資格その他の転貸の条件に関する事項、⑪転借人に対する特定転貸事業者が行う賃貸住宅の維持保全の実施方法の周知に関する事項、⑫契約の更新又は解除に関する定めがあるときは、その内容、⑬特定賃貸借契約が終了した場合における特定転貸事業者の権利義務の承継に関する事項である（賃貸住宅管理業法31条1項各号、同法施行規則48条各号）。したがって、「**保証人の商号、名称又は氏名及び住所**」は、特定賃貸借契約締結時書面に記載すべき事項に**含まれない**。

問	項目	正解	重要度	予想正解率
37	サブリース / 管理業法(サブリース部分)	3	A	70%以上

1 誤　修繕等の際に、特定転貸事業者が指定する業者が施工するといった条件を定める場合は、必ずその旨を特定賃貸借契約重要事項説明書に記載し、説明することが必要である（賃貸住宅管理業法の解釈・運用の考え方30条関係2(5)）。施工業者に関する条件を定めることは禁止されていない。

2 誤　設備毎に費用負担者が変わる場合や、賃貸人負担となる経年劣化や通常損耗の修繕費用など、どのような費用が賃貸人負担になるかについて具体的に特定賃貸借契約重要事項説明書に記載し、説明することが必要である（賃貸住宅管理業法の解釈・運用の考え方30条関係2(5)）。

3 正　引渡日に物件を引き渡さない場合や家賃が支払われない場合等の債務不履行や契約の解約の場合等の損害賠償額の予定又は違約金を定める場合は、その旨を特定賃貸借契約重要事項説明書に記載し、説明することが必要である（賃貸住宅管理業法の解釈・運用の考え方30条関係2(7)）。

4 誤　賃貸人が賠償責任保険等への加入をすることや、その保険に対応する損害については特定転貸事業者が責任を負わないこととする場合は、その旨を特定賃貸借契約重要事項説明書に記載し、説明することが必要である（賃貸住宅管理業法の解釈・運用の考え方30条関係2(8)）。

問	項目	正解	重要度	予想正解率
38	サブリース / 管理業法(サブリース部分)	4	A	70%以上

1 誤　国土交通大臣は、勧誘者が賃貸住宅管理業法28条（誇大広告等の禁止）又は29条（不当な勧誘等の禁止）の規定に違反した場合において特定賃貸借契約の適正化を図るため必要があると認めるときは、その勧誘者に対し、当該違反の是正のための措置その他の必要な措置をとるべきことを指示することができる（賃貸住宅管理業法33条2項）。また、国土交通大臣は、特定転貸

事業者が同法28条から32条までの規定に違反した場合又は**勧誘者が同法28条若しくは29条の規定に違反した場合**において特定賃貸借契約の適正化を図るため必要があると認めるときは、その**特定転貸事業者に対し、当該違反の是正のための措置その他の必要な措置をとるべきことを指示することができる**（同条1項）。

2　誤　　国土交通大臣は、特定転貸事業者が賃貸住宅管理業法28条から32条までの規定に違反した場合若しくは勧誘者が同法28条若しくは29条の規定に違反した場合において特定賃貸借契約の適正化を図るため特に必要があると認めるとき、又は**特定転貸事業者が33条1項の規定による指示に従わないとき**は、その特定転貸事業者に対し、1年以内の期間を限り、特定賃貸借契約の締結について勧誘を行い若しくは勧誘者に勧誘を行わせることを停止し、又はその行う**特定賃貸借契約に関する業務の全部若しくは一部を停止すべきことを命ずることができる**（賃貸住宅管理業法34条1項）。

3　誤　　賃貸住宅管理業法29条（不当な勧誘等の禁止）1号に違反して、故意に事実を告げず、又は不実のことを告げた場合、**その違反行為をした者**は、6か月以下の懲役若しくは50万円以下の罰金に処し、又はこれを併科する（賃貸住宅管理業法42条2号）。しかし、**勧誘者が違反行為をした場合に特定転貸事業者に罰則が適用される旨の定めはない**。

4　正　　国土交通大臣に対して申出をしようとする者は、申出書に、**申出人の氏名又は名称及び住所、申出の趣旨、その他参考となる事項を記載の上、提出する**（賃貸住宅管理業法施行規則50条）。その申出の方法は、**申出書を添付の上、原則、電子メールを送付する方法による**（同法の解釈・運用の考え方35条(2)）。

問	項目	正解	重要度	予想正解率
39	サブリース / 特定賃貸借標準契約書	2	A	50～69%

ア　誤　　貸主又は借主の一方について、**契約締結後に自ら又は役員が反社会的勢力に該当した場合**には、その相手方は、**何らの催告も要せずして、契約を解除することができる**（特定賃貸借標準契約書18条3項2号）。

イ　正　　貸主は、賃貸住宅の住宅総合保険、施設所有者賠償責任保険等の**損害保険の加入状況を借主に通知しなければならない**（特定賃貸借標準契約書17条2項）。

ウ　誤　　借主は、貸主と合意に基づき定めた期日に、貸主と合意した頻度に基づき定期に、貸主に対し、維持保全の実施状況の報告をしなければならない（特定賃貸借標準契約書13条1項前段）。この場合の**報告の対象には、転貸の条件の遵守状況を含む**（同条項後段）。

エ　正　　借主は、事前の**貸主の**書面又は電磁的方法による承諾を得ることなく、賃貸住宅の**増築**、改築、**移転**、改造又は賃貸住宅の敷地内における**工作物の設置をしてはならない**（特定賃貸借標準契約書16条2項）。

　以上より、正しいものはイ、エの2つであり、本問の正解肢は2となる。

問	項目	正解	重要度	予想正解率
40	賃貸借関係 / サブリース住宅標準契約書	1	C	70%以上

1　誤　　サブリース住宅標準契約書では、「賃貸住宅の**一部が滅失**その他の事由により使用できなくなった場合において、残存する部分のみでは借主が賃借をした目的を達することができないときは、**借主は、賃貸借契約を解除することができる**」旨が定められている（サブリース住宅標準契約書12条2項）。残存する部分のみでは借主が賃借をした目的を達することができない場合に、当然に賃貸借契約が終了する旨が定められているわけではない。

2　正　　サブリース住宅標準契約書では、「貸主は、賃貸住宅の防火、賃貸住宅の構造の保全その他の賃貸住宅の管理上特に必要があるときは、**あらかじめ借主の承諾を得て、物件内に立ち入ることができる**」旨が定められている（サブリース住宅標準契約書16条1項）。また、「借主は、正当な理由がある場合を除き、貸主の立入りを拒否することはできない」旨が定められている（同条2項）。

3　正　　サブリース住宅標準契約書では、「賃貸借契約は、賃貸住宅の**全部が滅失**その他の事由により使用できなくなった場合には、**これによって終了する**」旨が定められている（サブリース住宅標準契約書13条）。

4　正　　サブリース住宅標準契約書では、**敷引及び保証金、更新料に関する条項は設けられていない**。一方、**共益費及び敷金に関する条項は設けられている**（サブリース住宅標準契約書5条、6条）。

問	項目	正解	重要度	予想正解率
41	管理実務・金銭管理等 / 業務関連法令	1	C	70%以上

1　適切　　障害があることやその特性による事由を理由として、契約の締結等の際に、**必要以上の立会者の同席を求めることは、正当な理由がなく、不当な差別的取扱いにあたる**（国土交通省所管事業における障害を理由とする差別の解消の促進に関する対応指針【不動産業関係】3(1)①）。

2　不適切　　障害者が介助者を伴って窓口に行った際に、**障害者本人の意見を全く確認せず、介助者のみに対応を求めることは、正当な理由がなく、不当な差別的取扱いにあたる**（国土交通省所管事業における障害を理由とする差別の解消の促進に関する対応指針【不動産業関係】3(1)①）。

3　不適切　　合理的配慮を提供等するために必要な範囲で、プライバシーに配慮しつつ、障害者に障害の状況等を確認することは、障害を理由としない、又は、正当な理由があるため、**不当な差別的取扱いにあたらない**（国土交通省所管事業における障害を理由とする差別の解消の促進に関する対応指針【不動産業関係】3(1)②）。

4　不適切　　特定転貸事業者が、自ら入居者募集を行う場合、障害者に対して、「当社は障害者向け物件は取り扱っていない」として話も聞かずに門前払いすることは、正当な理由がなく、**不当な差別的取扱いにあたる**（国土交通省所管事業における障害を理由とする差別の解消の促進に関する対応指針【不動産業

関係】3(1)①)。

問	項目	正解	重要度	予想正解率
42	管理実務・金銭管理等 / 業務関連法令	3	B	49%以下

ア 正　賃貸借契約の両当事者から受け取ることのできる報酬の合計額は、賃料1か月分と消費税等相当額分10%を上乗せした額（課税事業者の場合）が上限となる。そして、居住用建物の賃貸借の媒介に関して、依頼者の一方から受けることのできる報酬額は、原則として、賃料の0.5か月分とこれに対する消費税等相当額分を上乗せした額が上限となる。ただし、媒介の依頼を受けるに当たって依頼者の一方の承諾がある場合は、承諾した一方から賃料1か月分と消費税等相当額分10%を上乗せした額を受領することができる（宅地建物取引業法46条1項、昭和45年建設省告示1552号第4）。この場合、もう一方からは媒介報酬を受領することはできない。

イ 誤　宅地建物取引業法上、建物の賃貸借の代理・媒介で業として行うものは宅地建物取引業にあたり（宅地建物取引業法2条2号）、免許を受けなければ当該業務を行うことはできない（同法3条1項）。しかし、自ら宅地建物を賃貸する場合には、宅地建物取引業法の適用はなく、自ら賃貸を行う場合における賃貸人には、重要事項説明の義務はない。

ウ 正　宅地建物取引業法32条により、顧客を集めるために売る意思のない物件を広告し、実際は他の物件を販売しようとする、いわゆる「おとり広告」及び実在しない物件等の「虚偽広告」は禁止されている（宅地建物取引業法の解釈・運用の考え方32条関係1）。

エ 正　契約の締結を勧誘するに際し、将来の環境又は交通その他の利便について、借受希望者が誤解するような断定的判断を提供することは禁止されている（宅地建物取引業法47条の2第3項、同法施行規則16条の11第1号イ）。

以上より、正しいものはア、ウ、エの3つであり、本問の正解肢は3となる。

問	項目	正解	重要度	予想正解率
43	管理実務・金銭管理等 / 賃貸業への支援業務	2	A	50～69%

1 不適切　個人所得税では取得価額が **10万円未満**の少額の減価償却資産については、全額をその業務の用に供した年分の必要経費とする。

2 適切　固定資産税は**毎年1月1日時点**の土地・建物などの所有者に対し、市区町村税（東京23区の場合は都税）として課税される税金である。更地に居住用の家屋を建築した場合、その土地は「住宅用地」（居住用家屋の敷地になっている土地）となる。**住宅用地**では、固定資産税の課税標準が、小規模住宅用地（200㎡以下の部分）については6分の1に、**一般住宅用地**（200㎡超の部分）については3分の1に軽減される。

3 不適切　不動産の売買契約書や建物の建築請負契約書・ローン借入れのための金銭消費貸借契約書等には、印紙税が課される。一方、**建物の賃貸借契約書には、印紙税はかからない**。

4 不適切　不動産所得の計算において、個人の場合、減価償却の方法は定額法を原則とするが、減価償却資産によっては、減価償却資産の償却方法の届出書を提出すれば定率法によることも認められる。もっとも、**平成10年4月1日以後に取得した建物と平成28年4月1日以後に取得した建物附属設備・構築物**については、減価償却資産の償却方法の届出書を提出しても定率法によることは認められず、定額法で計算しなければならない。

問	項目	正解	重要度	予想正解率
44	管理実務・金銭管理等 / 賃貸業への支援業務	3	A	50～69%

1 適切　Jリートとは、**不動産投資信託**のことである。2001（平成13）年に東京証券取引所に2銘柄が上場されたのを皮切りとして、Jリートは大きな規模の市場へと成長した。

2 　適切　　　デットは、金融機関等からの借入れや社債などをいい、エクイティは、組合出資や優先出資証券等を通じて払い込まれる資金をいう。エクイティによる投資は、利息の支払や元本の償還においてデットに劣後し、利益は固定されず、安全性は比較的低い。この安全性の低さに対応して、リターンの割合は高いものとされる（ハイリスク・ハイリターン）。

3 　不適切　　ファンド型の証券化は、お金を集めてから、投資対象が決まるタイプであり、はじめにお金がある場合の不動産証券化の仕組みである。なお、投資対象が先に決まり、後にお金を集めるタイプであり、はじめに資産がある場合の不動産証券化の仕組みなのは、流動化型（資産流動化型）である。

4 　適切　　　従来一体として行われていた業務を分離し、各部分についてそれぞれ専門的な業務として別々に行うようになることを、アンバンドリングという。不動産証券化では、業務は各々の専門家によって役割分担されており、賃貸管理の分野でも、アセットマネジメント（AM）とプロパティマネジメント（PM）のアンバンドリングが一般化した。

問	項目	正解	重要度	予想正解率
45	維持保全 ／ 維持・点検	1	B	70%以上

ア　不適切　　設計図は、建物を建設するために施工前に作成した図面である。竣工図は、施工者が建物工事中に生じた設計変更等について図面中に追加ないし変更を加え作成した最終形の図面である。

イ　不適切　　新築や維持管理において発生する建物の履歴情報は、建物に付随するものとして、建物所有者に帰属する。もっとも、蓄積と利用の実効性を確保するためには所有者から管理委託を受けている管理業者が保管し、必要に応じて利用に供することが考えられる。また、新たに発生する履歴情報についても、管理業者が責任をもって追加保管することが必要である。

ウ　適切　　　竣工時の建材・部品情報のほか、過去に実施された維持保全等の詳細な内容が分かれば、必要十分なメンテナンスを随時行うことができることはも

とより、計画管理を適切に行うことができる。これにより、**建物の維持保全にかかる費用の無駄を省くことができ**、履歴情報が不十分な場合に比べて、**建物の長期にわたる維持管理コストを低減することができる**。

エ 適切　正確な住宅履歴情報を利用することにより、**災害が発生した際の復旧に迅速かつ適切な対応を行うことが可能**となる。

　以上より、不適切なものの組合せはア、イであり、本問の正解肢は1となる。

問	項目	正解	重要度	予想正解率
46	管理実務・金銭管理等 / 賃貸不動産管理の意義と社会的情勢	3	B	70%以上

ア 不適切　空き家対策に関して、**内閣府**は大規模自然災害における被災者への住居の確保という観点からも空き家の活用につき**議論を開始する**など、個別政策レベルでの対応が進められている。

イ 適切　住生活基本計画では、「頻発・激甚化する災害新ステージにおける安全な住宅・住宅地の形成と被災者の住まいの確保」を目標の一つとしている。その達成のために必要な基本的な施策として、「**今ある既存住宅ストックの活用を重視して応急的な住まいを速やかに確保することを基本とし、公営住宅等の一時提供や賃貸型応急住宅の円滑な提供**」が掲げられている。

ウ 適切　「不動産業ビジョン2030」は、官民共通の目標として「多様なライフスタイル、地方創生の実現」を設定している。そこでは、IoT、VRなどの新技術により、距離的な制約を乗り越え、遠隔地に居ながらにして人間が様々な活動を行えるようになると、従来、立地不利とされていた地域であっても『不動産最適活用』を通じて、暮らし・働き・訪れる場として選択され、地方創生を実現できる可能性があることを認識する必要があるとしている。また、**人間の様々な活動を、一時的であっても、地方を拠点として展開することを一つの選択肢とし、地方創生の実現を図る必要がある**としている。

エ　不適切　平成31年3月には、「賃貸住宅の計画的な維持管理及び性能向上の推進について～計画修繕を含む投資判断の重要性～」（国土交通省）が公表され、賃貸住宅の現状と今後の見通しとして、高経年建物の大幅な増加や居住者側のニーズの多様化等を背景に、空室率の上昇や家賃水準の引下げのおそれがあることを前提としたうえで、賃貸住宅のオーナーが**中長期的な視点**のもとで投資判断を行っていくことの重要性が述べられている。

以上より、適切なものの組合せはイ、ウであり、本問の正解肢は3となる。

問	項目	正解	重要度	予想正解率
47	管理実務・金銭管理等 / 賃貸不動産経営管理士のあり方	4	A	70％以上

1　適切　賃貸不動産経営管理士としては、**賃借人の家財や什器・備品に対する補償**、また一般物件については、**第三者**（店舗の客や事務所の来訪者等）**に損害賠償をするための賠償責任保険**について、理解をしておくことを要する。

2　適切　賃貸不動産経営管理士は、転貸借契約の適正な手続を確保して安心安全な賃貸物件の提供や入居者保護を図る観点から、**転貸借契約について、宅地建物取引業者が仲介等をしない場合**において、宅地建物取引業法に準じ、転借人に対し、**転貸借契約上重要な事項について書面を交付して説明をする**ことや、契約成立時の書面を交付するか転貸借契約書を取り交わすよう手続を進めることが期待される。

3　適切　賃貸借関係の適正化を図るために賃貸不動産経営管理士に求められる事務として、①家賃等の収納に係る事務、②家賃等の改定への対応事務、③家賃等の未収納の場合の対応事務、④賃貸借契約の更新に係る事務、⑤定期建物賃貸借契約の再契約事務、⑥契約終了時の債務の額及び敷金の精算等の事務、⑦原状回復の範囲の決定に係る事務、⑧明渡しの実現が考えられる。

4　不適切　業務管理者に選任された賃貸不動産経営管理士は、①管理受託契約重要事項説明書の交付及び説明に関する事項、②管理受託契約締結時書面の交付に関する事項、③管理業務として行う賃貸住宅の維持保全の実施に関する

事項及び賃貸住宅に係る家賃、敷金、共益費その他の金銭の管理に関する事項、④帳簿の備付け等に関する事項、⑤委託者への定期報告に関する事項、⑥秘密の保持に関する事項、⑦賃貸住宅の入居者からの苦情の処理に関する事項等について、業務管理者として管理及び監督を行う（賃貸住宅管理業法 12 条 1 項、同法施行規則 13 条各号）。しかし、**これらの事項を、賃貸不動産経営管理士が業務管理者として自ら実施することは、賃貸住宅管理業法で義務付けられていない。**

問	項目	正解	重要度	予想正解率
48	管理実務・金銭管理等 / 賃貸業への支援業務	3	A	70%以上

1 不適切　借家人賠償責任保険は、火災・爆発・水ぬれ等の不測かつ突発的な事故によって、賃貸人（転貸人を含む。）に対する法律上の損害賠償責任を負った場合の賠償金等を補償するものである。**借家人賠償責任保険は、家財に関する火災保険の特約として加入する保険であって、単独で加入することができない。**

2 不適切　地震保険では、附帯される**損害保険契約の保険金額の 100 分の 30 以上 100 分の 50 以下の額に相当する金額**（ただし、**居住用建物 5,000 万円、生活用動産 1,000 万円を限度**）を保険金額とする（地震保険に関する法律 2 条 2 項 4 号、同法施行令 2 条本文）。したがって、建物の地震保険の保険金額は、火災保険の保険金額の 50％又は 5000 万円のいずれか低い方が限度額となる。火災保険の保険金額が 5000 万円の場合の地震保険の限度額は、5000 万円×50％＝2,500 万円である。

3 適切　地震保険とは、**地震、噴火又はこれらによる津波を原因とする建物や家財の損害を補償する**もので（地震保険に関する法律 2 条 2 項 2 号）、**火災保険に附帯する方式**で契約する保険である（同条項 3 号）。

4 不適切　保険商品は、保険業法上の「第一分野」、「第二分野」、「第三分野」の 3 つに分類される。これらの保険のうち、賃貸不動産経営においては、「**第二分野**」に分類される損害保険が活用される。

問	項目	正解	重要度	予想正解率
49	管理実務・金銭管理等 / 賃貸業への支援業務	1	B	70%以上

1 **不適切** 不動産登記（登記記録）は、表題部と権利部に分かれている（不動産登記法12条）。権利部は、甲区と乙区に分かれる。甲区には所有権に関する登記の登記事項が記録される。乙区には所有権以外の権利に関する登記の登記事項が記録される（不動産登記規則4条4項）。したがって、**所有権の登記は甲区で確認**し、抵当権設定の登記は乙区で確認することになる。

2 **適切** 所有権の登記名義人について相続の開始があったときは、当該相続により所有権を取得した者は、**自己のために相続の開始があったことを知り、かつ、当該所有権を取得したことを知った日から3年以内に、所有権の移転の登記を申請しなければならない**（不動産登記法76条の2第1項）。正当な理由なく、上記期間内に相続登記の申請をしないと、**10万円以下の過料に処される**（同法164条）。

3 **適切** 公示価格（公示地価）は、一般の土地の取引価格に対する指標の提供、公共用地の取得価格の算定規準、収用委員会による補償金額の算定などのため、地価公示法によって地価について調査決定し、公表される価格である。**土地鑑定委員会が決定し、毎年1月1日時点の価格を3月に公表している。**

4 **適切** 路線価（相続税路線価）は、**相続税・贈与税の課税における宅地の評価を行うために設定される価格**である。国税庁（国税局長）が決定し、毎年1月1日時点の価格が7月に公表される。公示価格の水準の**8割程度**とされている。

問	項目	正解	重要度	予想正解率
50	管理実務・金銭管理等 / 賃貸不動産経営管理士のあり方	2	B	70%以上

1 **適切** 倫理憲章「5.専門的サービスの提供および自己研鑽の努力」は、「賃貸不動産経営管理士はあらゆる機会を活用し、賃貸不動産管理業務に関する広範で高度な知識の習得に努め、不断の研鑽により常に能力、資質の向上を図り、

管理業務の専門家として高い専門性を発揮するよう努力する」としている。すなわち、賃貸不動産経営管理士は、常に賃貸不動産の管理に係る**最新の情報に接し、その内容を吸収しておく**必要があり、「**不断の研鑽により常に能力、資質の向上を図る**」ことが求められる。

2 **不適切** 倫理憲章「4. 公正と中立性の保持」は、「賃貸不動産経営管理士は常に公正で中立な立場で職務を行い、万一紛争等が生じた場合は誠意をもって、その円満解決に努力する」としている。公正で中立な立場で職務を行うことから、場合によっては、直接の依頼者である賃貸不動産所有者等に対し、他の関係者（賃借人等）の立場に十分配慮した対応を求めることも必要となる。これは、短期的には賃貸不動産所有者の利益に資すると思われる行為であっても、その後に紛争等が拡大して、長期的に見て賃貸不動産所有者に不利益をもたらすことがあるためである。つまり、**依頼者の一時点での利益の確定及びその最大化が求められるのではなく、長期間にわたり利益を保持し、資産価値の維持保全を図ることが求められる**といえる。

3 **適切** 倫理憲章「1. 公共的使命」は、「賃貸不動産経営管理士のもつ、公共的使命を常に自覚し、公正な業務を通して、公共の福祉に貢献する」としている。すなわち、賃貸不動産経営管理士は、賃貸不動産に係る**特定の関係者の利益のためだけに業務を行うというものではなく**、その公共的使命を自覚し、**自らの業務は社会全体の利益に還元されるものである**ということを自覚して、責任ある対応をすることが必要である。

4 **適切** 倫理憲章「3. 信義誠実の義務」は、「賃貸不動産経営管理士は、信義に従い誠実に職務を執行することを旨とし、依頼者等に対し重要な事項について故意に告げず、又は不実のことを告げる行為を決して行わない」としている。ここから、賃貸不動産経営管理士は、当事者や関係者にとって重要な事項については、**情報提供ないし説明すべき義務を負っている**。

- MEMO -

賃貸不動産経営管理士

直前予想問題

第 3 回

正解・解説

「Web無料採点サービス」
成績診断を活用して、本試験までに不得意分野を克服していきましょう。
アクセスはこちら▶

※詳細は本書冒頭の「本書購入者特典②」のご案内ページをご覧ください。

「無料解説動画」（全3回　各回約60分）
LEC専任講師が「合否を分ける重要問題」をピックアップして、解法の目線、注意点を中心に解説します。
アクセスはこちら▶

2024年版 賃貸不動産経営管理士
直前予想模試③　正解一覧

番号	正解	自己採点	出題項目		番号	正解	自己採点	出題項目	
問1	4		管理受託	管理業法（管理受託部分）	問26	1		賃貸借関係	総合
問2	2		管理受託	管理業法（管理受託部分）	問27	2		賃貸借関係	賃貸借の内容
問3	1		管理受託	管理業法（管理受託部分）	問28	1		賃貸借関係	賃貸住宅標準契約書
問4	2		管理受託	管理業法（管理受託部分）	問29	4		賃貸借関係	抵当権付建物の賃貸借
問5	4		管理受託	管理業法（管理受託部分）	問30	4		賃貸借関係	定期建物賃貸借
問6	1		賃貸借関係	工作物責任	問31	2		賃貸借関係	賃貸借と使用貸借
問7	3		管理受託	管理業法（管理受託部分）	問32	4		サブリース	総合
問8	2		管理受託	賃貸住宅標準管理受託契約書	問33	2		サブリース	管理業法（サブリース部分）
問9	3		維持保全	維持・点検	問34	3		サブリース	管理業法（サブリース部分）
問10	1		維持保全	維持・点検	問35	3		管理受託	管理業法（管理受託部分）
問11	4		維持保全	原状回復	問36	1		管理受託	管理業法（管理受託部分）
問12	2		維持保全	原状回復	問37	4		サブリース	管理業法（サブリース部分）
問13	3		管理実務・金銭管理等	建物管理	問38	3		サブリース	管理業法（サブリース部分）
問14	3		維持保全	建物	問39	4		サブリース	管理業法（サブリース部分）
問15	3		維持保全	建築系法令	問40	1		サブリース	管理業法（サブリース部分）
問16	4		維持保全	換気設備	問41	3		管理受託	管理業法（管理受託部分）
問17	1		維持保全	ガス設備	問42	1		サブリース	特定賃貸借標準契約書
問18	2		維持保全	維持・点検	問43	1		管理実務・金銭管理等	建物管理
問19	4		維持保全	消防用設備	問44	3		管理実務・金銭管理等	業務関連法令
問20	2		維持保全	昇降機設備等	問45	4		管理実務・金銭管理等	賃貸業への支援業務
問21	1		管理受託	管理業法（管理受託部分）	問46	2		管理実務・金銭管理等	賃貸不動産経営管理士のあり方
問22	3		管理実務・金銭管理等	金銭管理	問47	1		管理実務・金銭管理等	賃貸不動産管理の意義と社会的情勢
問23	3		管理実務・金銭管理等	金銭管理	問48	4		管理実務・金銭管理等	建物管理
問24	2		賃貸借関係	敷金	問49	3		管理実務・金銭管理等	その他
問25	4		賃貸借関係	賃貸借契約の成立と有効性	問50	2		管理実務・金銭管理等	賃貸不動産管理の意義と社会的情勢

想定合格基準点　**33点**

問	項目	正解	重要度	予想正解率
1	管理受託／管理業法(管理受託部分)	4	A	70%以上

1　正　　管理受託契約重要事項説明は、**賃貸人から委託を受けようとする賃貸住宅管理業者自らが行う**必要がある（賃貸住宅管理業法の解釈・運用の考え方13条関係1）。

2　正　　**管理受託契約重要事項説明**は、業務管理者によって行われることは必ずしも必要ないが、**業務管理者の管理及び監督の下**に行われる必要がある（賃貸住宅管理業者12条1項、同法施行規則13条1号、同法の解釈・運用の考え方13条関係1）。

3　正　　管理受託契約重要事項説明については、賃貸人が契約内容を十分に理解した上で契約を締結できるよう、説明から契約締結までに**1週間程度の期間をおくことが望ましい**（賃貸住宅管理業法の解釈・運用の考え方13条関係1）。

4　誤　　契約期間中や契約更新時に、管理受託契約重要事項説明において説明すべき事項を変更しようとするときは、変更のあった事項について、賃貸人に対して書面の交付を行った上で重要事項説明をする必要がある（賃貸住宅管理業法FAQ集3(2)12）。報酬額は、管理受託契約重要事項説明において説明すべき事項である（賃貸住宅管理業法13条1項、同法施行規則31条4号）。したがって、**賃貸人の承諾があっても、説明を省略することはできない**。

問	項目	正解	重要度	予想正解率
2	管理受託／管理業法(管理受託部分)	2	A	70%以上

ア　正　　責任及び免責に関する事項は重要事項にあたる（賃貸住宅管理業法施行規則31条7号）。管理受託契約の締結にあたり、**賃貸人に賠償責任保険等への加入を求める場合や、当該保険によって保障される損害については賃貸住宅管理業者が責任を負わないこととする場合は、その旨を記載し、説明しなければならない**（賃貸住宅管理業法の解釈・運用の考え方13条関係2(7)）。

イ　誤　　管理業務と併せて、**入居者からの苦情や問合せへの対応を行う場合は、その内容についても**可能な限り具体的に記載し、説明しなければならない（賃貸住宅管理業法の解釈・運用の考え方13条関係2(3)）。

ウ　誤　　**報酬に含まれていない**管理業務に関する費用であって、賃貸住宅管理業者が通常必要とするものは、管理受託契約重要事項説明書に記載し、説明しなければならない（賃貸住宅管理業法13条1項、同法施行規則31条5号）。

エ　正　　管理業務の内容及び実施方法は重要事項にあたる（賃貸住宅管理業法施行規則31条3号）。賃貸住宅管理業者が行う管理業務の内容について、**回数や頻度を明示して**可能な限り具体的に記載し、説明しなければならない（賃貸住宅管理業法の解釈・運用の考え方13条関係2(3)）。

以上より、誤っているものの組合せはイ、ウであり、本問の正解肢は2となる。

問	項目	正解	重要度	予想正解率
3	管理受託／管理業法（管理受託部分）	1	A	70％以上

1　正　　管理受託契約変更契約の重要事項説明を電話で行うには、**賃貸人から賃貸住宅管理業者に対し、電話により管理受託契約変更契約の重要事項説明を行ってほしいとの依頼がなければならない**（賃貸住宅管理業法の解釈・運用の考え方13条関係4(3)）。

2　誤　　管理受託契約変更契約の重要事項説明を電話で行う場合、事前に管理受託契約変更契約の重要事項説明書等を送付し、その送付から**一定期間後に**説明を実施するなどして、賃貸人が変更契約締結の判断を行うまでに十分な時間をとらなければならない（賃貸住宅管理業法の解釈・運用の考え方13条関係4(3)）。

3　誤　　賃貸人から賃貸住宅管理業者に対し、電話により管理受託契約変更契約の重要事項説明を行ってほしいとの依頼があった場合であっても、**賃貸人から、**

対面又はテレビ会議等のITを活用する説明を希望する旨の申出があったときは、当該方法により説明しなければならない（賃貸住宅管理業法の解釈・運用の考え方13条関係4(3)）。

4 　誤　　管理受託契約変更契約の重要事項説明を電話で行う場合、賃貸人が、管理受託契約変更契約の重要事項説明書等を確認しながら説明を受けることができる状態にあることについて、**賃貸住宅管理業者**が重要事項説明を開始する前に確認しなければならない（賃貸住宅管理業法の解釈・運用の考え方13条関係4(3)）。**管理受託契約重要事項説明は、業務管理者によって行われることは必ずしも必要なく**（同13条関係1）、賃貸人が重要事項説明書等を確認しながら説明を受けることができる状態にあることについて、業務管理者が確認しなければならないものでもない。

問	項目	正解	重要度	予想正解率
4	管理受託／管理業法(管理受託部分)	2	A	50～69%

ア　正　　「契約の更新又は解除に関する定めがあるときは、その内容」は、管理受託契約締結時書面に**記載しなければならない**事項である（賃貸住宅管理業法14条1項5号）。

イ　誤　　「報酬に関する事項（**報酬の額並びにその支払の時期及び方法を含む。**）」は、管理受託契約締結時書面に**記載しなければならない**事項である（賃貸住宅管理業法14条1項4号、同法施行規則35条1項）。

ウ　誤　　賃貸住宅管理業者は、管理受託契約を締結したときは、管理業務を委託する賃貸住宅の賃貸人に対し、遅滞なく、管理受託契約締結時書面を交付しなければならない（賃貸住宅管理業法14条1項）。「管理受託契約を締結したとき」とは、新たに管理受託契約を締結する場合のみでなく、管理受託契約変更契約を締結する場合もこれに該当するが、管理受託契約変更契約を締結する場合には、変更のあった事項について、賃貸人に対して書面を交付すれば足りるものとする（同法の解釈・運用の考え方14条1項関係2）。したがって、契約を更新した場合であっても、契約の内容について変更がなければ、

管理受託契約締結時書面の交付は不要である。

エ **正** 賃貸住宅管理業法14条（管理受託契約の締結時の書面の交付）1項の規定に違反して、管理受託契約締結時書面を交付しなかった場合、**30万円以下の罰金**に処せられる（賃貸住宅管理業法44条4号）。

以上より、誤っているものはイ、ウの2つであり、本問の正解肢は2となる。

問	項目	正解	重要度	予想正解率
5	管理受託／管理業法(管理受託部分)	4	A	50～69%

ア **正** 賃貸住宅管理業者は、賃貸住宅管理業法20条により賃貸人への報告を行うときは、**管理受託契約を締結した日から1年を超えない期間ごとに、及び管理受託契約の期間の満了後遅滞なく**、当該期間における管理受託契約に係る管理業務の状況について管理業務報告書を作成し、これを賃貸人に交付して説明しなければならない（賃貸住宅管理業法施行規則40条1項）。

イ **正** 管理業務報告書に記載すべき事項は、「報告の対象となる**期間**」、「管理業務の**実施状況**」、「管理業務の対象となる賃貸住宅の**入居者からの苦情の発生状況及び対応状況**」である（賃貸住宅管理業法施行規則40条1項各号）。

ウ **正** 賃貸住宅管理業者は、賃貸人の承諾を得て、管理業務報告書に記載すべき事項を電磁的方法により提供することができる（賃貸住宅管理業法施行規則40条2項）。**管理業務報告書に記載すべき事項を電磁的方法により提供する場合**は、賃貸人とのトラブルを未然に防止する観点からも、当該提供を行う賃貸住宅管理業者において、**管理業務報告書のデータを適切に保存するよう努めなければならない**（同法の解釈・運用の考え方20条関係3）。

エ **正** 管理業務報告書に係る説明方法は問わないが、賃貸人と説明方法について協議の上、双方向でやりとりできる環境を整え、**賃貸人が管理業務報告書の内容を理解したことを賃貸住宅管理業者が確認しなければならない**（賃貸住宅管理業法の解釈・運用の考え方20条関係4）。

以上より、正しいものはア、イ、ウ、エの4つであり、本問の正解肢は4となる。

問	項目	正解	重要度	予想正解率
6	賃貸借関係 / 工作物責任	1	B	70%以上

1 **不適切** 土地の工作物の設置又は保存に瑕疵があることによって他人に損害を生じたときは、その工作物の占有者は、被害者に対してその損害を賠償する責任を負う（民法717条1項本文）。ただし、占有者が損害の発生を防止するのに必要な注意をしたときは、所有者がその損害を賠償しなければならない（同条項ただし書）。この所有者の責任は無過失責任であって、**所有者は、損害の発生を防止するため必要な注意をしていたときであっても、土地工作物責任を免れることはできない。**

2 **適切** 上記肢1の解説の通り、**占有者が損害の発生を防止するのに必要な注意をしたときは、所有者が土地工作物責任を負わなければならず**（民法717条1項ただし書）、占有者は土地工作物責任を負わない。

3 **適切** 建物の管理を行う管理業者が、**建物の安全確保について事実上の支配をなしうる場合には、占有者とされる**。よって、管理業者も、建物の安全確保について事実上の支配をなしうる場合、占有者として工作物責任を負うことがある。

4 **適切** 占有者又は所有者が工作物責任を負う場合において、**損害の原因について他にその責任を負う者があるときは、占有者又は所有者は、その者に対して求償権を行使することができる**（民法717条3項）。

問	項目	正解	重要度	予想正解率
7	管理受託／管理業法(管理受託部分)	3	A	50～69%

ア 適切　賃貸住宅管理業者は、賃貸住宅管理業法18条の帳簿を**各事業年度の末日をもって閉鎖する**ものとし、**閉鎖後5年間当該帳簿を保存**しなければならない（賃貸住宅管理業法施行規則38条3項）。

イ 適切　従業者証明書を携帯させるべき者の範囲は、①正規及び非正規を問わず、賃貸住宅管理業者と直接の雇用関係にあって、賃貸住宅管理業の業務に携わる者、②**派遣事業者より賃貸住宅管理業者へ派遣され、賃貸住宅管理業の業務に携わる派遣社員で、当該派遣社員に対して賃貸住宅管理業者が直接の指揮命令権を有する者**である（賃貸住宅管理業法FAQ集3(3)8）。

ウ 不適切　管理受託契約に管理業務の一部の再委託に関する定めがあるときは、自らで再委託先の指導監督を行うことにより、一部の再委託を行うことができる（賃貸住宅管理業法の解釈・運用の考え方15条関係1）。**再委託先は賃貸住宅管理業者である必要はない**（同2）。

エ 適切　秘密保持義務が課される「従業者」とは賃貸住宅管理業者の指揮命令に服しその業務に従事する者をいい、**再委託契約に基づき管理業務の一部の再委託を受ける者等賃貸住宅管理業者と直接の雇用関係にない者であっても含まれる**（賃貸住宅管理業法FAQ集3(3)14）。

以上より、適切なものはア、イ、エの3つであり、本問の正解肢は3となる。

問	項目	正解	重要度	予想正解率
8	管理受託／賃貸住宅標準管理受託契約書	2	A	70%以上

1 適切　賃貸住宅管理業者は、災害又は事故等の事由により、**緊急に行う必要がある業務**で、賃貸人の承認を受ける時間的な余裕がないものについては、賃

貸人の承認を受けないで実施することができる（標準管理受託契約書11条1項前段）。なお、この場合において、賃貸住宅管理業者は、速やかに書面をもって、その業務の内容及びその実施に要した費用の額を賃貸人に通知しなければならない（同条項後段）。

2 **不適切** 賃貸住宅管理業者は、管理業務を行うため必要があるときは、住戸に立ち入ることができる（標準管理受託契約書17条1項）。この場合において、賃貸住宅管理業者は、原則として、**あらかじめその旨を物件の入居者に通知し、その承諾を得なければならない**（同条2項本文）。

3 **適切** 賃貸住宅管理業者は、管理業務のうち、①敷金、その他一時金、家賃、共益費（管理費）及び附属施設使用料の徴収、②未収金の督促、③**賃貸借契約に基づいて行われる入居者から賃貸人への通知の受領、④賃貸借契約の更新、⑤修繕の費用負担についての入居者との協議、⑥賃貸借契約の終了に伴う原状回復についての入居者との協議**について、賃貸人を代理する（標準管理受託契約書14条本文）。なお、賃貸住宅管理業者は、④から⑥までに掲げる業務を実施する場合には、その内容について事前に賃貸人と協議し、承諾を求めなければならない（同条ただし書）。

4 **適切** 鍵の管理（保管・設置、交換及び費用負担を含む。）に関する事項は**賃貸人**が行う（標準管理受託契約書12条1項）。もっとも、**賃貸住宅管理業者**は、入居者への鍵の引渡し時のほか、管理受託契約に基づく入居者との解約、明け渡し業務に付随して**鍵を一時的に預かることができる**（同条2項）。

問	項目	正解	重要度	予想正解率
9	維持保全／維持・点検	3	B	70%以上

1 **不適切** 賃貸住宅の維持保全は、問題が起きてから行うのではなく、問題が起きないよう、あらかじめ適切な処置を施すことが必要である。これを「予防保全」という。賃貸住宅の維持・保全管理においては、**事後的な対応ではなく予防保全が重要**である。

2 **不適切** 予防保全にあっても、**法定耐用年数どおりに機器を交換することにとらわれることなく**、現場の劣化状況と収支状況を考え合わせ、予防的に交換・保守・修繕することが管理業者には求められる。

3 **適切** 現場で管理業務に携わる賃貸住宅管理業者は、**入居者（賃借人）からの情報を積極的に活用**すべきである。

4 **不適切** 日常点検業務は、**建物だけでなく外溝や植栽等の清掃状況**も常に対象とし、点検項目は多岐にわたる。

問	項目	正解	重要度	予想正解率
10	維持保全／維持・点検	1	C	49%以下

ア **適切** チョーキングは、表面塗装膜などの劣化により**表面が粉状になる現象**であり、**手で触ると白くなる**。白亜化とも呼ばれ、塗装面やシーリング材表面でも発生する。

イ **適切** ポップアウトは、**コンクリート内部の部分的な膨張圧**によって、コンクリート表面の小部分が円錐形のくぼみ状に破壊された現象である。

ウ **適切** タイル張りの外壁は、原則竣工後**10年ごとに全面打診又は赤外線調査**による方法のほか、有機系接着剤張り工法による外壁タイルについては、一定の条件を満たす場合、引張接着試験により確認する方法によっても差し支えない（技術的助言平成30年5月23日国住防第1号）。

以上より、不適切なものはなく、本問の正解肢は1となる。

問	項目	正解	重要度	予想正解率
11	維持保全／原状回復	4	A	70％以上

1 適切　家具の設置による床、カーペットのへこみ、設置跡については、家具保有数が多いという我が国の実状に鑑みその設置は必然的なものであり、設置したことだけによるへこみ、跡は通常の使用による損耗ととらえるのが妥当である（原状回復ガイドライン別表1「床（畳、フローリング、カーペットなど）」）。よって、**家具を設置したことだけによる床、カーペットのへこみ、設置跡**については、**賃貸人の負担**となる（同別表3Ⅰ1）。

2 適切　網戸の張替え（破損等はしていないが次の入居者確保のために行うもの）は、入居者入れ替わりによる物件の維持管理上の問題であり、**賃貸人の負担**とすることが妥当と考えられる（原状回復ガイドライン別表1「建具（襖、柱など）」）。

3 適切　壁等の画鋲、ピン等の穴（下地ボードの張替えは不要な程度のもの）については、ポスターやカレンダー等の掲示は、通常の生活において行われる範疇のものであり、そのために使用した画鋲、ピン等の穴は、通常の損耗と考えられる（原状回復ガイドライン別表1「壁、天井（クロスなど）」）。よって、**壁等の画鋲の穴**については、**賃貸人の負担**となる（別表3Ⅰ1）。

4 不適切　設備機器の故障、使用不能（機器の寿命によるもの）は、経年劣化による自然損耗であり、**賃借人に責任はない**と考えられる（原状回復ガイドライン別表1「設備、その他（鍵など）」）。

問	項目	正解	重要度	予想正解率
12	維持保全／原状回復	2	A	70％以上

ア 不適切　設備機器は、**耐用年数経過時点で残存価値1円**となるような直線（又は曲線）を想定し、負担割合を算定する（原状回復ガイドライン別表2「設

備・その他（鍵、クリーニングなど）」）。便器、洗面台等の給排水・衛生設備の耐用年数は15年である。

イ **適切** 喫煙等により当該居室全体においてクロス等がヤニで変色したり臭いが付着した場合のみ、**居室全体のクリーニング又は張替費用を賃借人負担**とすることが妥当である（原状回復ガイドライン別表2「壁・天井（クロスなど）」）。

ウ **適切** 鍵の紛失の場合は、**経過年数は考慮せず**、交換費用相当分を賃借人負担とする。また、紛失の場合は、シリンダーの交換も含まれる（原状回復ガイドライン別表2「設備・その他（鍵、クリーニングなど）」）。

エ **不適切** クロスの張替えの場合、㎡単位が望ましいが、賃借人が毀損させた箇所を含む**一面分までは張替え費用を賃借人負担としてもやむをえない**（原状回復ガイドライン別表2「壁・天井（クロスなど）」）。

以上より、適切なものの組合せはイ、ウであり、本問の正解肢は2となる。

問	項目	正解	重要度	予想正解率
13	管理実務・金銭管理等／建物管理	3	B	70%以上

1 **不適切** 管理員が置かれている建物で、自動火災報知器の発報や賃借人からの通報で火災の発生を感知した場合には、管理員は、現場へ駆けつけ、他の賃借人などの避難誘導を行うと同時に、建物全体へ火災の発生を知らせなければならない。**あわせて、消防署へ通報**し、消火器や消火栓で初期消火ができるようであれば、延焼防止に努める。**管理員から賃貸住宅管理業者への報告は、消火後でよい。**

2 **不適切** 上階からの漏水発生時には、まず電話で「急いで上の階へ行き、下階に水が漏っている旨を告げてください」と伝える。そのうえで、できるだけ早く現場へ急行する。現場では、**漏水の被害を受けている居室を見て、次に上の階の入居者（賃借人）の了解を得て、上階の室内を見る**。作業としては、

下階への水漏れを止めることを最優先とする。

3 **適切** 地震発生時、管理員が置かれている建物では、揺れが収まった後、管理員が建物内外の点検を行い、**危険性が生じている場合には建物内に残っている人を建物外へ避難させ、避難場所へ誘導する**。

4 **不適切** 近くで空き巣被害が発生した場合、侵入経路の遮断や非常警報装置の設置など、賃貸人と相談して対策を講じる。近くで発生した犯罪情報をいち早く入手し、**その情報を掲示板などで賃借人に知らせ、戸締まりや深夜の帰宅に注意を促すことも大切である**。

問	項目	正解	重要度	予想正解率
14	維持保全／建物	3	B	50〜60%

ア **適切** 免震構造とは、建物に地震力が伝わりにくくするように**基礎と建物本体との間にクッション（免震ゴム＋ダンパー）を設け**、ゆったりとした揺れに変える構造方式である。

イ **適切** り災証明は、保険の請求や税の減免など、被災者が各種支援を受ける際などに必要な「家屋の財産的被害程度」（全壊、半壊など）を市町村長が証明するものである。

ウ **不適切** 応急危険度判定では、地震により被災した建物及びその周辺について、その後の余震等による倒壊の危険性ならびに建物の部分等の落下、転倒の危険性をできるだけ速やかに調査し、建物等の使用に対する制限の要否を判定する。**外観調査に重点をおいて応急的な危険度の判定を行う**。建物の構造躯体の破壊及び建物の部分等（非構造部材）の落下・転倒が人命に及ぼす**危険の度合い（危険度）を「危険」「要注意」「調査済」の 3 ランクに区分する**。市町村など各行政庁が主管で実施する応急危険度判定では、「危険」（赤色）、「要注意」（黄色）、「調査済」（緑色）のステッカーで表示を行うことになっている。

エ　**不適切**　被災度区分判定では、被災建物について、その**建築物の内部に立ち入**り、建物の沈下、傾斜及び構造躯体の被害状況を調査することにより、その**被災度を区分する**とともに、**継続使用のための復旧の要否を判定する**。

以上より、不適切なものの組合せはウ、エであり、本問の正解肢は3となる。

問	項目	正解	重要度	予想正解率
15	維持保全／建築系法令	3	A	49％以下

ア　**誤**　住宅、学校、病院、診療所、寄宿舎、下宿その他これらに類する建築物で政令で定めるものの居室（居住のための居室、学校の教室、病院の病室その他これらに類するものとして政令で定めるものに限る。）には、採光のための窓その他の開口部を設け、その採光に有効な部分の面積は、その居室の床面積に対して、5分の1から10分の1までの間において居室の種類に応じ政令で定める割合以上としなければならない（採光規定　建築基準法28条1項）。採光規定は、学校や病院等の居室にも適用がある一方、**事務所や店舗用の建築物の居室などには適用されない**（同法施行令19条参照）。

イ　**正**　**住宅の居住のための居室**では床面積の**7分の1以上の採光に有効な開口部**が必要となる（建築基準法28条1項、同法施行令19条3項本文）。ただし、床面において**50ルクス以上の照度を確保することができるような照明設備を設置**すれば、床面積の**10分の1までの範囲で緩和する**ことが認められる（同条項ただし書、昭和55年建設省告示1800号）。

ウ　**正**　**共同住宅の6階以上の階**には、居室の床面積にかかわらず避難階以外の階から避難階又は地上に通ずる**直通階段を2つ以上設置**する必要がある（建築基準法施行令121条1項6号イ）。ただし、その階の居室の床面積の合計が**100㎡**（主要構造部が**耐火構造・準耐火構造又は不燃材料**で造られている建築物の場合は**200㎡**）以下で、かつ、その階に**避難上有効なバルコニー、屋外通路その他これらに類するもの**を設ける場合は、避難階又は地上に通ずる屋外避難階段か特別避難階段である**直通階段を1つ設置すればよい**（同条項かっこ書）。

エ　正　　令和5年10月1日着工の工事から、建築物の解体等の作業を行うときは、**工事の規模にかかわらず、建築物石綿含有建材調査者**、又は令和5年9月30日までに日本アスベスト調査診断協会に登録された者による事前調査を行う必要がある（石綿障害予防規則3条4項）。

以上より、正しいものはイ、ウ、エの3つであり、本問の正解肢は3となる。

問	項目	正解	重要度	予想正解率
16	維持保全／換気設備	4	A	70%以上

1　正　　自然換気方式は、**室内と室外の温度差による対流や風圧等**、自然の条件を利用した換気方式である。この方式は換気扇が不要なので、換気扇の騒音もなく、経済的ではあるが、**自然条件が相手なので安定した換気量や換気圧力は期待できない**。

2　正　　第1種換気は、**給気・排気ともに機械換気**とする方式（給気及び排気にファンを用いる方式）である。第1種換気は、**居室に用いられる熱交換型換気設備や機械室、電気室等**に採用される。

3　正　　第2種換気は、**給気のみ機械換気**とする方式（給気側にファンを用いて、排気口と組み合わせる方式）である。この方式は、室内へ清浄な空気を供給する場合で、製造工場など限られた建物で使用される。

4　誤　　第3種換気は、排気のみ機械換気とする方式（排気側にファンを用いて、給気口と組み合わせる方式）である。第3種換気は、**室内が負圧になる**ため、**他の部屋へ汚染空気が入らない方式**であり、台所、浴室、便所、洗面所等のように、燃焼ガス、水蒸気、臭気等が発生する部屋で採用される。多くの住宅ではこの方式が使われる。

問	項目	正解	重要度	予想正解率
17	維持保全 / ガス設備	1	B	50〜69%

1 **不適切** ガスメーターは、計量法施行令18条により有効期限が定められ、**家庭用のガスメーターは10年以内に1回**、業務用のガスメーターは7年以内に1回、取替えが必要である。

2 **適切** ガスメーター（マイコンメーター）はガスの使用量を計量する機能だけではなく、**ガスの異常放出や地震等の異常を検知して、自動的にガスの供給を遮断する保安機能**がある。

3 **適切** ガス警報器は、都市ガスで空気より**軽い**場合は、**天井面の下方30cm以内**とし、プロパンガスのように空気より**重い**場合は、**床面の上方30cm以内の壁**などに設置することで、ガス漏れを検知して確実に鳴動する必要がある。

4 **適切** ガス管の配管材料は、以前は屋外埋設管は鋳鉄管、屋内配管は配管用炭素鋼鋼管（白ガス管）が用いられていたが、近年ではより耐久性を高め、**屋外埋設管はポリエチレン管やポリエチレン被覆鋼管、屋内配管は塩化ビニル被覆鋼管**が多く使われている。

問	項目	正解	重要度	予想正解率
18	維持保全 / 維持・点検	2	B	49%以下

ア **誤** 浄化槽の法定点検は、**使用開始後3か月を経過した日から5か月の間に行う「設置後等の水質検査」**（浄化槽法7条1項、環境省関係浄化槽法施行規則4条1項）と、**毎年1回行う「定期検査」**（浄化槽法11条1項）がある。その検査結果等は、都道府県知事へ報告しなければならない（同法11条2項、7条2項）。また、法定検査は、都道府県知事の指定する指定検査機関が行わなければならない（同法11条1項、7条1項）。

イ **誤** 消防用設備等の点検として、機器点検及び総合点検があるが、**機器点検は**

6か月に1回行い、総合点検は1年に1回行う。その結果については、共同住宅の場合は3年に1回以上、所轄の消防署長宛に届け出なければならない（消防法17条の3の3、平成16年消防庁告示9号）。

ウ　正　　自家用電気工作物の設置者は、工事、維持及び運用に関する保安の監督をさせるため、**原則として主任技術者を選任しなければならない**（電気事業法43条1項）。

以上より、正しいものはウの1つであり、本問の正解肢は2となる。

問	項目	正解	重要度	予想正解率
19	維持保全／消防用設備	4	B	50～69%

1　適切　　イオン化式スポット型煙感知器は、**機器の中のイオン電流が煙によって遮断される**と作動する。

2　適切　　消防用設備等の設置が義務づけられている**防火対象物の関係者**は、設置された消防用設備等を**定期的に点検**し、その結果を消防長又は消防署長に**報告**しなければならない（消防法17条の3の3）。共同住宅は、上記の防火対象物にあたり（同法17条、同法施行令6条）、延べ面積1,000㎡未満であっても、上記の点検及び報告をしなければならない。

3　適切　　放火対策としては、ゴミ置き場を含め、**共同住宅の周囲を放火しにくい環境に整備する**管理が求められる。

4　不適切　　**管理権原者**は、防火管理者を定めたときは、遅滞なくその旨を所轄消防長又は消防署長に届け出なければならない（消防法8条2項）。したがって、防火管理者を定めた旨の届出は、管理権原者である所有者が行う。

問	項目	正解	重要度	予想正解率
20	維持保全 / 昇降機設備等	2	C	49%以下

ア 適切　ロープ式エレベーターには、エレベーター機械室があるタイプとないタイプの2種類があり、エレベーター機械室のないタイプは、**マシンルームレス**と呼ばれている。

イ 不適切　エレベーターの保守契約におけるフルメンテナンス契約は、部品取替えや機器の修理を状況にあわせて行う内容で、大規模な修繕まで含めるため、月々の契約は割高となる。**消耗部品の部品代と交換・調整費用が保守料金に含まれるので年度予算の立案・管理が容易である。**

ウ 不適切　建築物の定期調査報告における調査を行う場合、非常用エレベーターの作動の状況については、非常用エレベーターの作動を確認する。ただし、**3年以内**に実施した定期点検の記録がある場合にあっては、当該記録により確認することで足りる（平成20年国土交通省告示282号）。

エ 適切　機械式駐車場設備（立体駐車場設備）には、**タワー式・ピット式・横行昇降式**などのタイプがある。

以上より、適切なものの組合せはア、エであり、本問の正解肢は2となる。

問	項目	正解	重要度	予想正解率
21	管理受託 / 管理業法(管理受託部分)	1	A	50～69%

1 適切　賃貸住宅管理業者は、管理受託契約に基づく管理業務において受領する家賃、敷金、共益費その他の金銭を、整然と管理する方法として国土交通省令で定める方法により、自己の固有財産及び他の管理受託契約に基づく管理業務において受領する家賃、敷金、共益費その他の金銭と分別して管理しなければならない（賃貸住宅管理業法16条）。この**分別管理の規定に違反した場合、業務停止等の監督処分の対象となる**（同法23条1項3号）が、罰則の

対象とはならない。

2 不適切　家賃等を管理する口座と賃貸住宅管理業者の固有財産を管理する口座の分別については、少なくとも家賃等を管理する口座を同一口座として賃貸住宅管理業者の固有財産を管理する口座と分別すれば足りる（賃貸住宅管理業法の解釈・運用の考え方16条関係）。**必ずしも管理受託契約ごと、管理受託契約を委託した賃貸人ごと、物件ごとに口座を分ける必要はない**（同法FAQ集3(3)6)。

3 不適切　家賃等を管理する口座と**賃貸住宅管理業者の固有財産を管理する口座のいずれか一方に家賃等及び賃貸住宅管理業者の固有財産が同時に預入されている状態が生じることは差し支えない**。なお、この場合においては、家賃等又は賃貸住宅管理業者の固有財産を速やかに家賃等を管理する口座又は賃貸住宅管理業者の固有財産を管理する口座に移し替える必要がある（賃貸住宅管理業法の解釈・運用の考え方16条関係）。

4 不適切　賃貸人に家賃等を確実に引き渡すことを目的として、適切な範囲において、**賃貸住宅管理業者の固有財産のうちの一定額を家賃等を管理する口座に残しておくことは差し支えない**（賃貸住宅管理業法の解釈・運用の考え方16条関係）。

問	項目	正解	重要度	予想正解率
22	管理実務・金銭管理等／金銭管理	3	B	49%以下

ア　適切　調停において当事者間に合意が成立し、これを調書に記載したときは、調停が成立したものとし、その記載は、裁判上の和解と同一の効力を有する（民事調停法16条）。そして、和解を調書に記載したときは、その記載は確定判決と同一の効力を有するとされている（民事訴訟法267条）。したがって、**調停調書に基づき強制執行を行うことができる**（民事執行法22条7号）。

イ　適切　民事上の争いについては、当事者は、請求の趣旨及び原因並びに争いの実情を表示して、簡易裁判所に和解の申立てをすることができる（訴え提起

前の和解　民事訴訟法275条1項)。そして、和解を調書に記載したときは、その記載は確定判決と同一の効力を有するとされている（同法267条）。したがって、**和解調書に基づき強制執行を行うことができる**（民事執行法22条7号）。

ウ　**不適切**　　強制執行は、**執行文の付された債務名義の正本に基づいて実施する**（民事執行法25条本文）。ただし、少額訴訟における確定判決又は仮執行の宣言を付した少額訴訟の判決若しくは支払督促により、これに表示された当事者に対し、又はその者のためにする強制執行は、その正本に基づいて実施する（同条ただし書）。よって、未払賃料を支払うことを内容とする確定判決を債務名義とする場合、少額訴訟における確定判決でない限り、執行文が付与されていなければならない。

以上より、適切なものはア、イの2つであり、本問の正解肢は3となる。

問	項目	正解	重要度	予想正解率
23	管理実務・金銭管理等 / 金銭管理	3	B	50～69%

1　**適切**　　損益計算書原則は、企業会計において、**ある会計期間における企業の経営成績を示す**損益計算書を作成するための具体的な処理基準である。発生主義、総額主義、費用収益対応の原則などがある。

2　**適切**　　貸借対照表は、決算（期末）時点での企業の財政状態を表している。**貸借対照表には、左側に「資産」、右側に「負債」と「純資産」が記される。**貸借対照表は、常に「資産＝負債＋純資産」となる。貸借対照表がバランスシートと呼ばれるのは、**資産と負債・純資産が最終的に一致する**ことに起因している。

3　**不適切**　　収益又は費用をどの時点で認識するかについて、「発生主義」（収益又は費用は発生の事実をもってその計上を行うという考え方）と、「現金主義」（現金の入出金が生じた時点で収益又は費用の計上を行うという考え方）がある。取引を適正に会計処理するためには、「発生主義」の方が好ましいと

されている。

4 **適切** 一般的にまず取引が発生したら、補助記入帳がある取引はその内容を**補助記入帳に記帳**し、補助記入帳がない取引は直接仕訳帳に記帳する。次に補助記入帳に記帳した取引の仕訳を**仕訳帳に記帳**する。そして最後に、仕訳帳から**総勘定元帳と補助元帳に転記**するという流れになる。なお、一部の補助元帳については補助記入帳から個別に転記されることもある。

問	項目	正解	重要度	予想正解率
24	賃貸借関係／敷金	2	A	70％以上

1 **適切** 賃貸人は、賃借人が賃貸借に基づいて生じた金銭の給付を目的とする債務を履行しないときは、敷金をその債務の弁済に充てることができる（民法622条の2第2項前段）。**賃貸人からは、敷金の預託を受けた後、明渡しを受けるまでの間、賃料不払い等の事由が発生すれば、いつでも任意に敷金をこれに充てることが可能である。**一方、**賃借人は、賃貸人に対し、敷金をその債務の弁済に充てることを請求することができない**（同条項後段）。

2 **不適切** 金銭債権を差し押さえた債権者は、債務者に対して差押命令が送達された日から1週間を経過したときは、その債権を取り立てることができる（民事執行法155条1項本文）。敷金返還請求権につき差押債権者から取立てがなされた場合、賃貸人に敷金返還義務が発生していれば、差押債権者に対して敷金の支払義務が発生する。もっとも、**賃貸借契約の継続中など、敷金返還義務が賃貸人に発生していない場合には、差押債権者に対して敷金の支払義務はない。**

3 **適切** 敷金とは、いかなる名目によるかを問わず、賃料債務その他の賃貸借に基づいて生ずる賃借人の賃貸人に対する金銭の給付を目的とする債務を担保する目的で、賃借人が賃貸人に交付する金銭をいう（民法622条の2第1項）。したがって、**賃料の不払いや、賃借人が負担すべき原状回復費用、賃借人が無権限で行った工事の復旧費などが、敷金によって担保される。**また、賃貸借契約が終了しても明渡しがなされない場合には、明渡しまでの使用につい

て賃料相当額の使用損害金が発生するが、この**明渡しまでの使用損害金も、敷金の担保する債務に含まれる。**

4 **適切** 賃貸人は、敷金を受け取っている場合において、**賃貸借が終了し、かつ、賃貸物の返還を受けたときは、**賃借人に対し、その受け取った敷金の額から賃貸借に基づいて生じた賃借人の賃貸人に対する金銭の給付を目的とする債務の額を控除した残額を返還しなければならない（民法622条の2第1項1号）。したがって、賃貸物を返還しない限り、敷金返還請求権は発生せず、賃貸人が敷金を返還しないときであっても賃借人は、同時履行の抗弁を主張して、賃貸物件の明渡しを拒むことができない。

問	項目	正解	重要度	予想正解率
25	賃貸借関係／賃貸借契約の成立と有効性	4	C	49%以下

1 **正** 意思表示は、**表意者がその真意ではないことを知ってしたときであっても、**そのためにその効力を妨げられない（民法93条1項本文）。ただし、**相手方がその意思表示が表意者の真意ではないことを知り、又は知ることができたときは、**その意思表示は、**無効**となる（同条項ただし書）。

2 **正** 相手方と通じてした虚偽の意思表示は、無効となる（民法94条1項）。この意思表示の無効は、**善意の第三者に対抗することができない**（同条2項）。なお、「善意」とは、ある事実を知らないことをいう。

3 **正** 詐欺による意思表示は、取り消すことができる（民法96条1項）。ただし、**詐欺**による意思表示の取消しは、**善意でかつ過失がない第三者に対抗することができない**（同条3項）。

4 **誤** 強迫による意思表示は、取り消すことができる（民法96条1項）。そして、錯誤、詐欺又は強迫によって取り消すことができる行為は、**瑕疵ある意思表示をした者又はその代理人若しくは承継人**に限り、取り消すことができる（同法120条2項）。したがって、強迫による意思表示をした者の承継人も、強迫による意思表示を取り消すことができる。

問	項目	正解	重要度	予想正解率
26	賃貸借関係／総合	1	B	50〜69%

1 不適切　委任契約及び請負契約は、いずれも書面で契約を締結することは義務づけられていない（民法643条、632条）。

2 適切　委任は、委任者又は受任者の死亡により終了する（民法653条1号）。一方、請負は、契約当事者が死亡しても終了しない。

3 適切　請負は、仕事の完成を目的としている（民法632条）。一方、委任は、仕事の完成ではなく、法律行為又は事実行為をすることを委託する契約である（同法643条、656条）。

4 適切　雇用契約における労働者は使用者の具体的指示ないし指揮命令のもとで労務の供給を行うと解されているのに対し、委任契約における受任者は事務の処理について広い裁量を有し、委任者は命令ないし具体的指示までは行わないと解されている。

問	項目	正解	重要度	予想正解率
27	賃貸借関係／賃貸借の内容	2	A	50〜69%

1 不適切　他人の物の占有者は、その物に関して生じた債権を有するときは、その債権の弁済を受けるまで、その物を留置することができる（留置権　民法295条本文）。賃借人は、賃借物について賃貸人の負担に属する必要費（雨漏りの修繕費など）を支出したときは、賃貸人に対し、直ちにその償還を請求することができる（必要費償還請求権　同法608条1項）から、賃借人は必要費償還請求権を被担保債権として留置権を行使して、賃貸物件の明渡しを拒むことができる。

2 適切　賃借人が賃借物について有益費を支出したときは、賃貸人は、賃貸借の

終了の時に、その価格の増加が現存する場合に限り、**賃貸人の選択に従い**、その支出した金額又は増価額を、償還しなければならない（有益費償還請求権　民法608条2項本文、196条2項）。

3　**不適切**　建物の賃貸人の同意を得て建物に付加した畳、建具その他の造作がある場合には、建物の賃借人は、**建物の賃貸借が期間の満了又は解約の申入れによって終了するときに**、建物の賃貸人に対し、その造作を時価で買い取るべきことを請求することができる（造作買取請求権　借地借家法33条1項）。賃借人の賃料不払いや用法違反などの**債務不履行によって賃貸借が解除された場合については**、**造作買取請求権は否定される**（最判昭33.3.13）。

4　**不適切**　賃借人が、造作買取請求権を行使すると、賃借人を売主、賃貸人を買主とする売買契約が成立する。造作買取請求権は、形成権であるので、賃借人の意思表示が、賃貸人に到達すると、売買契約が成立したのと同一の法律効果が生じるのであって、**権利行使に賃貸人の承諾は不要である**。

問	項目	正解	重要度	予想正解率
28	賃貸借関係／賃貸住宅標準契約書	1	C	50～69%

ア　正　借主は、階段、廊下等の**共用部分の維持管理費**（維持管理に必要な光熱費、上下水道使用料、清掃費等）に充てるため、**共益費を貸主に支払う**（賃貸住宅標準契約書5条1項）。

イ　正　賃貸住宅の一部が滅失その他の事由により使用できなくなった場合において、それが借主の責めに帰することができない事由によるものであるときは、**賃料は、その使用できなくなった部分の割合に応じて、減額される**（賃貸住宅標準契約書12条1項）。

ウ　正　借主は、貸主に対して少なくとも30日前に解約の申入れを行うことにより、賃貸借契約を解約することができる（賃貸住宅標準契約書11条1項）。また、借主は、**解約申入れの日から30日分の賃料（賃貸借契約の解約後の賃料相当額を含む。）を貸主に支払う**ことにより、解約申入れの日から起算し

て30日を経過する日までの間、随時に賃貸借契約を解約することができる（同条2項）。

エ　正　　貸主は、賃貸住宅の明渡しがあった場合において、賃貸住宅の明渡し時に、賃料の滞納、原状回復に要する費用の未払いその他の賃貸借契約から生じる借主の債務の不履行が存在するときは、当該債務の額を敷金から差し引いた額を返還しなければならない（賃貸住宅標準契約書6条3項）。この場合には、**貸主は、敷金から差し引く債務の額の内訳を借主に明示しなければならない**（同条4項）。

以上より、誤っているものはなく、本問の正解肢は1となる。

問	項目	正解	重要度	予想正解率
29	賃貸借関係／抵当権付建物の賃貸借	4	A	50～69%

1　正　　抵当権が実行された場合の建物賃借人と新所有者（買受人）との優劣は、抵当権設定登記と賃借権の対抗力取得との先後によって決まる（民法177条）。**建物の引渡しが抵当権設定登記よりも先になされていれば、賃借人は新所有者に対して賃借権を対抗できる**（借地借家法31条）。したがって、抵当権設定登記前から居住しているBは、賃借権の登記がなくても、Fに対して、賃借権を対抗することができる。

2　正　　賃貸借の対抗要件を備えた場合において、その不動産が譲渡されたときは、その不動産の賃貸人たる地位は、その**譲受人に移転する**（民法605条の2第1項）。また、上記により、賃貸人たる地位が不動産の譲受人に移転したときは、**敷金の返還に関する債務は、当該譲受人が承継する**（同条4項）。ここで、建物賃貸借においては、抵当権設定登記**前**に居住（**引渡し**）していれば、賃借人は賃借権を新所有者（買受人）に対抗することができる（借地借家法31条）。抵当権設定登記前に居住しているCは、Gに対して、賃借権を対抗できることから、賃貸人の地位も敷金に関する権利義務も、Gに移転する。

3　正　　抵当権者に対抗することができない賃貸借により抵当権の目的である建物

の使用又は収益をする者であって、競売手続の開始前から使用若しくは収益をする者又は強制管理若しくは担保不動産収益執行の管理人が競売手続の開始後にした賃貸借により使用若しくは収益をする者は、その建物の競売における**買受人の買受けの時から6か月を経過するまでは、その建物を買受人に引き渡すことを要しない**（建物引渡猶予制度　民法395条1項）。Dは抵当権設定登記後に居住しており、Hに対し賃借権を対抗できないが、競売開始決定前に居住を開始しているため、買受け時から6か月間は明渡しを猶予される。

4　誤　　Eは抵当権設定登記後に居住しており、Iに賃借権を対抗できないため、賃貸人たる地位はIに移転せず、**IはEに対して敷金返還義務を負わない**。なお、建物引渡猶予制度においては、買受人が賃貸人の地位を承継するものではないため、Iは、Eに対する敷金返還義務を負わない。

問	項目	正解	重要度	予想正解率
30	賃貸借関係／定期建物賃貸借	4	A	70%以上

ア　正　　定期建物賃貸借契約は、**書面又は電磁的記録により締結しなければならない**（借地借家法38条1項、2項）。**必ずしも公正証書によって締結する必要はない**。

イ　誤　　平成12年3月1日より前に締結された**居住用建物**の普通建物賃貸借契約については、賃貸人と賃借人が合意しても、これを終了させ、引き続き**新たに定期建物賃貸借契約を締結することはできない**（良質な賃貸住宅等の供給の促進に関する特別措置法附則3条）。一方、事業用建物の賃貸借契約においては、このような制限はない。

ウ　誤　　居住の用に供する建物の定期建物賃貸借（**床面積が200㎡未満の建物に係るものに限る。**）において、転勤、療養、親族の介護その他のやむを得ない事情により、建物の賃借人が建物を自己の生活の本拠として使用することが困難となったときは、**建物の賃借人は、建物の賃貸借の解約の申入れをすることができる**（借地借家法38条7項前段）。この場合においては、建物の賃

貸借は、解約の申入れの日から1か月を経過することによって終了する（同条項後段）。**これに反する特約で建物の賃借人に不利なものは、無効となる**（同条8項）。よって、賃借人からの中途解約を一切認めないとする特約は、賃借人に不利な特約であり、無効である。

エ　正　建物の賃貸人は、事前説明の書面の交付に代えて、**建物の賃借人の承諾を得て**、当該書面に記載すべき事項を**電磁的方法により提供することができる**。この場合において、当該建物の賃貸人は、当該書面を交付したものとみなす（借地借家法38条4項）。

以上より、正しいものの組合せはア、エであり、本問の正解肢は4となる。

問	項目	正解	重要度	予想正解率
31	賃貸借関係／賃貸借と使用貸借	2	A	70％以上

ア　誤　賃貸借契約の賃借人が死亡した場合は、その相続人が、契約上の権利義務を承継する（民法896条）。**使用貸借契約では、借主が死亡した場合、契約は終了する**ため、使用借主の権利義務はその相続人に承継されない（同法597条3項）。

イ　正　賃貸借契約及び使用貸借契約は、いずれも目的物の引渡しは契約の成立要件とされておらず、**合意のみで契約が成立する**（民法601条、593条）。

ウ　誤　建物の賃貸借契約の賃借人は、建物の引渡しを受けていれば、その後に物権を取得した者に対して賃借権を対抗することができる（借地借家法31条）。使用貸借契約には借地借家法の適用がないため、**使用借主は、引渡しを受けていたとしても買主に対して使用借権を対抗することができない**。

エ　正　**賃貸借契約が対価を支払う有償の契約であるのに対して、使用貸借契約は、無償**で他人の物を使用する契約である（民法601条、593条）。よって、使用貸借の場合、建物使用の対価の支払義務はない。

以上より、誤っているものの組合せはア、ウであり、本問の正解肢は2となる。

問	項目	正解	重要度	予想正解率
32	サブリース / 総合	4	B	70%以上

1 適切 賃貸住宅管理業法では、管理受託方式の賃貸住宅経営とサブリース方式の賃貸住宅経営の両方が、制度の対象となっている。

2 適切 宅地建物取引業法上、建物の賃貸借の代理又は媒介を業として行うものは宅地建物取引業にあたり（宅地建物取引業法2条2号）、免許を受けなければ当該業務を行うことはできない（同法3条1項）。そのため、管理受託方式において、賃借人の募集は、宅地建物取引業の免許を受けた宅地建物取引業者（同法2条3号）が代理又は媒介として関与することがある。

3 適切 管理受託方式において、賃貸住宅管理業者は、賃料の収受や契約条件の交渉を賃貸人の代理として、また、共用部分の維持保全は賃貸人からの委託によって行う。

4 不適切 宅地建物取引業法上、建物の賃貸借の代理又は媒介を業として行うものは宅地建物取引業にあたり（宅地建物取引業法2条2号）、免許を受けなければ当該業務を行うことはできない（同法3条1項）。サブリース方式では、賃借人（転借人）の募集はサブリース業者自らが賃貸人（転貸人）として行うため、建物の賃貸借の代理又は媒介には該当せず、サブリース業者は宅地建物取引業の免許を受ける必要はない。

問	項目	正解	重要度	予想正解率
33	サブリース / 管理業法(サブリース部分)	2	A	70%以上

ア 誤 勧誘者とは、①特定のサブリース業者（特定転貸事業者）と特定の関係性を有する者であって、②当該サブリース業者のマスターリース契約（特定賃

貸借契約）の締結に向けた勧誘を行う者**である。特定のサブリース業者が自社のマスターリース契約の勧誘の際に渡すことができるよう自社名の入った名刺の利用を認めている者は、「特定のサブリース業者と特定の関係性を有する者」に該当し、（サブリース事業に係る適正な業務のためのガイドライン3(2)）勧誘者に該当しうる。

イ　正　　不動産業者が賃貸住宅のオーナー（賃貸人）となろうとする者に対し、ワンルームマンションやアパート等の賃貸住宅やその土地等の購入を勧誘する際に、売買契約を結ぶ対象となる賃貸住宅に関して、顧客を勧誘する目的で**サブリース業者が作成したマスターリース契約の内容や条件等を説明する資料等を使って**、賃貸事業計画を説明したり、当該マスターリース契約を結ぶことを勧めたりする場合、勧誘者に該当する（サブリース事業に係る適正な業務のためのガイドライン3(3)）。

ウ　正　　賃貸住宅のオーナーが賃貸住宅のオーナーとなろうとする者に対し、自己の物件についてマスターリース契約を結んでいるサブリース業者等特定のサブリース業者から、**勧誘の対価として紹介料等の金銭を受け取り**、当該サブリース業者とマスターリース契約を結ぶことを**勧めたり**、当該マスターリース契約の**内容や条件等を説明**したりする場合、勧誘者に該当する（サブリース事業に係る適正な業務のためのガイドライン3(3)）。

エ　誤　　**不特定多数の者に向けられたものであっても、特定のサブリース業者のマスターリース契約の内容や条件等を具体的に認識できるような内容**であって、それが個別のオーナーとなろうとする者の意思形成に影響を与える場合は、勧誘に該当しうる（サブリース事業に係る適正な業務のためのガイドライン3(2)）。当該勧誘を、委託を受けて行う者は、勧誘者に該当しうる。

　以上より、正しいものの組合せはイ、ウであり、本問の正解肢は2となる。

問	項目	正解	重要度	予想正解率
34	サブリース／管理業法(サブリース部分)	3	A	70%以上

1 **不適切** 「〇年家賃保証」という記載に**隣接する箇所**に、**定期的な見直しがあること等のリスク情報**について表示せず、離れた箇所に表示している場合、誇大広告等に該当する（サブリース事業に係る適正な業務のためのガイドライン4(7)）。

2 **不適切** 体験談とは異なる賃貸住宅経営の実績となっている事例が一定数存在する場合等には、「個人の感想です。経営実績を保証するものではありません」といった打消し表示が明瞭に記載されていたとしても、問題のある表示となるおそれがあるため、**体験談を用いることは、賃貸住宅管理業法28条（誇大広告等の禁止）違反となる可能性がある**（サブリース事業に係る適正な業務のためのガイドライン4(4)）。

3 **適切** 特定転貸事業者等は、特定賃貸借契約の締結の勧誘をするに際し、又はその解除を妨げるため、特定賃貸借契約の相手方又は相手方となろうとする者に対し、当該特定賃貸借契約に関する事項であって特定賃貸借契約の相手方又は相手方となろうとする者の判断に影響を及ぼすこととなる重要なものにつき、**故意に事実を告げず、又は不実のことを告げる行為**をしてはならない（賃貸住宅管理業法29条1号）。サブリース契約（特定賃貸借契約）における新築当初の数か月間の借り上げ家賃の支払免責期間があることについてオーナー（賃貸人）となろうとする者に説明しない場合、不当な勧誘等に該当する（サブリース事業に係る適正な業務のためのガイドライン5(6)①）。

4 **不適切** 特定転貸事業者等は、特定賃貸借契約の締結又は更新をしない旨の意思を表示した相手方等に対して執ように勧誘する行為をしてはならない（賃貸住宅管理業法29条2号、同法施行規則44条4号）。電話勧誘又は訪問勧誘などの勧誘方法、自宅又は会社などの勧誘場所の如何にかかわらず、オーナー等が「契約を締結しない旨の意思」を表示した場合には、意思表示後に再度勧誘する行為は禁止され、**1度でも再勧誘行為を行えば本規定に違反する**（サブリース事業に係る適正な業務のためのガイドライン5(7)④）。

問	項目	正解	重要度	予想正解率
35	管理受託 / 管理業法(管理受託部分)	3	A	49%以下

ア 誤　いわゆるアセットマネジメント事業者については、**オーナーや信託の受益者から受託した資産運用業務の一環として賃貸住宅管理業者に管理業務を行わせている場合**、当該アセットマネジメント事業者は、賃貸住宅管理業者との関係ではいわばオーナーや信託の受益者と同視しうる立場にあるものと考えられることから、この場合における当該アセットマネジメント事業者は、管理業務を行う事業を営んでいるとは解されず、**賃貸住宅管理業の登録を受ける必要はない**（賃貸住宅管理業法の解釈・運用の考え方2条3項関係(3)）。

イ 誤　「賃貸住宅管理業者」とは、賃貸住宅管理業の登録を受けて賃貸住宅管理業を営む者をいう（賃貸住宅管理業法2条3項）。ここにいう「賃貸住宅管理業を営む」とは、**営利の意思を持って**反復継続的に賃貸住宅管理業を行うことをいい、営利の意思の有無については、客観的に判断される（同法の解釈・運用の考え方2条3項関係(1)）。したがって、営利の意思がなければ賃貸住宅管理業を営む者には該当しない。

ウ 誤　業務管理者に管理及び監督に関する事務を行わせなければならない事項は①管理受託契約重要事項説明書の交付及び説明に関する事項、②管理受託契約締結時書面の交付に関する事項、③管理業務として行う賃貸住宅の維持保全の実施に関する事項及び賃貸住宅に係る家賃等の管理に関する事項、④帳簿の備付け等に関する事項、⑤委託者への定期報告に関する事項、⑥秘密の保持に関する事項、⑦賃貸住宅の入居者からの苦情の処理に関する事項等である（賃貸住宅管理業法12条1項、同法施行規則13条各号）。**従業者証明書の携帯に関する事項は、上記①～⑦のいずれにも該当しない。**

エ 正　上記肢ウの解説の通り、帳簿の備付け等に関する事項は、**業務管理者に管理及び監督に関する事務を行わせなければならない事項**である（賃貸住宅管理業法12条1項、同法施行規則13条4号）。

以上より、誤っているものはア、イ、ウの3つであり、本問の正解肢は3となる。

問	項目	正解	重要度	予想正解率
36	管理受託／管理業法（管理受託部分）	1	A	50～69％

ア 誤　賃貸住宅管理業者は、登録の申請事項に変更があったときは、その日から30日以内に、その旨を国土交通大臣に届け出なければならない（賃貸住宅管理業法7条1項）。登録の申請事項は、①商号、名称又は氏名及び住所、②法人である場合においては、その**役員の氏名**、③未成年者である場合においては、その法定代理人の氏名及び住所（法定代理人が法人である場合にあっては、その商号又は名称及び住所並びにその役員の氏名）、④営業所又は事務所の名称及び所在地である（同法4条1項各号）。**役員の住所は登録の申請事項ではない**ため、役員の住所に変更があった場合でも届出は不要である。

イ 誤　賃貸住宅管理業の登録の更新を受けようとする者は、その者が現に受けている**登録の有効期間の満了の日の90日前から30日前までの間に**登録申請書を国土交通大臣に提出しなければならない（賃貸住宅管理業法施行規則4条）。

ウ 正　法人であって、その役員のうちに、**禁錮以上の刑に処せられ、又は賃貸住宅管理業法の規定により罰金の刑に処せられ**、その執行を終わり、又は執行を受けることがなくなった日から起算して**5年を経過しない者**があるものは、賃貸住宅管理業の登録を拒否される（賃貸住宅管理業法6条1項8号、4号）。

エ 誤　破産手続開始の決定を受けて**復権を得ない者**は、賃貸住宅管理業の登録を拒否される（賃貸住宅管理業法6条1項2号）。破産手続開始の決定を受けて復権を得た者は、上記にあたらず、復権を得た日から5年を経過していなくても、賃貸住宅管理業の登録を受けることができる。

以上より、正しいものはウの1つであり、本問の正解肢は1となる。

問	項目	正解	重要度	予想正解率
37	サブリース / 管理業法(サブリース部分)	4	A	70%以上

1 誤　契約期間中又は契約更新時に**特定賃貸借契約変更契約**を締結しようとするときに、特定賃貸借契約重要事項説明を行う場合にあっては、**説明を受けようとする者が承諾した場合に限り、説明から契約締結まで期間をおかないこととして差し支えない**（サブリース事業に係る適正な業務のためのガイドライン6(3)）。

2 誤　特定賃貸借契約の相手方となろうとする者が「特定転貸事業者である者その他の特定賃貸借契約に係る専門的知識及び経験を有すると認められる者として国土交通省令で定めるもの」である場合、**特定賃貸借契約重要事項説明に係る書面交付及び説明は不要**となる（賃貸住宅管理業法30条1項かっこ書）。特定賃貸借契約重要事項説明に係る書面交付及び説明が不要となる「国土交通省令で定める者」は、①**特定転貸事業者**、②賃貸住宅管理業者、③宅地建物取引業者、④特定目的会社、⑤組合（当該組合の組合員の間で所定の不動産特定共同事業契約が締結されているものに限る。）、⑥賃貸住宅に係る信託の受託者、⑦独立行政法人都市再生機構、⑧地方住宅供給公社である（同法施行規則45条各号）。

3 誤　**特定転貸事業者がどのような者に説明をさせなければならないかについて法律上定めはない**。ただ、特定賃貸借契約重要事項説明は、一定の実務経験を有する者や賃貸不動産経営管理士など、専門的な知識及び経験を有する者によって行われることが**望ましい**とされている（賃貸住宅管理業法の解釈・運用の考え方30条関係1）。

4 正　特定賃貸借契約が締結されている家屋等が、契約期間中現賃貸人から売却等されることにより、賃貸人たる地位が新たな賃貸人に移転し、**従前と同一内容によって当該特定賃貸借契約が承継される場合**、特定転貸事業者は、賃貸人たる地位が移転することを認識した後、遅滞なく、**新たな賃貸人に当該特定賃貸借契約の内容が分かる書類を交付することが望ましい**（賃貸住宅管理業法の解釈・運用の考え方30条関係3）。

問	項目	正解	重要度	予想正解率
38	サブリース／管理業法(サブリース部分)	3	A	70%以上

ア 誤　契約において、家賃改定日が定められていても、その日以外でも、借地借家法に基づく減額請求が可能であることについて記載し、説明しなければならない（賃貸住宅管理業法の解釈・運用の考え方30条関係2(3)）。

イ 正　特定転貸事業者が賃貸人に支払う**家賃の額、家賃の設定根拠、支払期限、支払方法、家賃改定日等**について記載し、説明しなければならない（賃貸住宅管理業法の解釈・運用の考え方30条関係2(3)）。

ウ 正　天災等による損害等につき特定転貸事業者が責任を負わないこととする場合は、その旨を記載し、説明しなければならない（賃貸住宅管理業法の解釈・運用の考え方30条関係2(8)）。

エ 正　契約の始期、終期、期間及び契約の類型（普通借家契約、定期借家契約）を記載し、説明しなければならない（賃貸住宅管理業法の解釈・運用の考え方30条関係2(9)）。

以上より、正しいものはイ、ウ、エの3つであり、本問の正解肢は3となる。

問	項目	正解	重要度	予想正解率
39	サブリース／管理業法(サブリース部分)	4	A	70%以上

1 適切　賃貸住宅管理業法30条（特定賃貸借契約の締結前の書面の交付）の規定については、**法施行前に締結された特定賃貸借契約で、法施行後に特定賃貸借契約変更契約が締結されたものについても適用される**（賃貸住宅管理業法の解釈・運用の考え方30条関係1）。

2 適切　契約の同一性を保ったままで契約期間のみを延長することや、組織運営に変更のない商号又は名称等の変更等、形式的な変更と認められる場合は、

特定賃貸借契約重要事項説明及び特定賃貸借契約締結時書面の**交付は行わないこととして差し支えない**（賃貸住宅管理業法の解釈・運用の考え方30条関係1、31条1項関係2）。

3 適切　**契約期間前の段階で引き渡し日が数か月遅れる**ことが発覚した場合、賃貸人が得られる家賃収入にも大きな影響があることが見込まれ契約条件の変更とも考えられることから、後のトラブルを未然に防止する観点からも**再度の特定賃貸借契約重要事項説明及び特定賃貸借契約締結時書面の再交付が必要となる**（賃貸住宅管理業法FAQ集4(4)17）。

4 不適切　オーナーと特定転貸事業者（サブリース業者）間の特定賃貸借契約（マスターリース契約）において、維持保全の実施方法などに変更があった場合には、**変更後の内容について転借人（入居者）へ通知する必要がある**（賃貸住宅管理業法FAQ集4(4)19）。

問	項目	正解	重要度	予想正解率
40	サブリース / 管理業法(サブリース部分)	1	A	70%以上

1 正　特定転貸事業者は、特定賃貸借契約締結時書面の交付に代えて、**当該特定賃貸借契約の相手方の承諾を得て**、当該書面に記載すべき事項を電磁的方法により提供することができる（賃貸住宅管理業法31条2項、30条2項）。**この承諾**は、特定転貸事業者が、あらかじめ、当該承諾に係る特定賃貸借契約の相手方に対し電磁的方法による提供に用いる電磁的方法の種類及び内容を示した上で、当該特定賃貸借契約の相手方から**書面等**によって得る（同法施行令3条3項、1項）。

2 誤　特定賃貸借契約（マスターリース契約）の締結前の書面（重要事項説明書）と特定賃貸借契約の締結時の書面は交付するタイミングが異なる書面であるため、**両書面を一体で交付することはできない**（賃貸住宅管理業法FAQ集4(4)3）。

3 誤　特定賃貸借契約の相手方に対する**維持保全の実施状況の報告に関する事項**

は、特定賃貸借契約締結時書面に**記載すべき事項**である（賃貸住宅管理業法31条1項7号、同法施行規則48条3号）。

4　誤　　特定賃貸借契約締結時書面に、業務管理者をして記名押印させなければならないとする定めはない（賃貸住宅管理業法31条参照）。

問	項目	正解	重要度	予想正解率
41	管理受託 / 管理業法（管理受託部分）	3	A	49%以下

ア　誤　　国土交通大臣は、賃貸住宅管理業者が、①賃貸住宅管理業法6条（登録の拒否）1項各号（3号を除く。）のいずれかに該当することとなったとき、②不正の手段により賃貸住宅管理業の登録を受けたとき、③その営む賃貸住宅管理業に関し法令又は**業務改善命令等に違反したとき**は、その登録を取り消し、又は1年以内の期間を定めてその業務の全部若しくは一部の停止を命ずることができる（賃貸住宅管理業法23条1項）。

イ　正　　国土交通大臣は、賃貸住宅管理業の登録が**その効力を失ったとき**、又は登録を**取り消したとき**は、当該**登録を抹消**しなければならない。（賃貸住宅管理業法24条）。

ウ　正　　国土交通大臣は、賃貸住宅管理業の適正な運営を確保するため必要があると認めるときは、賃貸住宅管理業者に対し、その業務に関し**報告を求め**、又はその職員に、賃貸住宅管理業者の営業所、事務所その他の**施設に立ち入り**、その業務の状況若しくは設備、帳簿書類その他の**物件を検査**させ、若しくは関係者に**質問**させることができる（賃貸住宅管理業法26条1項）。

エ　正　　賃貸住宅管理業の登録の更新をしなかったとき、登録が効力を失ったとき、又は登録が取り消されたときは、当該登録に係る賃貸住宅管理業者であった者又はその一般承継人は、当該賃貸住宅管理業者が締結した**管理受託契約に基づく業務を結了する目的の範囲内**においては、なお賃貸住宅管理業者とみなされる（賃貸住宅管理業法27条）。

以上より、正しいものはイ、ウ、エの3つであり、本問の正解肢は3となる。

問	項目	正解	重要度	予想正解率
42	サブリース / 特定賃貸借標準契約書	1	A	49％以下

ア　正　　貸主は、転貸の条件に従い借主が賃貸住宅を転貸することを承諾する（特定賃貸借標準契約書9条1項本文）。ただし、**借主は、反社会的勢力に賃貸住宅を転貸してはならない**（同条項ただし書）。

イ　正　　貸主が修繕を行う場合は、貸主は、**あらかじめ借主を通じて**、その旨を転借人に通知しなければならない（特定賃貸借標準契約書11条4項前段）。

ウ　正　　借主が契約書に定められている修繕を行うに際しては、その内容及び方法についてあらかじめ**貸主と協議して**行う（特定賃貸借標準契約書11条9項）。

エ　誤　　借主は、特定賃貸借契約が終了する日までに（特定賃貸借契約が解除された場合にあっては、直ちに）、住戸部分のうちの空室及びその他の部分について、転貸借に関する通常の使用に伴い生じた当該部分の損耗及び当該部分の経年変化を除き、借主の責めに帰すべき事由（**転借人の責めに帰すべき事由を含む。**）によって必要となった修繕を行い、返還日を事前に貸主に通知した上で、貸主に賃貸住宅を返還しなければならない（特定賃貸借標準契約書20条1項）。

以上より、誤っているものはエの1つであり、本問の正解肢は1となる。

問	項目	正解	重要度	予想正解率
43	管理実務・金銭管理等 / 建物管理	1	C	50～69％

1　不適切　　土地の所有者は、隣地の竹木の枝が境界線を越えるときは、その竹木の所有者に、その枝を切除させることができる（民法233条1項）。また、隣

地の竹木の枝が境界線を越える場合において、①竹木の所有者に枝を切除するよう催告したにもかかわらず、竹木の所有者が相当の期間内に切除しないとき、②竹木の所有者を知ることができず、又はその所在を知ることができないとき、③急迫の事情があるときに該当するときは、土地の所有者は、その枝を切り取ることができる（同条3項）。

2 　適切　　土地の所有者は、他の土地に設備を設置し、又は他人が所有する設備を使用しなければ**電気、ガス又は水道水の供給その他これらに類する継続的給付**を受けることができないときは、継続的給付を受けるため**必要な範囲内で、他の土地に設備を設置し、又は他人が所有する設備を使用することができる**（民法213条の2第1項）。

3 　適切　　売買等をする場合だけではなく、**賃貸の媒介をする場合にも**、宅地建物取引業者は、水防法施行規則11条1号の規定により当該宅地又は建物が所在する市町村の長が提供する図面（水害ハザードマップ）に当該宅地又は建物の位置が表示されているときは、**当該図面における当該宅地又は建物の所在地**を、宅地建物取引業法に規定する重要事項として説明しなければならない（宅地建物取引業法35条1項14号、同法施行規則16条の4の3第3号の2）。

4 　適切　　「防犯に配慮した共同住宅に係る設計指針」（国土交通省住宅局平成13年3月23日策定）によれば、新築される共同住宅における**エレベーターのかご内には、防犯カメラを設置する**ものとされている（防犯に配慮した共同住宅に係る設計指針第3.2（5）ア）。

問	項目	正解	重要度	予想正解率
44	管理実務・金銭管理等 / 業務関連法令	3	C	49％以下

1 　不適切　　住宅確保要配慮者円滑入居賃貸住宅事業を行う者は、住宅確保要配慮者円滑入居賃貸住宅を構成する建築物ごとに、都道府県知事の登録を受けることができる（住宅確保要配慮者に対する賃貸住宅の供給の促進に関する法律8条）。入居を受け入れることとする住宅確保要配慮者の範囲（同法9条1

項6号）は、その範囲を申請書に記載して、登録を受けることにより、**限定することができる**。

2　不適切　特定家庭用機器再商品化法（家電リサイクル法）では、エアコン、テレビ（ブラウン管、液晶・有機EL・プラズマ）、冷蔵庫・冷凍庫、洗濯機・衣類乾燥機の4つ（いずれも家庭用機器のみ）が対象となる廃棄物とされ（特定家庭用機器再商品化法2条5項、4項、同法施行令1条）、小売業者は、消費者などから廃棄物を引き取る義務、製造業者等へ廃棄物を引き渡す義務を課されている（同法9条、10条）。したがって、賃貸住宅管理業者は、**小売業者に該当する場合、エアコン等の引取りとメーカーへの引渡しを実施する義務がある**。

3　適切　家賃債務保証業を営む者は、**国土交通大臣の登録を受けることができる**（家賃債務保証業者登録規程3条1項）。当該登録は、**5年ごとにその更新を受けなければ、その期間の経過によって、その効力を失う**（同条2項）。

4　不適切　消費者契約法上の消費者団体訴訟制度は、適格消費者団体が**差止請求**を行うものである（消費者契約法12条1項）。適格消費者団体には、取消権の行使や損害賠償請求などは認められていない。

問	項目	正解	重要度	予想正解率
45	管理実務・金銭管理等／賃貸業への支援業務	4	A	70%以上

1　不適切　法定相続人が配偶者と兄弟姉妹の場合の法定相続分は、**配偶者4分の3、兄弟姉妹4分の1**（複数の場合は人数按分）となる（民法900条3号、4号）。

2　不適切　賃貸不動産の敷地（貸付事業用宅地等）に小規模宅地等の特例を適用する場合、**評価額を200㎡まで50%減額**することができる。

3　不適切　贈与税は、暦年課税の場合、1年間（1月1日から12月31日まで）に贈与を受けた財産の価格から**基礎控除額の110万円**を控除した額に税率を乗

じて計算する。

4 **適切** 相続時精算課税制度によって贈与を受けた財産は、贈与財産ではなく相続財産の前払いとされる。親などの相続時に、当該贈与財産は**贈与時**の評価額（令和6年分以後の贈与は110万円控除後の評価額）で相続財産に加算されて相続税を計算することになる。

問	項目	正解	重要度	予想正解率
46	管理実務・金銭管理等／賃貸不動産経営管理士のあり方	2	B	70%以上

ア **不適切** 賃貸不動産経営管理士は、賃貸不動産経営管理士としてのコンプライアンス等に基づけばとるべきではない管理業務の手法（自力救済の禁止に抵触する明渡しの実現等）を賃貸人や所属する賃貸住宅管理業者から要請された場合には、**コンプライアンスに従った対応を取るように求めなければならない**。

イ **適切** 賃貸不動産経営管理士は、日ごろから人権問題に関心を持ち、人権意識を醸成して自らの専門性を発揮するとともに、**賃貸人**に対しては**差別が許されない**ことを十分に理解してもらい、**自社の他の従業者**に対して**積極的に指導等を行う**などして、賃貸住宅管理業界全体の社会的役割の実現と人権意識の向上に努めなければならない。

ウ **不適切** 賃貸不動産経営を支援する業務として、**予算計画書及び収支報告書**の作成、**物件状況報告書（改善提案書）**の作成、**長期修繕計画書**の作成がある。これらの作成業務は、賃貸不動産経営管理士が行うことができる。

エ **適切** 賃貸不動産経営管理士には、賃借人が有する不満不安に対し、**事実を包み隠さず説明する意識**と、高度な知識経験に裏打ちされた合理的かつバランス感覚にそった**説明**、そして、その前提となる日々の**業務の透明性**が強く求められる。

以上より、不適切なものの組合せはア、ウであり、本問の正解肢は2となる。

問	項目	正解	重要度	予想正解率
47	管理実務・金銭管理等 / 賃貸不動産管理の意義と社会的情勢	1	B	50～69%

1 **不適切** 住宅宿泊事業法では、「住宅宿泊事業を営む者」に係る**届出制度**並びに「住宅宿泊管理業を営む者」及び「住宅宿泊仲介業を営む者」に係る**登録制度**を設けている。

2 **適切** 「住生活基本計画」では、「子どもを産み育てやすい住まいの実現」を目標の一つとしている。その達成のために必要な基本的な施策として、「民間賃貸住宅の計画的な維持修繕等により、**良質で長期に使用できる民間賃貸住宅ストックの形成と賃貸住宅市場の整備**」が掲げられている。

3 **適切** 住宅用地では、固定資産税の課税標準が、小規模住宅用地（200 ㎡以下の部分）については6分の1に、一般住宅用地（200 ㎡超の部分）については3分の1に軽減される（住宅用地に対する固定資産税の課税標準の特例 地方税法349条の3の2）。しかし、適切な管理が行われていない空家が放置されることへの対応策として、空家等対策の推進に関する特別措置法の規定により**市区町村長から勧告を受けた管理不全空家等の敷地や特定空家等の敷地については、住宅用地に対する課税標準の特例の適用対象から除外される**（同条1項かっこ書）。

4 **適切** 裁判所は、**所有者による建物の管理が不適当であることによって他人の権利又は法律上保護される利益が侵害され、又は侵害されるおそれがある場合**において、必要があると認めるときは、利害関係人の請求により、当該建物を対象として、**管理不全建物管理人による管理を命ずる処分**をすることができる（民法264条の14第1項）。

問	項目	正解	重要度	予想正解率
48	管理実務・金銭管理等 / 建物管理	4	C	50~69%

1 **不適切** 解除関係事務委任契約は、賃貸借契約の存続中に賃借人が死亡した場合に、合意解除の代理権、賃貸人からの解除の意思表示を受ける代理権を受任者に授与するものである（解除関係事務委任契約のモデル契約条項（第1の前注1））。解除関係事務委任契約の委任者は賃借人であるため、賃借人がその意思に従って受任者を選ぶことになるが、**賃貸人を受任者とすることは避けるべきである**とされている（同契約条項（第1の前注2））。

2 **不適切** 委任者は、受任者に対して、委任者を賃借人とする賃貸借契約（以下「本賃貸借契約」という。）が終了するまでに賃借人である委任者が死亡したことを停止条件として、①**本賃貸借契約を賃貸人との合意により解除する代理権**及び②**本賃貸借契約を解除する旨の賃貸人の意思表示を受領する代理権**を授与する（解除関係事務委任契約のモデル契約条項1条）。

3 **不適切** 受任者は、**委任者の死亡から3か月が経過し、かつ、本賃貸借契約が終了したとき**は、非指定残置物（保管に適しないものを除く。）を廃棄するものとする（残置物関係事務委託契約のモデル契約条項6条1項本文）。ただし、受任者は、換価することができる非指定残置物については、できるだけ、換価するように努めるものとする（同条項ただし書）。

4 **適切** 残置物関係事務委託契約は、賃貸借契約の存続中に賃借人が死亡した場合に、**賃貸物件内に残された動産類（残置物）の廃棄や指定された送付先への送付等の事務を受任者に委託する**ものである（残置物関係事務委託契約のモデル契約条項（第2の前注1））。残置物関係事務委託契約の受任者については、解除関係事務委任契約と同様、①賃借人の推定相続人のいずれか、②居住支援法人、居住支援を行う社会福祉法人又は**賃貸物件を管理する管理業者のような第三者**が考えられる（同契約条項（第2の前注2））。

問	項目	正解	重要度	予想正解率
49	管理実務・金銭管理等 / その他	3	C	50～69%

1 適切　建築物の**販売又は賃貸**を行う事業者は、その販売等を行う建築物について、**エネルギー消費性能を表示するよう努めなければならない**（建築物のエネルギー消費性能の向上に関する法律33条の2第1項）。

2 適切　建築物のエネルギー消費性能の表示は、告示で定める建築物の省エネ性能ラベルを用いて行うことが必要である。**建築物の省エネ性能ラベルでは、エネルギー消費性能や断熱性能が★マークや数字で表示される**（建築物のエネルギー消費性能の向上に関する法律33条の2第2項、令和5年国土交通省告示970号）。

3 不適切　建築物のエネルギー消費性能の評価は、**第三者による評価でも自己評価でもよい**。第三者による評価を受けた場合は「第三者評価」、それ以外の場合は「自己評価」の文字を省エネ性能ラベルに表示する（令和5年国土交通省告示970号）。

4 適切　国土交通大臣は、販売事業者等が、その販売等を行う建築物について告示されたところに従ってエネルギー消費性能の表示をしていないと認めるときは、当該販売事業者等に対し、その販売等を行う建築物について、その告示されたところに従って**エネルギー消費性能に関する表示をすべき旨の勧告をすることができる**（建築物のエネルギー消費性能の向上に関する法律33条の3第1項）。

問	項目	正解	重要度	予想正解率
50	管理実務・金銭管理等 / 賃貸不動産管理の意義と社会的情勢	2	C	49%以下

1 適切　近年では、**管理業務を自ら全て実施する者が減少し**（平成4年度75%、令和元年度18.5%）、**管理会社に業務を委託する賃貸住宅の所有者が増加している**（平成4年25%、令和元年81.5%）（平成4年度貸家市場実態調査（住宅

金融公庫（当時））及び国土交通省が令和元年12月に公表した賃貸住宅管理業務に関するアンケート調査）。

2 **不適切** 建築着工統計調査報告（令和5年計）（令和6年1月31日公表）によれば、令和5年の**貸家の新設住宅着工戸数**は約34.4万戸（前年比0.3％減）となり、**3年ぶりの減少**となっている。

3 **適切** 民間主体が保有する賃貸住宅のストック数は増加傾向にあり、平成30年では住宅ストック総数（居住世帯のある住宅5,361万6,000戸）のうち、**民間賃貸住宅（借家）数は1,529万5,000戸（28.5％）**であり、**住宅ストック総数の4分の1強を占める**（平成30年住宅・土地統計調査）。

4 **適切** 平成30年の全国における空き家は848万9,000戸、総住宅数に占める空き家率は**13.6％**であり、過去最高となった。そのうち、**賃貸用の空き家が432万7,000戸（51.0％）**となっており、50％超を占めている（平成30年住宅・土地統計調査）。

出る順賃貸不動産経営管理士シリーズ

2024年版 出る順賃貸不動産経営管理士 当たる！直前予想模試

| 2020年9月25日 | 第1版 | 第1刷発行 |
| 2024年7月30日 | 第5版 | 第1刷発行 |

編著者●株式会社　東京リーガルマインド
　　　　LEC総合研究所　賃貸不動産経営管理士試験部

発行所●株式会社　東京リーガルマインド
〒164-0001　東京都中野区中野4-11-10
アーバンネット中野ビル
LECコールセンター　☎0570-064-464
　　受付時間　平日9：30～20：00/土・祝10：00～19：00/日10：00～18：00
　　※このナビダイヤルは通話料お客様ご負担となります。
書店様専用受注センター　TEL 048-999-7581 / FAX 048-999-7591
　　受付時間　平日9：00～17：00/土・日・祝休み
www.lec-jp.com/

表紙・本文イラスト●矢寿ひろお
本文デザイン●株式会社 桂樹社グループ
印刷・製本●倉敷印刷株式会社

©2024 TOKYO LEGAL MIND K.K., Printed in Japan　　ISBN978-4-8449-7419-2
複製・頒布を禁じます。
本書の全部または一部を無断で複製・転載等することは，法律で認められた場合を除き，著作権者及び出版者の権利侵害になりますので，その場合はあらかじめ弊社あてに許諾をお求めください。
なお，本書は個人の方々の学習目的で使用していただくために販売するものです。弊社と競合する営利目的での使用等は固くお断りいたしております。

落丁・乱丁本は，送料弊社負担にてお取替えいたします。出版部(TEL03-5913-6336)までご連絡ください。

2024年合格目標　賃貸不動産経営管理士

対象者
- ☑ 早く始めてしっかり学習し、余裕で合格を目指す方
- ☑ 試験の全体構造を把握したい方

2024年8月　受験申込8月1日(木)〜9月26日(木)

入門講座
■全範囲　全3回

合格スタンダード講座　全13回
「合格のトリセツ テキスト&一問一答」で試験に出る知識を効率的に学びます

- ■賃貸借関係　5回
- ■管理受託・サブリース　2回
- ■管理業務・金銭管理等　3回
- ■維持保全　3回

特長　入門講座から予想論点総まとめ講座まで揃ったフルコースです！

本パックは、知識がゼロから始めて無理なく賃貸不動産経営管理士試験合格を目指すためのコースです。まず「入門講座」で賃貸借の流れ、賃貸住宅管理業法の概要、試験の全体構造を把握します。次に試験対策の軸となるインプット講義「合格スタンダード講座」では出題範囲の科目を効率よく丁寧に学習をすすめていきます。続く「過去問徹底分析講座」では過去9年分の過去問から出題予想を踏まえた重要過去問で知識の習得・確認を行います。「チャレンジ答練」「全国公開模擬試験」で実力を養成し合格レベルへ引き上げます。最後に「予想論点総まとめ講座」で重要ポイントを最終確認・総仕上げをしましょう！

お得な割引制度！

再受講割引 30%OFF
※2023年賃貸管理士各種パックを受講された方

LEC受講生割引 25%OFF
LEC講座の累積お支払いが50,000円以上の方（但し書籍代除く）

5問免除割引 25%OFF
2024年度試験の5問免除対象者であることを証明できる方

受験者割引 20%OFF
宅建・管業・マン管・賃貸管理士・FP試験を受験された方、受験申込された方

宅建従業者割引 15%OFF
宅建業に従事されている方または宅建業への就職内定が出ている方

合格フルコース 全27回

収録担当：本書執筆者
LEC専任講師
友次 正浩

- 入門講座から予想論点総まとめ講座まで揃ったフルコースです！
- 「合格のトリセツ」の執筆者自ら講義を行い合格へ導く！

9月 ─ 10月 ─ 11月 ─ 12月

- 過去問徹底分析講座 ■全範囲
  ■使用テキスト「合格のトリセツ過去問題集」
  全6回
- 予想論点 総まとめ講座 ■全範囲 全2回
- 11/17（日）賃貸不動産経営管理士試験
- 合格発表

- チャレンジ答練 全1回 成績処理有
- 全国公開模擬試験 第1回 全1回 成績処理有
- 全国公開模擬試験 第2回 全1回 成績処理有

スケジュール〔Web/音声DL配信/DVD・教材発送日〕

入門講座	配信・発送中	チャレンジ答練	9/5（木）～
合格スタンダード講座	配信・発送中	全国公開模擬試験	9/26（木）～
過去問徹底分析講座	8/1（木）～	予想論点総まとめ講座	10/17（木）～

受講料（合格のトリセツ テキスト&一問一答、合格のトリセツ過去問題集 受講料込み）

	受講形態	一般価格（税込）	賃貸再受講割引 30%OFF	LEC受講生割引 25%OFF	5問免除割引 25%OFF	宅管マ賃FP受験者割引 20%OFF	宅建従業者割引 15%OFF	講座コード
通学	Webフォロー（模試会場受験）	88,000円	61,600円	66,000円	66,000円	70,400円	74,800円	VA24601
通学	DVDフォロー（模試会場受験）	99,000円	69,300円	74,250円	74,250円	79,200円	84,150円	VA24602
通信	Web（模試会場/模試自宅）	82,500円	57,750円	61,880円	61,880円	66,000円	70,130円	VB24601/VB24603
通信	DVD（模試会場/模試自宅）	93,500円	65,450円	70,130円	70,130円	74,800円	79,480円	VB24602/VB24604
通信	提携校通学Web	88,000円	61,600円	66,000円	66,000円	70,400円	74,800円	VB24603
通信	提携校通学DVD	99,000円	69,300円	74,250円	74,250円	79,200円	84,150円	VB24604

充実した割引制度でこんなにお得！割引制度の詳細はこちら　LEC賃貸不動産経営管理士

2024賃貸管理士　合格スタンダードコース　全24回

対象者
- ☑ 法律学習経験と知識を活かして必勝合格を目指す方
- ☑ 試験団体実施の5問免除講習と併行して試験対策をすすめたい方

2024年8月～ ･･･ 9月 ･･･ 10月 ･･･ 11月 ･･･ 12月

受験申込 8月1日(木)～9月26日(木)

11/17(日)

合格スタンダード講座	過去問徹底分析講座	チャレンジ答練 公開模試第1回 公開模試第2回	予想論点総まとめ講座	本試験	合格発表
13回	6回	各1回	2回		

特長　試験対策の軸となる合格スタンダード講座から学習開始！

本パックは、宅建士他資格学習経験者、5問免除講習受講者が無理なく、賃貸管理士試験合格を目指すためのコースです。
インプット講義「合格スタンダード講座」では出題範囲の科目を効率よく丁寧に学習をすすめていきます。賃貸住宅管理業法の中で特に狙われるポイントは周辺知識もしっかりインプットします。続く「過去問徹底分析講座」では過去9年分の過去問から出題予想を踏まえた重要過去問で知識の習得・確認を行います。「チャレンジ答練」「全国公開模擬試験」で実力を養成し合格レベルへ引き上げます。
最後に「予想論点総まとめ講座」で重要ポイントを最終確認・総仕上げをしましょう！

スケジュール〔Web/音声DL配信/DVD・教材発送日〕

合格スタンダード講座	配信・発送中	チャレンジ答練・全国公開模擬試験	9/5（木）～
過去問徹底分析講座	8/1（木）～	予想論点総まとめ講座	10/17（木）～

受講料　（合格のトリセツ テキスト&一問一答、合格のトリセツ過去問題集　受講料込み）

	受講形態	一般価格（税込）	講座コード		受講形態	一般価格（税込）	講座コード
通学	Webフォロー（模試会場受験）	77,000円	VA23605	通信	Web（模試会場受験）	71,500円	VB24605
					Web（模試自宅受験）	71,500円	VB24607
					DVD（模試会場受験）	82,500円	VB24606
	DVDフォロー（模試会場受験）	88,000円	VA23606		DVD（模試自宅受験）	82,500円	VB24608
					提携校通学Web	77,000円	VB24607
					提携校通学DVD	88,000円	VB24608

充実した割引制度でこんなにお得！割引制度の詳細はこちら　[LEC賃貸不動産経営管理士　🔍]

2024賃貸管理士 合格プライムコース 全16回

対象者
- ☑ 24年度宅建士試験後から学習開始してW合格を目指す方
- ☑ 宅建知識を活かして超短期合格を目指す方

2024年8月 ････････････ 10/20(日)宅建試験 ････ 11月 ･････････････ 12月

受験申込 8月1日(木)〜9月26日(木)　　　　　　　　　　11/17(日)

合格プライム講座 7回 → 過去問徹底分析講座 ※自宅学習のみ 6回 → 全国公開模擬模試第2回 1回 → 予想論点総まとめ講座 2回 → 本試験 → 合格発表

特長 　インプットは賃貸借関係を圧縮して短期合格を目指す！

本パックは、宅建士試験の勉強をベースに最短ルートで賃貸管理士試験合格を目指すためのコースです。
インプット講義「合格プライム講座」では宅建知識をそのまま活かせる出題範囲の把握と復習、さらに賃貸住宅管理業法や賃貸管理士特有分野を宅建知識との親和性を加味しながらわかりやすく丁寧に学習をすすめます。続く「過去問徹底分析講座」では過去9年分の過去問から出題予想を踏まえた重要過去問で知識の習得・確認を行います。最後に「全国公開模擬試験」で知識の習熟度を測り、「予想論点総まとめ講座」で重要ポイントを最終確認・総仕上げをしましょう！

スケジュール〔Web/音声DL配信/DVD・教材発送日〕

合格プライム講座	8/1（木）〜		全国公開模擬試験	10/17（木）〜
過去問徹底分析講座	8/1（木）〜		予想論点総まとめ講座	10/17（木）〜

受講料 （合格のトリセツ テキスト＆一問一答、合格のトリセツ過去問題集　受講料込み）

	受講形態	一般価格（税込）	講座コード		受講形態	一般価格（税込）	講座コード
通学	Webフォロー（模試会場受験）	52,800円	VA23609	通信	Web（模試会場受験）	52,800円	VB24609
					Web（模試自宅受験）	52,800円	VB24611
					DVD（模試会場受験）	63,800円	VB24610
	DVDフォロー（模試会場受験）	63,800円	VA23610		DVD（模試自宅受験）	63,800円	VB24612
					提携校通学Web	55,000円	VB24611
					提携校通学DVD	66,000円	VB24612

充実した割引制度でこんなにお得！割引制度の詳細はこちら　　LEC賃貸不動産経営管理士

LEC Webサイト ▷▷ **www.lec-jp.com/**

情報盛りだくさん！

資格を選ぶときも，
講座を選ぶときも，
最新情報でサポートします！

最新情報
各試験の試験日程や法改正情報，対策講座，模擬試験の最新情報を日々更新しています。

資料請求
講座案内など無料でお届けいたします。

受講・受験相談
メールでのご質問を随時受付けております。

よくある質問
LECのシステムから，資格試験についてまで，よくある質問をまとめました。疑問を今すぐ解決したいなら，まずチェック！

書籍・問題集（LEC書籍部）
LECが出版している書籍・問題集・レジュメをこちらで紹介しています。

充実の動画コンテンツ！

ガイダンスや講演会動画，
講義の無料試聴まで
Webで今すぐCheck！

動画視聴OK
パンフレットやWebサイトを見てもわかりづらいところを動画で説明。いつでもすぐに問題解決！

Web無料試聴
講座の第1回目を動画で無料試聴！気になる講義内容をすぐに確認できます。

スマートフォン・タブレットから簡単アクセス！ ▷▷

自慢のメールマガジン配信中！（登録無料）

LEC講師陣が毎週配信！ 最新情報やワンポイントアドバイス，改正ポイントなど合格に必要な知識をメールにて毎週配信。

www.lec-jp.com/mailmaga/

LEC オンラインショップ

充実のラインナップ！ LECの書籍・問題集や講座などのご注文がいつでも可能です。また，割引クーポンや各種お支払い方法をご用意しております。

online.lec-jp.com/

LEC 電子書籍シリーズ

LECの書籍が電子書籍に！ お使いのスマートフォンやタブレットで，いつでもどこでも学習できます。
※動作環境・機能につきましては，各電子書籍ストアにてご確認ください。

www.lec-jp.com/ebook/

LEC書籍・問題集・レジュメの紹介サイト **LEC書籍部** www.lec-jp.com/system/book/

- LECが出版している書籍・問題集・レジュメをご紹介
- 当サイトから書籍などの直接購入が可能（＊）
- 書籍の内容を確認できる「チラ読み」サービス
- 発行後に判明した誤字等の訂正情報を公開

＊商品をご購入いただく際は，事前に会員登録（無料）が必要です。
＊購入金額の合計・発送する地域によって，別途送料がかかる場合がございます。

※資格試験によっては実施していないサービスがありますので，ご了承ください。

LEC 全国学校案内

＊講座のお問合せ，受講相談は最寄りのLEC各校へ

LEC本校

■ 北海道・東北

札　幌本校 ☎011(210)5002
〒060-0004 北海道札幌市中央区北4条西5-1　アスティ45ビル

仙　台本校 ☎022(380)7001
〒980-0022 宮城県仙台市青葉区五橋1-1-10　第二河北ビル

■ 関東

渋谷駅前本校 ☎03(3464)5001
〒150-0043 東京都渋谷区道玄坂2-6-17　渋東シネタワー

池　袋本校 ☎03(3984)5001
〒171-0022 東京都豊島区南池袋1-25-11　第15野萩ビル

水道橋本校 ☎03(3265)5001
〒101-0061 東京都千代田区神田三崎町2-2-15　Daiwa三崎町ビル

新宿エルタワー本校 ☎03(5325)6001
〒163-1518 東京都新宿区西新宿1-6-1　新宿エルタワー

早稲田本校 ☎03(5155)5501
〒162-0045 東京都新宿区馬場下町62　三朝庵ビル

中　野本校 ☎03(5913)6005
〒164-0001 東京都中野区中野4-11-10　アーバンネット中野ビル

立　川本校 ☎042(524)5001
〒190-0012 東京都立川市曙町1-14-13　立川MKビル

町　田本校 ☎042(709)0581
〒194-0013 東京都町田市原町田4-5-8　MIキューブ町田イースト

横　浜本校 ☎045(311)5001
〒220-0004 神奈川県横浜市西区北幸2-4-3　北幸GM21ビル

千　葉本校 ☎043(222)5009
〒260-0015 千葉県千葉市中央区富士見2-3-1　塚本大千葉ビル

大　宮本校 ☎048(740)5501
〒330-0802 埼玉県さいたま市大宮区宮町1-24　大宮GSビル

■ 東海

名古屋駅前本校 ☎052(586)5001
〒450-0002 愛知県名古屋市中村区名駅4-6-23　第三堀内ビル

静　岡本校 ☎054(255)5001
〒420-0857 静岡県静岡市葵区御幸町3-21　ペガサート

■ 北陸

富　山本校 ☎076(443)5810
〒930-0002 富山県富山市新富町2-4-25　カーニープレイス富山

■ 関西

梅田駅前本校 ☎06(6374)5001
〒530-0013 大阪府大阪市北区茶屋町1-27　ABC-MART梅田ビル

難波駅前本校 ☎06(6646)6911
〒556-0017 大阪府大阪市浪速区湊町1-4-1
大阪シティエアターミナルビル

京都駅前本校 ☎075(353)9531
〒600-8216 京都府京都市下京区東洞院通七条下ル2丁目
東塩小路町680-2　木村食品ビル

四条烏丸本校 ☎075(353)2531
〒600-8413 京都府京都市下京区烏丸通仏光寺下ル
大政所町680-1　第八長谷ビル

神　戸本校 ☎078(325)0511
〒650-0021 兵庫県神戸市中央区三宮町1-1-2　三宮セントラルビル

■ 中国・四国

岡　山本校 ☎086(227)5001
〒700-0901 岡山県岡山市北区本町10-22　本町ビル

広　島本校 ☎082(511)7001
〒730-0011 広島県広島市中区基町11-13　合人社広島紙屋町アネクス

山　口本校 ☎083(921)8911
〒753-0814 山口県山口市吉敷下東 3-4-7　リアライズⅢ

高　松本校 ☎087(851)3411
〒760-0023 香川県高松市寿町2-4-20　高松センタービル

松　山本校 ☎089(961)1333
〒790-0003 愛媛県松山市三番町7-13-13　ミツネビルディング

■ 九州・沖縄

福　岡本校 ☎092(715)5001
〒810-0001 福岡県福岡市中央区天神4-4-11　天神ショッパーズ福岡

那　覇本校 ☎098(867)5001
〒902-0067 沖縄県那覇市安里2-9-10　丸姫産業第2ビル

■ EYE関西

EYE 大阪本校 ☎06(7222)3655
〒530-0013 大阪府大阪市北区茶屋町1-27　ABC-MART梅田ビル

EYE 京都本校 ☎075(353)2531
〒600-8413 京都府京都市下京区烏丸通仏光寺下ル
大政所町680-1　第八長谷ビル

【LEC公式サイト】www.lec-jp.com/

LEC提携校

■ 北海道・東北

八戸中央校【提携校】 ☎0178(47)5011
〒031-0035　青森県八戸市寺横町13　第1朋友ビル　新教育センター内

弘前校【提携校】 ☎0172(55)8831
〒036-8093　青森県弘前市城東中央1-5-2
まなびの森　弘前城東予備校内

秋田校【提携校】 ☎018(863)9341
〒010-0964　秋田県秋田市八橋鯲沼町1-60
株式会社アキタシステムマネジメント内

■ 関東

水戸校【提携校】 ☎029(297)6611
〒310-0912　茨城県水戸市見川2-3092-3

所沢校【提携校】 ☎050(6865)6996
〒359-0037　埼玉県所沢市くすのき台3-18-4　所沢K・Sビル
合同会社LPエデュケーション内

東京駅八重洲口校【提携校】 ☎03(3527)9304
〒103-0027　東京都中央区日本橋3-7-7　日本橋アーバンビル
グランデスク内

日本橋校【提携校】 ☎03(6661)1188
〒103-0025　東京都中央区日本橋茅場町2-5-6　日本橋大江戸ビル
株式会社大江戸コンサルタント内

■ 東海

沼津校【提携校】 ☎055(928)4621
〒410-0048　静岡県沼津市新宿町3-15　萩原ビル
M-netパソコンスクール沼津校内

■ 北陸

新潟校【提携校】 ☎025(240)7781
〒950-0901　新潟県新潟市中央区弁天3-2-20　弁天501ビル
株式会社大江戸コンサルタント内

金沢校【提携校】 ☎076(237)3925
〒920-8217　石川県金沢市近岡町845-1　株式会社アイ・アイ・ピー金沢内

福井南校【提携校】 ☎0776(35)8230
〒918-8114　福井県福井市羽水2-701　株式会社ヒューマン・デザイン内

■ 関西

和歌山駅前校【提携校】 ☎073(402)2888
〒640-8342　和歌山県和歌山市友田町2-145
KEG教育センタービル　株式会社KEGキャリア・アカデミー内

＊提携校はLECとは別の経営母体が運営をしております。
＊提携校は実施講座およびサービスにおいてLECと異なる部分がございます。

■ 中国・四国

松江殿町校【提携校】 ☎0852(31)1661
〒690-0887　島根県松江市殿町517　アルファステイツ殿町
山路イングリッシュスクール内

岩国駅前校【提携校】 ☎0827(23)7424
〒740-0018　山口県岩国市麻里布町1-3-3　岡村ビル　英光学院内

新居浜駅前校【提携校】 ☎0897(32)5356
〒792-0812　愛媛県新居浜市坂井町2-3-8　パルティフジ新居浜駅前店内

■ 九州・沖縄

佐世保駅前校【提携校】 ☎0956(22)8623
〒857-0862　長崎県佐世保市白南風町5-15　智翔館内

日野校【提携校】 ☎0956(48)2239
〒858-0925　長崎県佐世保市椎木町336-1　智翔館日野校内

長崎駅前校【提携校】 ☎095(895)5917
〒850-0057　長崎県長崎市大黒町10-10　KoKoRoビル
minatoコワーキングスペース内

高原校【提携校】 ☎098(989)8009
〒904-2163　沖縄県沖縄市大里2-24-1
有限会社スキップヒューマンワーク内

※上記は2024年6月1日現在のものです。

書籍の訂正情報について

このたびは，弊社発行書籍をご購入いただき，誠にありがとうございます。
万が一誤りの箇所がございましたら，以下の方法にてご確認ください。

1 訂正情報の確認方法

書籍発行後に判明した訂正情報を順次掲載しております。
下記Webサイトよりご確認ください。

www.lec-jp.com/system/correct/

2 ご連絡方法

上記Webサイトに訂正情報の掲載がない場合は，下記Webサイトの
入力フォームよりご連絡ください。

lec.jp/system/soudan/web.html

フォームのご入力にあたりましては，「Web教材・サービスのご利用について」の
最下部の「ご質問内容」に下記事項をご記載ください。

- ・対象書籍名（○○年版，第○版の記載がある書籍は併せてご記載ください）
- ・ご指摘箇所（具体的にページ数と内容の記載をお願いいたします）

ご連絡期限は，次の改訂版の発行日までとさせていただきます。
また，改訂版を発行しない書籍は，販売終了日までとさせていただきます。

※上記「2 ご連絡方法」のフォームをご利用になれない場合は，①書籍名，②発行年月日，③ご指摘箇所，を記載の上，郵送にて下記送付先にご送付ください。確認した上で，内容理解の妨げとなる誤りについては，訂正情報として掲載させていただきます。なお，郵送でご連絡いただいた場合は個別に返信しておりません。

送付先：〒164-0001 東京都中野区中野4-11-10 アーバンネット中野ビル
　　　　株式会社東京リーガルマインド 出版部 訂正情報係

- ・誤りの箇所のご連絡以外の書籍の内容に関する質問は受け付けておりません。
  また，書籍の内容に関する解説，受験指導等は一切行っておりませんので，あらかじめご了承ください。
- ・お電話でのお問合せは受け付けておりません。

講座・資料のお問合せ・お申込み

LECコールセンター　☎ 0570-064-464

受付時間：平日9：30～20：00／土・祝10：00～19：00／日10：00～18：00

※このナビダイヤルの通話料はお客様のご負担となります。
※このナビダイヤルは講座のお申込みや資料のご請求に関するお問合せ専用ですので，書籍の正誤に関するご質問をいただいた場合，上記「2 ご連絡方法」のフォームをご案内させていただきます。